Ihr Vorteil als Käufer dieses Buches

Auf der Bonus-Webseite zu diesem Buch finden Sie zusätzliche Informationen und Services. Dazu gehört auch ein kostenloser **Testzugang** zur Online-Fassung Ihres Buches. Und der besondere Vorteil: Wenn Sie Ihr **Online-Buch** auch weiterhin nutzen wollen, erhalten Sie den vollen Zugang zum **Vorzugspreis**.

So nutzen Sie Ihren Vorteil

Halten Sie den unten abgedruckten Zugangscode bereit und gehen Sie auf **www.galileodesign.de**. Dort finden Sie den Kasten **Die Bonus-Seite für Buchkäufer**. Klicken Sie auf **Zur Bonus-Seite/Buch registrieren**, und geben Sie Ihren **Zugangscode** ein. Schon stehen Ihnen die Bonus-Angebote zur Verfügung.

Ihr persönlicher **Zugangscode**: f8jm-2uah-ebzq-4v35

Maike Jarsetz

Das Lightroom-Buch für digitale Fotografie

Aktuell zu Lightroom 3

Liebe Leserin, lieber Leser,

Lightroom ist ein Programm für alle, die das Fotografieren lieben und deshalb so wenig Zeit wie möglich vor dem Computer verbringen möchten. Damit das gelingt, bietet Lightroom eine einfache Orientierung durch die verschiedenen Module, die den Foto-Workflow für Sie vorzeichnen. Doch Lightroom ist weitaus mächtiger, als es auf den ersten Blick erscheint, und es gibt viel mehr für Sie zu entdecken.

Es ist mir daher eine besondere Freude, dass Maike Jarsetz sich berufen fühlte, ein regelrechtes »Workflow-Buch« für Sie zu verfassen, in dem sie Ihnen nicht nur zeigt, wie Sie Ihren eigenen Lightroom-Workflow aufbauen und optimieren können. Sie öffnet für Sie auch die Haube von Lightroom und erklärt Ihnen ganz genau, was Sie dort finden. Dies wird Ihnen bei der täglichen Arbeit an Ihren Bildern helfen.

Maike Jarsetz versteht es wie keine zweite, auch komplexere Funktionen leicht und verständlich darzustellen, vergisst aber auch nie, die Hintergründe zu vermitteln. Ich bin sicher, dass die zahlreichen Schritt-für-Schritt-Anleitungen, die die Autorin auf den folgenden über 400 Seiten für Sie zusammengestellt hat, auch Ihnen dabei helfen werden, Lightroom zu meistern – damit Sie in Zukunft einen Großteil Ihrer Zeit darauf verwenden können, zu fotografieren!

Ich wünsche Ihnen jetzt viel Spaß und Erfolg beim Lesen und Nacharbeiten der Workshops. Sollten Sie Fragen oder Anmerkungen zu diesem Buch haben, so freue ich mich, wenn Sie mir schreiben.

Ihre Alexandra Rauhut
Lektorat Galileo Design

alexandra.rauhut@galileo-press.de
www.galileodesign.de
Galileo Press • Rheinwerkallee 4 • 53227 Bonn

Inhaltsverzeichnis

Vorwort 10

Einführung – Die ersten Schritte

FAQs: Vorweg geklärt 14

Der erste Blick auf Lightroom 16

Ein typischer Workflow 20
Bildimport, Bildorganisation, erste Anpassungen und Ausgabe

Die wichtigsten Voreinstellungen 30
Wie Sie Lightroom individuell anpassen

Der richtige Start 34
Der schnellste und beste Zugriff auf die Beispieldateien

EXKURS: Nicht-destruktives Arbeiten 36
Das Grundprinzip von Lightroom

1 Kataloge und Bildimport

FAQs: Wissenswertes zur Katalogidee 40

Der Importdialog im Überblick 42

Den Leuchtkasten einschalten 46
Einen neuen Lightroom-Katalog einrichten

Öffnen Sie Ihr Fotoarchiv 48
Importieren Sie Ihr bestehendes Bildarchiv samt Sortierung

Standards setzen 52
Metadaten- und Importvorlagen anlegen und anwenden

Her mit den Bildern 56
Fotos von der Speicherkarte importieren

Express-Entwicklung 60
Bilder während des Imports entwickeln

Live-Shooting 62
Bilder während der Aufnahme automatisch importieren

Kataloge zusammenführen 66
Bilder aus bestehenden Katalogen importieren

EXKURS: Der Lightroom-Katalog 70
Wie Sie Ihre Bilddaten organisieren

2 Bibliothek und Bildorganisation

FAQs: Leserfragen zur Bildorganisation 76

Die Bibliothek im Überblick 78

Auf einen Blick 82
Zusatzinformationen in Raster- und Lupenansicht konfigurieren

Ordnung schaffen 86
Bilder sortieren, stapeln und benennen

Erkennungsmarken 90
Stichwörter und Stichwortsätze anlegen und vergeben

Spreu und Weizen 94
Bilder beurteilen, vergleichen, markieren und bewerten

Viele Nadeln im Heuhaufen 98
Den Bibliotheksfilter konfigurieren und sinnvoll nutzen

Auswahl und schnelle Zuordnung 102
Bildauswahl über Sammlungen und Zielsammlungen organisieren

Filter und Auswahl kombinieren 106
Smart-Sammlungen erstellen

Mehrere Kataloge sortieren 108
Stichwörter und Smart-Sammlungen katalogübergreifend nutzen

EXKURS: Die weite Welt der Metadaten 110
Wie Sie die Bildinformationen nutzen können

3 Die Basisentwicklung

FAQs: Schon drüber gestolpert? 118

Die Entwicklung im Überblick 120

Express-Entwicklung 124
Erste Bildanpassungen und Ausschnitte in der Bibliothek

Die richtige Basis 128
Ein kameraspezifisches Profil bestimmt die Grundentwicklung

Erste Belichtungskorrekturen 130
Die Belichtung und die Mitteltöne anpassen

Bildkontrast aufbauen 132
Gesamt-, Detail- und Punktkontrast ausbalancieren

Von Licht und Schatten 136
Korrekturen der Tiefen und Lichter

Regie von ganz oben 138
Das Histogramm übernimmt die Kontrolle

Der Weißabgleich 142
Farbbalance mit Pipette, Farbtemperatur und Tönung

Bildrauschen bekämpfen 144
Dem Farb- und Luminanzrauschen entgegensteuern

Perfekte Scharfzeichnung 148
Pflicht und Kür in der Detailsteuerung

Bildausschnitt bestimmen 152
Der richtige Umgang mit dem Freistellungswerkzeug

Alles im Lot	154
Fotos gerade ausrichten mit der Freistellungsüberlagerung	
EXKURS: Was das Histogramm verrät	156
… und wie Sie es für die Bildentwicklung nutzen	

4 Entwicklungsworkflow

FAQs: Ihre Fragen – kurz geklärt	160
Das Entwickeln-Modul im Überblick	162
Standards setzen	166
Konfigurieren Sie die Standardentwicklung Ihrer Kamera	
Abziehbilder	168
Entwicklungseinstellungen schnell übertragen	
Synchronbilder	170
Aufnahmeserien effektiv entwickeln	
Alles unter Kontrolle	174
Zusammenspiel zwischen Protokoll, Schnappschuss und Vergleich	
Virtuelle Bildervielfalt	176
Bildvarianten über virtuelle Kopien verwalten	
Retortenentwicklung	180
Vorgaben für die Serienentwicklung nutzen	
EXKURS: Ein guter Start	184
Wie Sie ein kameraspezifisches DNG-Profil erstellen	

5 Motivgerechte Entwicklung

FAQs: Aus der Lightroom-Trickkiste	190
Die Entwicklungssteuerung im Überblick	192
Weniger ist mehr	198
Dynamik steigern statt Sättigung anheben	
Polfilter und Co.	200
Motivfarben mit der HSL-Steuerung herausarbeiten	
Fleißarbeit	204
Die Retuschemöglichkeiten mit der Bereichsreparatur	
Den Verlaufsfilter einsetzen	208
Motivteile unterschiedlich steuern	
Lokale Naturereignisse	212
Bildbereiche partiell entwickeln	
Porträts finishen	216
Lokale Korrekturen und Feintuning für die Haut	
Echtes Schwarzweiß	220
Perfekte Schwarzweißumsetzungen ausarbeiten	

Perfekte Tonung **224**
Farbtonung in den Lichtern und Schatten abgleichen

Die richtige Perspektive **226**
Automatische Fehlerbeseitigung und manuelle Objektivkorrektur

Foto-Effekte als Stilmittel **230**
Künstliche Vignettierung und Körnung einarbeiten

EXKURS: Warum RAW-Daten? **234**
Wie aus der Not eine Tugend wurde

6 Photoshop-Exkursion

FAQs: Lightroom und Photoshop **238**

EXKURS: Die Pflichteinstellungen **240**
Vorbereitungen vor dem ersten Photoshop-Ausflug

Aller guten JPEGs sind drei **244**
Die drei Optionen beim Austausch von JPEG-Dateien

Bilder-Sandwich **248**
Nutzen Sie erweiterte Maskentechniken in Photoshop

Panoramen erstellen **252**
Tipps und Vorgehensweise für die Panoramaerstellung

HDR-Bilder erstellen **256**
Belichtungsreihen vorbereiten und zusammenfügen

Übersetzungshilfe **260**
Was Sie tun müssen, damit die Bridge Lightroom »versteht«

Vorteil: Smart-Objekt **262**
So erhalten Sie den RAW-Vorteil in der Photoshop-Arbeit

4C-Daten verwalten **266**
Ein Workflow für Kunden- und Printdateien

7 Exportieren und veröffentlichen

FAQs: Kurz einmal nachgefragt **270**

Das Exportfenster auf einen Blick **272**

Foto-Service vorbereiten **276**
Eigene Export-Vorgaben für wiederkehrende Aufgaben nutzen

Direkter E-Mail-Versand **278**
Perfektionieren Sie die E-Mail-Export-Vorgabe

Bilder auf DVD brennen **280**
Mehrere Wege für die Archivierung auf CD oder DVD

Auf Papier und Leinwand **282**
Wie Sie am geschicktesten verschiedene Formate ausgeben

RAW-Bilder archivieren **286**
Das DNG-Format erhält das Original mit Entwicklungseinstellungen

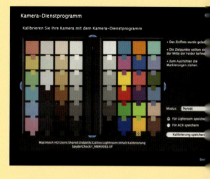

Ein Katalog fürs Archiv	**288**
Bildauswahl als Lightroom-Katalog speichern	
EXKURS: Der Veröffentlichungsmanager	**290**
Beim Export immer up-to-date	
Veröffentlichen statt exportieren	**292**
So bleiben Ihre Exporte immer aktuell	
Facebook, Flickr und Co.	**296**
Die schnelle Veröffentlichung auf Fotoportalen	
Smarte Bildordner	**300**
Eine automatische Bildauswahl für die Veröffentlichung	
Schnelle Sammlung	**302**
Veröffentlichungsordner als Zielsammlung nutzen	
EXKURS: Die Sache mit den XMP-Daten	**304**
So behalten Sie die originalen Bilddaten im Blick	

8 Diashow-Präsentation

FAQs: Hätten Sie's gewusst?	**310**
Das Export-Modul im Überblick	**312**
EXKURS: Marken setzen	**318**
Erkennungstafel und Wasserzeichen einrichten	
Diashow-Layout aufbauen	**322**
Von der Standardvorgabe zum eigenen Layout	
Bildauswahl festlegen	**326**
Die Optionen bei der Auswahl der präsentierten Bilder	
Fotoinformationen nutzen	**328**
Wie Sie Titel und Bildunterschriften in die Diashow integrieren	
Portfolio präsentieren	**330**
Diashow als PDF-Präsentation ausgeben	
Der richtige Rahmen	**332**
Runden Sie Ihre Diashow effektvoll ab	
Modernes Daumenkino	**336**
Diashow als Video ausgeben	
Ende der Fahnenstange	**338**
JPEGs an andere AV-Programme übergeben	
Diashow auf Abruf	**340**
Bildauswahl und Layout zusammen als Sammlung speichern	

9 Bilder ausdrucken

FAQs: Druckreife Fragen	**344**
Der Druckdialog im Überblick	**346**

Fine-Art-Prints ausgeben 352
Einzelseiten anlegen und Bildauswahlen drucken

Kontaktbögen erstellen 356
Der schnelle Weg zur Bildübersicht

Als JPEG drucken 360
Mit Druckvorgaben in Dateien drucken

Bildpakete erstellen 362
Kombinieren Sie verschiedene Formate auf Druckbögen

Der erste Schritt zum Fotolayout 366
Benutzerdefinierte Bildpakete als Layout-Vorlage speichern

Druckjob speichern 370
Eine Druckvorlage inklusive der Bilddaten speichern

EXKURS: Farbmanagement mit RAW-Daten 372
Farbkonsistent von der Kamera bis zum Druck

10 Im Web präsentieren

FAQs: Schnell verlinkt 380

Das Web-Modul im Überblick 382

Schnelle Bildübersicht im Web 388
Eine HTML-Galerie erstellen und individuell einrichten

Bildergalerie geflasht 392
Bauen Sie eine Flash-Web-Galerie mit wenigen Klicks

Bildinformationen im Web 396
Wie Sie IPTC-Bildunterschriften in die Web-Galerie integrieren

Airtight-Viewer 400
Besondere Bildergalerien erstellen und im Web veröffentlichen

Web-Galerie sichern 404
Ein Webseiten-Layout inklusive Bildauswahl speichern

EXKURS: Lightroom reloaded 406
Lightroom mit dem Zusatzmodul-Manager erweitern

11 Lightroom-Workflows

Reise und Reportage 410

Lightroom on location 424

Porträt-Workflow im Studio 440

Bildnachweis und Dank 458

Die DVD zum Buch 460

Index 462

Die fünf Regeln

Meine Tipps für Ihren Weg durch dieses Buch

Haben Sie sie schon entdeckt: die fünf Regeln? Sie finden Sie im HILFE-Menü von Lightroom und sie sollen Ihnen die erste Orientierung im Programm geben. Ebenso möchte ich Ihnen eine erste Orientierung in diesem Buch geben. Deshalb hier meine fünf Regeln – oder besser Empfehlungen – für Sie.

1 Der Workflow

Die Kapitel, Workshops und Exkurse dieses Buches sind nach einem exemplarischen fotografischem Workflow und den Modulen von Lightroom aufgebaut.

Wenn Sie Lightroom also von Grund auf lernen wollen, können Sie sich Stück für Stück von dem Buch leiten lassen und erhalten so – neben dem detaillierten Wissen über das Programm und seine Funktionen – einen Leitfaden, um Ihren eigenen Workflow aufzubauen.

2 Die Module

Die fünf Module von Lightroom haben klar abgegrenzte Aufgabenbereiche und in ihnen verbergen sich viele Detailsteuerungen. Die Übersichtsseiten geben Ihnen einen ersten Überblick über jedes Modul und erklären, welche Aufgaben in welchen Paletten erledigt werden und wofür die verschiedenen Knöpfchen und Werkzeuge eingesetzt werden.

So vorbereitet können Sie sich dann in die weiteren Details vertiefen.

3 Die Praxis

Die Arbeit mit Lightroom ist nicht Theorie, sondern Praxis. Und auch die Arbeit mit diesem Buch soll keine trockene Theorie für Sie sein. Durch das Workshop-Konzept können Sie zwischen den Kapiteln hin und her springen und sich genau die Aufgaben und Problemstellungen vornehmen, die für Sie gerade interessant sind.

Die Zielsetzungen sind dabei jeweils am Anfang des Workshops formuliert und Sie können die Lösung Schritt für Schritt nachvollziehen – so lernen Sie praktisch im Vorbeigehen!

4 Die offenen Fragen

Der Teufel steckt oft im Detail und gerade Lightroom ist sehr komplex in seinen Möglichkeiten. So erreichen mich oft Fragen von Anwendern, die sich nach vermeintlich verzwickten Details erkundigen, die beste von mehreren Möglichkeiten erfahren wollen oder – kurz und knapp, aber deutlich – nach Hilfe rufen ... Diese Fragen habe ich am Anfang jedes Kapitels gesammelt und beantwortet. Vielleicht wird Ihnen ja schon auf diesen Seiten ein Licht aufgehen oder eine brennende Frage vorweg beantwortet.

5 Enjoy!

So heißt die fünfte Lightroomregel im Original und sagt damit mehr aus als das spärlich übersetzte »Viel Spaß!«. Ich hoffe, dass Sie dieses Buch und durch dieses Buch Ihre Arbeit in Lightroom genießen können. Erproben Sie Ihr neues Wissen am eigenen fotografischen Workflow oder nutzen Sie den auf der DVD enthaltenen Beispielkatalog. Anleitungen dazu finden Sie im Workshop »Der richtige Start« auf Seite 34. Und damit wünsche ich Ihnen nun auch: Enjoy!

Maike Jarsetz

Die ersten Schritte

Die Speicherkarte ist voll, das Programm ist installiert – jetzt soll es also losgehen ... Aber wie starte ich mit Lightroom? Wie bediene ich das Programm am effektivsten? Dieses erste kurze Kapitel gibt Ihnen einen Überblick über die allgemeinen Steuerungselemente von Lightroom ebenso wie über die Grundidee des nicht-destruktiven Foto-Workflows. In einem ersten Workshop werden Sie in die einzelnen Bearbeitungsphasen von Lightroom eingeführt. Ein exemplarischer Workflow zeigt Ihnen dann den Weg von der Aufnahme in den Bildimport und führt Sie über die Bildorganisation in die Entwicklung, die Bildpräsentation und die Ausgabe.

Ein typischer Workflow **20**
  Bildimport, Bildorganisation, erste Anpassungen und Ausgabe
Die wichtigsten Voreinstellungen **30**
  Wie Sie Lightroom individuell anpassen
Der richtige Start **34**
  Der schnellste und beste Zugriff auf die Beispieldateien
Nicht-destruktives Arbeiten **36**
  Das Grundprinzip von Lightroom

   **Bonusmaterial auf DVD:**
           Allgemeines zur Oberfläche (Lektion 1.1)

Foto: iStockphoto, © LDF, Bild 3297904

Vorweg geklärt ...

? Wenn ich Photoshop inklusive der Bridge und dem Camera-RAW-Konverter habe, wozu brauche ich Lightroom?

! *Erstens:* Um einen kompletten Workflow in einem Programm abarbeiten zu können. Die Bildorganisation und die RAW-Daten-Entwicklung sind nur der Anfang. Spätestens wenn Sie verschiedene Entwicklungsvarianten ausarbeiten wollen oder viele Bilder in einem Durchgang mit gleichen Einstellungen drucken wollen, hat Lightroom ganz klar die Nase vorn.
Zweitens: die Geschwindigkeit! Weil Lightroom alle Veränderungen an den Bildern in einer gemeinsamen Datenbank anstatt in jeder einzelnen Bilddatei speichert, ist es ungleich schneller als die Bridge oder Camera RAW bei der Bearbeitung großer Bildserien.
Drittens: die weiteren Vorteile einer Datenbank gegenüber einem Browser wie der Bridge. Auch wenn Bilder – zum Beispiel von einer externen Festplatte – nicht verfügbar sind, können sie weiter verwaltet und – durch die gespeicherten 1:1-Vorschauen – im Detail begutachtet werden.
Weitere Gründe: virtuelle Kopien, Sammlungen, Katalogexport, Vergleichsansicht, Ansichtsoptionen, Diashow-Erstellung, und all die anderen Funktionen und Herangehensweisen, die Sie sich auf den folgenden rund 400 Seiten erlesen und erarbeiten können.

? Und andersherum gefragt: Wenn Lightroom das alles kann, was bleibt dann noch für Photoshop?

! Tatsächlich noch eine Menge: Mit Lightroom 3 können Sie zwar selbst Objektiv- und Perspektivkorrekturen in Lightroom durchführen, aber sobald aufwendige Retuschen, Freistellungen oder Compositings gefordert sind, ist Photoshop an der Reihe. Im Kapitel 6, »Photoshop-Exkursion«, ab Seite 236 sehen Sie, wie Sie die Programme am besten miteinander agieren lassen und welche Voreinstellungen Sie dabei optimieren können.

? Gibt es eine maximale Anzahl an Fotos, die Lightroom verwalten kann?

! Bestimmt, aber sie ist nicht zu beziffern, denn sie hängt von der Leistungsfähigkeit Ihres Rechners, der Größe der Bilddaten und manchen Voreinstellungen, wie der Verwaltung der Metadaten oder dem Umgang mit den 1:1-Vorschauen, ab. Machen Sie sich auf jeden Fall mit den Voreinstellungen von Lightroom im Workshop auf Seite 30 vertraut. Über 100 000 Bilder sollte Lightroom 3 aber locker verwalten können – Kataloge von einer Million Bilder oder mehr sind mir noch nicht untergekommen. Sie merken unmittelbar, wenn der Katalog zu groß wird: Lightroom wird dann langsamer – dann wird es Zeit einen neuen Katalog anzulegen.

? Mich stört die andauernde Backup-Frage von Lightroom (unsere Daten werden täglich gesichert). Wie kann ich die Meldung abstellen?

! In den KATALOGEINSTELLUNGEN (auf dem Mac zu finden im LIGHTROOM-Menü oder im BEARBEITEN-Menü auf dem PC) unter ALLGEMEIN bestimmen Sie die Häufigkeit der SICHERUNG.

? Wenn ich Lightroom öffne, gibt es schon einen Standard-Katalog. Wo befindet sich dieser – und alle dazugehörigen Daten – auf der Festplatte?

! Standardmäßig im Bilderordner Ihres Benutzerverzeichnisses. Sie können sich den Speicherort aber auch über die Katalogeinstellungen anzeigen lassen.

? Wie kann ich zwischen den verschiedenen Ansichten in der Bibliothek und den anderen Modulen wechseln?

! Am schnellsten geht das über Tastenkürzel: ⌨G bringt Sie aus jedem Modul zurück in die Rasteransicht, ⌨C steht für *Compare* – also die Vergleichsansicht –, das ⌨N aktiviert die Überprüfungsansicht und die Taste ⌨E wechselt in die Vollbildansicht. Zwischen Vollbild und 1:1-Ansicht können Sie in jedem Modul über einen einfachen Klick auf das Bild wechseln. Die Taste ⌨D wechselt von der Bibliothek ins Entwickeln-Modul. Zwischen den Modulen wechseln Sie über die ⌨Alt+⌨Strg/⌘ und die Zifferntasten von 1 bis 5.

? Kann ich in Lightroom alle Paletten ausblenden, um meine Bilder ohne großen Aufwand meinen Kunden zu präsentieren?

! Ja, drücken Sie zweimal die Taste ⌨F, um zuerst den Vollbildmodus (*Fullscreen*) zu aktivieren und Menüleisten und das Dock auszublenden. Mit der ⌨Shift+⌨Tab-Taste blenden Sie alle Paletten samt Filmstreifen aus. Als Letztes können Sie durch zweimaliges Drücken der Taste ⌨L die Umgebung des Bildes bis ins Schwarz abdunkeln.

? Ich empfinde es als unübersichtlich, wenn man mehrere Paletten in der Bibliothek oder der Entwicklung geöffnet hat. Man muss immer sehr viel scrollen, um an die gewünschte Funktion zu kommen. Kann man die restlichen Paletten schnell ausblenden?

! Ja, aktivieren Sie einfach den Solomodus durch rechten Mausklick auf eine der Palettenzeilen – zu sehen auch im Punkt ❼ der folgenden Übersicht.

? Ich habe einmal gesehen, dass im oberen Bereich des Lightroom-Fensters der Name eines Fotografen eingeblendet war und gar nicht die Lightroom-Bezeichnung – wie geht das?

! Ganz einfach durch Einrichten und Aktivieren der Erkennungstafel. Lesen Sie dazu »Die wichtigsten Voreinstellungen« auf Seite 30.

? Ich habe gehört, dass man mit Lightroom-Katalogen nicht auf einem Server arbeiten kann. Wie kann ich am besten mit mehreren Kollegen an einem Katalog arbeiten?

! Die Einschränkung besteht eigentlich nur darin, dass Sie nicht *gleichzeitig* an einem Katalog arbeiten können. Sie können durchaus auf dem Server immer ein Backup des aktuellen Katalogs hinterlegen, auf dessen Basis der Kollege weiterarbeitet, nachdem er ihn auf seinen eigenen Rechner kopiert hat. Ein weiterer Ansatz wäre, für jedes Projekt einen eigenen Katalog anzulegen und diese einzelnen Kataloge dann in einem Hauptkatalog zusammenzuführen – mehr dazu im Workshop »Kataloge zusammenführen« auf Seite 66.

Einführung | Die ersten Schritte 15

Der erste Blick auf Lightroom

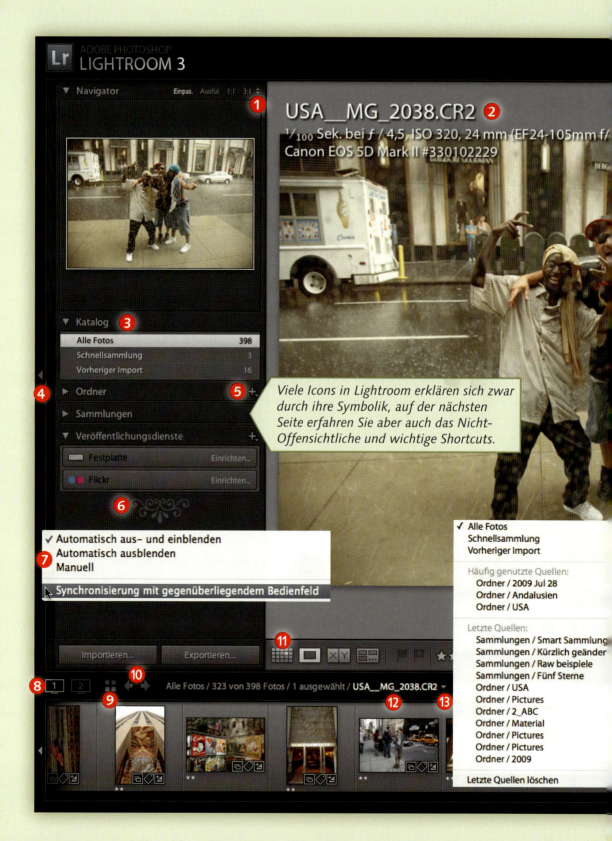

DER ERSTE BLICK AUF LIGHTROOM

Allgemeine Bedienelemente

❶ Navigator: Der Navigator im Bibliothek- und Entwickeln-Modul zeigt den Bildausschnitt in der Lupenansicht an. Außerdem können Sie über das Popup-Menü unter dem kleinen Doppelpfeil den Vergrößerungsfaktor der Lupenansicht bestimmen.

❷ Information: Über die Taste ⌐I¬ blenden Sie in der Lupenansicht Informationen über das Bild ein.

❸ Paletten: In jedem Modul finden sich links und rechts Paletten und Bedienfelder zur Funktionssteuerung. Die Aufteilung ist in jedem Modul ähnlich: links allgemeine Organisation und Vorgaben, rechts die Detailsteuerung. Ein Klick auf den Pfeil öffnet und schließt die Palette.

❹ Bedienfelder ein- und ausblenden: Über einen Klick auf den kleinen Pfeil können Sie Paletten, Filmstreifen und die obere Bedienleiste aus- und auch wieder einblenden. Zur temporären Einblendung genügt es, den Mauszeiger an den entsprechenden Bildrand zu ziehen. Die ⌐↹¬-Taste blendet die seitlichen Paletten ein und aus, ⌐⇧¬+⌐↹¬ blendet alle Paletten ein und aus.

❺ Plus-Zeichen: Es fügt der Palette je nach Funktion zum Beispiel Vorgaben, Ordner oder Sammlungen hinzu.

❻ Endmarke: Diese kennzeichnet das Ende der Paletten. Das Aussehen der Marken kann unter VOREINSTELLUNGEN ▷ BENUTZEROBERFLÄCHE auch in KÄSTCHEN, ATOME, BLUMEN oder andere Symbole geändert werden.

❼ Optionen für Paletten-Einblendung: Klicken Sie mit der rechten Maustaste auf den äußersten Fensterrand, um die Optionen für die automatische Einblendung von Paletten und Bedienfeldern zu steuern.

❽ Zweiten Monitor nutzen: Mit einem Klick auf das Monitorsymbol 2 öffnen Sie ein zweites Fenster, das Sie sinnvollerweise auf einem zweiten Monitor nutzen können, um beispielsweise gleichzeitig in der Raster- und Lupenansicht zu arbeiten. Ein weiterer Klick schließt das Fenster wieder. Klicken Sie mit der rechten Maustaste auf eines der beiden Monitorsymbole, um den Ansichtsmodus im entsprechenden Fenster zu bestimmen.

❾ Rasteransicht: Über das kleine Rastersymbol gelangen Sie auch aus den anderen Modulen immer zurück in die Rasteransicht in Lightroom. Die Taste ⌐G¬ hat die gleiche Wirkung.

❿ Navigationspfeile: Durch einen Klick auf den Linkspfeil gelangen Sie zurück zu den zuletzt ausgewählten Ordnern oder Modulen. Ähnlich einem Verlauf im Browser führt der Rechtspfeil Sie wieder vorwärts.

⓫ Werkzeugleiste: Sie wird über das ANSICHT-Menü oder über die Taste ⌐T¬ ein- und ausgeblendet. Der Inhalt der Werkzeugleiste ändert sich je nach Modul und kann noch weiter angepasst werden.

18 Einführung | Die ersten Schritte

❶❷ **Informationszeile:** Hier werden Ihnen Details über die Bildauswahl angezeigt: Ursprungsordner oder -sammlungen/Gesamtanzahl der Bilder/Anzahl der ausgewählten Bilder/Name des Bildes.

❶❸ **Besuchte Quellen und Favoriten:** Durch einen Klick auf den kleinen Pfeil werden die zuletzt besuchten Bildquellen angezeigt und können hier direkt ausgewählt werden, ebenso wie vorher definierte Favoriten-Ordner.

❶❹ **Vollbildmodus:** Über die Taste F gelangen Sie in den Vollbildmodus, der zum Beispiel auf dem Mac verhindert, dass sich das Dock einblenden kann. Drücken Sie ein weiteres Mal die Taste F, um auch die Menüleiste von Lightroom auszublenden – sie wird durch eine Mausbewegung am oberen Bildschirmrand temporär wieder eingeblendet. Ein erneuter Duck auf F beendet den Vollbildmodus.

❶❺ **Lightroom-Module:** Die fünf Lightroom-Module Bibliothek, Entwickeln, Diashow, Drucken und Web wechseln Sie über einen Klick auf die obere Leiste. Damit ändert sich der komplette Bildschirminhalt. Sie können außerdem über Shortcuts zwischen den Modulen Bibliothek (E oder G) und Entwickeln (D) wechseln.

❶❻ **Nützliche Knöpfe:** In vielen Paletten werden Sie hinter den Informationen kleine Knöpfe entdecken, die es lohnt, auszuprobieren, denn hierüber können Sie naheliegende Funktionen per Klick erledigen.

❶❼ **Paletten-Ansichten:** Klicken Sie mit der rechten Maustaste auf eine der Palettenzeilen, um einzelne Paletten ein- und auszublenden oder den Solomodus zu aktivieren, der immer nur die aktive Palette offen lässt.

❶❽ **Filter:** Der Filmstreifen bietet modulübergreifend die Möglichkeit, vordefinierte Filtervorgaben des Bibliotheksfilters anzuwenden. Wählen Sie dafür über den kleinen Pfeil über das Popup-Menü die gewünschte Filtervorgabe aus.

❶❾ **Filter aus:** Über den kleinen Schalter bestimmen Sie, ob die aktive Filtervorgabe angewendet werden soll oder nicht.

❷⓿ **Filmstreifen:** Der Filmstreifen bietet Ihnen in jedem Modul den Gesamtüberblick über die ausgewählten Bilder.

❷❶ **Sammlungs-Icon:** Es kennzeichnet Bilder, die bereits in eine Sammlung aufgenommen wurden. Ein Klick auf dieses Symbol öffnet ein Popup-Menü, das die benutzten Sammlungen auflistet und über das man eine Sammlung öffnen kann.

❷❷ **Entwicklungs-Icon:** Dieses ist sichtbar, wenn bereits Bildanpassungen im Entwickeln-Modul oder in der Ad-hoc-Entwicklung vorgenommen wurden.

❷❸ **Stichwörter-Icon:** Jedes Bild, dessen Metadaten Stichwörter enthalten, wird mit diesem Icon gekennzeichnet.

Ein typischer Workflow
Bildimport, Bildorganisation, erste Anpassungen und Ausgabe

Dieser erste Workshop ist zum Warmwerden. Machen Sie sich mit den Grundprinzipien von Lightroom vertraut, ohne dass Sie lange Erklärungen lesen müssen. Starten Sie Lightroom, schnappen Sie sich die Speicherkarte mit Ihren aktuellen Aufnahmen und stecken Sie sie in den Kartenleser. Importieren Sie Ihre Bilder um sie schnell zu sortieren, Aufnahmeserien zu entwickeln und auszugeben.

1 Automatischer Bildimport

Durch die Voreinstellungen von Lightroom öffnet sich beim Erkennen einer Speicherkarte automatisch der Importdialog. Sollte das bei Ihnen nicht der Fall sein, wählen Sie aus dem Datei-Menü den Befehl Fotos importieren. Die Speicherkarte wird entsprechend als Importquelle ❶ ausgewählt. In dieser ersten Übung werden Sie Ihre Bilder in den Standard-Bildordner von Lightroom kopieren. Klicken Sie dafür in der Mitte der Importleiste auf Kopie ❷. Der Zielordner Ihrer Bilder wird im Pfad rechts ❸ angezeigt. Natürlich können Sie diesen ändern (dazu mehr im folgenden Kapitel).

Geben Sie vor, wie Ihre Bilder auf der Festplatte sortiert werden sollen. Aktivieren Sie für dieses erste Beispiel die Option In Unterordner ❹, wählen Sie aus dem Popup-Menü Ordnen: Nach Datum und wählen Sie aus dem darunterliegenden Popup-Menü ein Format für die Datumsschreibweise.

Das sind die wichtigsten Voreinstellungen in diesem ersten Schritt. Klicken Sie jetzt auf Importieren.

2 Bibliotheksansicht

Die Bilder werden jetzt in die Bibliothek importiert und gleichzeitig als Miniaturen im Hauptfenster angezeigt.

Klicken Sie auf das Dreieck ❺, um die ORDNER-Palette zu öffnen. Hier sehen Sie Ihren Bildordner, der auf der Festplatte erstellt wurde und in den Ihre Bilder kopiert wurden.

Wurden vorher schon Bildimporte in diesen Katalog durchgeführt, sehen Sie auch die daraus resultierten Bildordner.

3 Übergeordneter Ordner

In der Ordnerliste werden direkt die eigentlichen Bildordner angezeigt – Sie müssen also nicht durch Dateipfade navigieren, um die Bilder anzuzeigen.

Wenn Sie allerdings mehr Übersicht in der Ordnerorganisation wünschen, können Sie einfach mit der rechten Maustaste auf den aktuellen Ordner klicken und aus dem Popup-Menü Übergeordneten Ordner hinzufügen wählen.

4 Spreu vom Weizen trennen

Jetzt folgt die erste grobe Auswahl. Sortieren Sie zuerst die schlechten Bilder aus, also die fehlbelichteten, doppelten, unscharfen, unschönen usw.

In der Werkzeugleiste finden Sie dazu die Markierungen in Form kleiner Flaggen ❻. Aktivieren Sie in der Rasteransicht das Bild, das Sie aussortieren wollen, und klicken Sie dann auf die kleine Flagge mit dem X – alternativ drücken Sie einfach die Taste [X]. Damit markieren Sie das Bild als abgelehnt. Markieren Sie so alle nicht gewünschten Fotos.

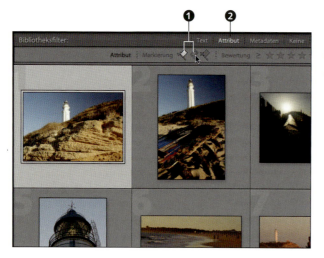

5 Ausschuss ausblenden

Natürlich können Sie unerwünschte Bilder auch einfach löschen. Aber die jetzt vorgenommene Bewertung lässt Ihnen die Option offen, sich später noch anders zu entscheiden. Nutzen Sie den Bibliotheksfilter, der sich am oberen Rand des Hauptfensters befindet, beziehungsweise wählen Sie ANSICHT ▷ FILTERLEISTE ANZEIGEN. Klicken Sie zunächst auf ATTRIBUT ❷ und filtern Sie in der nächsten Zeile durch Klick auf die beiden linken Fähnchen ❶. Die als abgelehnt markierten Bilder werden so nicht mehr eingeblendet.

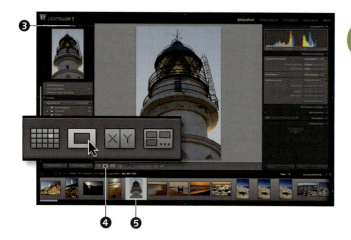

6 Genaue Bildbetrachtung

Zur weiteren Beurteilung der »guten« Bilder sollten Sie jetzt in den Vollbildmodus wechseln. Dazu gibt es viele Wege: Ein Doppelklick auf das ausgewählte Bild, das Drücken der Taste E oder ein Klick auf das entsprechende Ansichts-Icon ❹. Die Auswahl des Bildes können Sie im Filmstreifen ❺ vornehmen. Ein weiterer Klick führt Sie auf die 1:1-Ansicht, in der Sie am besten Details und Schärfe überprüfen können. Weitere Ansichtsoptionen ❸ können Sie im Navigator steuern.

7 Erste Bildanpassungen

Für die eigentliche Bildentwicklung hält Lightroom ein eigenes Modul bereit. Während der Bildorganisation in der Bibliothek können Sie aber schon Bildanpassungen über die AD-HOC-ENTWICKLUNG vornehmen, die die wichtigsten Bildkorrekturen wie Belichtung und Weißabgleich bietet. Hier können Sie aber auch den Detailkontrast über den KLARHEIT-Regler oder die Farbsättigung über den Regler LEBENDIGKEIT steuern.

8 Bilder bewerten

In der Vollbildansicht, die offiziell Lupenansicht heißt, können Sie Ihre Bilder am besten beurteilen – und auch bewerten. Mit den Pfeiltasten ← → wechseln Sie zum nächsten Bild und können dann über die Sterne ❻ in der Werkzeugleiste ❼ eine Bewertung vornehmen. Ziehen Sie dazu mit der Maus über die Sterne bis zur gewünschten Bewertung oder drücken Sie die entsprechende Zifferntaste, wie 3 für drei Sterne.
Tipp: Halten Sie dazu die ⇧-Taste gedrückt, um gleichzeitig zum nächsten Bild zu springen.

9 Nach Bewertung filtern

Nun können Sie den Bibliotheksfilter noch weiter nutzen. Bestimmen Sie durch einen Klick auf die Sterne ❾, welche Bilder eingeblendet werden sollen. Das Symbol ≥ ❽ bedeutet, dass die Bilder mindestens diese Anzahl an Sternen haben müssen, um angezeigt zu werden. Auch diese Option könnten sie durch einen direkten Klick auf das Symbol ändern. So haben Sie Ihre Bildauswahl getroffen. Im Filmstreifen ist angegeben ❿, wie viele Bilder aus der Gesamtauswahl jetzt eingeblendet sind.

10 In Sammlung speichern

Um auf diese Auswahl jederzeit ohne erneute Filterung zugreifen zu können, sollten Sie sie gleich als Sammlung speichern. Eine Sammlung kopiert die Bilder nicht, sondern verknüpft nur die Auswahl mit den Originalbildern.

Wählen Sie alle Bilder der aktuellen Filterauswahl aus – am besten über Strg / ⌘ + A, klicken Sie auf das Icon + neben SAMMLUNGEN ⓫ und wählen Sie SAMMLUNG ERSTELLEN.

Einführung | Die ersten Schritte **23**

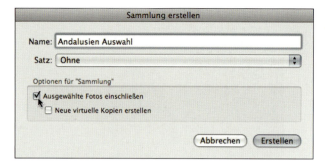

11 **Sammlung erstellen**
Für die neue Sammlung müssen Sie einfach nur den Namen eintragen – und natürlich die Option AUSGEWÄHLTE FOTOS EINSCHLIESSEN aktivieren.

Natürlich haben Sie auch nachträglich die Möglichkeit, Bilder per Drag&Drop in diese Sammlung zu schieben. Es wird auch dann nur eine Verknüpfung zu dem Originalbild gesetzt. Die Bilder werden nicht kopiert und können so auch in mehreren Sammlungen enthalten sein.

12 **Gesicherte Auswahl**
Klicken Sie auf das Dreieck ❶ vor der SAMMLUNGEN-Palette, um die Liste der Sammlungen anzuzeigen.

Die eben erstellte Sammlung ist automatisch ausgewählt. Im Filmstreifen erkennen Sie an der angezeigten Bildanzahl ❷, dass nur noch die eben ausgewählten Bilder Bestandteil der Sammlung sind.

13 **Bildserien entwickeln**
Jetzt geht es in die Entwicklung. Klicken Sie in der Modulleiste auf ENTWICKELN ❸ oder drücken Sie die Taste D. Auch einen Stapel von Bildern können Sie gemeinsam bearbeiten. Wählen Sie mit gedrückter ⇧-Taste eine Aufnahmeserie im Filmstreifen.

Der SYNCHRONISIEREN-Knopf ❺ wird rechts unten sichtbar. Mit einem Klick auf den Schalter ❹ aktivieren Sie die Funktion AUTOM. SYNCHR.

14 Synchronisieren

Öffnen Sie zunächst die GRUNDEINSTELLUNGEN und passen Sie Ihr Referenzbild an.

Öffnen Sie beispielsweise die Schatten durch die Funktion AUFHELLLICHT, erhöhen Sie den Detailkontrast über den KLARHEIT-Regler und passen Sie den Weißabgleich über den Regler TEMP. an.

Details zum Thema Bildentwicklung finden Sie in den Kapiteln 3 und 4 ab Seite 116 bzw. 158.

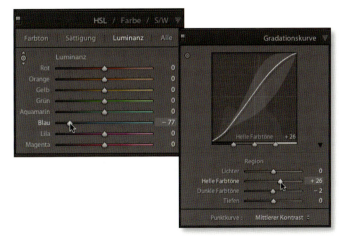

15 Kontrast und Farben steuern

Haben Sie es bemerkt? Nicht nur Ihr aktuelles Bild, sondern alle im Filmstreifen aktivierten Fotos werden durch die automatische Synchronisation angepasst.

Beschränken Sie diese »Serienentwicklung« auf die Korrekturen, die allen Bildern guttun – zum Beispiel eine leichte Kontrastkorrektur in den Gradationskurven. Eine schöne Korrektur bei Landschaftsaufnahmen ist die Abdunklung des Himmels über eine Verringerung der LUMINANZ für die BLAU-Töne in den HSL-Einstellungen.

16 Bildvergleich

Und? Haben die Korrekturen Ihrem Bild auch wirklich gutgetan? Überprüfen Sie dies in einer Vorher-nachher-Ansicht.

Klicken Sie in der Werkzeugleiste auf das Vorher-nachher-Symbol ❻ und wählen Sie Ihre gewünschte Vergleichsansicht aus.

Sie können auch über die Taste Y in die Vorher-nachher-Ansicht und wieder zurück wechseln. Mit der ⇧+Y-Taste wechseln Sie in eine geteilte Vergleichsansicht.

Einführung | Die ersten Schritte

17 Einzelbilder anpassen

Nach der ersten synchronisierten Grobentwicklung, klicken Sie im Filmstreifen auf die einzelnen Bilder, um die Ergebnisse zu überprüfen.

Sollten Sie mit einzelnen Einstellungen über das Ziel hinausgeschossen sein, können Sie diese natürlich noch individuell anpassen.

Aber Achtung: Deaktivieren Sie erst die Auto-Sync-Funktion, indem Sie den Schieberegler per Klick wieder auf Synchronisieren umstellen.

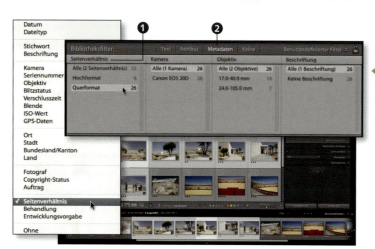

18 Auswahl für Diashow

Sind Sie bereit für die erste Bildschirmpräsentation? Falls Sie dafür nur querformatige Bilder Ihrer Sammlung auswählen wollen, ist das schnell erledigt. Wechseln Sie wieder per Klick auf der Modulleiste oder mit der Taste G in die Rasteransicht der Bibliothek. Wählen sie dort aus dem Menü Ansicht ▷ Filterleiste einblenden. Klicken Sie diesmal auf Metadaten ❷ und danach auf die erste Spaltenüberschrift ❶. Wechseln Sie dort die Kategorie auf Seitenverhältnis und selektieren Sie per Klick das Querformat.

19 Im Diashow-Modul

Klicken Sie in der Modulleiste auf Diashow, um in das Diashow-Modul zu wechseln.

Jetzt geht es erst einmal nur darum, eine Diashow der Fotos formatfüllend und ohne weitere Zusatzinformationen abzuspielen. Öffnen Sie dazu in der linken Palette den Vorlagenbrowser über das kleine Dreieck ❸ und wählen Sie aus den Lightroom-Vorlagen die Option An Fenstergrösse anpassen.

20 Alle Fotos präsentieren

Werfen Sie einen Blick auf die Zeile über dem Filmstreifen. Klicken Sie auf VERWENDEN, um aus dem Popup-Menü ❹ ALLE FOTOS DES FILMSTREIFENS für die Präsentation zu nutzen.

Öffnen Sie danach aus der rechten Palettengruppe die ABSPIELEN-Palette und aktivieren Sie die Option DIALÄNGE. Stellen Sie über die Schieberegler die gewünschte DIA- und VERBLASSEN-Länge ein. Klicken Sie dann auf ABSPIELEN. Die Diashow beenden Sie mit der Esc -Taste.

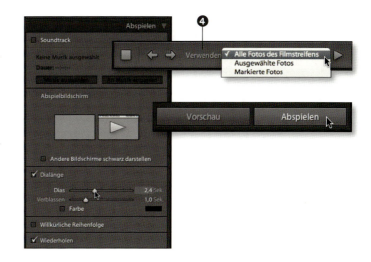

21 Abzugsfotos markieren

Neben der Bildpräsentation wollen Sie sicher auch von einer Auswahl Abzüge in einem Fotolabor machen lassen.

Nutzen Sie dafür ein weiteres Auswahlkriterium, die Farbmarkierungen. Falls diese in Ihrer Werkzeugleiste nicht sichtbar sind, klicken Sie auf den kleinen Pfeil ❻ und aktivieren Sie die FARBMARKIERUNG im Popup-Menü.

Aktivieren Sie dann nacheinander die Bilder im Filmstreifen, die Sie auswählen wollen und wählen Sie eine Farbmarkierung ❺.

22 Bilder exportieren

In der Rasteransicht der Bibliothek, auf die Sie durch die Taste G wechseln können, steht Ihnen wieder der Bibliotheksfilter zur Verfügung.

Filtern Sie diesmal nach ATTRIBUTEN ❼ und dann nach Ihrer gewählten Farbmarkierung.

Über Strg / ⌘ + A wählen Sie alle markierten Bilder Ihrer Sammlung aus, bevor Sie auf den EXPORTIEREN-Knopf ❽ klicken.

Einführung | Die ersten Schritte **27**

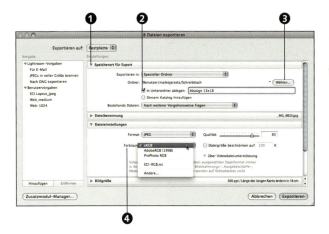

23 Speicherort und Qualität

Im Export-Dialogfeld öffnen Sie zunächst den Bereich SPEICHERORT FÜR EXPORT über einen Klick auf das Dreieckssymbol ❶. Klicken Sie auf die Schaltfläche WÄHLEN ❸, um den Speicherort für die Exportdateien zu definieren.

Sie können in diesem Dialogfeld auch gleich schon einen Unterordner vorgeben ❷.

Öffnen Sie dann die DATEIEINSTELLUNGEN. Wählen Sie als FORMAT JPEG und setzen Sie die QUALITÄT nicht weiter herab als 80. Wichtig: Wählen Sie sRGB als FARBRAUM ❹.

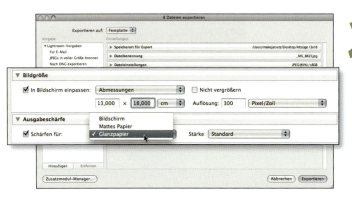

24 Ausgabeformat wählen

Weiter unten finden Sie den Bereich BILDGRÖSSE. Aktivieren Sie dort die Option IN BILDSCHIRM EINPASSEN und wählen sie aus dem Popup-Menü die Option ABMESSUNGEN. Jetzt können Sie als Ausgabegröße exakt die gewünschten Formatmaße angeben. Wählen Sie als AUFLÖSUNG 300 Pixel/Zoll, um eine hohe Qualität zu gewährleisten. Da Ihre Bilder noch nicht individuell geschärft sind, können Sie in der AUSGABESCHÄRFE das Papiermaterial und die Stärke der Schärfung bestimmen.

25 Fertige Abzüge

Klicken Sie jetzt auf EXPORTIEREN und es werden Dateikopien in der gewünschten Größe inklusive aller Lightroom-Anpassungen gespeichert.

Diese finden Sie an dem angegebenen Speicherort im Explorer oder Finder und von diesem können Sie die Dateien jetzt per Mail verschicken, per FTP hochladen oder auch auf ein Speichermedium kopieren.

Wechseln Sie danach noch einmal zu Lightroom.

26 Wo sind meine Bilder?

Wissen Sie nach der vielen Bildauswahl- und -bearbeitung noch, welchen Speicherort Sie beim Import für die Bilder gewählt haben?

Falls nicht, haben Sie jederzeit die Möglichkeit, das herauszufinden. Klicken Sie mit der rechten Maustaste auf ein Bild im Filmstreifen, in der Rasteransicht oder in der Vollbildansicht. Aus dem Popup-Menü können Sie den ursprünglichen Bildordner in Lightroom ❺, die aktuelle Sammlung ❻ oder auch das Bild im Explorer beziehungsweise Finder anzeigen lassen.

27 Wo sind meine Daten?

Und wo werden alle Metadaten, Entwicklungseinstellungen und Informationen über Sammlungen, Diashows etc. gespeichert? In der Lightroom-Katalogdatei können Sie diese auch ganz leicht lokalisieren: Wählen Sie auf dem Mac aus dem LIGHTROOM-Menü und auf dem PC aus dem BEARBEITEN-Menü die KATALOGEINSTELLUNGEN. Dort klicken Sie in der Sektion ALLGEMEIN auf ANZEIGEN ❼, um diese Dateien anzuzeigen ❽. **Mehr dazu** im Grundlagenexkurs »Der Lightroom-Katalog« auf Seite 70.

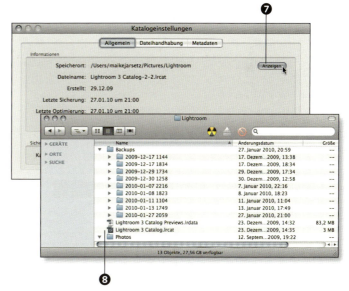

28 Backup erstellen

Die Standardeinstellung von Lightroom erfragt bei jedem Programmende eine Sicherheitskopie. Diese Backup-Dateien konnten Sie eben schon im Katalogordner sehen.

Den Ort für das Backup können Sie nach einem Klick auf die Schaltfläche WÄHLEN ❾ ändern. Die Häufigkeit dieser Abfrage bestimmen Sie auch in den Katalogeinstellungen im Bereich ALLGEMEIN.

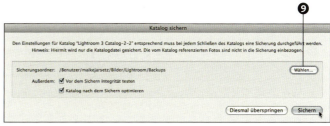

Die wichtigsten Voreinstellungen

Wie Sie Lightroom individuell anpassen

Die Voreinstellungen von Lightroom sind schon so eingerichtet, dass Sie ohne Weiteres loslegen können. Dennoch gibt es ein paar Optionen, die für den einen oder anderen Anwender interessante Möglichkeiten bereithalten. Auf den folgenden Seiten zeige ich Ihnen die wichtigsten Voreinstellungen, mit denen Sie Ihren Workflow von vornherein richtig einrichten.

Erkennungstafel einrichten

Wenn Sie Lightroom auch als Präsentationsmodul nutzen, können Sie es individualisieren. Wählen Sie auf dem Mac aus dem LIGHTROOM-Menü und auf dem PC aus dem BEARBEITEN-Menü die Option EINRICHTUNG DER ERKENNUNGSTAFEL. Im folgenden Fenster lassen Sie die Option FORMATIERTE TEXTERKENNUNGSTAFEL VERWENDEN ❷ aktiv und geben Ihren Text in das Feld ❹ ein. Markieren Sie den Text und stellen Sie Schriftart und -größe ❸ ein, bevor Sie die ERKENNUNGSTAFEL AKTIVIEREN ❶.

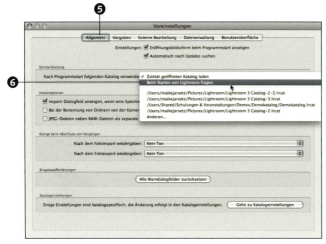

Startkatalog wählen

Wählen Sie als Nächstes aus dem LIGHTROOM- beziehungsweise BEARBEITEN-Menü die Voreinstellungen und bleiben Sie im Bereich ALLGEMEIN ❺.

Wenn Sie mit mehreren Katalogen arbeiten, öffnet Lightroom automatisch den zuletzt benutzten Katalog. Wählen sie aus dem Popup-Menü ❻ BEIM STARTEN VON LIGHTROOM FRAGEN, falls Sie Ihre Kataloge öfter wechseln.

Tipp: Alternativ können Sie beim Starten auch die ⌥Alt-Taste gedrückt halten.

3 JPEG und/oder RAW bearbeiten

Falls Ihre Kamera JPEG- und RAW-Dateien gleichzeitig aufnimmt, werden diese Datei-»Paare« von Lightroom wie ein einziges Bild behandelt und die RAW-Datei ist immer die maßgebliche Datei für die Entwicklung.

Wenn Sie die JPEG-Dateien neben RAW-Dateien als separate Fotos behandeln wollen, aktivieren Sie die entsprechende Option ❼ im Bereich ALLGEMEIN.

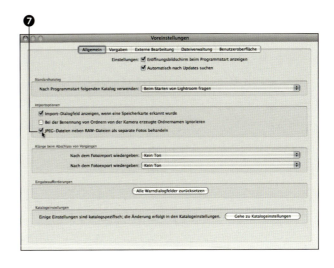

4 Feinabstimmung der Vorgaben

Wechseln Sie auf den Reiter VORGABEN. Hier bestimmen Sie, wie detailliert Entwicklungsstandards angewendet werden. Neben der Option, die Standardeinstellungen an der Seriennummer der Kamera auszurichten, können Sie auch eigene Standards für unterschiedliche ISO-Werte speichern ❽. So kann beispielsweise eine Rauschreduzierung schon beim Import durchgeführt werden.

Wie Sie einen Entwicklungsstandard festlegen lesen Sie auf Seite 166.

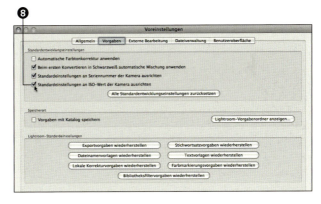

5 Vorgaben übertragen

Was, wenn Sie aufwendige Entwicklungs- oder andere Vorgaben für Ihr Studio entwickeln, aber Lightroom an mehreren Arbeitsplätzen eingesetzt wird? Die Vorgaben sind normalerweise an das Programm gebunden, aber das können Sie ändern. Aktivieren Sie die Option VORGABEN MIT KATALOG SPEICHERN ❾, um sie in den Katalogordner zu speichern, oder lassen Sie sich durch einen Klick auf die Schaltfläche ❿ den Lightroom-Vorgabenordner anzeigen und kopieren daraus die Vorgaben auf andere Rechner.

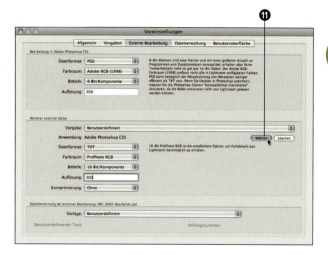

6 Photoshop-Austauschformate

Im Bereich EXTERNE BEARBEITUNG definieren Sie, wie Bilder an Photoshop oder andere externe Bearbeitungsprogramme übergeben werden sollen. Wenn Sie nur mit Photoshop arbeiten, können Sie zwei alternative Übergabeformate einrichten. Klicken Sie auf WÄHLEN ⓫ und wählen Sie dann aus Ihrem Programmordner die aktuelle Photoshop-Version. Nutzen Sie dann die zweimalige Verwendung für unterschiedliche Optionen, wie eine 8-Bit-PSD-Datei in AdobeRGB oder eine 16-Bit-TIFF-Datei mit ProPhoto-Profil.

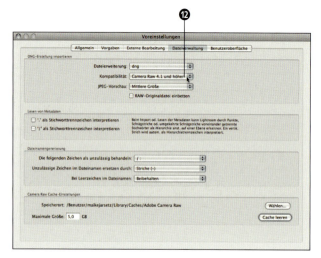

7 Abwärtskompatible DNGs

DNG ist das einzig praktikable Austauschformat für RAW-Daten. Unter anderem können Sie DNG-Daten aktueller Kameras auch in früheren Versionen von Lightroom oder Camera RAW öffnen – vorausgesetzt, Sie haben eine entsprechende KOMPATIBILITÄT im Bereich DATEIVERWALTUNG eingestellt. Mit einer Kompatibilität von CAMERA RAW 4.1 UND HÖHER ⓬ sind die Dateien bis Lightroom 1.1 abwärtskompatibel. Aber Achtung: Neuere Funktionen wie etwa lokale Korrekturen werden dann nicht unterstützt!

8 Automatisches Katalog-Backup

Bei jedem Beenden von Lightroom werden Sie zu einem Backup der Katalogdatei aufgefordert. Wie häufig das passieren soll, können Sie für jeden Katalog individuell steuern.

Wechseln Sie über den Bereich ALLGEMEIN auf die KATALOGEINSTELLUNGEN ⓭ und geben Sie dort über das entsprechende Popup-Menü an, wie oft Sie Ihren Katalog sichern wollen.

9 Vorschau-Ballast vermeiden

Neben der Katalogdatei werden mit der Datei »...Previews.lrdata« die Vorschauen aller Bilder gespeichert, für die schon einmal eine 1:1-Vorschau aufgebaut wurde – so ermöglicht Lightroom einen schnellen Bildschirmaufbau der Arbeitsdateien.

Allerdings besetzen diese Cache-Dateien nur unnötigen Speicherplatz, wenn die Arbeit an den Bildern abgeschlossen ist. Bestimmen Sie im Bereich DATEIHANDHABUNG, wie schnell die Preview-Dateien wieder gelöscht werden.

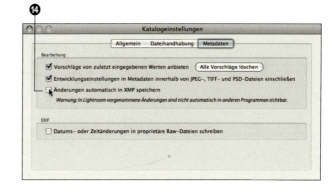

10 Mehrere Programme nutzen

Eine entwickelte RAW-Datei aus Lightroom wird in der Bridge unentwickelt dargestellt, weil alle Bildveränderungen für den schnellen Zugriff nur im Lightroom-Katalog gespeichert werden. Im Bereich METADATEN können Sie die ÄNDERUNGEN AUTOMATISCH IN XMP SPEICHERN ⓮ und damit an die Datei binden. Dies kann aber die Verarbeitungsgeschwindigkeit beeinträchtigen.

Alternativen finden Sie im Workshop »Übersetzungshilfe« auf Seite 260.

11 Vorgaben zurücksetzen

Wünschen Sie sich manchmal, Ihr Programm wieder auf die Werkseinstellungen zurückzusetzen?

Im Bereich VORGABEN der allgemeinen Voreinstellungen, können Sie die Vorgaben für verschiedene Bereiche wie Bibliothek, Stichwörter, Export etc. wiederherstellen ⓯.

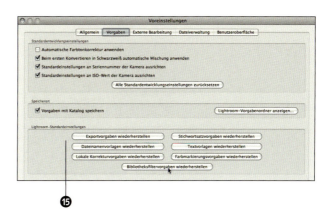

Einführung | Die ersten Schritte **33**

Der richtige Start

Der schnellste und beste Zugriff auf die Beispieldateien

Dieses Buch ist ein Workshop-Buch und natürlich soll es Ihnen dabei helfen, Ihre eigenen Bilddaten perfekt zu verwalten, zu entwickeln und auszugeben. Aber gerade im Entwicklungsbereich sind die Beispiele oft besser nachzuvollziehen, wenn Sie das Bildmaterial aus dem Workshop nutzen. Dieses steht Ihnen auf der beiliegenden DVD zur Verfügung. Hier ein paar Tipps, wie Sie es am schnellsten nutzen.

1 Die Buch-DVD

Neben einer 30-Tage-Version von Lightroom finden Sie auf der DVD einen Ordner mit der Bezeichnung »1601_Das_Lightroombuch«. Kopieren Sie diesen komplett auf Ihre Festplatte in ein gewünschtes Verzeichnis.

Tipps zur Installation der Demoversion finden Sie im Anhang »Die DVD zum Buch« auf Seite 460.

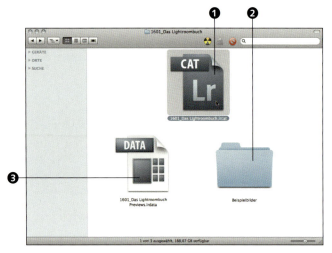

2 Katalog öffnen

Öffnen Sie den Ordner. Darin befinden sich drei Dateien: Der Ordner mit den Beispielbildern ❷, eine Previewdatei ❸ für die schnellere Bildansicht und die eigentliche Katalogdatei ❷ mit der Bezeichnung »1601_Das_Lightroombuch.lrcat«.

Öffnen Sie diese Katalogdatei einfach über einen Doppelklick.

3 Nur ein Katalog

Falls Sie aktuell schon einen Katalog in Lightroom 3 geöffnet haben, werden Sie gefragt, ob Sie diesen schließen wollen. Denn Lightroom 3 kann nach wie vor nur einen Katalog zur selben Zeit öffnen. Bestätigen Sie diese Meldung mit OK.

4 Schnell startbereit

Mit dem Öffnen der Katalogdatei wurde auch die Verlinkung zu den Beispielbildern hergestellt. Mit diesem einen Doppelklick liegt also der komplette Arbeitskatalog vor Ihnen.

Die benötigten Beispieldaten werden in der Einleitung des Workshops in farbigen Klammern angezeigt: **[Beispielbild]**

Sie müssen sich jetzt nicht die Mühe machen, den Katalog nach Einzelbildern zu durchsuchen, denn ich habe da noch etwas mehr für Sie vorbereitet.

5 Der Vorteil der Sammlungen

Öffnen Sie im Bibliothek-Modul auf der linken Seite die SAMMLUNGEN-Palette. Dort finden Sie Sammlungen zu den einzelnen Kapiteln oder Workshop-Themen, wie sie im Buch angegeben sind.

Klicken Sie einfach auf eine Sammlung ❹ und Sie bekommen eine überschaubare Anzahl von Bildern angezeigt, mit der Sie dann zum Arbeiten in das Entwickeln-Modul wechseln können.

Einführung | Die ersten Schritte **35**

Nicht-destruktives Arbeiten

Das Grundprinzip von Lightroom

Was bedeutet nicht-destruktiv?

Eine nicht-destruktive Bildbearbeitung verändert niemals die Originaldaten. An jedem Punkt Ihrer Bildentwicklung können Sie auf die ursprüngliche Bilddatei aus der Kamera zurückgreifen – Ihnen bleibt also immer so etwas wie eine Negativ-Datei enthalten.

Dieses Prinzip stammt aus der RAW-Daten-Entwicklung, denn eine RAW-Datei aus der Kamera entspricht keinem standardisierten Bildformat, bei dem die Veränderungen der Bildentwicklung direkt in der Datei gespeichert werden könnten.

Die Entwicklungseinstellungen werden stattdessen in sogenannten **Metadaten** gespeichert. Diese können sowohl als Filialdateien – also zusätzliche Dateien neben der Bilddatei – oder, wie im Fall von Lightroom, in einer Katalogdatei gesammelt werden. Der Vorteil dieser Zusatzinformationen ist, dass diese jederzeit von der Datei wieder getrennt werden können. In Lightroom wird diese Möglichkeit zum Grundprinzip erklärt.

So können Sie nicht nur zur Originalversion eines Bildes zurückkehren, sondern haben Zugriff auf jeden einzelnen Entwicklungsschritt. Ebenso können Sie Entwicklungseinstellungen eines Bildes kopieren und ganz oder teilweise auf andere Bilder übertragen. Und vor allem: Durch virtuelle Kopien können Sie mehrere solcher Entwicklungseinstellungen anlegen, ohne das Originalbild zu kopieren. So können Sie ohne deutlich größeren Speicherbedarf auf mehrere Bildvarianten zugreifen.

Lesen Sie auch die Grundlagenexkurse

»Der Lightroom-Katalog« auf Seite 70, »Die weite Welt der Metadaten« auf Seite 110 und »Warum RAW-Daten?« auf Seite 234.

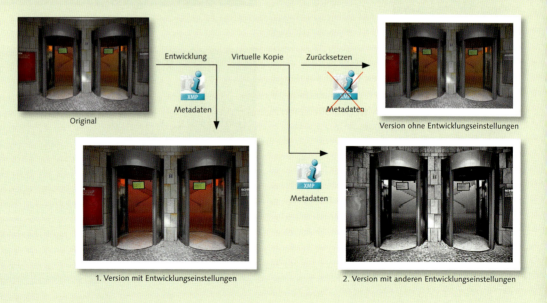

Vergleich | Durch einen Klick auf den Vergleichsknopf in der Werkzeugleiste ❶ des Entwickeln-Moduls können Sie den aktuellen Entwicklungsstatus mit der Ursprungsversion vergleichen.

Protokoll | Im PROTOKOLL ist jeder einzelne Entwicklungsschritt aufgeführt. Durch einen Klick auf die einzelnen Schritte ❷ bestimmen Sie den aktuellen Dokumentstatus. Das PROTOKOLL ist dauerhaft – auch nach Beenden und Neustart des Programms – verfügbar. Durch Klick auf das X ❸ löschen Sie das Protokoll. Der Entwicklungsstatus ändert sich dadurch nicht.

Schnappschüsse | In der SCHNAPPSCHÜSSE-Palette des Entwickeln-Moduls können Sie durch einen Klick auf das **+** ❹ verschiedene Bearbeitungsphasen speichern und später jederzeit durch Auswählen des Schnappschuss-Namens ❺ wieder aufrufen.

Virtuelle Kopien | Über die rechte Maustaste oder über das Menü FOTO können Sie virtuelle Kopien – also einen weiteren Entwicklungssatz für ein Foto – erstellen. Im Filmstreifen und in der Rasteransicht der Bibliothek sind diese durch ein kleines Symbol ❻ erkennbar.

Zurück auf Los | Um alle Entwicklungseinstellungen zu löschen, klicken sie einfach im Entwickeln-Modul auf den Button ZURÜCKSETZEN oder wählen den entsprechenden Befehl mit der rechten Maustaste aus.

Symbole in der Rasteransicht | Auch in der Bibliothek ist – genauso wie im Filmstreifen – sofort sichtbar, ob ein Bild mit Entwicklungseinstellungen ❼ oder weiteren Metadaten ❽ wie etwa Stichwörtern versehen ist.

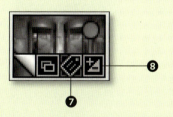

Grundlagenexkurs | Nicht-destruktives Arbeiten

Kataloge und Bildimport

Wo sind jetzt eigentlich meine Bilder? Das ist die Frage, die bei Lightroom-Workshops immer als eine der ersten gestellt wird. Was macht Lightroom beim Import? Was ist diese dubiose Katalogdatei? Wie kann ich meine bestehende Dateistruktur in Lightroom übernehmen? Was muss und sollte ich beim Import alles beachten? Wie organisiere ich die Bilder, nachdem sie in den Lightroom-Katalog aufgenommen wurden?

Auf diese und andere Fragen möchte ich Ihnen in diesem Kapitel Antworten geben. Außerdem werde ich Ihnen einen genaueren Einblick in die Katalogstruktur von Lightroom geben, damit Sie diese für Ihre Bildorganisation am besten nutzen können.

Den Leuchtkasten einschalten **46**
    Einen neuen Lightroom-Katalog einrichten
Öffnen Sie Ihr Fotoarchiv **48**
    Importieren Sie Ihr bestehendes Bildarchiv samt Sortierung
Standards setzen **52**
    Metadaten- und Importvorlagen anlegen und anwenden
Her mit den Bildern **56**
    Fotos von der Speicherkarte importieren
Express-Entwicklung **60**
    Bilder während des Imports entwickeln
Live-Shooting **62**
    Bilder während der Aufnahme automatisch importieren
Kataloge zusammenführen **66**
    Bilder aus bestehenden Katalogen importieren
Der Lightroom-Katalog **70**
    Wie Sie Ihre Bilddaten organisieren

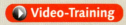 **Bonusmaterial auf DVD:**
    Live aus der Kamera importieren (Lektion 1.2)

Foto: iStockphoto, © syagci, Bild 5806978

Wissenswertes zur Katalogidee

? Ich wechsle öfter zwischen verschiedenen Katalogen. Wenn ich Lightroom neu starte wird immer der zuletzt geöffnete Katalog wieder geöffnet. Kann ich beim Öffnen von Lightroom schon den nächsten Arbeitskatalog vorwählen?

! Ja, in den allgemeinen VOREINSTELLUNGEN von Lightroom bestimmen Sie in einem Popup-Menü, welcher Katalog beim Starten geöffnet werden soll. Wählen Sie dort BEIM STARTEN VON LIGHTROOM FRAGEN, um dann aus der Auswahl der letzten Kataloge zu wählen. Alternativ können Sie auch bei einer anderen Voreinstellung durch Drücken der `Alt`-Taste beim Starten die Auswahl erzwingen.

? Über die Katalogeinstellungen habe ich den Speicherort meines Katalogs auf der Festplatte gefunden, aber nicht meine Fotos. Wo sind die Bilder?

! Pragmatische Antwort: genau da, wohin Sie sie gespeichert oder während des Imports kopiert oder verschoben haben. Die importierten Bilddaten müssen nicht mit dem Katalog gespeichert werden, denn dieser beinhaltet nur die Metadaten für alle Bilder. Lesen Sie dazu auch den Grundlagenexkurs »Der Lightroom-Katalog« auf Seite 70.

? Ich habe einen einzigen Katalog in Lightroom und möchte diesen umbenennen. Wie kann ich dem Katalog einen anderen Namen geben?

! Sie können den Lightroom-Katalog einfach auf der Desktop- oder Finder-Ebene überschreiben: Wenn Sie Ihren Katalog nicht am Standardort BENUTZER ▷ BILDER ▷ LIGHTROOM gespeichert haben, lokalisieren Sie den Speicherort in den Katalogeinstellungen und benennen ihn dann einfach im Windows Explorer oder im Finder des Macs um. Die Verknüpfung zu allen Bildern und relevanten Daten bleibt erhalten.

? Ich möchte verschiedene Ordner meines Katalogs auch mit einem anderen Lightroom-Katalog verwalten. Die Bilder möchte ich dazu nicht kopieren und auch nicht auf der Festplatte verschieben. Gleichzeitig sollen alle Entwicklungseinstellungen, Stichwörter und auch virtuelle Kopien übernommen werden. Wie geht das mit dem geringstmöglichen Aufwand?

! Aktivieren Sie alle Bildordner mit gedrückter `Strg`/`⌘`-Taste, markieren Sie alle darin enthaltenen Bilder mit `Strg`/`⌘` + `A` und erstellen Sie aus der Bildauswahl eine neue Sammlung. Diese können Sie dann mit der rechten Maustaste als Katalog exportieren. Deaktivieren Sie dabei die Option NEGATIVDATEIEN EXPORTIEREN – so wird weiterhin auf die bestehende Dateistruktur referiert. Diesen Katalog können Sie nun öffnen oder in andere Kataloge importieren. Wie das geht, lesen Sie im Workshop »Kataloge zusammenführen« auf Seite 66.

? **Wo speichert Lightroom die Verschlagwortungen und die Datenbankeinträge?**

! Alle Metadaten werden in der Katalogdatei von Lightroom gesichert. Diese Datei findet man, indem man im Reiter ALLGEMEIN der KATALOGEINSTELLUNGEN auf ANZEIGEN klickt.

? **Wie kann man diese im Falle eines Festplattencrashs sichern?**

! Die Katalogdatei »[Katalogname].lrcat« kann einfach gesichert werden.

? **Wie kann man diese Dateien in ein neu installiertes Lightroom integrieren und findet es auch wieder die zugehörigen Bilder auf den externen Bilddateien?**

! Die Katalogdatei muss nach einer Neuinstallation einfach nur geöffnet werden und findet die Bilder automatisch, wenn diese sich noch in denselben Verzeichnissen oder auf der externen Festplatte befinden. Lesen Sie dazu auch den Grundlagenexkurs »Der Lightroom-Katalog« auf Seite 70.

? **Ich stelle fest, dass Lightroom jetzt nicht mehr so schnell läuft, wie noch vor einigen Monaten – kann man den Lightroom-Katalog »aufräumen«?**

! Es kann mehrere Gründe für eine Verlangsamung von Lightroom geben und deshalb auch mehrere Ansätze, es wieder zu beschleunigen. Falls die Datenbank des Katalogs über viele Import- und Löschvorgänge sehr fragmentiert ist, können Sie sie über den Befehl KATALOG OPTIMIEREN aus dem DATEI-Menü wieder neu aufbauen. Überprüfen Sie auch in den KATALOGEINSTELLUNGEN im Reiter DATEIHANDHABUNG die Option 1:1 VORSCHAUEN AUTOMATISCH VERWERFEN. Wenn dort NIE oder 30 TAGE eingestellt ist, werden die Vorschaudaten der Bilder für längere Zeit in Lightroom gespeichert. Bei einem großen Datendurchsatz ist das unnötig und geht zu Lasten der Geschwindigkeit. Auch die Option ÄNDERUNGEN AUTOMATISCH IN XMP SCHREIBEN im Reiter METADATEN der KATALOGEINSTELLUNGEN bedingt einen permanenten Festplattenzugriff und verlangsamt Lightroom.

? **Kann ich von Lightroom aus meine Kamera bedienen und auslösen?**

! Ja, mit der Funktion TETHER-AUFNAHME. Es gibt allerdings einige Einschränkungen: Die Funktion steht momentan nicht für alle Kameras zur Verfügung und Sie können zwar von Lightroom aus auslösen, aber noch nicht die Kameraeinstellungen wie Blende oder Belichtungszeit steuern. Dafür birgt die Funktion andere nützliche Möglichkeiten. Diese sind im Workshop »Live-Shooting« auf Seite 62 beschrieben.

? **Wo speichert Lightroom beim Backup die Fotos?**

! Gar nicht – beim Backup wird eine Sicherungskopie der Katalogdatei und der Vorschauen durchgeführt. Die Originaldaten können Sie schon beim Import über die Option ZWEITE KOPIE AN FOLGENDEM ORT ABLEGEN sichern. Wollen Sie die Bilder mit den Entwicklungseinstellungen sichern, exportieren Sie sie am besten mit dem Katalog. Infos dazu finden Sie im Workshop »Kataloge zusammenführen« auf Seite 66.

Der Importdialog im Überblick

Mit diesem kleinen Pfeil-Icon wechseln Sie vom kompakten in den erweiterten Importdialog – und dort finden sich noch viele weitere Bedienelemente und Funktionen …

Auch beim Import können Sie Ihre Bilder schon unter die Lupe nehmen. Auf der nächsten Seite erfahren Sie, wie und mit welchen Shortcuts.

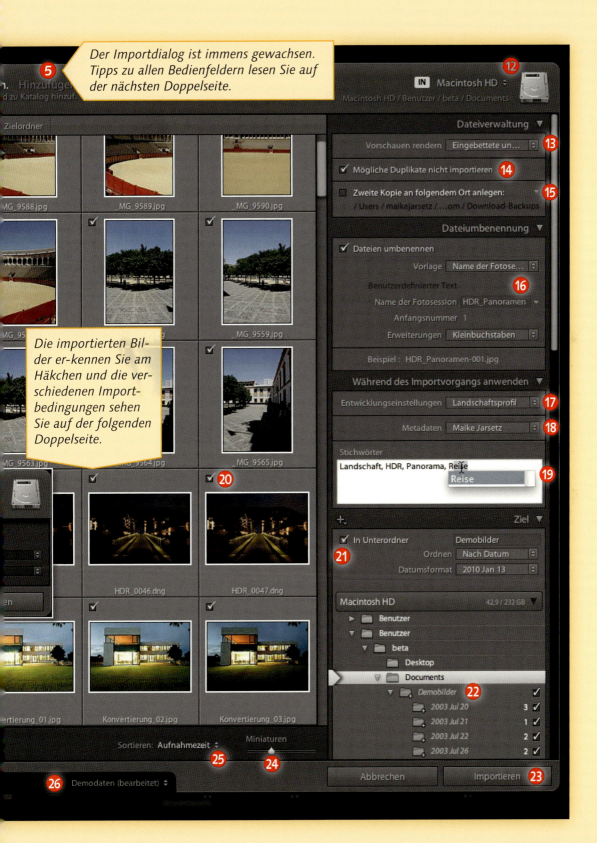

Der Importdialog im Überblick

❶ Importquelle: Klicken Sie auf die Dreiecke und navigieren Sie durch Ihre Ordnerstruktur, um die Bildquelle auszuwählen. Die Fotos können von der internen Festplatte, einem externen Laufwerk, einer Speicherkarte oder einer Daten-DVD importiert werden.

❷ Fotos als DNG kopieren: Schon beim Import können Fotos in das DNG-Format konvertiert werden. Sie sichern Ihre RAW-Daten damit archivierungssicher und abwärtskompatibel. Außerdem können DNG-Daten – im Gegensatz zu reinen RAW-Daten – Metadateninformationen innerhalb der Datei speichern.

❸ Fotos kopieren: Kopieren Sie Fotos von der Speicherkarte oder CD auf die Festplatte, um dauerhaft auf sie zugreifen zu können.

❹ Fotos verschieben: Diese Option bietet sich an, wenn Sie beispielsweise Teile Ihres Archivs beim Import in den Lightroom-Katalog gleichzeitig auf eine externe Festplatte verlagern wollen.

❺ Fotos hinzufügen: Fügen Sie Ihre Fotos dem Katalog hinzu, ohne sie zu kopieren oder zu verschieben. So können Sie am besten von einer bestehenden Datenbankstruktur profitieren.

❻ Vorschaufenster: Sie können in diesem Fenster alternativ alle Fotos des selektierten Quellordners oder nur die neuen Fotos, die noch nicht im Katalog enthalten sind, anzeigen lassen. Im Zielordner sehen Sie alle nach dem Import verfügbaren Fotos.

❼ Unterordner einbeziehen: Bestimmen Sie mit dieser Option, ob auch Fotos aus Unterordnern im Vorschaufenster angezeigt und beim Import berücksichtigt werden sollen.

❽ Laufwerke und Verzeichnisse: In der linken Spalte wird Ihnen der ausgewählte Importordner angezeigt. Natürlich können Sie über dieses Fenster auch zu anderen Importquellen navigieren.

❾ Kompaktmodus: Über den Pfeil in der linken, unteren Ecke wechseln Sie zwischen dem erweiterten und dem Kompaktmodus. Die wichtigsten Importvorgaben stehen Ihnen auch im Kompaktmodus zur Verfügung.

❿ Importvolumen: Dieses zeigt Ihnen Anzahl und Größe der ausgewählten Bilder.

⓫ Lupen- und Rasteransicht: Statt über die Tasten E und G oder einen Doppelklick können Sie auch über diese beiden Symbole zwischen Raster- und Lupenansicht wechseln.

⓬ Zielpfad: Genauso wie die Importquelle wird Ihnen auch das Importziel in der oberen Leiste angezeigt. Auch dieses können Sie über das Popup-Menü unter den Pfeilen auswählen.

⓭ Vorschauoptionen: Definieren Sie beim Import die Qualität der Erstvorschauen, die beim Import schon vor der ersten Detailbetrachtung aufgebaut werden.

❶❹ **Duplikate ignorieren:** Durch diese Option werden schon im Katalog enthaltene Dateien automatisch ausgegraut und vom Import ausgeschlossen.

❶❺ **Sicherheitskopie der Originale:** Mit dieser Option wird beim Import eine Sicherheitskopie der Originaldaten durchgeführt.

❶❻ **Dateiumbenennung:** Für die Dateiumbenennung stehen Ihnen im Popup-Menü verschiedenste Vorlagen mit Text- und Metadatenbausteinen zur Verfügung. Diese können auch angepasst oder ganz individuell erstellt werden.

❶❼ **Entwicklungsvorgaben:** Im Entwicklungsmodus gespeicherte Vorgaben können gleich beim Import auf die Bilder angewendet werden. So können zum Beispiel standardmäßig die Zuweisung eines DNG-Profils oder eine Entrauschung durchgeführt werden.

❶❽ **Metadatenvorgaben:** Diese Vorgaben speichern IPTC-Informationen, wie etwa Copyright-Hinweise und Bildbeschreibungen. Bestehende Metadaten werden nicht überschrieben.

❶❾ **Stichwörter:** Geben Sie beim Bildimport schon die notwendigen Stichwörter für die Bildorganisation ein. Falls ein Stichwort mit gleichen Anfangsbuchstaben schon im Katalog Verwendung findet, wird Ihnen ein entsprechender Stichwortvorschlag gemacht.

❷⓪ **Importfotos auswählen:** Über die Haken wählen Sie die Fotos für den Import aus. Über zwei Knöpfe können Sie auch ALLE MARKIEREN oder die AUSWAHL AUFHEBEN.

❷❶ **Unterordner anlegen:** Sortieren Sie die importierten Bilder gleich in Unterordner. Diese können zusätzlich nach weiteren Datumsordnern sortiert werden.

❷❷ **Importziel:** In der rechten Spalte werden Ihnen das Importziel und die entstehenden neuen Ordner (in grau) angezeigt.

❷❸ **Importieren:** Wenn alle Einstellungen vorgenommen sind, können Sie über diesen Knopf den Import starten.

❷❹ **Miniaturgröße:** Mit diesem Schieberegler bestimmen Sie die Größe der Vorschaubilder.

❷❺ **Sortierreihenfolge:** Genauso wie in der Bibliothek haben Sie im Vorschaufenster verschiedenste Sortierkriterien zur Verfügung.

❷❻ **Importvorgaben:** Alle Einstellungen im gesamten Importdialog können als Vorgabe gesichert und bei weiteren Importen aus dem Popup-Menü wieder ausgewählt werden.

Den Leuchtkasten einschalten
Einen neuen Lightroom-Katalog einrichten

Nach dem ersten Start legt Lightroom einen neuen Katalog an, der sich standardmäßig im Bilderordner des Benutzerverzeichnisses befindet. Falls Sie Ihren Katalog an anderer Stelle – zum Beispiel zusammen mit den Bilddaten – speichern oder Bilder in verschiedenen Katalogen verwalten wollen, müssen Sie einen neuen Katalog anlegen. Dazu benötigen Sie nur wenige Schritte.

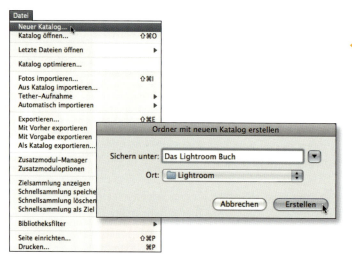

1 Neuen Katalog erstellen
Wählen Sie aus dem DATEI-Menü die Option NEUER KATALOG und wählen Sie den gewünschten Speicherort – zum Beispiel den Ordner, in dem sich auch Ihre Bilddaten befinden.

Sie müssen keinen neuen Unterordner für die Lightroom-Dateien anlegen. Dieser wird automatisch angelegt – und zwar mit dem Namen, den Sie im Feld SICHERN UNTER eingeben. Klicken Sie dann auf ERSTELLEN.

2 Ein neuer, leerer Leuchtkasten
Der alte Katalog wird geschlossen und Lightroom fragt gegebenenfalls noch nach einer Sicherheitskopie. Danach wird Ihr neuer Katalog mit dem gewähltem Namen erstellt.

Vor Ihnen liegt jetzt ein leerer Leuchtkasten, den Sie gleich mit Ihren Bildern füllen können.

3 Katalogeinstellungen öffnen

Werfen Sie noch einen Blick auf Ihre Katalogeinstellungen, die Sie auf dem Mac aus dem LIGHTROOM-Menü und unter Windows aus dem BEARBEITEN-Menü heraus auswählen können.

Unter den ALLGEMEIN-Einstellungen können Sie jederzeit den Speicherort Ihres Kataloges lokalisieren ❶ und diesen auch über eine Schaltfläche ❷ direkt auf der Festplatte anzeigen lassen.

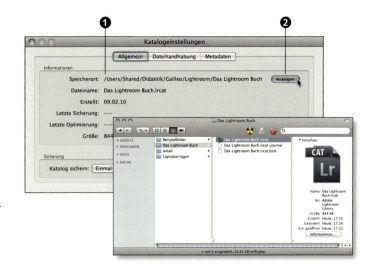

4 Dateihandhabung festlegen

Wechseln Sie auf den Bereich DATEI-HANDHABUNG. Hier können Sie die STANDARDVORSCHAUGRÖSSE und -QUALITÄT vorgeben, in der die importierten Bilder automatisch gerendert werden. Dies können Sie hier vordefinieren, aber auch noch im Importdialog individuell steuern. Definieren Sie außerdem, wann die Preview-Dateien der Lupenansichten – also die 1:1-Vorschauen – wieder gelöscht werden. Diese können nämlich viel Platz auf Ihrer Festplatte beanspruchen.

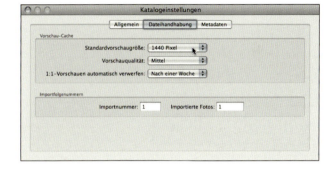

5 Metadateneinstellung prüfen

Die METADATEN-Einstellungen sollten Sie nur ändern, wenn Sie permanent mit anderen Programmen wie der Bridge und Camera RAW auf die entwickelten Bilder zugreifen wollen. Die Option ÄNDERUNGEN AUTOMATISCH IN XMP SPEICHERN speichert die Entwicklungseinstellungen zu den RAW-Daten in einer XMP-Filialdatei. Dies bedeutet einen ständigen Zugriff auf die Festplatte und empfiehlt sich nur in ausgewählten Fällen.

Lesen Sie dazu den Workshop »Übersetzungshilfe« auf Seite 260.

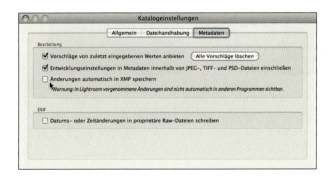

Öffnen Sie Ihr Fotoarchiv

Importieren Sie Ihr bestehendes Bildarchiv samt Sortierung

Wenn Sie Ihren ersten Lightroom-Katalog aufbauen, werden die meisten von Ihnen schon ein bestehendes Bildarchiv haben, das mit Lightroom weiter verwaltet werden soll. Natürlich können Sie die bestehende Sortierung ohne viel Aufwand weiter nutzen und in Lightroom davon profitieren. Wie das am schnellsten geht, sehen Sie in diesem Workshop.

1 Bilder importieren

Klicken Sie auf den IMPORTIEREN-Knopf im Bibliothek-Modul, um Ihren neuen Katalog mit dem bestehenden Bildarchiv zu füllen.

Sie können auch aus dem DATEI-Menü die Option FOTOS IMPORTIEREN wählen oder die Funktion mit ⇧ + Strg / ⌘ + I aufrufen.

2 Importquelle wählen

Beim allerersten Aufrufen öffnet sich das Importfenster im Kompaktmodus. Hier können Sie schon die QUELLE AUSWÄHLEN ❶. Öffnen Sie das Popup-Menü und wählen Sie ANDERE QUELLE.

Navigieren Sie dann bis zum übergeordneten Ordner Ihres Bildarchivs und klicken Sie auf AUSWÄHLEN.

Danach wechseln Sie über den Pfeil ❷ auf das erweiterte Importfenster.

3 Erweitertes Importfenster

Das erweiterte Importfenster bietet Ihnen Zugriff auf ein Vorschaufenster, in dem Sie die zu importierenden Bilder begutachten und für den Import auswählen können.

Ihnen werden die Bilder aller Unterordner angezeigt, so dass Sie diese einzeln oder in Gruppen auswählen können.

Nutzen Sie die Knöpfe ALLE MARKIEREN oder AUSWAHL AUFHEBEN ❸, um alle Bilder zu aktivieren oder zu deaktivieren.

4 Bilder für den Import markieren

Wenn Sie einzelne Bilder oder Bilderreihen für den Import aus- oder abwählen wollen, müssen Sie diese zuerst einzeln mit gedrückter ⌃Strg/⌘-Taste oder in Reihe mit gedrückter ⇧-Taste markieren und über einen Klick auf den Haken ❹ aktivieren oder deaktivieren.

5 Motive unter die Lupe nehmen

Schon beim Import können Sie einige der Ansichtsoptionen nutzen, die Sie auch in der Bibliothek wiederfinden.

Über den Schieberegler ❻ können Sie die Ansichtsgröße der Miniaturbilder fließend steuern und über die beiden Symbole links ❺ wechseln Sie zwischen der Raster- und der Lupenansicht. Auch im Importdialog können Sie über einen Doppelklick auf das ausgewählte Bild oder die Taste E in die Lupenansicht wechseln. Die Taste G führt Sie zurück in die Rasteransicht.

Kapitel 1 | Kataloge und Bildimport

6 Bildordner auswählen

Falls Sie nur einige der Unterordner Ihres Quellordners importieren wollen, können Sie diese mit gedrückter `Strg`/⌘-Taste in der linken Spalte auswählen.

So werden auch nur die darin befindlichen Bilder im Vorschaufenster angezeigt.

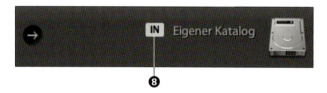

7 Bilder ohne Kopie hinzufügen

Definieren Sie jetzt, wie die ausgewählten Bilder dem Katalog hinzugefügt werden sollen.

Da Ihr Bildarchiv schon besteht und die Daten weder an einen anderen Ort verschoben noch kopiert werden sollen, aktivieren Sie in der oberen Zeile die Option HINZUFÜGEN ❼.

Als Zielordner ❽ wird so der EIGENE KATALOG – also der bestehende Speicherort – angegeben.

8 Eingebettete Vorschauen

Definieren Sie im Popup-Menü VORSCHAUEN RENDERN auf der rechten Seite ❾, in welcher Qualität die Vorschaubilder beim Import in Lightroom aufgebaut werden sollen. Die Standardgröße entspricht der Einstellung im Bereich DATEIHANDHABUNG der KATALOGEINSTELLUNGEN.

Durch die Einstellung EINGEBETTETE UND FILIALDATEIEN profitieren Sie von Vorschaubildern, die für die importierten Bilder vorher schon erstellt wurden – in einem anderen Lightroom-Katalog oder in der Bridge.

9 Den Bildimport starten

Klicken Sie dann rechts unten im Arbeitsfenster auf IMPORTIEREN. Lightroom wechselt so zur Bibliotheksansicht und fügt die Bilder dem Katalog zu, ohne deren Speicherort zu verändern.

10 Die Bibliothek

Sehr schnell werden die Bilder in der Bibliothek angezeigt. Und schon bevor die ersten Vorschauen für die Bilder abgerufen werden, können Sie im Ordnerfenster ❿ die importierten – also die jetzt durch Lightroom verwalteten – Ordner sehen.

Während Lightroom noch arbeitet, können Sie aber schon durch die Bilder scrollen ⓫, die Miniaturgrößen verändern ⓮, die Bilder im Filmstreifen ⓭ auswählen oder auf die Vollbildansicht wechseln ⓬.

11 Ordnerstruktur bearbeiten

Lightroom zeigt im Ordnerfenster den jeweils importierten Bildordner und auch Unterordner an. Falls Sie nur einzelne Ordner für den Import ausgewählt haben, kann es sein, dass Ihnen für den Überblick ein übergeordneter Ordner fehlt.

Klicken Sie in diesem Fall mit der rechten Maustaste auf einen Ordner und wählen Sie ÜBERGEORDNETEN ORDNER HINZUFÜGEN. Wenn Sie von vornherein den übergeordneten Ordner importieren, ist dies natürlich unnötig.

Standards setzen

Metadaten- und Importvorlagen anlegen und anwenden

Copyright-Vermerke und Stichwörter sollten Sie so früh wie möglich in der Bildorganisation ergänzen. Der Importdialog ist deshalb genau der richtige Ort für die Eingabe der ersten Bildinformationen. Legen Sie Metadatenvorlagen an, um wiederkehrende Einträge, wie detaillierte Copyright-Hinweise, mit einem Mausklick anwenden zu können. Oder speichern Sie gleich die kompletten Importeinstellungen als Vorgabe.

1 Den Importvorgang nutzen

Beginnen Sie im Importdialog. Wählen Sie also aus dem DATEI-Menü die Option FOTOS IMPORTIEREN oder drücken Sie ⇧ + Strg / ⌘ + I .

Wenn sich das Importfenster im Kompaktmodus öffnet, wählen Sie gleich die erweiterte Ansicht über einen Klick auf den Pfeil in der linken unteren Ecke ❶.

2 Neue Metadatenvorlage

In der rechten Spalte öffnen Sie den Bereich WÄHREND DES IMPORTVORGANGS ANWENDEN. Dort befindet sich in der zweiten Zeile das Popup-Menü für die Metadatenvorlagen ❷. Wählen Sie daraus die Option NEU.

Im folgenden Arbeitsfenster geben Sie als erstes einen Vorgabennamen ein. Darunter sehen Sie verschiedene IPTC-Felder, die Sie alle für die Metadatenvorlage mit Informationen bestücken könnten.

3 IPTC-Informationen eingeben

Speichern Sie aber in einer Metadatenvorlage immer nur die wirklich weitreichend anwendbaren Informationen, wie einen Copyright-Hinweis oder Ihre Urheberinformationen.

Das wichtigste Feld ist wohl der Copyright-Status. Ändern Sie diesen über das Popup-Menü auf URHEBERRECHTLICH GESCHÜTZT und geben Sie gegebenenfalls noch weitere Bedingungen für die Rechtenutzung ein.

4 Vorgabenfelder festlegen

Wechseln Sie dann auf das Feld IPTC-AUTOR und geben Sie Ihre Basisinformationen ein. Achten Sie auf die Häkchen ❸ in den Kästen rechts neben der Eingabefläche.

Sobald Sie einen Bereich bearbeiten, sind standardmäßig alle Häkchen gesetzt, also alle Felder aktiviert. Dadurch würden auch leere Felder Bestandteil der Metadatenvorlage. Reduzieren Sie die Anzahl der Felder durch einen Klick auf den Knopf AUSGEFÜLLTE MARKIEREN.

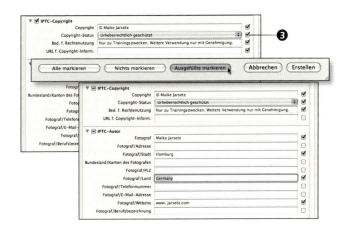

5 Metadatenvorlage erstellen

Bestätigen Sie die Eingaben für die neue Metadatenvorlage durch einen Klick auf den ERSTELLEN-Knopf.

Im gleichen Popup-Menü, in dem Sie mit der Erstellung der Metadatenvorlage begonnen haben, erscheint jetzt Ihre gespeicherte Vorlage in der Liste.

6 Importoptionen einstellen

Sie können noch mehr Arbeit durch Vorgabendefinitionen sparen. Öffnen Sie den Bereich DATEIUMBENENNUNG und aktivieren Sie die entsprechende Option über das Häkchen ❹. Wählen Sie dann aus dem Popup-Menü ein für Sie sinnvolles Umbenennungssystem, etwa einen benutzerdefinierten Dateinamen und die originale Dateinummer. Diese und die nächste Option sind nur verfügbar, wenn als Importoption KOPIE oder VERSCHIEBEN gewählt ist.

7 Unterordner und Datum

Auch für die Sortierung können Sie ein Muster vordefinieren. Aktivieren Sie die Option IN UNTERORDNER ❺ im Bereich ZIEL, wenn Sie einen eigenen Namen für den Unterordner angeben wollen oder wählen Sie bei Bedarf eine automatische Ordnererstellung ❻ nach Datum. Geben Sie dann aus dem Popup-Menü das DATUMSFORMAT vor.

Tipp: In der darunterliegenden Ordnerstruktur sind die zukünftigen Ordner schon in grau dargestellt.

8 Vorschauqualität bestimmen

Das Rendern der ersten Vorschaubilder kann sehr nützlich sein, wenn Sie Ihre Bilder nach dem Import zügig beurteilen wollen. Für den Import aus einem bestehenden Bildarchiv empfiehlt sich die Einstellung EINGEBETTETE UND FILIALDATEIEN, um von schon bestehenden Vorschauen zu profitieren. Beim Import neuer Daten müssen Sie entscheiden, ob Ihnen die Standardgröße, die Sie in den Katalogeinstellungen definieren, ausreicht oder ob Sie gleich die Vollbilder mit der 1:1-Vorschau aufbauen.

9 Metadatenvorlage auswählen

Die eben erstellte Metadatenvorlage sollte natürlich auch Bestandteil eines Standardimports sein. Wählen Sie sie also aus dem Popup-Menü aus.

10 Vorgabe speichern

Nun haben Sie eine Menge Parameter definiert, die bei vielen Importvorgängen so oder ähnlich beachtet werden sollen.

Klicken Sie im unteren Bereich des Importfensters auf das Popup-Menü VORGABEN IMPORTIEREN ❼ und wählen Sie AKTUELLE EINSTELLUNGEN ALS NEUE VORGABE SPEICHERN.

Dafür müssen Sie dann nur noch einen Namen für Ihre Vorgabe bestimmen.

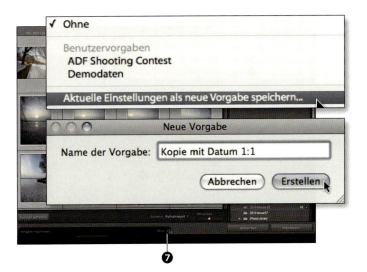

11 Importvorgabe anwenden

Bei jedem folgendem Importvorgang können Sie jetzt aus dem gleichen Popup-Menü aus Ihren erstellten Importvorgaben auswählen.

Das funktioniert auch im Kompaktmodus. Nur wenn Sie Einstellungen individuell verändern wollen, müssen Sie manchmal noch das erweiterte Fenster öffnen.

Kapitel 1 | Kataloge und Bildimport

Her mit den Bildern

Fotos von der Speicherkarte importieren

Der Import von der Speicherkarte läuft praktisch ganz automatisch. Denn in den Voreinstellungen von Lightroom ist standardmäßig festgelegt, dass sich das Importfenster öffnet, wenn eine Speicherkarte erkannt wird. In diesem Workshop sehen Sie, welche Einstellungen beim Import von der Speicherkarte Sinn ergeben und wie Sie später in der Bibliothek die Importsortierung noch ändern können.

1 Erweitertes Importfenster
Falls sich bei Ihnen das Importfenster im Kompaktmodus öffnet, klicken Sie gleich auf den Pfeil ❸, der das Fenster erweitert. An der linken oberen Ecke ❶ des Importfensters erkennen Sie, dass Sie von der Speicherkarte importieren. Über den Pfeil ❷ können Sie sie auch manuell auswählen, falls Sie Ihre Voreinstellungen geändert haben. Die Inhalte der Speicherkarte werden Ihnen im Vorschaufenster angezeigt. Bestimmen Sie über den Schieberegler ❹ gegebenenfalls noch die Größe der Miniaturen.

2 Bilder von der Karte kopieren
Für den Import der Bilder stehen zwei Optionen zur Verfügung: Sie können die Bilder im Original-Dateiformat kopieren oder gleichzeitig in das DNG-Format ❺ konvertieren. Letzteres bietet sich an, wenn Sie Ihre Originaldateien oft austauschen wollen, denn das DNG-Format kann alle Metadaten – etwa die Entwicklungseinstellungen – speichern und benötigt keine zusätzliche Filialdatei.

Mehr zu XMP-Daten und Entwicklungseinstellungen finden Sie auf Seite 304.

3 Speicherziel festlegen

In der rechten oberen Ecke des Import-dialogs wird der momentan gewählte Speicherort angezeigt. Klicken Sie auf den Doppelpfeil ❼ und wählen Sie die Option Anderes Ziel, um den Speicherort für Ihre neuen Bilder festzulegen.

Nachdem Sie zu Ihrem gewünschten Zielordner navigiert sind, wird dieser als neues Ziel angezeigt ❽.

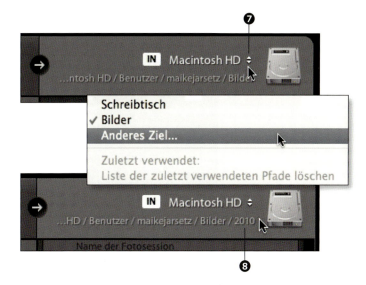

4 Vorschaubilder rendern

Neue Kamerabilder beinhalten nur minimale Vorschaubilder. Bei der Weiterverarbeitung in Lightroom müssen dann erst größere Vorschaubilder berechnet werden. Diese Vorschaubilder können Sie schon während des Imports über eine Größenauswahl im Popup-Menü ❾ berechnen lassen. Wählen Sie beim Import von Daten, die später noch ausgesiebt werden, die Größe Standard, die Sie in den Voreinstellungen für die Dateihandhabung der Katalogeinstellungen angeben.

5 Copyright-Informationen

Vergessen Sie niemals, Ihren Bildern schon beim Import die wichtigsten Copyright-Informationen mitzugeben. Nutzen Sie dazu eine Metadatenvorlage – wie Sie diese anlegen, lesen Sie im vorangegangenen Workshop.

Wählen Sie dann nur noch im Fenster Während des Importvorgangs anwenden die gespeicherte Metadatenvorlage aus dem Popup-Menü Metadaten.

Kapitel 1 | Kataloge und Bildimport

6 Nach Aufnahmedatum ordnen

Insbesondere wenn sich auf Ihrer Speicherkarte Aufnahmen mehrerer Tage und unterschiedlicher Themenbereiche befinden, wollen Sie diese nicht ungeordnet in den Zielordner kopieren. Aktivieren Sie im Fenster ZIEL erst die Option IN UNTERORDNER ❿ und bestimmen Sie dann im Popup-Menü ⓫, wie Sie die Bilder ordnen wollen. Meist bietet sich eine Sortierung NACH DATUM an. Wählen Sie dann darunter ein beispielhaftes DATUMSFORMAT. Die entstehenden Ordner ⓬ werden Ihnen sogleich angezeigt.

7 Bilder importieren

Klicken Sie nach dem Festlegen Ihrer Importoptionen auf IMPORTIEREN. Die Bilder werden dann nacheinander in die Bibliothek importiert, im Vorschaufenster angezeigt und die Bildvorschauen berechnet.

Den Verlauf des Imports können Sie im Fortschrittsbalken oben links in der Bibliothek verfolgen.

8 In Ordner importieren

Während die Bilder nacheinander im Vorschaufenster erscheinen, können Sie den Verlauf des Imports auch im Ordnerfenster beobachten.

Bereits erstellte Ordner werden weiß statt grau angezeigt und Sie erkennen ebenso, wie viele Bilder schon in den Ordner importiert wurden ⓭.

9 Ordner hinzufügen

Im Ordnerfenster erscheinen nur die direkten Importordner, in denen die Bilder jetzt gespeichert sind.

Der komplette Pfad wird Ihnen angezeigt, wenn Sie die Maus über das Ordnersymbol bewegen. Falls Sie mehr von Ihrer Festplattenordnung abbilden wollen, können Sie das mit der Option ÜBERGEORDNETEN ORDNER HINZUFÜGEN. Diese finden Sie im Kontextmenü, das Sie über einen rechten Mausklick auf einen der importierten Ordner erreichen.

10 Ordner umbenennen

Natürlich ist eine Sortierung nach Datum nicht immer das, was für eine Fotosammlung sinnvoll ist. Die Sortierung können Sie nachträglich – auch individuell – ändern.

Klicken Sie auf einen Bildordner, damit sein Inhalt im Vorschaufenster angezeigt wird. Wenn Sie den Ordner umbenennen wollen, klicken Sie einfach mit der rechten Maustaste auf den Ordnernamen und wählen Sie den entsprechenden Befehl.

11 Fotos verschieben

Auch eine Sortierung können Sie nachträglich noch ganz einfach verändern. Wählen Sie nur die Bilder, die in einen anderen Ordner verschoben werden sollen, mit gedrückter Strg / ⌘ -Taste aus und ziehen Sie diese per Drag & Drop auf den gewünschten Zielordner in der Liste ⓮. Sie werden von Lightroom freundlicherweise noch darauf hingewiesen, dass sich diese Sortierung natürlich auch auf Ihre Ordnung auf der Festplatte auswirkt. Aber genau das ist hier 0das Ziel.

Kapitel 1 | Kataloge und Bildimport **59**

Express-Entwicklung

Bilder während des Imports entwickeln

Lightroom arbeitet mit Entwicklungsvorgaben, die gespeicherte Entwicklungseinstellungen auf andere Bilder übertragen können. Die Entwicklungsvorgaben haben Sie in diesem Kapitel zwar noch nicht selbst erstellt, aber anhand vordefinierter Lightroom-Entwicklungsvorgaben, sehen Sie in dieser Lektion, wie Sie während des Imports eine erste Entwicklung durchführen können.

1 Entwicklungsmodus
Im Folgenden machen wir zunächst mit einem Beispielbild einen kleinen Ausflug in das Entwickeln-Modul.
Wählen Sie im Idealfall ein Bild mit einer für viele Bilder typischen Belichtungssituation aus der Bibliothek – in meinem Beispiel eine Aufnahme im frühen Mittagslicht.
Wechseln Sie mit einem Klick auf ENTWICKELN in der Modulleiste in das entsprechende Modul.

2 Entwicklungsvorgaben
Öffnen Sie in der linken Spalte über ein Klick auf die Dreiecke ❶ zunächst die VORGABEN und wählen Sie daraus die LIGHTROOM-VORGABEN. Hier befinden sich vordefinierte Entwicklungseinstellungen, die sich in erster Linie – ähnlich wie verschiedenes Filmmaterial – durch eine unterschiedliche Umsetzung von Kontrast und Sättigung unterscheiden. Wählen Sie per Klick eine Vorgabe aus. Die Vorgabe ALLGEMEIN – KRÄFTIG eignet sich beispielsweise, um die blassen Mittagsfarben zu verstärken.

3 Import weiterer Aufnahmen

Wechseln Sie jetzt direkt in den Importdialog über das Menü DATEI ▷ FOTOS IMPORTIEREN oder über den Shortcut ⇧ + Strg/⌘ + I.

Wählen Sie einen nicht importierten Quellordner, dessen Bilder Sie mit der gleichen Vorgabe entwickeln wollen.

Wählen Sie daraus nur die Bilder aus, die für diese Vorgabe geeignet scheinen, indem Sie andere Bilder durch einen Klick auf das Kästchen ❷ deaktivieren.

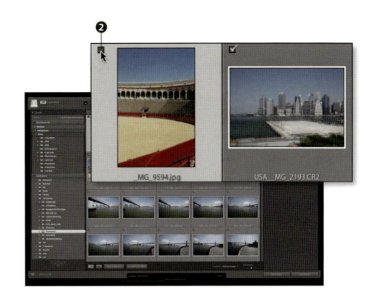

4 Entwicklungsvorgabe wählen

Im rechten Bereich des erweiterten Importfensters finden Sie die Palette WÄHREND DES IMPORTVORGANGS ANWENDEN. Im Kompaktmodus können Sie leider nicht auf die Entwicklungseinstellungen zugreifen.

Wählen Sie aus dem Popup-Menü ENTWICKLUNGSEINSTELLUNGEN ❸ Ihre gewünschte Entwicklungsvorgabe und starten Sie den Import durch einen Klick auf IMPORTIEREN.

5 Importiert und entwickelt

Während des Imports werden die Entwicklungseinstellungen gleich angewendet. Natürlich können Sie diese für einzelne Bilder wieder zurücksetzen oder Details anpassen. Auch in der Bibliothek sehen Sie, welche Vorgabe angewendet wurde. Öffnen Sie die AD-HOC-ENTWICKLUNG, dort wird sie gleich oben als GESPEICHERTE VORGABE ❹ angezeigt.

Mehr zu Entwicklungseinstellungen lesen Sie im Workshop »Retortenentwicklung« auf Seite 180.

Kapitel 1 | Kataloge und Bildimport **61**

Live-Shooting

Bilder während der Aufnahme automatisch importieren

Während eines Foto-Shootings können Sie die Fotos auch automatisch – fast in Echtzeit – importieren. Noch in Lightroom 2 ging das nur mit Hilfe eines überwachten Ordners. Die neue Tether-Funktion stellt jetzt direkt die Verbindung zur Kamera her und ersetzt den Importdialog. Und das Beste ist: Sie können die Kamera auch von Lightroom aus fernauslösen.

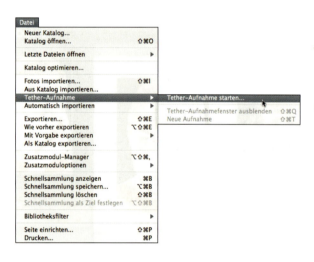

1 Tether-Aufnahme starten

Wählen Sie aus dem Datei-Menü ▷ Tether-Aufnahme ▷ Tether-Aufnahme starten.

So stellen Sie die Verbindung zu Ihrer Kamera her, die natürlich mit dem Computer verbunden sein muss. Die kameraeigene Software sollte nicht parallel laufen.

Bemerkung: Bei Drucklegung war die Tether-Funktion vorerst nur für Canon-, Nikon- und Leica-Kameras verfügbar.

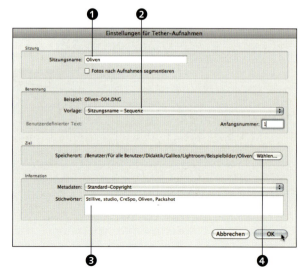

2 Aufnahmeeinstellungen

Im Dialogfeld geben Sie die Importeinstellungen für die folgenden Aufnahmen vor.

Vergeben Sie zuerst einen übergreifenden Sitzungsnamen ❶ und wählen Sie dann eine Vorlage für die automatische Dateibenennung, zum Beispiel den Sitzungsnamen plus Sequenz ❷. Wählen Sie den Speicherort ❹ sowie die begleitenden Metadaten und Stichwörter ❸.

Mehr zu Importoptionen lesen Sie im Workshop »Standards setzen« auf Seite 52.

3 **Die Kamerasteuerung in Lightroom**
In der Bibliothek sind jetzt zwei Dinge sichtbar: Der Importordner ❼ wurde angelegt und wird auch gleich angezeigt. Das Bibliotheksfenster wird außerdem von der Aufnahme-Steuerung ❺ überlagert.

In der Aufnahmesteuerung sind die aktuellen Kameraeinstellungen angezeigt. Über das klitzekleine Kreissymbol ❻ gelangen Sie übrigens zurück in die Aufnahmeeinstellungen und können dort auch während eines Shootings Änderungen vornehmen.

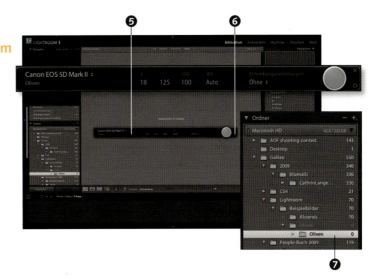

4 **Erste Testaufnahme**
Die Kamerasteuerung wird beherrscht von einem großen Knopf ❽. Per Mausklick können Sie hiermit die Kamera auslösen. Aber natürlich kann die Kamera auch direkt ausgelöst werden und der Import findet trotzdem statt.

Das aufgenommene Bild wird sogleich im Vorschaufenster der Bibliothek angezeigt – und zwar unabhängig davon, ob Sie sich in der Raster- oder der Lupenansicht befinden.

5 **Kameraeinstellungen vornehmen**
Nehmen Sie die Kameraeinstellungen wie gewohnt vor. Im Fall dieser Aufnahme sollte die Blende weiter geöffnet werden, um die Schärfentiefe zu verringern. So kann der Motivhintergrund besser mit dem starken Hintergrundlicht verschmelzen. Da die Blitzanlage nicht weiter heruntergeregelt werden konnte, zeigt sich nach dem nächsten Klick auf den Aufnahmeknopf die erwartete Überbelichtung. In einem solchen Fall können Sie den direkten Zugriff von Lightroom auf die Aufnahme richtig nutzen.

Kapitel 1 | Kataloge und Bildimport **63**

6 Entwicklung anpassen

Nutzen Sie die Möglichkeiten des RAW-Formats, um Ihre Bilder während der Aufnahme anzupassen. Wechseln Sie mit einem Klick ❾ in das Entwickeln-Modul. Um die offene Blende beibehalten zu können, musste die BELICHTUNG um eine ganze Blende reduziert werden. Über den Regler WIEDERHERSTELLUNG wurden die Spitzlichter in den Dosen korrigiert – der Hintergrund blieb bewusst überbelichtet. Außerdem wurde der Detailkontrast durch den Regler KLARHEIT und die Farbsättigung über den Regler LEBENDIGKEIT angehoben.

7 Farben steuern

Zugunsten einer grelleren Farbwirkung wurde über die HSL-Steuerung mit dem Werkzeug für selektive Anpassungen ❿ die Sättigung der einzelnen Motivfarben direkt im Bild ⓫ erhöht.

Mehr zu globalen und Detailentwicklungen

finden Sie den Kapiteln »Basisentwicklung« und »Motivgerechte Entwicklung« ab Seite 116 beziehungsweise Seite 188.

8 Entwicklungsvorgabe speichern

Die aktuellen Einstellungen speichern Sie jetzt als Entwicklungsvorgabe, um diese für die nächsten Aufnahmen gleich anwenden zu können.

Klicken Sie auf der linken Seite des Entwicklungsfensters auf das Symbol **+** ⓭ der VORGABEN-Palette. Aktivieren Sie im folgenden Fenster nur die Einstellungen, die Sie wirklich zur Korrektur vorgenommen haben ⓬ und benennen Sie die Vorgabe. Klicken Sie dann auf ERSTELLEN.

9 Vorgabe für Import wählen

Jetzt muss diese Entwicklungsvorgabe für die folgenden Aufnahmen ausgewählt werden. Auch das erledigen Sie in der Aufnahmesteuerung, die auch im Entwicklungsmodus das Vorschaufenster überlagert.

Klicken Sie auf den Doppelpfeil ⓮ neben der Entwicklungseinstellung OHNE und wählen Sie aus dem Popup-Menü Ihre gespeicherte Vorgabe aus.

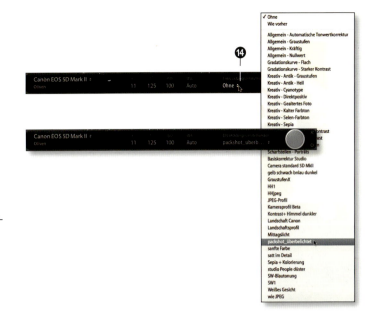

10 Im Entwickeln-Modul

Jetzt geht es weiter: Alle Folgeaufnahmen – ganz gleich, ob die Kamera über den Aufnahmeknopf in Lightroom oder direkt ausgelöst wurde – werden in Lightroom importiert und gleich mit der Entwicklungsvorgabe angepasst.

Sie können für die Folgeaufnahmen in die Bibliothek zurückwechseln, müssen es aber nicht, denn die TETHER-AUFNAHME funktioniert auch im Entwicklungsmodus.

11 Fotografieren und vergleichen

Wie schon erwähnt: Den Ansichtsmodus während der TETHER-AUFNAHME können Sie sich aussuchen.

Sie können auch in der Vergleichsansicht ⓯ Einzelaufnahmen beurteilen und von dort aus weiter auslösen.

Schließen Sie die Aufnahmesteuerung über einen Klick auf das X ⓰.

Kapitel 1 | Kataloge und Bildimport

Kataloge zusammenführen

Bilder aus bestehenden Katalogen importieren

Stellen Sie sich vor, Sie legen einen neuen Katalog an, wollen aber darin Bilder benutzen, die schon in einem bestehenden Katalog organisiert und mit Metadaten versehen wurden. Statt nun die Arbeit von vorne zu beginnen, können Sie einen neuen Katalog aus einem Lightroom-Ordner erstellen und mit diesem starten oder ihn in einen anderen Katalog überführen.

1 Quellkatalog öffnen

Wählen Sie Datei ▷ Katalog öffnen, um mit dem Katalog zu beginnen, aus dem Sie Inhalte in Ihren aktuellen Katalog integrieren wollen.

In Lightroom ist es nach wie vor nicht möglich, mehrere geöffnete Kataloge gleichzeitig zu verwalten, deshalb werden Sie gefragt, ob Sie den aktuellen Katalog schließen wollen. Bestätigen Sie dies mit Neu starten und navigieren Sie zu dem Katalog auf der Festplatte.

2 Von der Vorarbeit profitieren

Der Quellkatalog beinhaltet meistens nicht nur Bilder, sondern auch Vorsortierungen mit Sammlungen, Entwicklungseinstellungen, gespeicherten Diashows, Web-Galerien oder Druckvorgaben.

All diese Informationen können zusammen oder in Teilen aus dem Katalog exportiert werden.

66 | **Kapitel 1** | Kataloge und Bildimport

3 Bildauswahl als Katalog

Sie können eine detaillierte Bildauswahl ❶ als Katalog exportieren. So werden nicht nur die einzelnen Bilder, sondern auch die beschriebenen Katalogvorarbeiten exportiert. Wählen Sie entweder DATEI ▷ ALS KATALOG EXPORTIEREN oder drücken Sie die [Alt]/[⌥]-Taste – so wechselt der EXPORTIEREN-Knopf ❷ zur Funktion KATALOG EXPORTIEREN. Im folgenden Menü vergeben Sie dann einen Namen für den neuen Katalog und aktivieren die Option NUR AUSGEWÄHLTE FOTOS EXPORTIEREN ❸.

4 Ordner als Katalog exportieren

Auch einen kompletten, einzelnen Bildordner können Sie als Katalog exportieren. Aktivieren Sie dazu den Ordner in der Ordnerleiste ❹ mit gedrückter rechter Maustaste oder gedrückter [Ctrl]-Taste.

Im erscheinendem Menü steht Ihnen dann der Befehl DIESEN ORDNER ALS KATALOG EXPORTIEREN zur Verfügung. Hierbei wird immer der gesamte Ordner exportiert.

5 Sammlung als Katalog exportieren

Genauso funktioniert es mit Sammlungen. Auch diese können Sie mit einem rechten Mausklick als Katalog exportieren.

Auch in diesem Fall wird der gesamte Katalog exportiert. Eine Option, um nur ausgewählte Bilder einer Sammlung zu exportieren, steht nicht zur Verfügung.

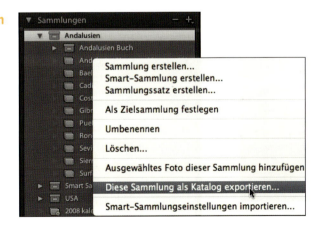

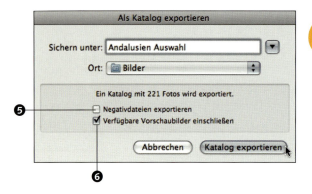

6 Negativdateien und Vorschau

Im Exportieren-Dialog stehen Ihnen noch zwei Optionen zur Verfügung: Sie können mit dem Katalog die NEGATIVDATEIEN EXPORTIEREN ❺, was sinnvoll ist, wenn Sie diese Funktion zur Datensicherung einer Bildauswahl nutzen.

Außerdem sollten Sie immer die Option VERFÜGBARE VORSCHAUBILDER EINSCHLIESSEN ❻ auswählen, um den Bildaufbau im neuen Katalog zu beschleunigen.

7 Zielkatalog öffnen

Öffnen Sie jetzt den Katalog, in den Sie Ihre Vorarbeit integrieren wollen. Am schnellsten geht das meist über den Befehl LETZTE DATEIEN ÖFFNEN aus dem DATEI-Menü. Ihr aktueller Katalog schließt sich dann wieder.

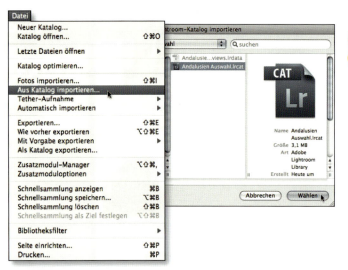

8 Aus Katalog importieren

Aus dem Zielkatalog heraus wählen Sie jetzt DATEI ▷ AUS KATALOG IMPORTIEREN. Navigieren Sie zu dem gespeicherten Katalog auf der internen oder externen Festplatte. Für den Katalog wurde automatisch ein Ordner angelegt.

Hätten Sie die Option NEGATIVDATEIEN EXPORTIEREN aktiviert, würden diese sich auch in diesem Ordner befinden.

9 Vorschau anzeigen

Der Importdialog gibt Ihnen noch einmal die Möglichkeit, einzelne Ordner oder Bilder auszuwählen.

Sie können sowohl einzelne Bildordner über einen Klick auf das Häkchen ❼ deaktivieren als auch einzelne Bilder abwählen ❽.

Wählen Sie aus dem Popup-Menü ❾ für die Dateiverwaltung die Option Neue Fotos ohne Verschieben dem Katalog hinzufügen. So erzeugen Sie keine weiteren Kopien der Ursprungsbilder.

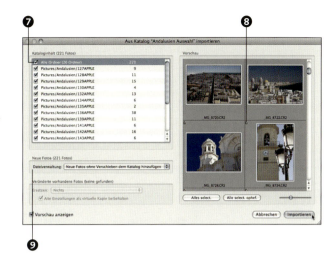

10 Verknüpfte Kataloginhalte

In Ihrem Hauptkatalog sind jetzt die Bilder aus dem importierten Katalog integriert. Der Katalog arbeitet mit den gleichen Bildordnern ❿ wie der ursprüngliche Katalog und kann auf alle Entwicklungseinstellungen, Verschlagwortungen etc. zurückgreifen.

11 Sammlungen nutzen

Auch die Sammlungen des importierten Katalogs – beziehungsweise die Sammlungen, in denen sich importierte Bilder befinden – wurden übernommen. Sie können damit ebenso gut weiterarbeiten, wie Sie auch von anderen Vorarbeiten profitieren, zum Beispiel Diashows, Web-Galerien oder Druckjobs.

Einen vollständigen Lightroom-Workflow, der diese Funktion nutzt, finden Sie im Workshop »Lightroom on location« auf Seite 424.

GRUNDLAGENEXKURS

Der Lightroom-Katalog

Wie Sie Ihre Bilddaten organisieren

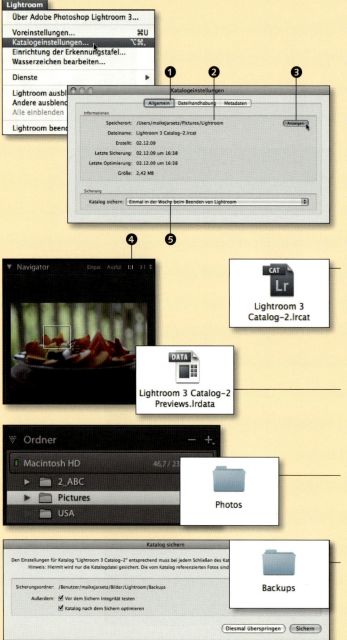

Was gehört alles zum Lightroom-Katalog?

Dieser Frage können Sie ganz einfach nachgehen: Wählen Sie am Mac aus dem LIGHTROOM-Menü beziehungsweise am PC aus dem BEARBEITEN-Menü die KATALOGEINSTELLUNGEN aus. Im erscheinenden Fenster sehen Sie unter dem Reiter ALLGEMEIN ❶ den Speicherort Ihres Katalogs ❷. Der erste Standardkatalog von Lightroom wird immer im aktuellen Benutzerordner und dort im Ordner BILDER ▷ LIGHTROOM angelegt. Über einen Klick auf den Knopf ANZEIGEN ❸, werden alle dazugehörigen Daten auf der Festplatte angezeigt:

Die Katalogdatei: Diese ist die eigentliche Programmdatei, die von Lightroom geöffnet wird und alle Komponenten zusammenführt. In ihr werden alle Metadaten wie Entwicklungseinstellungen oder Stichwörter gespeichert.

Die Previews: Hier werden die Vorschauen der Bilder gespeichert, die ermöglichen, dass Sie im Katalog immer wieder schnell in die Vollbildansichten ❹ zoomen können.

Die Bilddaten: Die Originaldateien Ihrer Bilder werden nur dann wie hier im Ordner PHOTOS archiviert, wenn Sie beim Import keinen individuellen Speicherort festlegen.

Die Backups: Ihre KATALOGEINSTELLUNGEN unter KATALOG SICHERN ❺ bestimmen die Häufigkeit des Backups beziehungsweise der Nachfrage beim Beenden von Lightroom.

Was genau beinhaltet die Katalogdatei?

Die Katalogdatei von Lightroom speichert alle relevanten Metadaten die zur bisherigen und weiteren Bearbeitung Ihrer Bilder benötigt werden, dazu gehören:
- allgemeine Dateiinformationen
- Speicherort der Bilddateien
- EXIF- und IPTC-Metadaten
- Stichwörter, Bewertungen und Farbbeschriftungen
- Entwicklungseinstellungen und virtuelle Kopien
- Informationen über Sammlungen und Smart-Sammlungen
- Vorgaben für Entwicklung, Diashow, Web-Galerien, Drucklayouts und Export
- gespeicherte Filter, Diashows, Druckjobs und Web-Galerien

Dadurch hat Lightroom jederzeit einen zentralen Zugriff auf die Informationen, die ein schnelles Arbeiten mit Lightroom gewährleisten.

Kann ich den Speicherort eines Katalogs bestimmen?

Ja, natürlich. Wählen Sie DATEI ▷ NEUER KATALOG. Dort wählen Sie den Speicherort für die Katalogdatei. Sie können die Katalogdatei auch jederzeit auf der Finder- beziehungsweise der Desktop-Ebene verschieben.

Müssen die Bilder zusammen mit der Katalogdatei gespeichert werden?

Nein. Beim Import in den aktuellen Katalog bestimmen Sie, wohin Ihre Bilddaten kopiert oder verschoben werden sollen ❻ oder ob diese auf einer externen Festplatte verwaltet werden sollen. Danach gilt: Alle Änderungen am Speicherort, die in Lightroom durch Verschieben vorgenommen werden, werden auch auf der Festplatte durchgeführt.

Änderungen auf der Festplatte führen dazu, dass Lightroom die Originaldaten nicht mehr findet und dieses durch ein Fragezeichen symbolisiert. Durch einen einfachen Klick auf dieses Fragezeichen ❼ können Sie das Bild – oder einen ganzen Ordner – neu zuweisen.

Wie arbeite ich mit mehreren Katalogen?

Es gibt viele Gründe für die Arbeit mit mehreren Katalogen – die drei häufigsten sind wohl:
- Ihr Bildarchiv ist schlicht und einfach so groß, dass entweder Sie oder Lightroom damit überfordert sind. (Eine offizielle Beschränkung der Bilddaten seitens Adobe gibt es übrigens nicht, nur Richtlinien, die zwischen 150 000 und 300 000 Bildern liegen – je nach Dateigröße und Leistungsfähigkeit des Rechners.)
- Ihre Kunden oder fotografischen Betätigungsfelder sind so unterschiedlich, dass eine gemeinsame Organisation nicht sinnvoll ist. Und die Kataloge sollen mit den jeweiligen Bilddaten zusammen gespeichert oder archiviert werden.
- Sie fotografieren auf Reisen oder *on location* und wollen dort schon Ihre Bilder mit Lightroom organisieren und diese vielleicht später in einen »großen« gemeinsamen Katalog integrieren.

In der Bibliothek von Lightroom können Sie ohne Weiteres Kataloge oder Sammlungen inklusive aller Metadaten exportieren und wieder importieren und so einen Austausch von Kataloginhalten vornehmen. Auch wenn Sie nicht in mehreren Katalogen gleichzeitig arbeiten können, gibt es trotzdem Möglichkeiten, Ihre Vorarbeit wie Stichworthierarchien oder Smart-Sammlungsvorgaben auszutauschen.

Kataloge exportieren | Sie können Teile oder Ihren gesamten Katalog inklusive Metadaten und aller Lightroom-Informationen einfach exportieren. Die notwendigen Informationen beispielsweise über Entwicklungseinstellungen, Sammlungen und virtuelle Kopien werden in der exportierten Katalogdatei ❻ zusammengefasst.

Rufen Sie DATEI ▷ ALS KATALOG EXPORTIEREN auf, wählen Sie den Speicherort und benennen Sie den neuen Katalog. Über eine Schaltfläche haben Sie die Option, nur ausgewählte Bilder ❶ in den neuen Katalog aufzunehmen.

Um eine Lightroom-Katalog von einem Rechner auf den anderen zu transportieren, empfiehlt es sich, die Option NEGATIVDATEIEN EXPORTIEREN ❷ zu aktivieren. Dadurch werden alle Fotos des Katalogs in den Katalogordner kopiert ❹. Nützlich ist es auch, die verfügbaren Vorschaubilder einzuschließen ❸, um mit den dann gespeicherten Vorschauen ❺ den Bildaufbau des neuen Katalogs zu beschleunigen.

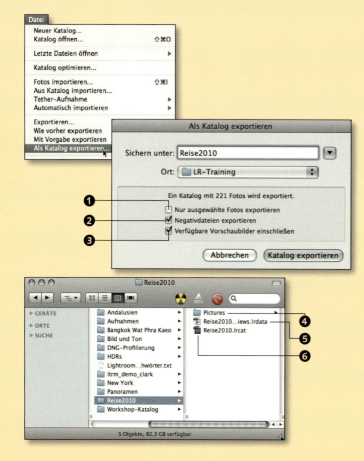

Sammlungen exportieren | Wenn Sie nur Bilder aus bestimmten Sammlungen auf andere Rechner übertragen wollen, klicken Sie mit der rechten Maustaste oder gedrückter Ctrl-Taste auf die Sammlung und wählen DIESE SAMMLUNG ALS KATALOG EXPORTIEREN.

Kataloge importieren | Über das DATEI-Menü können Sie dann die Daten in Ihren aktuellen Arbeitskatalog wieder AUS KATALOG IMPORTIEREN. Wählen Sie beim Import die Option NEUE FOTOS OHNE VERSCHIEBEN DEM KATALOG HINZUFÜGEN ❼, um keine Kopien der Bilder auf der Festplatte zu erzeugen. Mit dem Import aus der Katalogdatei übernehmen Sie auch alle Vorarbeiten wie etwa die Sammlungen.

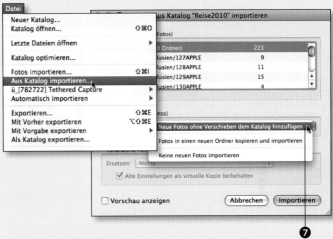

Kataloge archivieren | Auf die beschriebene Weise können Sie auch einen Katalog, dessen Bilder in verschiedenen Ordnern liegen, an einem gemeinsamen Ort archivieren.
Tipp: Mit gedrückter Alt-Taste wird der EXPORTIEREN-Knopf zur Schaltfläche KATALOG EXPORTIEREN.

Stichworthierarchien austauschen | Falls Sie nur Ihre wertvoll erarbeiteten Stichwörter zwischen Katalogen austauschen wollen, geht das ganz einfach über das METADATEN-Menü und die Befehle STICHWÖRTER EXPORTIEREN und STICHWÖRTER IMPORTIEREN.

Smart-Sammlungseinstellungen exportieren | Die Vorgaben Ihrer Smart-Sammlungen können Sie auch ohne den gesamten Katalog austauschen: Klicken Sie mit der rechten Maustaste oder gedrückter Ctrl-Taste auf die Smart-Sammlung und wählen Sie SMART-SAMMLUNGSEINSTELLUNGEN EXPORTIEREN bzw. im anderen Katalog ... IMPORTIEREN.

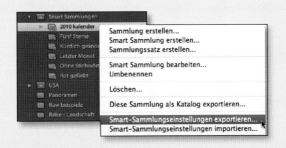

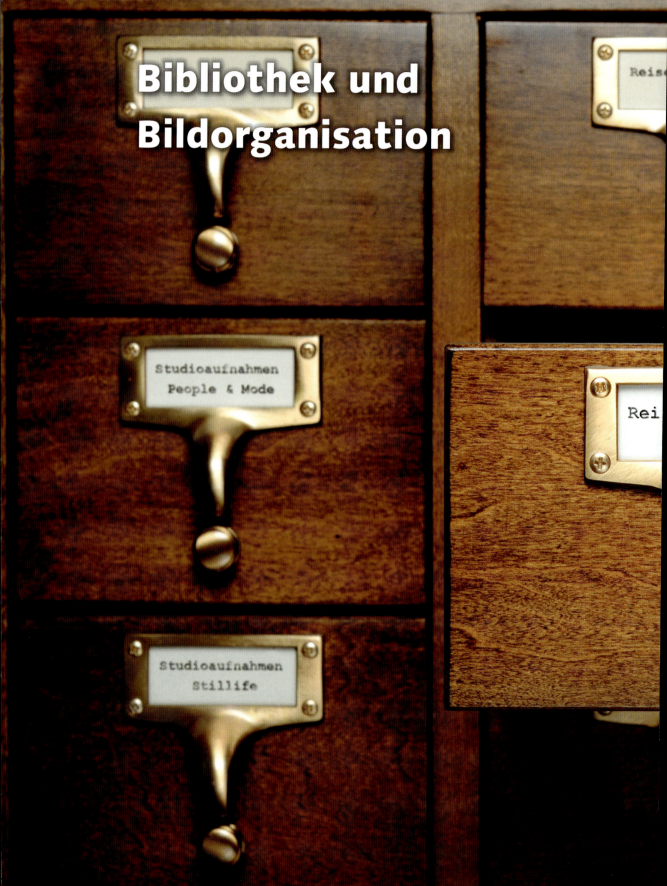

Bei der Flut der Bilder ist eine richtige Sortierung das A und O. Für die Auswahl, Kategorisierung und Sortierung Ihrer Bilder gibt Ihnen Lightroom jede Menge Werkzeuge und Konzepte an die Hand, die perfekt zusammenspielen. Der Bibliotheksfilter sucht nach den von Ihnen vorgegebenen Attributen und Stichwörtern genauso wie nach allen auffindbaren Metadaten im Bild. Sammlungen sortieren Ihre Bilder, ohne dass Sie sie dafür kopieren oder auf der Festplatte verschieben müssen. So hilft Ihnen Lightroom ganz automatisch, sich bei der Bildorganisation nicht zu verzetteln. Mit ein bisschen Vorarbeit haben Sie dann schnell den Überblick und Zugriff auf Ihr gesamtes Bildarchiv.

Auf einen Blick 82
　Zusatzinformationen in Raster- und Lupenansicht konfigurieren
Ordnung schaffen 86
　Bilder sortieren, stapeln und benennen
Erkennungsmarken 90
　Stichwörter und Stichwortsätze anlegen und vergeben
Spreu und Weizen 94
　Bilder beurteilen, vergleichen, markieren und bewerten
Viele Nadeln im Heuhaufen 98
　Den Bibliotheksfilter konfigurieren und sinnvoll nutzen
Auswahl und schnelle Zuordnung 102
　Bildauswahl über Sammlungen und Zielsammlungen organisieren
Filter und Auswahl kombinieren 106
　Smart-Sammlungen erstellen
Mehrere Kataloge sortieren 108
　Stichwörter und Smart-Sammlungen katalogübergreifend nutzen
Die weite Welt der Metadaten 110
　Wie Sie die Bildinformationen nutzen können

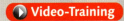 **Bonusmaterial auf DVD:**
Bilder verwalten (Lektion 1.3)

Foto: iStockphoto, © andy445, Bild 8548319

Leserfragen zur Bildorganisation

? Wie kann ich Fotos in der Bibliothek einfach per Drag & Drop hin- und herschieben, um sie in eine bestimmte Reihenfolge zu bringen?

! Wählen Sie aus dem Popup-Menü Sortieren in der Werkzeugleiste einfach Benutzerreihenfolge, danach geht es. Aber Achtung: Eine benutzerdefinierte Reihenfolge können Sie nur angeben, wenn Sie sich innerhalb eines Bildordners befinden – nicht in einer Sammlung oder einem übergeordneten Ordner.

? Wie kann Lightroom über die Ordnerhierarchie hinweg suchen? Bei allen meinen Suchabfragen findet Lightroom immer nur die Bilder des aktuellen Ordners.

! Ja, und das ist genau der Schlüssel zur Lösung. Lightroom sucht immer im aktuellen Bildordner. Um im ganzen Katalog zu suchen, wählen Sie zuerst im Bereich Katalog die Option Alle Fotos aus. Lesen Sie dazu auch den Workshop „Viele Nadeln im Heuhaufen" auf Seite 98.

? In der Ordner-Palette von Lightroom kann ich gar nicht erkennen, wo sich der Ordner auf der Festplatte befindet. Wie finde ich das heraus?

! Klicken Sie einfach mit der rechten Maustaste auf den Ordner und wählen Sie Im Explorer beziehungsweise Im Finder anzeigen. Wenn der Dateipfad dauerhaft angezeigt werden soll, klicken Sie auf das Symbol + in der Ordner-Palette und wählen Sie dort Pfad ab Laufwerk beziehungsweise Ordner und Pfad, um den Ordnernamen am Anfang anzuzeigen.

? Ich verwalte zwei externe Laufwerke mit Lightroom. Diese sind verschiedenfarbig markiert, gelb und grün. Was bedeutet das?

! Damit wird Ihnen einfach nur angezeigt, inwieweit die Kapazität der Festplatte ausgenutzt wird. Bei Grün ist offensichtlich alles im grünen Bereich, bei Gelb und Orange wird es eng, Rot markiert ein volles Laufwerk und Schwarz zeigt, dass das Laufwerk offline ist. Mit einem rechten Mausklick auf den Laufwerksnamen können Sie sich weitere Informationen über den Status einblenden.

? Wie kann ich mit einem Klick nicht nur die nächsten Ordner, sondern alle untergeordneten Ordner in der Palette öffnen?

! Klicken Sie mit ⌥/Alt-Taste auf das Dreieck vor dem übergeordneten Ordner, schon werden auch alle Unterordner aufgeklappt.

? Der Bibliotheksfilter scheint anders zu funktionieren als in Lightroom 2. Früher wurde die Filterung für bestimmte Bildordner beibehalten, auch wenn man zwischendurch die Ordner wechselte. Wie kann ich dieses Verhalten in Lightroom 3 reproduzieren?

! In der Leiste des Bibliothekfilters befindet sich ein Schloss-Symbol. Über dieses setzen Sie den aktuellen Filter auch für die folgenden Bildordner fest. Wählen Sie Datei ▷ Bibliotheksfilter ▷ Jeden Filter einer Quelle separat merken, dann sichert das Schloss die Filtereinstellung für jeden Ordner individuell.

? Gibt es eine Möglichkeit, um vergebene Stichwort-Tags/Metadaten in die Bilddateien einzubetten und mit anderen Programmen wie der Bridge oder Photoshop Elements auszulesen beziehungsweise zu übernehmen?

! Ja, wählen Sie in der Bibliothek aus dem Metadaten-Menü die Option Metadaten in Datei speichern. Wenn Sie in den Ansicht-Optionen der Rasteransicht die Option Nicht gespeicherte Metadaten aktivieren, wird Ihnen dieser sogenannte Metadatenkonflikt auch im Raster-Icon angezeigt und Sie können ihn mit einem Klick beheben.

? Gibt es eine Möglichkeit, Aktualisierungen oder Änderungen an Metadaten und Stichwörtern, die durch andere Programme wie etwa der Bridge vorgenommen wurden, in den Lightroom-Katalog zu übernehmen?

! Klicken Sie in der Rasteransicht mit der rechten Maustaste auf das Bild und wählen Sie Metadaten ▷ Metadaten aus Datei lesen. Der gleiche Befehl findet sich auch im Menü Metadaten oder Sie können das auch hier mit der entsprechenden Ansichtsoption per Klick auf das Symbol erledigen.

? Das Filtern von markierten Bildern über die drei Fahnensymbole funktioniert bei mir nicht: Das Ergebnis springt willkürlich zwischen markierten, unmarkierten und abgelehnten Auswahlen hin und her – wo ist der Haken?

! Ein häufiges Missverständnis ist, dass sich die Filter gegenseitig ausschließen. Das tun sie aber nicht. Klickt man beispielsweise erst auf die linke und dann auf die rechte Fahne, werden sowohl markierte als auch abgelehnte Bilder angezeigt. Die Filterkriterien addieren sich also. Deshalb muss man eine Filterung erst wieder deaktivieren, wenn man das Filterkriterium wechseln möchte.

? Ich weiß nicht, wie es passiert, aber meine Rasteransicht sieht mal ganz »sauber« aus, ein anderes Mal sind Bilddetails wie Bewertungen oder Kamerainformationen eingeblendet. In der Vollbildansicht überlagern ein paar hässliche Textzeilen das Bild. Wie lässt sich das abschalten?

! Halten Sie Ihre Finger von den I - und J -Tasten fern! Die Taste I wechselt in der Vollbildansicht zwischen zwei Bildinformationen und der blanken Bildansicht. Die Taste J wechselt in der Rasteransicht zwischen kompakten und erweiterten Zellen. Die genauen Ansichten können Sie selbst konfigurieren. Wie das geht, lesen Sie im Workshop »Auf einen Blick« auf Seite 82.

Die Bibliothek im Überblick

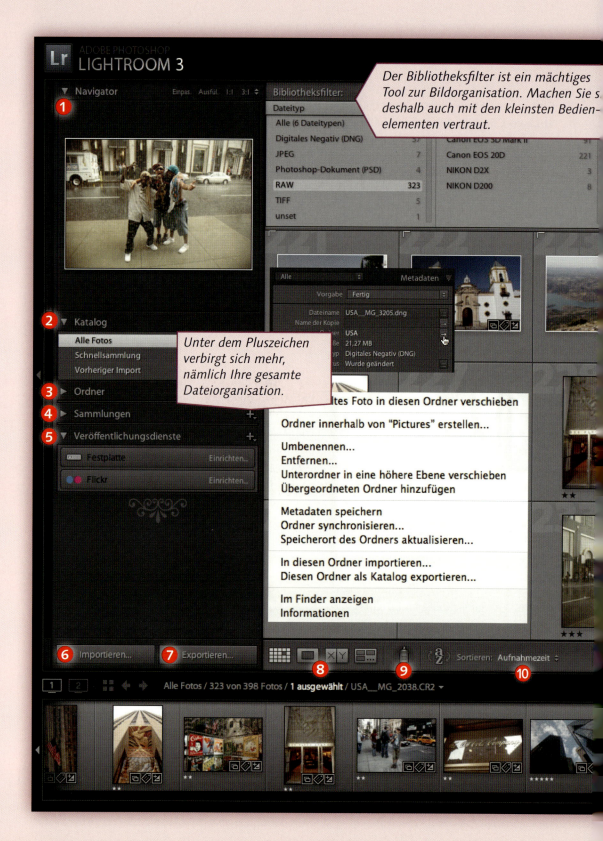

78

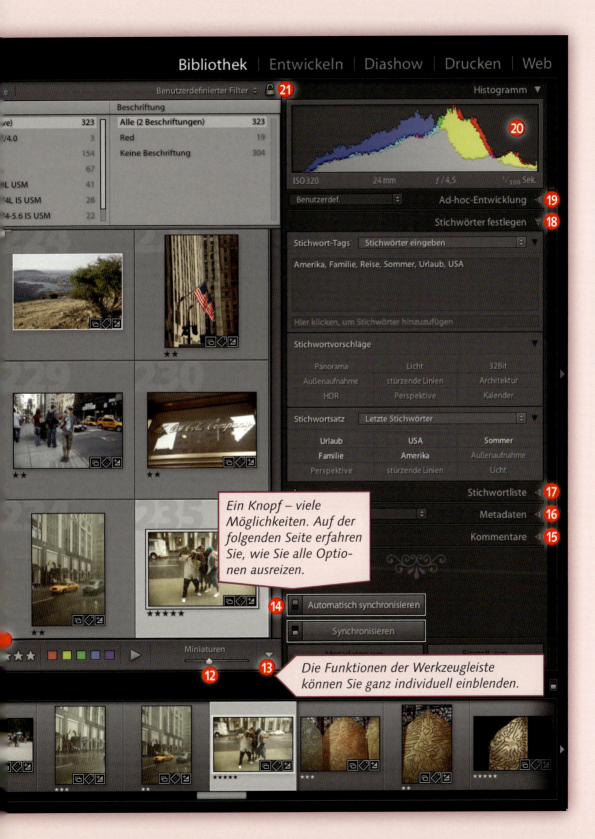

Das Bibliothek-Modul

❶ **Navigator:** Über einen einfachen Doppelklick wechseln Sie in der Bibliothek von der Raster- zur Vollbildansicht. Im Navigator wird Ihnen der entsprechende Bildausschnitt angezeigt, den Sie auch hier verschieben können. Außerdem können Sie in der oberen Zeile zwischen verschiedenen Ansichten wählen.

❷ **Katalogübersicht:** In der Palette KATALOG können Sie sich per Klick ALLE FOTOS im Katalog anzeigen lassen. Die SCHNELLSAMMLUNG entspricht einer temporären Vorauswahl. Mit der Taste [B] fügen Sie der Schnellsammlung Bilder hinzu. Die zuletzt hinzugefügten Bilder werden als VORHERIGER IMPORT angezeigt.

❸ **Ordner:** Hier sind die Speicherordner Ihrer Bilder angezeigt, die Sie beim Import bestimmt haben. Über das Symbol + können Sie weitere Ordner oder Unterordner hinzufügen, die dann auf Ihrer Festplatte erstellt werden. Ein Klick mit der rechten Maustaste auf einen Ordnernamen gibt Ihnen weitere Optionen, zum Beispiel können Sie den Ordner synchronisieren (um Änderungen die auf der Festplatte stattgefunden haben, zu aktualisieren) oder von hier aus direkt in diesen Ordner importieren.

❹ **Sammlungen:** Erstellen Sie Sammlungen zur Sicherung einer Bildauswahl oder um Bilder aus verschiedenen Ordnern für ein Ziel wie die Bildentwicklung oder die Ausgabe zu sammeln. Durch das Aufnehmen in eine Sammlung wird das Bild nicht dupliziert, sondern nur eine Referenz zum Originalbild erstellt.

❺ **Veröffentlichungsdienste:** Im Gegensatz zum Export haben Sie bei der Veröffentlichung jederzeit die Möglichkeit, die herausgegebenen Bilder zu aktualisieren. Veröffentlichungen sind auf verschiedensten Laufwerken und auf Online-Bilderportalen möglich.

❻ **Importieren:** Über diesen Knopf gelangen Sie direkt in den Importdialog. Über das DATEI-Menü können Sie noch AUTOMATISCH IMPORTIEREN, AUS KATALOG IMPORTIEREN oder eine TETHER-AUFNAHME starten.

❼ **Exportieren:** Im Export-Menü können Sie Ihre Bildauswahl in verschiedenen Dateiformaten, Bildgrößen und Farbräumen exportieren. Halten Sie die [Alt]/[⌥]-Taste gedrückt, um die Bildauswahl als neuen Lightroom-Katalog inklusive aller Metadaten und Lightroom-Einstellungen zu exportieren.

❽ **Ansichtsmodi:** Die vier Ansichten der Bibliothek sind (von links nach rechts) die Lupen- oder Vollbildansicht [E], die Rasteransicht [G], die Vergleichsansicht [C] und die Überprüfungsansicht [N]. Wechseln Sie die Ansicht über einen Klick auf das Symbol oder über den angegebenen Shortcut. Aus der Rasteransicht wechseln Sie mit einem Doppelklick auf das Bild in die Vollbildansicht und mit einem weiteren Klick in die Lupenansicht. Ein erneuter Klick oder die Leertaste führt Sie zurück ins Vollbild.

❾ **Sprühdose:** Mit der Sprühdose »malen« Sie Attribute wie Stichwörter oder Bildeinstellungen über eine Bildauswahl.

❿ **Fotos sortieren:** Aus dem Popup-Menü der SORTIEREN-Funktion wählen Sie die Sortierreihenfolge, beispielsweise nach AUFNAHMEDATUM oder DATEINAME. Wählen Sie BENUTZERREIHENFOLGE, um die Bilder frei in der Rasteransicht verschieben zu können.

⓫ **Attribute:** Mit Markierungen (Fähnchen), Sternen und Farbbeschriftungen können Sie Ihre Bilder bewerten und kategorisieren und so für verschiedenste Filterungen vorbereiten.

⓬ **Miniaturgröße:** Über den Schieberegler verändern Sie die Vorschaugröße der Miniaturen in der Rasteransicht.

⓭ **Werkzeugleiste konfigurieren:** Durch einen Klick auf den kleinen Pfeil können Sie aus einem Popup-Menü wählen, welche Funktionen in der Werkzeugleiste angezeigt werden sollen.

⓮ **Fotos synchronisieren:** Markieren Sie eine Auswahl von Bildern mit gedrückter ⇧ beziehungsweise Strg/⌘-Taste, um deren Metadaten oder Entwicklungseinstellungen zu synchronisieren. Die Einstellungen des aktiven Bildes können dann ganz oder teilweise auf die anderen Bilder übertragen werden. In der Lupenansicht haben Sie die Möglichkeit, auf AUTOMATISCH SYNCHRONISIEREN umzuschalten. Jede Änderung am aktiven Bild wird dann zeitgleich auf die übrigen ausgewählten Bilder angewendet.

⓯ **Kommentare:** Hier werden Kommentare eingeblendet, die beispielsweise in Online-Bilderportalen an veröffentlichte Bilder angehängt wurden.

⓰ **Metadaten:** In dieser Palette haben Sie Zugriff auf alle Dateiinformationen, EXIF- und IPTC-Metadaten.

⓱ **Stichwortliste:** Die Stichwortliste speichert alle im Katalog benutzen Stichwörter, kann diese in Hierarchien ordnen und schnell nach Stichwörtern filtern.

⓲ **Stichwörter festlegen:** In dieser Palette können Sie individuell Stichwörter eingeben, aus naheliegenden STICHWORTVORSCHLÄGEN wählen oder gespeicherte STICHWORTSÄTZE nutzen.

⓳ **Ad-hoc-Entwicklung:** In der Bibliothek steht Ihnen eine Schnellentwicklung für Belichtung, Weißabgleich und einige Detailsteuerungen zur Verfügung. Außerdem können Sie hier schon Entwicklungs- und Freistellungsvorgaben anwenden.

⓴ **Histogramm:** Das Histogramm zeigt Ihnen die Tonwertverteilung. So sehen Sie schon in der Bibliothek, ob Ihr Bild etwa kritische Unter- oder Überbelichtungen aufweist.

㉑ **Bibliotheksfilter:** Hiermit filtern Sie den aktiven Bildordner nach Kameradaten, Stichwörtern, Attributen oder sonstigen Metadaten. Ein Klick auf das Schloss-Symbol speichert den Filter für die nächsten Ordner.

Auf einen Blick

Zusatzinformationen in Raster- und Lupenansicht konfigurieren

Sowohl in der Raster- als auch in der Lupenansicht haben Sie einige Bildinformationen im schnellen Zugriff. Die Metadaten, die mit dem Bild eingeblendet werden, können Sie aber natürlich individuell konfigurieren – und zwar unterschiedlich für kompakte und erweiterte Rasterzellen sowie für zwei Lupenansichten.

1 Die Standardrasteransicht

Die Rasteransicht der Lightroom-Bibliothek zeigt die Fotos zunächst in sogenannten kompakten Zellen an.

Diese sind mit Indexnummern ❶ hinterlegt und bieten so eine erste Orientierung in der Aufnahmeserie. Aber natürlich können in der Rasteransicht noch viel mehr Informationen angezeigt werden.

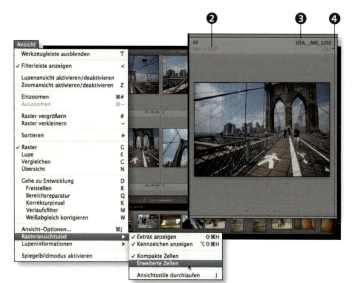

2 Erweiterte Zellen anzeigen

Deutlich mehr Informationen bieten schon die erweiterten Zellen, auf die Sie über das Menü ANSICHT ▷ RASTERANSICHTSZIEL wechseln können.

In dieser Ansicht werden für jedes Bild neben den kleineren Indexnummerierungen auch der Dateiname ❸, die Pixelabmessungen ❷ und die Formaterweiterung ❹ eingeblendet. Aber natürlich können Sie selbst bestimmen, welche Metadaten an der Rasterminiatur eingeblendet werden.

82 Kapitel 2 | Bibliothek und Bildorganisation

3 Bibliotheks-Ansichtsoptionen

Wählen Sie aus dem Menü ANSICHT ▷ ANSICHTS-OPTIONEN.

Im folgenden Fenster können Sie das Erscheinungsbild in der Bibliothek bis ins Detail steuern. In der RASTERANSICHT ❻ bestimmen Sie zunächst über das Popup-Menü ❼, ob Sie eine Vorschau für die kompakten oder erweiterten Zellen sehen wollen.

Weiter unten im Fenster können Sie dann für beide Zellenarten die OPTIONEN ❺ festlegen.

4 Erweiterte Zellenansicht

Die Optionen für die erweiterten Zellen sind in Kopf- und Fußzeile aufgeteilt. In der Fußzeile können Sie Bewertungen und Beschriftungen anzeigen lassen und in der Kopfzeile lassen sich verschiedene Metadateninformationen unterbringen.

Wählen Sie aus dem Popup-Menü die Metadateninformationen, die Sie in der erweiterten Rasteransicht anzeigen wollen. Im Lightroom-Fenster wird die Ansicht zeitgleich angepasst.

5 Kompakte Zellen anzeigen

Nachdem Sie die erweiterten Zellen Ihren Bedürfnissen angepasst haben, wechseln Sie im Popup-Menü auf die Option KOMPAKTE ZELLEN.

Sofort wechselt auch die Ansicht im Lightroom-Fenster und Ihre aktuelle Ansicht für die kompakten Zellen wird dargestellt.

Kapitel 2 | Bibliothek und Bildorganisation

6 Kompakte Zellenansicht

Auch für diese Ansicht haben Sie noch einige Variationsmöglichkeiten. Allerdings stehen Ihnen hier nur zwei Metadatenfelder zur Verfügung, die Sie über die Popup-Menüs einstellen können.

Versuchen Sie, eine sinnvolle Einteilung für kompakte und erweiterte Zellen zu finden. Bestücken Sie beispielsweise die kompakten Zellen mit Basisinformationen, wie dem Dateinamen und der Bildgröße, und blenden Sie bei Bedarf weitere Fotoeinstellungen über die erweiterten Zellen ein.

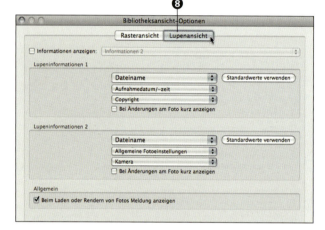

7 Lupenansicht bearbeiten

Auch in der Lupenansicht können Bildinformationen eingeblendet werden und auch hier gibt es zwei Alternativen.

Klicken Sie auf den Reiter LUPENANSICHT ❽, so blendet das Fenster die dazugehörigen Optionen ein und auch in der Bibliothek wird die Raster- zur Lupenansicht gewechselt.

8 Informationen anzeigen

Aktivieren Sie die Option INFORMATIONEN anzeigen über die Checkbox ❿ und wählen Sie aus dem Popup-Menü INFORMATIONEN 1.

In den Popup-Menüs unter LUPENINFORMATIONEN 1 sehen Sie die aktuellen Einstellungen ⓫, die dann auch im Hintergrund im Bibliotheksfenster eingeblendet werden ❾.

9 Zwei Lupeninformationen

Definieren Sie jetzt in den Bereichen LUPENINFORMATIONEN 1 und LUPENINFORMATIONEN 2 jeweils ein Set von Metadateninformationen, die Sie alternativ einblenden wollen. Nützlich sind auch hier die ALLGEMEINEN FOTOEINSTELLUNGEN ⓬, die die wichtigsten EXIF-Daten vereinen. Die ALLGEMEINEN ATTRIBUTE zeigen in einer Zeile alle Attribute wie Bewertungen, Farbbeschriftungen und Markierungen ⓭. Nachdem Sie auch noch die zwei alternative Lupeninformationen definiert haben, schließen Sie das Fenster.

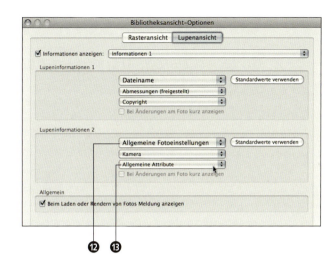

10 Lupeninformationen wechseln

In der Bibliothek können Sie zwischen Ihren alternativen Lupenansichten ganz schnell wechseln: Drücken Sie einfach wiederholt die Taste [I], um zwischen LUPENINFORMATIONEN 1, LUPENINFORMATIONEN 2 und der Lupenansicht ohne Informationszeile zu wechseln.

11 Rasteransichten wechseln

Mit der Taste [G] wechseln Sie in die Rasteransicht. Auch hier können Sie zwischen kompakten und erweiterten Zellen und einer Rasteransicht ohne weitere Informationen wechseln.

Für diesen Wechsel in der Rasteransicht drücken Sie jeweils die Taste [J].

Kapitel 2 | Bibliothek und Bildorganisation

Ordnung schaffen

Bilder sortieren, stapeln und benennen

Wenn Sie eine oder mehrere Aufnahmeserien in die Lightroom-Bibliothek importiert haben, geht es noch vor der Bildauswahl erst einmal um eine vernünftige Sortierung. Stapeln Sie Bilder manuell oder nach Aufnahmezeit, geben Sie eine Sortierung vor und benennen Sie Ihre Bilder in Sequenzen.

1 Der erste Überblick
Den besten Überblick über Ihren Bildordner haben Sie in der Rasteransicht, auf die Sie durch einen Klick auf das Symbol in der Werkzeugleiste ❶ oder die Taste G wechseln. Stellen Sie die Größe der Rasterminiaturen über den Schieberegler ❷ ein. Gerade wenn Sie den Inhalt einer größeren Speicherkarte oder auch Aufnahmen mehrerer Tage heruntergeladen haben, liegt es nahe, diese erst einmal in thematische »Häufchen« zu gruppieren. In Lightroom sind dies die Stapel.

2 Fotos in Stapel gruppieren
Natürlich können Sie jetzt manuell Gruppen von Bildern auswählen und diese dann über den Shortcut Strg/⌘ + G zu Stapeln gruppieren. Es geht aber auch schneller: Markieren Sie alle Bilder über die Strg/⌘ + A-Taste und klicken Sie mit der rechten Maustaste auf eines der Bilder. Wählen Sie aus dem Menü STAPELN ▷ AUTOMATISCH NACH AUFNAHMEZEIT STAPELN.

3 Nach Aufnahmezeit stapeln

Im folgenden Fenster können Sie jetzt über einen Schieberegler die Aufnahmezeit ❹ bestimmen, die maximal zwischen den Aufnahmen liegen sollte, um sie noch in einem gemeinsamen Stapel zu gruppieren.

Das Fenster zeigt auch an, wie viele Stapel aus Ihrer Einstellung resultieren und wie viele Bilder ungestapelt verbleiben ❸. Außerdem wird die Bildanzahl der zukünftigen Stapel schon im Vorschaufenster durch kleine Zahlen ❺ angezeigt.

4 Stapel ein- und ausblenden

Nachdem Sie über die Schaltfläche STAPELN die Stapel erstellt haben, können Sie – ebenfalls über die rechte Maustaste – die Stapel aus- und einblenden. Damit verbergen beziehungsweise öffnen Sie die jeweiligen Einzelbilder der Stapel.

Über den Befehl ALLE STAPEL AUSBLENDEN werden nur noch die Stapelgruppen in der Rasteransicht angezeigt.

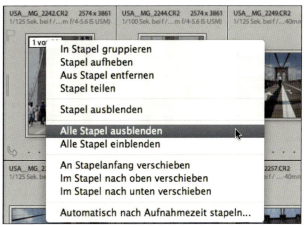

5 Fertige Bildergruppen

Ihr Ergebnis sind jetzt die gewünschten »thematischen Häufchen«, die eine große Bildersammlung schon einmal vorsortieren. Falls die automatische Sortierung nicht vollständig nach Ihren Wünschen verlaufen ist, können Sie diese per Hand optimieren: Ziehen Sie einfach per Drag & Drop Einzelbilder in bestehende Stapel ❻, um diese dort zu integrieren.

Kapitel 2 | Bibliothek und Bildorganisation **87**

6 Stapelinhalt bearbeiten

Den Inhalt eines einzelnen Stapels zeigen Sie, indem Sie einfach auf das kleine Anzahl-Symbol ❽ klicken.

Sie können jedes Bild aus dem Stapel zum Titelbild des Stapels machen – ziehen Sie es einfach auf das Anzahl-Symbol des Stapels ❼.

7 Metadaten bearbeiten

Natürlich gehört zu einer Sortierung Ihrer Bilddaten auch eine individuelle Benennung. Markieren Sie mit gedrückter Strg/⌘-Taste alle Bilder, die zu einer Bildsequenz gehören und gleich benannt werden sollen. Eine Reihe von Bildern können Sie auch durch Klick mit der ⇧-Taste auf das erste und letzte Bild auswählen.

Öffnen Sie dann auf der rechten Seite des Bibliotheksfenster die METADATEN-Palette und wählen Sie aus dem Popup-Menü ❾ zum Beispiel die EXIF-Beschreibung.

8 Im Stapel umbenennen

Lokalisieren Sie in der Auflistung den Dateinamen des aktuellen Bildes und klicken Sie auf das kleine Symbol ❿ rechts daneben. Alternativ wählen Sie aus dem Menü BIBLIOTHEK ▷ FOTOS UMBENENNEN oder drücken die Taste F2.

So gelangen Sie in das Arbeitsfenster zur Stapelumbenennung.

88 Kapitel 2 | Bibliothek und Bildorganisation

9 Eigene Namen nutzen

Wählen Sie aus dem Popup-Menü ⓫ ein Benennungsmuster, wie BENUTZERDEFINIERTER NAME + ORIGINALDATEINUMMER. So können Sie Ihre Bilder sowohl sinnvoll umbenennen als auch die ursprüngliche Dateinummer beibehalten.

Geben Sie einen eigenen Text in das Textfeld ein. Darunter ⓬ wird Ihnen ein Beispiel für den neuen Dateinamen angezeigt.

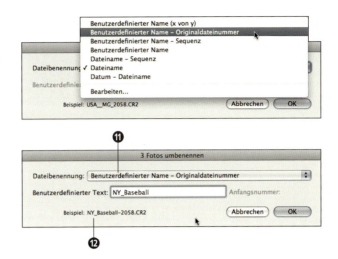

10 Korrekte Dateinamen

Sehen Sie selbst: Nach einem Klick auf OK sind Ihre Fotos im Stapel umbenannt worden.

11 Fotos sortieren

In der Werkzeugleiste können Sie dann noch eine neue Sortierreihenfolge für die Bilder wählen. Klicken Sie auf den Doppelpfeil ⓭, um das Popup-Menü zu öffnen, und wählen Sie eine neue Sortierung, wie etwa die nach Dateiname, die dann auf den gesamten Bildordner angewendet wird.

Erkennungsmarken

Stichwörter und Stichwortsätze anlegen und vergeben

Die Verschlagwortung ist eines der wichtigsten Hilfsmittel bei der Bildorganisation. Lightroom nutzt einerseits vergebene Stichwort-Tags in den Bildern und kann andererseits auf vielfältige Art und Weise Stichwortvorschläge anbieten und Stichwortsätze verwalten. Wie Sie all diese Möglichkeiten am besten für sich verwenden, sehen Sie in diesem Workshop.

1 Beim Import verschlagworten
Die erste – und eigentlich auch die beste – Gelegenheit, Ihre Fotos mit allgemeinen Stichwörtern zu versehen, bietet der Importvorgang. So erledigen Sie hier schon die Basis-Verschlagwortung.

Sowohl im kompakten als auch im erweiterten Importfenster können Sie Stichwörter in das entsprechende Fenster ❶ eingeben. Analog zu Ihren eingetippten Buchstaben werden Ihnen Vorschläge aus bestehenden Katalogstichwörtern ❷ gemacht.

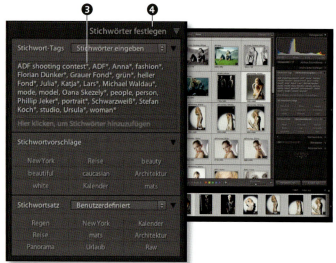

2 Stichwörteransicht
Wählen Sie in der Bibliothek einmal über die Strg/⌘ + A -Taste alle Fotos in einem Ordner aus und öffnen Sie dann rechts die Palette STICHWÖRTER FESTLEGEN ❹.

Alle verwendeten Stichwörter werden hier angezeigt – ein Stern ❸ hinter dem Stichwort bedeutet, dass dieses nicht auf alle Bilder angewendet ist.

3 Stichwörter hinzufügen

Nachdem Sie beim Import allgemeine Stichwörter für die gesamte Aufnahmeserie eingegeben haben, können Sie jetzt noch individuelle Stichwörter vergeben.

Markieren Sie einzelne Bilder in der Rasteransicht oder im Filmstreifen und klicken Sie in das Feld ❺ unterhalb der bestehenden Stichwörter.

Geben Sie ein neues Stichwort ein und bestätigen Sie es mit der ⏎-Taste, damit es in die Stichwörterliste aufgenommen wird.

4 Stichwortvorschläge nutzen

Lassen Sie Ihren Blick etwas nach unten wandern: Die Stichwortvorschläge von Lightroom beinhalten Stichwörter, die innerhalb der gleichen Aufnahmeserie benutzt wurden oder die bereits im Katalog im Zusammenhang mit den vorhandenen Stichwörtern benutzt wurden.

Klicken Sie einfach auf einen Stichwortvorschlag, um ihn auf das Bild anzuwenden. Ein zugewiesenes Stichwort wird dann aus den Vorschlägen entfernt ❻.

5 Stichwortsatz wählen

Wenn Sie öfter auf gleiche Stichwörter zurückgreifen, können Sie diese in Stichwortsätzen gruppieren.

Einen Stichwortsatz wählt man aus dem so benannten Popup-Menü und kann dann die Stichwörter daraus mit einem Klick zuweisen – genauso wie in den Stichwortvorschlägen.

Kapitel 2 | Bibliothek und Bildorganisation

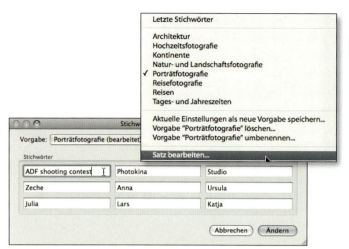

6 Stichwortsatz individualisieren

Um einen eigenen Stichwortsatz anzulegen, müssen Sie zunächst die Stichwörter dafür sammeln.

Wählen Sie aus dem Popup-Menü STICHWORTSATZ BEARBEITEN die Option SATZ BEARBEITEN. Daraufhin öffnet sich ein Fenster mit neun Feldern, die noch die aktuellen Stichwörter beinhalten. Diese müssen Sie einfach nur mit Ihren neuen Stichwörtern überschreiben.

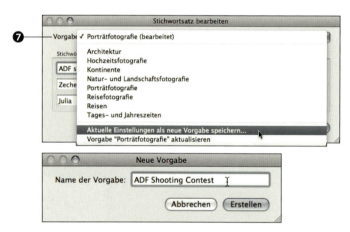

7 Neue Vorgabe speichern

Bisher haben Sie nur einen aktuellen Satz geändert. Um daraus einen neuen Satz zu machen, wählen Sie aus dem Popup-Menü VORGABE die Option AKTUELLE EINSTELLUNGEN ALS NEUE VORGABE SPEICHERN.

Dem aktuellen Stichwortsatz müssen Sie jetzt nur noch einen Namen geben.

8 Neuen Stichwortsatz nutzen

Der Stichwortsatz ist jetzt dauerhaft gespeichert und auch aus anderen Katalogen können Sie darauf zugreifen.

Wählen Sie einfach wieder aus dem Popup-Menü STICHWORTSATZ den eigens angelegten Satz, um auf die dort abgelegten Stichwörter zuzugreifen.

9 Einzelne Stichwörter erstellen

Auch in der Palette STICHWORTLISTE können Sie Stichwörter anlegen, zuweisen und filtern. Klicken Sie auf das Symbol **+**, um dem Katalog ein Stichwort hinzuzufügen. Geben Sie den Stichwortnamen an und gegebenenfalls auch Synonyme, die bei einer Stichwortsuche berücksichtigt werden sollen. Die STICHWORT-TAG-OPTIONEN bestimmen, inwieweit die Stichwörter bei einem Export berücksichtigt werden sollen. Aktivieren Sie die Checkbox ❽, um das Stichwort gleich den ausgewählten Bildern zuzuordnen.

10 Untergeordnetes Stichwort

In der Stichwortliste lassen sich gut Stichworthierarchien, also Stichwortgruppen und untergeordnete Stichwörter, erstellen. Klicken Sie dazu zunächst auf das Stichwort, das den Überbegriff bilden soll und erst danach auf das Symbol **+**. Nach Eingabe des Stichworts wird es als untergeordnetes Stichwort eingeordnet.

Eine weitere Möglichkeit zum Ordnen der Stichwörter ist, diese einfach in eine bestehende Stichwortgruppe zu ziehen ❾.

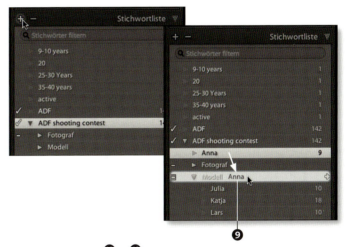

11 Nach Stichwörtern filtern

Die Stichwortliste bietet jede Menge Funktionen. Durch einen Klick in das Kästchen ❿ vor dem Stichwort, weisen Sie es den ausgewählten Fotos zu.

Wenn Sie in einer umfangreichen Stichwortliste ein bestimmtes Stichwort suchen, geben Sie dieses einfach in das Suchfeld ⓫ ein. Meistens reichen dabei schon die Anfangsbuchstaben.

Und wollen Sie ganz schnell die Bildauswahl nach einem Stichwort filtern, klicken Sie einfach auf den Pfeil ⓬ hinter dem Stichwort.

Kapitel 2 | Bibliothek und Bildorganisation **93**

Spreu und Weizen

Bilder beurteilen, vergleichen, markieren und bewerten

Natürlich ist einer der ersten Schritte in der Bibliothek die Bildauswahl. Und Lightroom bietet eine Menge, damit diese schnell – aber mit einem Blick aufs Detail – durchgeführt werden kann. Verschiedene Ansichtsmodi in der Bibliothek helfen, die Bilder wechselseitig zu vergleichen oder unter die Lupe zu nehmen. Mit Markierungen und Bewertungen vergeben Sie dann dauerhafte Auswahlkriterien.

1 Die Rasteransicht

Die Standardrasteransicht in Lightroom eignet sich sehr gut, um einen Überblick über die Bildserie zu bekommen und eine erste Bewertung vorzunehmen.

In die Rasteransicht gelangen Sie über das Menü ANSICHT ▷ RASTER, über den Shortcut G oder über einen Klick auf das Rastersymbol ❶ in der Werkzeugleiste.

Ebenfalls in der Werkzeugleiste finden Sie den Schieberegler ❷, mit dem Sie die Miniaturgröße einstellen können.

2 Darstellung als Vollbild

Um Bilder im Detail beurteilen zu können, wechseln Sie über einen Doppelklick oder über das entsprechende Symbol ❸ in die Vollbildansicht, die offiziell schon vielversprechend Lupenansicht heißt.

In der Vollbildansicht können Sie über die linken und rechten Cursortasten ← → oder über die Auswahl im Filmstreifen ❹ die Bilder wechseln.

3 Lupenansicht und Navigator

Ein einfacher Druck auf die Leertaste zoomt in die 100 %-Ansicht des Bildes – hier können Sie am besten die Schärfe des Bildes beurteilen.

Die genaue Vergrößerung der Lupenansicht können Sie im Navigator durch einen Klick oder die Auswahl eines anderen Vergrößerungsfaktors ❻ aus dem Popup-Menü unter dem Doppelpfeil bestimmen. Auch den vergrößerten Ausschnitt können Sie hier verschieben ❺. Ein weiteres Betätigen der Leertaste führt Sie wieder zurück in das Vollbild.

4 Auswahlbilder vergleichen

Bei der Auswahl der besten Bilder einer Serie hilft Ihnen die Vergleichsansicht: Markieren Sie alle zur Wahl stehenden Bilder und wechseln Sie über das Symbol oder die Taste [C] auf die Vergleichsansicht. Das zuerst ausgewählte Bild wird links abgebildet. Mit den Pfeiltasten auf der Tastatur und in der Werkzeugleiste ❾ können Sie jetzt die übrigen Bilder als Kandidaten gegenüberstellen. Über die Pfeilsymbole tauschen Sie Auswahl und Kandidat ❼ beziehungsweise nehmen die Auswahl des aktuellen Kandidaten vor ❽.

5 Bildauswahl überprüfen

Um eine Auswahl von Bildern gleichzeitig miteinander vergleichen zu können, wechseln Sie am besten mit der Taste [N] in die Überprüfungsansicht. Alle ausgewählten Bilder werden so im Vorschaufenster angeordnet, dass sie in größtmöglicher Vergrößerung angezeigt werden. Blenden Sie über die [↹]-Taste die seitlichen Paletten aus, um mehr Raum zu gewinnen.

Soll ein Bild aus der Auswahl entfernt werden, klicken Sie auf das kleine X-Symbol in der Ecke ❿.

Kapitel 2 | Bibliothek und Bildorganisation

6 Werkzeugleiste konfigurieren

Jetzt kennen Sie genug Ansichtsmöglichkeiten, um Ihre Bilder genau beurteilen und bewerten zu können.

Blenden Sie über den Pfeil ⓫ in der Werkzeugleiste sowohl die Optionen BEWERTUNG als auch FARBMARKIERUNG und MARKIEREN ein. Wechseln Sie über die Taste G in die Rasteransicht und über das Ansichtsmenü in die ERWEITERTEN ZELLEN als RASTERANSICHTSZIEL.

7 Bilder bewerten

Über die Ansichtsoptionen im gleichen Menü aktivieren Sie die Option BEWERTUNGSFUSSZEILE EINBLENDEN ⓬. Eine Bewertung lässt sich auf unterschiedlichen Wegen vergeben: Klicken Sie in der Werkzeugleiste oder in die Rasterzelle des aktivierten Bildes auf die entsprechende Anzahl von Sternen, die Sie vergeben wollen. Alternativ benutzen Sie einfach die entsprechende Zifferntaste: Mit der Taste 3 zum Beispiel vergeben Sie drei Sterne und ein Druck auf 0 löscht die Bewertung wieder.

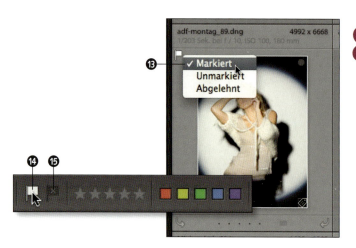

8 Die besten Bilder markieren

Eine Alternative und zusätzliche Möglichkeit zu den Bewertungen sind die Markierungen ⓮. Damit wählen Sie die besten Bilder aus oder markieren andere als abgelehnt ⓯. Die Markierung weisen Sie über einen Klick auf das Flaggensymbol in der Werkzeugleiste oder der Rasterzelle zu. Mit der rechten Maustaste können Sie dort auch die Markierung aus dem Popup-Menü ⓭ wählen. Das Tastaturkürzel für eine Markierung ist das P, für eine Ablehnung das X und für eine Aufhebung der Markierung das U.

9 Farbbeschriftungen nutzen

Mit Farbbeschriftungen können Sie Ihre Bilder noch in zusätzliche Kategorien unterteilen, etwa in unterschiedliche Themenbereiche wie Natur- und Porträtfotografie oder Sie können einen Bearbeitungsstatus im Produktionsprozess visualisieren, wie »in Bearbeitung«, »zur Abstimmung« oder »angenommen«.

Auch die Farbbeschriftungen können Sie sowohl in der Werkzeugleiste als auch in der Rasterzelle mit einem Klick zuweisen.

🅖

10 Attribute der Metadaten

Alle vergebenen Attribute werden in den Metadaten gespeichert. Bewertungen und Beschriftungen können von der Adobe Bridge angezeigt werden.

In der METADATEN-Palette können Sie die Bewertungen und Beschriftungen ebenfalls anzeigen lassen und auch bearbeiten. Wählen Sie im Popup-Menü 🅖 der METADATEN-Palette die Option STANDARD oder ALLE, um auf sie zuzugreifen.

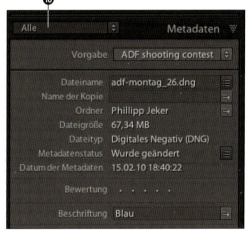

11 Nach Attributen sortieren

Statt einer Filterung können Sie auch Ihre Bildauswahl nach den vergebenen Attributen sortieren.

Klicken Sie dazu in der Werkzeugleiste auf den Doppelpfeil 🅗 neben Sortieren, um das Popup-Menü zu öffnen. Wählen Sie daraus die Kategorie, nach der Sie sortieren wollen.

Im folgenden Workshop können Sie sich mit den Möglichkeiten des Bibliotheksfilters vertraut machen.

🅗

Viele Nadeln im Heuhaufen

Den Bibliotheksfilter konfigurieren und sinnvoll nutzen

Der Bibliotheksfilter kann auf jede erdenkliche Metadateninformation zurückgreifen und diese für eine Bildsuche miteinander kombinieren. Dabei ist allerdings die Reihenfolge der Filter nicht unerheblich. Stellen Sie sich individuelle Filterabfragen zusammen und speichern Sie diese als Filtervorgabe, um sie auch außerhalb von Rasteransicht und Bibliothek nutzen zu können.

1 Suche im Gesamtkatalog
Um Bilder katalogübergreifend suchen zu können, müssen Sie erst einmal den Inhalt des gesamten Katalogs öffnen.

Klicken Sie unter dem Reiter KATALOG auf der linken Seite des Bibliotheksfensters auf ALLE FOTOS. Wählen Sie über die Taste G oder über das entsprechende Symbol in der Werkzeugleiste die Rasteransicht und stellen Sie die Miniaturgrößen über den Schieberegler ❶ so ein, dass Ihnen eine passende Bildanzahl angezeigt wird.

2 Nach Attributen filtern
Die Filterleiste des Bibliotheksfilters wird in der Rasteransicht automatisch eingeblendet. Sie können sie aber auch über das Menü ANSICHT ein- und ausblenden.

In der oberen Zeile wählen Sie, welche der drei Filtergruppen – TEXT, ATTRIBUTE oder METADATEN – Sie anwenden wollen. Klicken Sie zunächst auf ATTRIBUTE ❷.

3 Markierte Bilder einblenden

Im Bereich ATTRIBUTE können Sie nach Bewertungen, Farbbeschriftungen und Markierungen filtern. Klicken Sie einfach auf das Flaggensymbol ❸, um alle markierten Bilder des Katalogs einzublenden.

Die Auswahl im Vorschaufenster ändert sich sofort und im Filmstreifen wird Ihnen die Anzahl der gefilterten Fotos angegeben.

4 Nach Metadaten filtern

Diese Suche können Sie jetzt noch verfeinern. Klicken Sie in der oberen Zeile auf METADATEN ❹, um einen weiteren Filter hinzuzufügen.

Das folgende Filterfenster ist deutlich komplexer. In den vier Spalten können Sie bis zu vier beliebige Metadateninformationen zur Filterung kombinieren.

In der Spalte werden jeweils die Metadateneinträge aufgeführt, die in der aktuellen Bildauswahl enthalten sind.

5 Metadatenfilter konfigurieren

Klicken Sie auf die Überschrift der ersten Spalte, um die erste Metadatenkategorie festzulegen, nach der Sie filtern wollen.

Aus dem erscheinenden Popup-Menü wählen Sie eine Kategorie, wie zum Beispiel den Dateityp, um RAW-, JPEG- und TIFF-Daten voneinander zu trennen.

Nachdem Sie die Spalte eingerichtet haben, klicken Sie einfach auf den Filter, den Sie anwenden wollen. Klicken Sie mit gedrückter Strg/⌘-Taste auf RAW und DIGITALES NEGATIV (DNG), um alle RAW-Daten zu filtern.

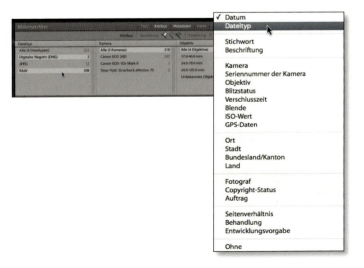

Kapitel 2 | Bibliothek und Bildorganisation **99**

6 Filtervorgabe definieren

Im Vorschaufenster werden jetzt alle RAW-Daten angezeigt, die durch eine Markierung ausgezeichnet wurden.

Speichern Sie diese Filterung als Vorgabe, um sie jederzeit ohne Aufwand anwenden zu können. Klicken Sie auf den Doppelpfeil neben BENUTZERDEFINIERTER FILTER, um das Popup-Menü aufzurufen und wählen Sie AKTUELLE EINSTELLUNGEN ALS NEUE VORGABE SPEICHERN. Die gespeicherte Vorgabe können Sie dann auch im Filmstreifen ❺ aufrufen.

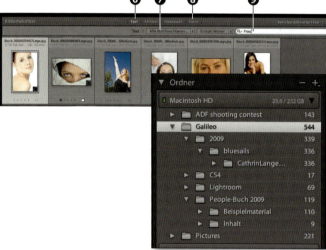

7 Textfilter nutzen

Klicken Sie zunächst auf KEINE ❽, um die aktuelle Filterung zu deaktivieren und dann auf TEXT ❻.

Der Textfilter kann durchaus mehr als nur Dateinamen und Stichwörter durchsuchen. Über die Einstellung ALLE DURCHSUCHBAREN FELDER ❼ werden auch Bildbeschreibungen oder EXIF-Informationen durchsucht.

Wählen Sie diesmal zuerst einen bestimmten Bildordner, bevor Sie einen Text in das Textfeld ❾ eingeben, nach dem die Bilder gefiltert werden sollen.

8 Filtereinstellung festsetzen

Wenn Sie mit der gleichen Filterung auch andere Ordner durchsuchen wollen, können Sie diesen vorher festsetzen.

Klicken Sie einfach auf das kleine Schloss-Symbol oben rechts in der Filterleiste und wechseln Sie dann per Klick in der ORDNER-Palette auf einen anderen Bildordner. Sie sehen, dass die Filterabfrage auch für die folgenden Ordner ohne weitere Einstellungen durchgeführt wird.

9 Filter deaktivieren

Wenn Sie eine Filterung kurzzeitig deaktivieren wollen, wählen Sie aus dem Menü BIBLIOTHEK die Option FILTER AKTIVIEREN ab und drücken Sie [Strg]/[⌘] + [L].

Alternativ können Sie die Filtereinstellungen ganz löschen, indem Sie in der Filterleiste auf KEINE klicken.

Tipp: Wenn Sie den Filter aktiviert lassen, aber die Filterleiste ausblenden wollen, drücken Sie einfach die [<]-Taste.

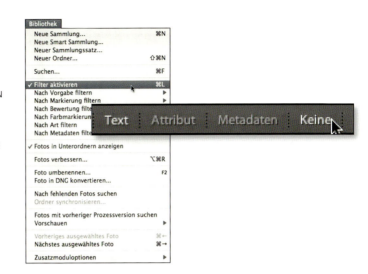

10 Im Metadatenfenster filtern

Auch im Metadatenfenster können Sie filtern – diese Filterung ist unmittelbar mit dem Bibliotheksfilter verknüpft.

Öffnen Sie auf der rechten Seite des Bibliotheksfensters die METADATEN-Palette. Sie können nach allen Metadateneinträgen filtern, die einen kleinen Pfeil ❿ am Ende haben. Klicken Sie einfach nur auf diesen Pfeil. Automatisch blendet sich dann der Bibliotheksfilter mit der entsprechenden Filterabfrage ein.

11 Filterung verfeinern

Die Filterung in der METADATEN-Palette können Sie natürlich noch weiter verfeinern.

Nutzen Sie den Bibliotheksfilter, wie in den Schritten 4 und 5 beschrieben, um weitere Filterkriterien hinzuzufügen. Aber vergessen Sie nicht, schon vor der Filterung in der METADATEN-Palette den Bilderordner auszuwählen, in dem Sie suchen wollen.

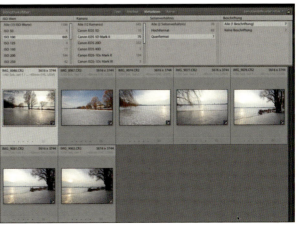

Auswahl und schnelle Zuordnung

Bildauswahl über Sammlungen und Zielsammlungen organisieren

Eine Sammlung kann Ihre Bildauswahl – unabhängig davon, ob diese per Filter oder individueller Auswahl zustandegekommen ist – dauerhaft speichern. Das Besondere dabei ist die Tatsache, dass die Bilder nicht in eine Sammlung kopiert werden, sondern nur mit der Originaldatei verlinkt werden. So kann sich ein Bild auch in mehreren Sammlungen befinden, ohne dass die Bilddaten mehrfach auf der Festplatte gespeichert werden.

1 Bildauswahl filtern
Beginnen Sie mit einer Filterung, um eine Bildauswahl für eine gemeinsame spätere Bearbeitung wie Entwicklung oder Diashow zu sammeln.

In diesem Beispiel habe ich in einem Ordner mit Reisebildern nach Bildern mit dem Stichwort »Restlicht« im Querformat gesucht.

Mehr zum Bibliotheksfilter finden Sie im vorangegangenen Workshop.

2 Auswahl übernehmen
Diese Bilder finden nun insgesamt oder in Teilen ihren Weg in eine Sammlung. Markieren Sie alle Bilder über [Strg]/[⌘] + [A] oder wählen Sie einzelne Bilder mit der [Strg]/[⌘]-Taste aus.

Klicken Sie dann im Fenster Sammlungen auf das **+** ❶ und wählen Sie Sammlung erstellen. Wählen Sie einen Namen für die neue Sammlung und aktivieren Sie die Option Ausgewählte Fotos einschliessen ❷. Klicken Sie anschließend auf Erstellen.

3 Sammlung ohne Kopie

Die neue Sammlung erscheint sofort als Name in der Liste und die vorher ausgewählten Bilder werden im Vorschaufenster angezeigt.

Diese Bilder sind **keine** Kopien. Die Sammlung stellt nur eine Verknüpfung zu den Originaldaten her. So können Sie eine Sortierung vornehmen, ohne das Datenvolumen zu vergrößern.

4 Bilder individuell hinzufügen

Bilder müssen für eine Sammlung nicht unbedingt vorher gefiltert und ausgewählt sein. Sie können sie auch später hinzufügen.

Wählen Sie einen anderen Bildordner und ziehen Sie die gewünschten Bilder einfach per Drag & Drop auf die Sammlung.

5 Mit Zielsammlungen arbeiten

Eine schnelle Alternative für die erste Bildauswahl ist die Schnellsammlung. Mit einem rechten Mausklick auf den Sammlungsnamen können Sie diese zur Zielsammlung machen.

Wenn Sie danach Ihr Bildarchiv durchsuchen, können Sie einzelne Bilder durch einen Klick auf das Kreis-Symbol ❸ in der Bildminiatur oder über die Taste B zur Zielsammlung hinzufügen. Auf dem gleichen Weg entfernen Sie Bilder wieder aus der Zielsammlung.

Kapitel 2 | Bibliothek und Bildorganisation **103**

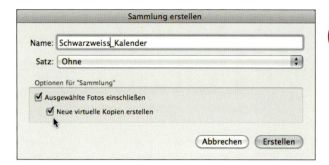

6 Virtuelle Kopien

Wenn Sie Sammlungen erstellen, um alternative Entwicklungen durchzuführen – zum Beispiel Schwarzweißvarianten – empfiehlt es sich, mit virtuellen Kopien zu arbeiten. Aktivieren Sie bei der Erstellung der Sammlung einfach auch die zweite Option NEUE VIRTUELLE KOPIEN ERSTELLEN.

So wird für die Bilder ein weiterer Metadatensatz angelegt, der andere Entwicklungseinstellungen enthalten kann

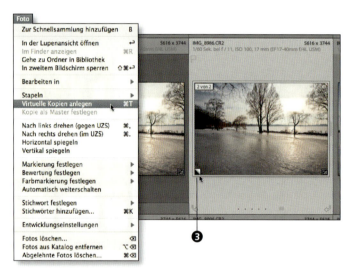

7 Virtuelle Kopien erkennen

Sie können virtuelle Kopien auch anders erstellen: Klicken Sie mit der rechten Maustaste auf ein ausgewähltes Bild oder wählen Sie aus dem Menü FOTO ▷ VIRTUELLE KOPIEN ANLEGEN. Über den Shortcut Strg / ⌘ + T geht es natürlich am schnellsten.

In der Bibliothek erkennen Sie eine virtuelle Kopie durch das kleine Eckensymbol ❸.

8 Nach virtuellen Kopien filtern

Auch zu einem späteren Zeitpunkt können Sie die virtuellen Kopien auswählen. Nutzen Sie dazu wieder den Bibliotheksfilter: Klicken Sie in der oberen Zeile auf ATTRIBUT ❹ und dann auf das mittlere ❺ der rechten Symbole.

So werden Ihnen nur die virtuellen Kopien des Bildordners angezeigt.

9 Der Sammlung hinzufügen
Auch neue virtuelle Kopien können Sie einer bestehenden Sammlung hinzufügen. Wählen Sie sie einfach aus und ziehen Sie sie wieder per Drag & Drop auf die bestehende Sammlung.

10 Originalordner lokalisieren
Falls Sie öfter mit Sammlungen arbeiten und zu einem späteren Zeitpunkt den Originalordner suchen, um beispielsweise nach ähnlichen Bildern wie den bereits ausgewählten zu forschen, ist das ganz einfach: Klicken Sie mit der rechten Maustaste auf das betreffende Bild in der Sammlung und wählen Sie aus dem Popup-Menü Gehe zu Ordner in Bibliothek. Das Bild wird dann im Originalordner und dieser in der Ordnerliste angezeigt.

11 Sammlung auswählen
Auch umgekehrt stellt sich manchmal die Frage, in welchen Sammlungen ein Bild schon aufgeführt ist. Auch das lässt sich leicht herausfinden: Ein kleines Icon ❻ symbolisiert Ihnen, dass ein Bild Bestandteil einer Sammlung ist. Wenn Sie nun auf dieses Icon klicken, können Sie zu der Sammlung navigieren, die das Bild enthält, oder auch zwischen mehreren Sammlungen auswählen, die das Bild enthalten.

Filter und Auswahl kombinieren
Smart-Sammlungen erstellen

Eine Smart-Sammlung ist eine intelligente Kombination der Möglichkeiten des Bibliotheksfilters mit dem Nutzen einer Sammlung. Bei der Erstellung einer Smart-Sammlung definieren Sie gleichzeitig deren Filterkriterien. Die Smart-Sammlung sucht dann selbsttätig alle entsprechenden Bilder zusammen und fügt auch neue Bilder hinzu, wenn diese die Filterkriterien erfüllen.

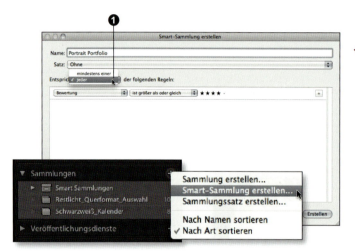

1 Smart-Sammlung erstellen

Starten Sie in der SAMMLUNGEN-Palette und klicken Sie auf das Symbol **+**. Wählen Sie dann aus dem Popup-Menü SMART-SAMMLUNG ERSTELLEN.

Im folgenden Fenster vergeben Sie zunächst einen Namen für die Smart-Sammlung. Danach legen Sie die logische Verknüpfung für die noch festzulegenden Regeln fest. Bestimmen Sie, ob der Filter jeder der folgenden Regeln oder nur mindestens einer entsprechen soll ❶.

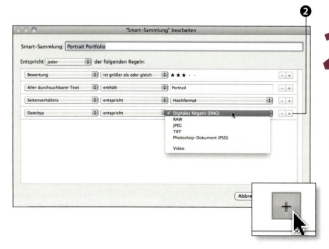

2 Filterregeln festlegen

Aus dem Popup-Menü können Sie jetzt verschiedenste Filterregeln kombinieren. Je nach Regel haben Sie die Möglichkeit, diese über weitere Popup-Menüs zu konfigurieren. Klicken Sie auf das Symbol **+** ❷ neben der bestehenden Regel, um weitere hinzuzufügen. Die Regelkombination im abgebildeten Beispiel filtert im gesamten Katalog Bilder, die mindestens eine Bewertung von drei Sternen, eine Textinformation »Portrait« erhalten haben, hochformatig sind und als DNG vorliegen.

3 Dynamische Inhalte

Nach dem Speichern der Regeln ist die Smart-Sammlung automatisch erstellt und die Bilder wurden nach den vorgegebenen Bedingungen aus dem Katalog gesammelt.

Die Anzahl der enthaltenen Bilder wird neben dem Namen angezeigt ❸. Jedes Bild des Katalogs, das zukünftig die gleichen Bedingungen erfüllt, wird automatisch in die Smart-Sammlung aufgenommen.

4 Filterregeln verändern

Eine Smart-Sammlung ist dynamisch. Das heißt, auch wenn Sie die Regeln für die Smart-Sammlung ändern, wird der neue Sammlungsinhalt gleich erstellt.

Klicken Sie mit der rechten Maustaste auf den Namen der Smart-Sammlung und wählen Sie SMART-SAMMLUNG BEARBEITEN oder öffnen Sie gleich durch einen Doppelklick das Bearbeitungsfenster. Sie entfernen eine Regel aus der Smart-Sammlung, indem Sie einfach auf das Minus-Zeichen dahinter ❹ klicken.

5 Aktuelle Smart-Sammlung

Bestätigen Sie die Änderung der Regeln durch einen Klick auf den Knopf SPEICHERN. In der neuen Smart-Sammlung sind jetzt mehr Bilder enthalten, da sowohl hoch- als auch querformatige Bilder berücksichtigt wurden.

Im nächsten Workshop lesen Sie, wie Sie die Regeln für Smart-Sammlungen ganz einfach an andere Kataloge übergeben.

Mehrere Kataloge sortieren
Stichwörter und Smart-Sammlungen katalogübergreifend nutzen

Ein gut organisierter Katalog ist gut – viele gut organisierte Kataloge sind besser. Damit Sie bei einem neuen Katalog von Ihren Vorarbeiten wie fertigen Stichwörter-Verzeichnissen oder Smart-Sammlungen profitieren können, müssen Sie diese exportieren und später wieder importieren. Die notwendigen Schritte dazu sehen Sie in diesem Workshop.

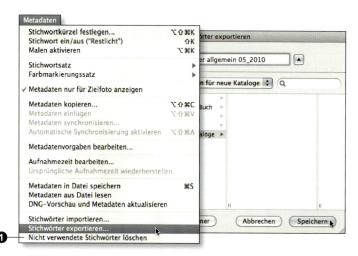

1 Katalogstichwörter exportieren
Wählen Sie in dem bestehenden Katalog, dessen Stichwörter Sie übernehmen wollen, aus dem Menü METADATEN ▷ STICHWÖRTER EXPORTIEREN. Wollen Sie nur verwendete Stichwörter exportieren, so wählen Sie vorher die Option NICHT VERWENDETE STICHWÖRTER LÖSCHEN ❶.

Wählen Sie einen Speicherort und einen Namen für die Stichwortliste, die als Textdatei gespeichert wird.

2 Smart-Sammlungseinstellungen
Vordefinierte Regeln für eine Smart-Sammlung exportieren Sie, indem Sie mit der rechten Maustaste auf den betreffenden Smart-Sammlungsnamen in der Liste klicken.

Wählen Sie aus dem erscheinenden Popup-Menü SMART-SAMMLUNGSEINSTELLUNGEN EXPORTIEREN. Speichern Sie diese Einstellungen unter einer sinnvollen Benennung ab.

3 Neuen Katalog anlegen

Legen Sie am besten einen neuen Katalog an, um die Funktion nachzuvollziehen. Wählen Sie aus dem Menü DATEI ▷ NEUER KATALOG. Vergeben Sie den Katalognamen bevor sie auf ERSTELLEN klicken.

Es öffnet sich ein ganz leerer Katalog, der weder Stichwörter noch benutzerdefinierte Smart-Sammlungseinstellungen beinhaltet. Natürlich können Sie zum Testen auch einen bestehenden Katalog öffnen.

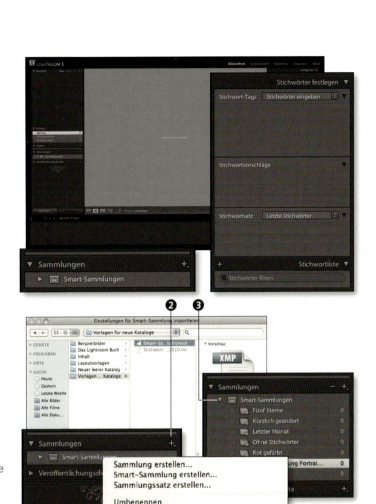

4 Sammlungseinstellungen

Klicken Sie jetzt auf das Symbol + ❷ in der SAMMLUNGEN-Palette und wählen Sie SMART-SAMMLUNGSEINSTELLUNGEN IMPORTIEREN. Navigieren Sie zu den eben gespeicherten Einstellungen und wählen Sie IMPORTIEREN. Klicken Sie auf das Dreieck ❸ vor SMART-SAMMLUNGEN. Innerhalb des Smart-Sammlungen-Satzes ist die gespeicherte Smart-Sammlung erstellt worden.

Natürlich beinhaltet die Smart-Sammlung erst dann Bilder, wenn im Katalog Fotos enthalten sind, die die Bedingungen erfüllen.

5 Stichwörter importieren

Stichwörter importieren Sie über das gleiche Menü, über das Sie sie auch exportieren. Wählen Sie aus dem Menü METADATEN ▷ STICHWÖRTER IMPORTIEREN und wählen Sie die gespeicherte Stichwörter-Textdatei für den Import aus.

Unmittelbar danach tauchen alle Stichwörter in der ursprünglichen Hierarchie in der Stichwortliste auf und können verwendet werden.

Kapitel 2 | Bibliothek und Bildorganisation   **109**

GRUNDLAGENEXKURS

Die weite Welt der Metadaten
Wie Sie die Bildinformationen nutzen können

Was sind Metadaten?

Grob gesagt enthalten die Metadaten alle Informationen die ein Bild trägt, außer den reinen Pixelinformationen. Dazu gehören:
- die Dateiinformationen, also das Dateiformat, der Dateiname und die Dateigröße
- die EXIF-Daten, also die Kamerainformationen und -einstellungen des Bildes

Weitere Metadaten können dem Bild auf unterschiedliche Weise hinzugefügt werden:
- die IPTC-Daten, die nach einem redaktionellem Standard Informationen über Copyright, Urheber, Stichwörter und Bildbeschreibung sammeln können. IPTC-Daten können aus Redaktionssystemen automatisch ausgelesen werden
- Entwicklungseinstellungen für RAW-Bilder, die nicht in der originalen RAW-Datei gespeichert werden können
- Attribute wie zum Beispiel Bewertungen

Diese Metadaten können auf drei Arten gespeichert und mit dem Bild transportiert werden:

- Innerhalb der Bilddatei – das gilt allerdings nur für Standardformate wie JPEG, TIFF, PSD oder DNG, nicht aber für RAW-Daten
- In sogenannten Filialdateien, also zusätzlichen Dateien, die neben der Original-RAW-Datei auf der Festplatte gespeichert werden. Diese standardisierten XMP-Daten müssen dann immer mit der Originaldatei verschoben oder kopiert werden, um die Metadaten nicht zu verlieren. Eine Umbenennung der Originaldatei schadet übrigens nicht, da die XMP-Datei weiterhin dem ursprünglichen Dateinamen zugeordnet werden kann.
- In einer gemeinsamen Datenbank, wie es in Lightroom mit der Katalogdatei der Fall ist. Dies gewährleistet den schnellsten und zentralen Zugriff auf die Metadateninformation. Allerdings sind die Informationen für externe Programme – wie etwa die Bridge – erst nach der zusätzlichen Speicherung in Filialdateien zugänglich.

Lesen Sie auch den Grundlagenexkurs »Die Sache mit den XMP-Daten« auf Seite 304.

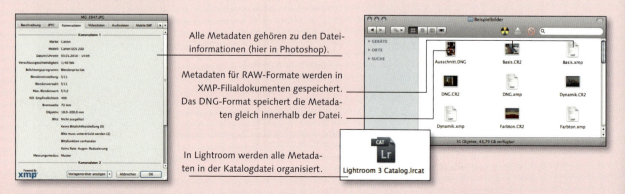

Alle Metadaten gehören zu den Dateiinformationen (hier in Photoshop).

Metadaten für RAW-Formate werden in XMP-Filialdokumenten gespeichert. Das DNG-Format speichert die Metadaten gleich innerhalb der Datei.

In Lightroom werden alle Metadaten in der Katalogdatei organisiert.

Wo sind die Metadaten in Lightroom?

Alle verfügbaren Metadaten sind in der METADATEN-Palette von Lightroom aufgeführt. Hier können Sie Metadaten einsehen, filtern und weitere Metadaten hinzufügen. Da die Metadateninformation sehr vielfältig und umfangreich sind, bietet es sich an, über das Popup-Menü ❶ der Palette immer nur die benötigten Informationen einzublenden.

Standard: Dies ist eine Kombination aus Dateiinformationen, Attributen und einigen IPTC- und EXIF-Metadaten.

Ad-hoc-Beschreibung: Diese kombiniert die wichtigsten Informationen wie Dateiname, Ordner und die wichtigsten EXIF- und IPTC-Metadaten wie etwa das Copyright.

Alle: Diese Option zeigt alle EXIF- und IPTC-Metadaten an sowie die wichtigsten Dateiinformationen.

Alle Zusatzmodul-Metadaten: Dieses Feld kann die Informationen anzeigen, die von anderen Programmen hinzugefügt wurden.

EXIF: Dies blendet alle Kameradaten sowie den Dateinamen und Speicherort ein.

Große Bildbeschreibung: Diese lässt Sie den verfügbaren Platz für eine umfangreichere Bildbeschreibung plus das Copyright nutzen.

IPTC: zeigt die Standard-IPTC-Metadaten, den Dateinamen und den Metadatenstatus

IPTC-Erweiterung: Diese Option zeigt weitere IPTC-Metadaten wie Model-Releases an.

Minimal: Dies blendet nur den Dateinamen, Copyright, Bewertung und Bildbeschreibung ein.

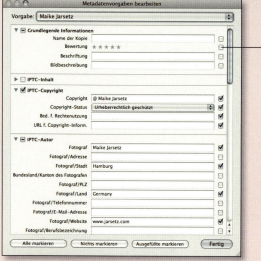

Ort: Diese Option blendet einen Ausschnitt der IPTC-Daten wie Titel, Bildbeschreibung und Ort sowie den Dateinamen, Speicherort und Metadatenstatus ein.

Detaillierte Informationen zu den IPTC-Beschreibungen finden Sie unter *www.iptc.org*

Sie können bis zu sechs Metadateninformation auch in der Lupenansicht einblenden lassen. Wählen Sie in der Bibliothek oder im Entwicklungsmodus aus dem ANSICHT-Menü die ANSICHTS-OPTIONEN. Hier können Sie zwei alternative, jeweils dreizeilige, Lupeninformationen vordefinieren.

In der Lupenansicht oder im Entwickeln-Modul werden diese Infos über die Taste [I] eingeblendet und zwischen ihnen gewechselt.

Metadaten in Lightroom hinzufügen

Sie können praktisch in jedes Feld außer den EXIF-Daten durch einen einfachen Klick und Texteingabe Informationen hinzufügen. Wenn Sie mehrere Bilder aktiviert haben, geben Sie für alle Bilder die Informationen ein.

Eine elegante Art und Weise, einen Satz von Metadaten auf einmal hinzuzufügen, ist eine Metadatenvorlage. Diese können Sie über ein Popup-Menü anwenden und auf vielerlei Arten anlegen:

- Wählen Sie aus dem METADATEN-Menü METADATENVORLAGEN BEARBEITEN.
- Wählen Sie aus dem Popup-Menü VORGABE ❶ in der Metadaten-Palette die Option VORGABEN BEARBEITEN ❷.
- Wählen Sie schon beim Import in der Palette WÄHREND DES IMPORTVORGANGS ANWENDEN aus dem Popup-Menü METADATENVORGABEN ❶ die Option VORGABEN BEARBEITEN ❷. Benennen Sie die Metadatenvorgaben und füllen Sie die Felder aus, deren Informationen zur Vorgabe gehören. Entfernen

Sie die Markierung ❸ an den Feldern, deren Informationen nicht übernommen werden sollen.

Beim Bildimport können Sie dann aus den vordefinierten Metadatenvorlagen wählen – und zwar sowohl im erweiterten als auch im kompakten Importdialog-Fenster.

Natürlich können Sie die Metadatenvorlagen auch noch in der METADATEN-Palette der Bibliothek zuweisen.

Metadaten für die Organisation nutzen

Die METADATEN-Palette verbirgt noch eine Menge Funktionen, die nicht auf den ersten Blick erkennbar sind. Sie sind über Menübefehle oder die kleinen Icons am Rand der Palette erreichbar.

Metadaten nur für Zielfoto anzeigen | Durch diesen Befehl aus dem METADATEN-Menü wird – auch wenn Sie mehrere Bilder ausgewählt haben – die komplette Metadateninformation des aktuellen Bildes angezeigt. Ansonsten würden unterschiedliche Informationen als <GEMISCHT> ❹ angezeigt werden.

Metadaten synchronisieren | Klicken Sie in der Palette auf METADATEN SYNCHRONISIEREN ❺, um die Metadaten des aktuellen Bildes auf alle anderen ausgewählten Fotos zu übertragen. Im folgenden Dialogfenster können Sie über die Markierung durch das Häkchen ❻ bestimmen, welche Metadaten übertragen werden sollen.

Automatisch synchronisieren | In der Lupenansicht haben Sie, nach Aktivieren des kleinen Schalters ❼, die Möglichkeit, automatisch zu synchronisieren: Die Metadaten werden so bei Eingabe synchron auf alle ausgewählten Bilder angewendet.

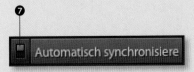

Grundlagenexkurs | Metadaten

Metadaten aktualisieren | Werden an einem von Lightroom verwalteten Bild auch extern die Metadaten bearbeitet, kommt es zu einem Metadatenkonflikt: Der METADATENSTATUS WURDE GEÄNDERT. Über einen Klick auf das Symbol ❶, können Sie die EINSTELLUNGEN VOM DATENTRÄGER IMPORTIEREN oder mit den aktuellen EINSTELLUNGEN ÜBERSCHREIBEN.

Metadatenvorlagen mit der Sprühdose übertragen | In der Werkzeugleiste finden Sie die Sprühdose, die Sie durch einen Klick auf das Symbol ❷ aktivieren können. Wählen Sie dann aus dem Popup-Menü MALEN ❸ METADATEN und danach die gewünschte Metadatenvorlage ❹. Mit gedrückter Maustaste und einem Klick oder Ziehen über die gewünschten Bilder übertragen Sie die Metadaten.

Ordner und Dateipfad anzeigen | Ein Klick auf das Symbol ❺ neben der ORDNER-Angabe zeigt den Ordner an, in dem sich das Bild befindet. Das ist besonders nützlich, wenn Sie aus einer Sammlung den Ursprungsordner des Bildes suchen. Wenn Sie die EXIF-Informationen eingeblendet haben, wird Ihnen der DATEIPFAD angezeigt und das Symbol ❺ führt Sie zur Originaldatei auf der Festplatte.

Tipp: Klicken Sie in anderen Ansichten mit der rechten Maustaste auf das Bild, um es im Ordner oder auf der Festplatte anzuzeigen.

Nach EXIF-Daten filtern | Steht neben einer Kamerainformation ein kleiner Pfeil ❻, können Sie durch einen Klick alle Bilder im Ordner anzeigen, die diese Information teilen.

Stapel umbenennen | Auch Dateinamen sind Metadaten. Das Symbol ❼ neben dem DATEINAMEN führt Sie zur STAPELUMBENENNUNG mehrerer ausgewählter Bilder.

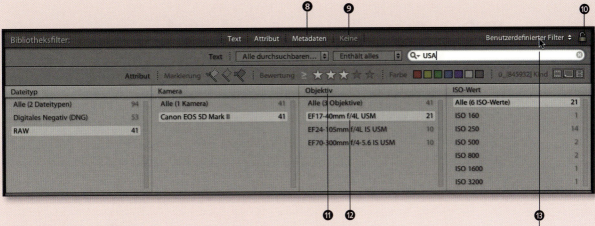

Nach Metadaten filtern

Nicht nur die METADATEN-Palette ermöglicht es, nach Fotos mit gleichen Informationen zu filtern. Deutlich mehr Optionen haben Sie im Bibliotheksfilter. Der Bibliotheksfilter ist nur in der Rasteransicht der Bibliothek verfügbar und kann über das Menü ANSICHT ▷ FILTERLEISTE ANZEIGEN oder über die Taste M ein- und ausgeblendet werden.

In der oberen Zeile des Filters ❽ entscheiden Sie durch einen Klick auf TEXT, ATTRIBUT oder METADATEN, wonach Sie filtern wollen. Natürlich können Sie die drei Filter mit mehreren Klicks auch kombinieren: Klicken Sie auf die Spaltenüberschriften ❿, um das Kriterium zu wählen. In der Spalte stehen danach alle Metadaten der im aktiven Ordner befindlichen Bilder. Innerhalb einer Spalte können Sie mit gedrückter Strg/⌘-Taste mehrere Informationen ⓬ addieren.

Ein Klick auf das Schloss-Symbol ❿ speichert die Filterattribute für nächste Ordner oder Sammlungen, um dort die gleiche Filterabfrage durchzuführen. Lassen Sie das Schloss

geöffnet, wenn der Filter beim nächsten Ordner deaktiviert werden soll.

Durch einen Klick auf das obere Popup-Menü ⓭ können Sie die AKTUELLEN EINSTELLUNGEN ALS VORGABE SPEICHERN und diese bei der nächsten Filterabfrage schnell auswählen. Diese Vorgaben können Sie auch in anderen Modulen aus dem Filmstreifen ⓮ auswählen.

Klicken Sie auf KEINE ❾, um den Filter zurückzusetzen oder deaktivieren Sie ihn temporär durch die Tasten Strg/⌘+L.

Die Basisentwicklung

Nach der Bildauswahl folgt die Entwicklung. Auch dabei sollten Sie strukturiert vorgehen. In diesem Kapitel finden Sie nacheinander alle Pflichtkorrekturen, die fast ein jedes Bild vertragen kann. Vor allem lernen Sie die verschiedenen Wirkungen und Einsatzbereiche alternativer Korrekturen wie Belichtung und Helligkeit oder der unterschiedlichen Kontrastkorrekturen kennen. Natürlich gehören auch der Weißabgleich, die Rauschreduzierung, die Scharfzeichnung, die Horizontausrichtung und das Festlegen des Bildausschnitts zu den elementaren Entwicklungsschritten. Alles Wichtige dazu – ebenso wie Tipps und Tricks – erfahren Sie auf den folgenden Seiten.

Express-Entwicklung **124**
  Erste Bildanpassungen und Ausschnitte in der Bibliothek
Die richtige Basis **128**
  Ein kameraspezifisches Profil bestimmt die Grundentwicklung
Erste Belichtungskorrekturen **130**
  Die Belichtung und die Mitteltöne anpassen
Bildkontrast aufbauen **132**
  Gesamt-, Detail- und Punktkontrast ausbalancieren
Von Licht und Schatten **136**
  Korrekturen der Tiefen und Lichter
Regie von ganz oben **138**
  Das Histogramm übernimmt die Kontrolle
Der Weißabgleich **142**
  Farbbalance mit Pipette, Farbtemperatur und Tönung
Bildrauschen bekämpfen **144**
  Dem Farb- und Luminanzrauschen entgegensteuern
Perfekte Scharfzeichnung **148**
  Pflicht und Kür in der Detailsteuerung
Bildausschnitt bestimmen **152**
  Der richtige Umgang mit dem Freistellungswerkzeug
Alles im Lot **154**
  Fotos gerade ausrichten mit der Freistellungsüberlagerung
Was das Histogramm verrät **156**
  ... und wie Sie es für die Bildentwicklung nutzen

 **Bonusmaterial auf DVD:**
Bildrauschen reduzieren (Lektion 2.1)

Foto: iStockphoto, © sndr, Bild 8280353

Schon drüber gestolpert?

? Die Lichter- und Tiefenwarnung über das Histogramm ist zwar sehr nützlich, aber auf die Dauer ist es mir zu umständlich, diese an- und abzuschalten. Geht das nicht auch schneller?

! Ja, halten Sie bei der Steuerung des BELICHTUNG-, WIEDERHERSTELLUNG- oder SCHWARZ-Reglers einfach die Alt/⌥-Taste gedrückt. So wird das Bild in schwarz beziehungsweise weiß ausgeblendet und kritische Bildbereiche werden durch Pixel hervorgehoben. Die beschnittenen Lichter werden hier weiß, zulaufende Tiefen schwarz angezeigt. Falls der Beschnitt nur in einem Kanal stattfindet, wird dies farbig markiert. Sobald Sie die Alt/⌥-Taste wieder loslassen, wird das Originalbild wieder eingeblendet.

? Ich benutze die Grundeinstellungen zur Belichtungskorrektur jedes Mal anders und eher intuitiv. Mir ist auch der Unterschied zwischen Belichtung und Helligkeit nicht klar. Wann benutze ich das Aufhelllicht und wann den Schwarz-Regler für die Korrektur von Schatten? Gibt es hierfür eine sinnvolle Reihenfolge?

! Lesen Sie dazu die Workshops »Erste Belichtungskorrekturen« und »Von Licht und Schatten« auf den Seiten 130 und 136.

? Wofür um alles in der Welt soll der Regler »Klarheit« gut sein?

! Die Einstellung der KLARHEIT ist eine wunderbare Möglichkeit, um den Detailkontrast auszuarbeiten. Auf der Seite 133 im Workshop »Bildkontrast aufbauen« sehen Sie den Regler im Einsatz.

? Ich habe schnell herausgefunden, dass man über die Taste Y in den Bildvergleich wechseln kann. Aber wie kann ich die Bilder schnell im Detail vergleichen?

! Drücken Sie die Tasten ⇧+Y wenn Sie in der Vergleichsansicht sind, so wird das Bild in eine Vorher- und Nachher-Version unterteilt. Ein weiterer Klick auf das Bild zoomt wie gewohnt in die Details. Die Taste Y bringt Sie zurück in die Vollbildansicht.

? Ich möchte einen Weißabgleich durchführen und vermisse an den Reglern eine echte Farbtemperatur-Einstellung. Mein Farbtemperatur steht auf 0 und ich kann die Werte nur in Richtung Plus oder Minus verschieben. Wie kann ich dies auf Kelvin-Werte umstellen?

! In diesem Fall arbeiten Sie mit JPEG-Daten, also einem schon entwickelten Farbbild. Anders als bei einer RAW-Datei können Sie hier nachträglich keine Veränderung des Kelvin-Werts vornehmen, sondern nehmen für den »Weißabgleich« eine Farbkorrektur vor. Natürlich können Sie dazu auch den TEMPERATUR-Regler nutzen und mit seiner Hilfe Korrekturen in die blaue, kühle Richtung (–) oder die gelbe, warme Richtung (+) korrigieren.

? Ich arbeite in Photoshop viel mit der Gradationskurve. Die Lightroom-Kurve mit den Schiebereglern scheint anders zu funktionieren. Kann ich hier auch arbeiten wie in Photoshop?

! Seit Lightroom 3 steht auch hier eine Punktkurve zur Verfügung. Klicken Sie auf das kleine Symbol rechts unten in den Gradationskurven, um sie zu aktivieren.

? Wie kann ich die JPEG-Qualität meiner Kamera erzielen – also die gleichen Farben und Kontraste –, bevor ich mit der RAW-Entwicklung beginne? Mit den eigenen Anpassungen habe ich das bisher nur mit viel Mühe im Einzelfall erreicht.

! Wählen Sie im Bereich der KAMERA-KALIBRIERUNG aus der Liste der Profile den sogenannten CAMERA STANDARD. Dieser entspricht der JPEG-Umsetzung – mehr zum kameraspezifischen Profil finden Sie auf Seite 129.

? Ändert der Zoomfaktor das Ergebnis des Weißabgleichs mit der Pipette?

! Ja, denn es wird immer ein Feld von 5x5 Pixeln zur Berechnung des neutralen Mittelwerts benutzt. Dieses Feld basiert auf den Bildschirmpixeln, nicht auf den Bildpixeln und wird in der Lupe der Weißabgleichspipette angezeigt. Wenn Sie also in das Bild vorher hineinzoomen, erhalten Sie ein exakteres Messfeld und ein anderes Ergebnis. Bei verrauschten Bildern bietet es sich auf der anderen Seite an, den Weißabgleich in einer geringeren Zoomstufe durchzuführen – mehr zum Weißabgleich auf Seite 142.

? Ich möchte ein Bild auf eine feste Ausgabegröße freistellen. Wie geht das?

! Nur beim Export. Die Freistellung in Lightroom selbst gibt nur Seitenformate vor. Weil Lightroom das Originalbild nicht verändert, kann es hier auch nicht »heruntergerechnet« werden. Beim Export haben Sie allerdings die Möglichkeit ein festes Bildformat auch in Zentimetern auszugeben – dazu mehr in Kapitel 5.

? Welches sind bei der Scharfzeichnung die besten Werte für Betrag und Radius? Und was machen die Regler »Details« und »Maskieren«?

! Zur ersten Frage: Es gibt keine. Eine Scharfzeichnung ist eine Kontrastverstärkung um einen bestimmten Betrag innerhalb des anzugebenden RADIUS. Der Radius muss so gewählt werden, dass sich darin die zu schärfenden Bilddetails befinden. Je nach Bildgröße sind andere Radien, je nach Motiv andere Beträge für die Scharfzeichnung optimal. Zur zweiten Frage finden Sie die Antworten im Workshop über die Scharfzeichnung auf Seite 148.

? Durch Zufall habe ich das Raster des Freistellungswerkzeugs verändert. Es verläuft jetzt diagonal und zwar immer, selbst wenn ich das Werkzeug verlasse und wieder aktiviere. Wie kann ich das abstellen beziehungsweise auf das normale Raster zurückkehren?

! Sie haben die [O]-Taste gedrückt – dies ist der Shortcut, um die verschiedenen Freistellungsüberlagerungen zu durchlaufen. Diese reichen vom goldenen Schnitt bis zu spiralförmigen Hilfslinien für die Bildaufteilung. Drücken Sie mehrfach die Taste [O], bis Sie wieder Ihr gewohntes Raster erhalten. Übrigens: Mit der [⇧]+[O]-Taste können Sie die Ausrichtung der Überlagerung ändern – mehr Informationen zur Freistellungsfunktion finden Sie im Workshop auf der Seite 152.

Die Entwicklung im Überblick

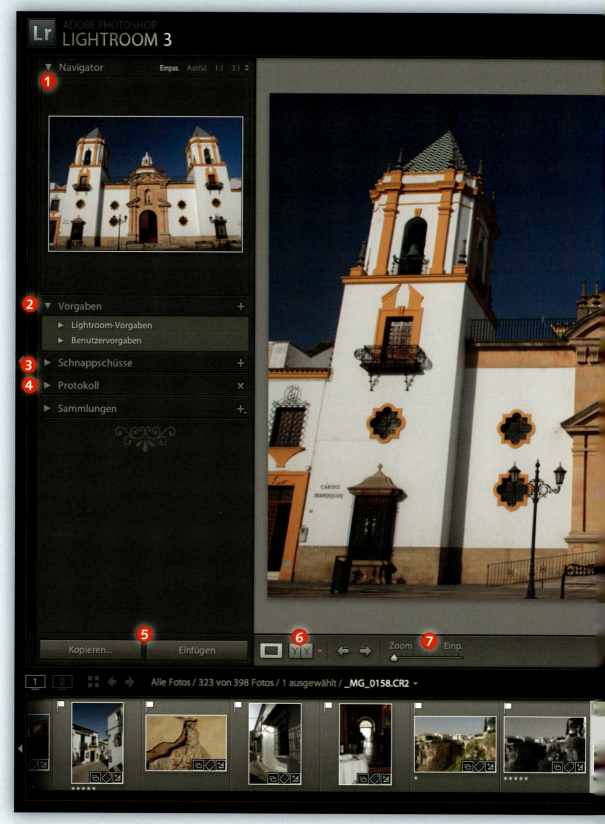

120

Bibliothek | **Entwickeln** | Diashow | Drucken | Web

Die Entwicklung

❶ **Navigator:** Der Navigator im Entwickeln-Modul entspricht der gleichen Funktion in der Bibliothek. Neben der EINPASSEN- und AUSFÜLLEN-Option stehen Ihnen Vergrößerungsfaktoren von 1:4 bis 11:1 zur Verfügung. Bei Ausschnittsvergrößerungen können Sie den Ausschnitt über einen Vorschaurahmen bewegen.

❷ **Vorgaben:** In der VORGABEN-Palette werden über einen Klick auf das Symbol + die aktuellen Entwicklungseinstellungen gespeichert. Diese können später aus der Liste als BENUTZERVORGABEN wieder auf andere Bilder angewendet werden.

❸ **Schnappschüsse:** Über einen Klick auf das Symbol + wird der aktuelle Entwicklungsstatus als Schnappschuss gespeichert. So können Sie wichtige Arbeitsphasen sichern und per Klick miteinander vergleichen.

❹ **Protokoll:** Im PROTOKOLL wird jeder einzelne Entwicklungsschritt gespeichert. Sie können durch einen Klick auf die einzelnen Protokollschritte jeden Bearbeitungsstatus der Datei wieder hervorholen. Ein Klick auf das X löscht das gesamte Protokoll.

❺ **Entwicklungseinstellungen kopieren und einfügen:** Die Einstellungen eines fertig entwickelten Bildes auf ein anderes übertragen, können Sie auch ohne Entwicklungsvorgaben. Kopieren Sie alle oder ausgewählte Entwicklungseinstellungen über den entsprechenden Knopf. So können Sie diese in die dann auszuwählenden Bilder einfügen.

❻ **Vergleichsansicht:** Über die Taste Y oder das entsprechende Icon gelangen Sie in die Vergleichsansicht, die das Vollbild in eine Vorher- und Nachher-Ansicht teilt. Ein Klick auf das danebenstehende Vollbildsymbol oder wiederum die Taste Y beendet die Vergleichsansicht.

❼ **Werkzeugleiste:** Auch im Entwickeln-Modul steht Ihnen eine Werkzeugleiste zur Verfügung, die standardmäßig die Navigationspfeile und einen Zoom-Regler zeigt. Sie lässt sich über den kleinen Pfeil um andere Funktionen wie Attribute oder Diashow erweitern.

❽ **Histogramm:** Das Histogramm bildet mit seiner Tonwertstatistik die Basis für die Korrektur. Sie können im Entwickeln-Modul auch direkt in das Histogramm klicken und dort mit gedrückter Maustaste die Tonwerte verschieben. Außerdem bietet das Histogramm mit den zwei dreieckigen Symbolen oben im Fenster die Möglichkeit, während der Korrektur beschnittene Tiefen und Lichter anzuzeigen.

❾ **Werkzeuge:** In dieser Leiste finden Sie die Werkzeuge, mit denen Sie (v.l.n.r.), Bilder freistellen und Ausschnitte bestimmen, retuschieren und reparieren, rote Augen korrigieren und Bildanpassungen verlaufsförmig oder per Anpassungspinsel auftragen.

❿ **Grundeinstellungen:** Die GRUNDEINSTELLUNGEN gruppieren die wichtigsten Bildkorrekturen, wie Belichtung, Weißabgleich, Kontrast und Sättigung, aber auch schon selektive Funktionen, wie eine Tiefen-/Lichter-Korrektur.

⑪ Gradationskurve: Die Gradationskurve ist die bessere Kontrastkorrektur, da sie den Kontrast in den Tonwerten unterschiedlich steuern kann. Lightroom bietet Ihnen wahlweise eine PUNKTKURVE wie in Photoshop oder eine PARAMETRISCHE GRADATIONSKURVE, die vier Tonwertbereiche über Schieberegler steuert.

⑫ HSL/Farbe/SW: In dieser Palette verbirgt sich eine dedizierte Farbkorrektur, die – ähnlich der Funktion FARBTON/SÄTTIGUNG aus Photoshop – eigene Korrekturen von FARBTON, SÄTTIGUNG und LUMINANZ für acht getrennte Farbbereiche ermöglicht. Auch die ebenfalls mögliche Schwarzweißumwandlung lässt sich für jeden Farbbereich anpassen.

⑬ Teiltonung: Mit der Teiltonung können Sie Lichter und Schatten eines Bildes in unterschiedlichen Farbtönen und mit unterschiedlicher Sättigung einfärben. Diese traditionell für Schwarzweißbilder vorgesehene Technik ist auch für Farbvarianten möglich.

⑭ Details: Hinter den DETAILS verbirgt sich die Scharfzeichnung und die Rauschreduzierung. Beide Funktionen werden ab Lightroom 3 mit einem verbesserten Algorithmus gerechnet.

⑮ Objektivkorrekturen: Objektivverzeichnungen können Sie in dieser Palette genauso korrigieren wie chromatische Aberrationen. Seit Lightroom 3 greift die Objektivkorrektur auf kameraeigene Profile zurück, die eine automatische Berechnung der Korrekturwerte durchführen.

⑯ Effekte: Unter den EFFEKTEN verbirgt sich zunächst eine Vignettierungskorrektur, die sich auch zur Erstellung künstlicher Vignetten eignet. Außerdem haben Sie die Möglichkeit, dem Bild nachträglich eine Körnung hinzuzufügen, um den Look eines hochempfindlichen analogen Films zu simulieren.

⑰ Kamerakalibrierung: Hier sollte Ihre Entwicklung starten. Denn aus dem Popup-Menü PROFIL wählen Sie das DNG-Profil, das die Basiskonvertierung Ihrer RAW-Dateien durchführt. Diese und weitere Farbjustierungen aus dieser Palette sowie übrige Einstellungen können Sie mit gedrückter Alt -Taste auf den ZURÜCKSETZEN-Knopf als STANDARD FESTLEGEN.

⑱ Prozessversion aktualisieren: Mit der PROZESS-Version wählen Sie zwischen dem aktuellen und dem alten Algorithmus für Scharfzeichnung und Rauschreduzierung. Bereits in Lightroom 2.x bearbeitete Bilder werden über ein Ausrufezeichen markiert und können in dieser Palette oder über das Menü EINSTELLUNGEN ▷ AUF AKTUELLEN PROZESS AKTUALISIEREN (2010) aktualisiert werden.

⑲ Fotos synchronisieren: Bei mehreren ausgewählten Bildern wird der VORHERIGE- zum SYNCHRONISIEREN-Knopf, über den Sie die Entwicklungseinstellungen des aktuellen Bildes auf die Auswahl übertragen können.

⑳ Vorherige und Zurücksetzen: Hier können Sie entweder die zuletzt angewendeten Einstellungen auf ein neues Bild anwenden oder sämtliche Einstellungen löschen.

Express-Entwicklung

Erste Bildanpassungen und Ausschnitte in der Bibliothek

Natürlich gehört die Bildentwicklung in das entsprechende Entwickeln-Modul. Erste Korrekturen können Sie aber schon über die sogenannte AD-HOC-ENTWICKLUNG in der Bibliothek durchführen. So können Sie Belichtungen innerhalb von Serien anpassen und erste Farb- und Kontraststeuerungen vornehmen – das hilft Ihnen dann auch bei der Beurteilung der Bildqualität. Auch den Bildausschnitt können Sie hier schon festlegen – für Einzelbilder oder durch die automatische Synchronisierung einer ganzen Serie.

Zielsetzungen:
Belichtungen angleichen
Kontrast und Farbe bearbeiten
Ausschnitte synchronisieren
[Sammlung: Surfcamp]

Foto: Maike Jarsetz

1 Aufnahmeserien auswählen

Beginnen Sie im Bibliothek-Modul und drücken Sie die Taste G, um auf die Rasteransicht zu wechseln. Wählen Sie dann mit gedrückter ⇧- beziehungsweise Strg/⌘-Taste eine Reihe von Aufnahmen aus, die unter gleichen Lichtbedingungen aufgenommen wurden, deren Belichtungen aber schwanken ❶. Wählen Sie zuletzt – ohne weitere Zusatztaste – das Referenzbild, also ein Foto, dessen Belichtung optimal ist und deshalb auf andere, unter- oder überbelichtete Bilder, übertragen werden soll.

2 Belichtungen angleichen

Auch bei konstanten Lichtbedingungen springt die Belichtung gerne einmal – je nach gewählter Messmethode und vorherrschender Helligkeit im Messfeld.

Über das Menü FOTO ▷ ENTWICKLUNGSEINSTELLUNGEN können Sie nachträglich die Gesamtbelichtungen abgleichen. Als Referenz gilt hierbei das Bild mit der helleren Auswahlmarkierung ❷.

Achtung: Diese Funktion steht nur im Bibliothek-Modul zur Verfügung!

3 Ad-hoc-Entwicklung

Lokalisieren Sie jetzt Bilder einer Serie, die gleichzeitig in Kontrast und Farbe angepasst werden sollen, und wählen Sie diese wiederum mit gedrückter ⇧- beziehungsweise Strg/⌘-Taste aus.

Öffnen Sie dann in der rechten Palette sowohl die AD-HOC-ENTWICKLUNG ❹ als auch das HISTOGRAMM ❸ über die entsprechenden Dreieckssymbole. Die Einstellungen sehen zwar noch recht reduziert aus, aber Sie werden gleich noch mehr in die Tiefe blicken.

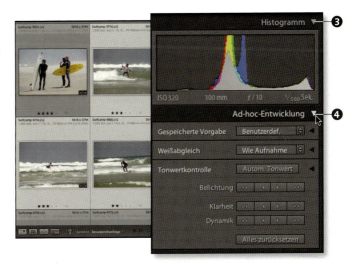

Kapitel 3 | Die Basisentwicklung

4 Automatische Synchronisation

Damit die folgenden Einstellungen gleich auf alle Bilder angewendet werden, aktivieren Sie die automatische Synchronisation.

Klicken Sie dazu auf den kleinen Kippschalter ❺ des SYNCHRONISIEREN-Knopfs unten in der rechten Palette, damit er auf AUTOM. SYNCHR. wechselt.

Blenden Sie dann ein Bild aus der Serie über einen Doppelklick oder die Taste E formatfüllend ein, um die Korrekturen besser beurteilen zu können.

5 Ein bisschen mehr Biss

Jetzt können Sie loslegen und erste Bildanpassungen vornehmen. Benutzen Sie den KLARHEIT-Regler ❻, um den Detailkontrast zu verstärken – und dem Bild so etwas mehr »Biss« zu verleihen – und den DYNAMIK-Regler ❼, um die Farbsättigung zu verstärken.

Beide Regler können Sie bis zu 100 % in die positive, rechte oder negative, linke Richtung korrigieren. Der Einzelpfeil führt dabei 5er-Schritte durch, der Doppelpfeil 20er-Schritte.

6 Schatten aufhellen

Zu den häufigen Bildkorrekturen gehört eine Schattenaufhellung. Dazu müssen Sie die AD-HOC-ENTWICKLUNG etwas fordern: Klicken Sie auf den Pfeil rechts von der Tonwertkontrolle ❽, um mehr Optionen einzublenden. Klicken Sie auf den rechten Doppelpfeil ❾ des AUFHELLLICHT-Reglers, um den Schatten um einen Korrekturwert von 20 aufzuhellen (auch hier ist 100 der Maximalwert).

Um die Schwärzen in den Details wieder zurückzuholen, heben Sie gleichzeitig den SCHWARZ-Wert ❿ an.

7 Farben steuern

Sie haben es vielleicht schon gemerkt, die AD-HOC-ENTWICKLUNG können Sie nur optisch beurteilen. Genaue Werte sind nur im Entwickeln-Modul erkennbar.

Genauso verhält es sich mit dem Weißabgleich: Blenden Sie auch hier die weiteren Optionen über den kleinen Pfeil ⓫ ein. Die (Farb-)TEMPERATUR steuern Sie nach links in die kältere und nach rechts in die wärmere Richtung. Die TÖNUNG können Sie nutzen, um mit einer Korrektur über den Linkspfeil ⓬ den Grünanteil im Wasser zu verstärken.

8 Bildformat wählen

Auch das Seitenverhältnis – also das Bildformat – können Sie hier für die ausgewählten Bilder vordefinieren.

Öffnen Sie dazu die weiteren GESPEICHERTEN VORGABEN über einen Klick auf den Pfeil ⓭. Neben vordefinierten Entwicklungsvorgaben können Sie auch über ein Popup-Menü ⓮ auf FREISTELLUNGSFAKTOREN zurückgreifen.

Wählen Sie ein Seitenverhältnis aus, auf das all Ihre ausgewählten Bilder dann beschnitten werden, wie Sie im Filmstreifen ⓯ erkennen können.

9 Individuelle Nacharbeit

Um den Ausschnitt der Bilder individuell anzupassen, müssen Sie dann aber doch mit einem Klick ⓰ in das Entwickeln-Modul wechseln. Aktivieren Sie dort in der oberen rechten Werkzeugleiste das Freistellungswerkzeug ⓱.

Jetzt müssen Sie zunächst die automatische Synchronisation durch einen erneuten Klick auf den Schieberegler ⓲ ausschalten. Dann wechseln Sie die Bilder mit einem Klick im Filmstreifen ⓳ und passen den jeweiligen Ausschnitt an.

Kapitel 3 | Die Basisentwicklung **127**

Die richtige Basis
Ein kameraspezifisches Profil bestimmt die Grundentwicklung

Die sogenannte KAMERAKALIBRIERUNG befindet sich ganz unten in den Entwicklungseinstellungen und scheint deshalb dem Feintuning oder Profis vorbehalten zu sein. Aber weit gefehlt: Denn hier wählen Sie das Kameraprofil, das entscheidenden Einfluss auf das erste Erscheinungsbild – also die Grundentwicklung – Ihrer RAW-Daten hat. Je nach Motiv und Genre können Sie hier Schwerpunkte in der Farbanpassung und im Kontrastverhalten setzen.

Zielsetzung:
Grundentwicklung über Profil steuern
[Profil_Landschaft.CR2]

1 Die Kamerakalibrierung

Benutzen Sie das Scrollrad Ihrer Maus oder den Scrollbalken ❸, um in der rechten Palette des Entwickeln-Moduls ganz nach unten zu gelangen.

Dort finden Sie den Bereich KAMERAKALIBRIERUNG, den Sie über den Pfeil ❷ öffnen können. Hier können Sie grundsätzliche Justierungen für die Wiedergabe von Primärfarben kameraspezifisch einstellen. Wir nutzen aber gleich nur das Popup-Menü PROFIL ❶, um die erste Bildanpassung zu verändern.

2 Motivgerechtes Profil

Öffnen Sie das Popup-Menü, dort finden sich neben dem ADOBE STANDARD noch weitere Profile, die kameraspezifische Anpassungen leisten. Die Anzahl und Art der Profile unterscheidet sich je nach Kameratyp. Für jede Kamera gibt es Profile für motivgerechte Umsetzungen, zum Beispiel das Profil CAMERA LANDSCAPE ❹, das Landschaftsaufnahmen deutlich gesättigter und kontrastreicher umsetzt.

3 Standards setzen

Alle Profilsätze enthalten übrigens das Profil CAMERA STANDARD ❺. Dieses Profil entspricht der JPEG-Umsetzung Ihrer Kamera und ist oft ein guter Ausgangspunkt für weitere Korrekturen.

Wenn Sie möchten, dass Ihre Bilder beim ersten Import in Lightroom immer mit diesem Profil entwickelt werden, legen Sie dies als Standard fest. Drücken Sie dazu die Alt/⌥-Taste, so können Sie mit dem herkömmlichen ZURÜCKSETZEN-Knopf einen neuen STANDARD FESTLEGEN ❻.

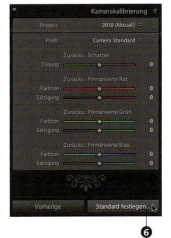

Kapitel 3 | Die Basisentwicklung

Erste Belichtungskorrekturen
Die Belichtung und die Mitteltöne anpassen

Bei den ersten Helligkeitsanpassungen ist man versucht, das nachzuholen, was man während der Aufnahme verpasst hat – nämlich einfach die Belichtung nach oben oder unten zu korrigieren. Oft schießt man damit aber über das Ziel hinaus, weil die kritischen Tonwerte, wie Lichter und Schatten, an die Grenzen von Über- oder Unterbelichtung stoßen können. Eine Belichtungskorrektur können Sie besser auch in den Mitteltönen vornehmen und so die Tiefen und Lichter schützen.

Zielsetzungen:
Mitteltöne des Bildes aufhellen
Kritische Lichter schützen
[Belichtung.CR2]

Foto: Maike Jarsetz

1 Histogramm nutzen

Das vorliegende Motiv ist offensichtlich unterbelichtet – andererseits scheinen die hellen Reflexionen schon ausgefressen zu sein. Das können Sie auch im Histogramm ❹ erkennen: Die Tonwerte liegen in erster Linie im linken, also dunklen Bereich ❶ und die Lichter sind beschnitten ❸.

Aktivieren Sie die Tiefen- und Lichterwarnung ❷ per Klick, um sie für die Korrektur zu nutzen.

2 Gesamtbelichtung steuern

Ausgefressene Lichter werden durch die Lichterwarnung rot markiert ❺, zulaufende Tiefen blau. Sie sehen, dass Sie die Belichtung für das Bild nicht weiter anheben können, dann würden Sie noch mehr Details in den Lichtern verlieren. Verringern Sie stattdessen die BELICHTUNG ❻ um circa 2/3 Blenden (–0,7), bis die roten Markierungen verschwinden.

Das andere Problem – die Unterbelichtung – ist damit zwar noch schlimmer geworden, aber das lösen Sie gleich anders.

3 Mitteltöne anheben

Heben Sie jetzt den Helligkeitswert ❼ auf circa 95 an. Die Helligkeitskorrektur verschiebt nur die Mitteltöne.

Damit wird einerseits der Unterbelichtung entgegengearbeitet, andererseits bleiben die kritischen Lichter da, wo sie nach der letzten Korrektur waren: im sicheren Bereich.

Verschieben Sie den Regler HELLIGKEIT, bis sich die gewünschte Helligkeit im Bild zeigt und kontrollieren Sie dabei die Lichterwarnung.

Kapitel 3 | Die Basisentwicklung

Bildkontrast aufbauen
Gesamt-, Detail- und Punktkontrast ausbalancieren

Wenn es um die Kontraststeuerung geht, sollten Sie schnell Abstand von den Schiebereglern nehmen. Denn mit der Gradationskurve können Sie viel genauer steuern, wie der Kontrast im Bild verlaufen soll. Seit Lightroom 3 stehen Ihnen zwei Gradationskurven zur Verfügung, die sich gegenseitig ergänzen. Zusammen mit einem Werkzeug für direkte Anpassungen im Bild und dem Regler KLARHEIT haben Sie den Kontrast im gesamten Bild und im Detail im Griff.

Zielsetzungen:
Bildgerechten Kontrast aufbauen
Detailkontrast verstärken
Kritische Bereiche sichern
[Kontrast.CR2]

Foto: Maike Jarsetz

1 Lichter- und Tiefenwarnung

Bei einer Kontraststeigerung werden mittlere Tonwerte in den hellen oder dunklen Bildbereich verschoben.

Deshalb ist es auch hier wichtig, zu kontrollieren, dass die Lichter und Tiefen nicht ihre kritischen Grenzen überschreiten.

Durch Aktivierung der Tiefen- und Lichterwarnung ❶ im HISTOGRAMM erkennen Sie durch rote oder blaue Pixel, falls Tonwerte aus dem reproduzierbaren Bereich herausfallen.

2 Profile im Vergleich

Wählen Sie zunächst das am besten geeignete Korrekturprofil für Ihr Bild. Öffnen Sie dazu die KAMERAKALIBRIERUNG ❺ und wählen Sie das PROFIL aus dem Popup-Menü ❹, das Farben und Kontraste am besten umsetzt.

Blenden Sie dann per Klick auf den Pfeil am linken Bildrand ❷ die Palette aus. So haben Sie mehr Platz für die Vergleichsansicht ❸, die Sie mit der Taste Y ein- und ausblenden.

Mehr Infos zum Kameraprofil auf Seite 166.

3 Klarheit im Detail

Eine Kontraststeigerung soll den Bildern meistens ein wenig mehr »Biss« verleihen. Dazu genügt es manchmal schon, die Lichter und Tiefen etwas zu verstärken.

Das können Sie hervorragend mit dem Regler KLARHEIT ❼ in den GRUNDEINSTELLUNGEN erledigen. Dieser verändert anders als der KONTRAST-Regler nicht die mittleren Tonwerte, sondern verstärkt wirklich nur die Tiefen und Lichter, was auch im Histogramm sichtbar ist ❻. Für Landschafts- und Architekturaufnahmen können Sie hier auch mit hohen Werten arbeiten.

Kapitel 3 | Die Basisentwicklung **133**

4 Grundbelichtung anpassen

Bevor jetzt eine Kontrastkorrektur und damit eine Verschiebung der Mitteltöne stattfindet, sollten Sie die Belichtung noch weiter justieren.

Für das vorliegende Motiv wurde die Belichtung ❽ noch um dem Wert 0,35, also um circa 1/3 Blende angehoben.

Die Mitteltöne werden so offener und bilden mit der folgenden Kontraststeigerung ein besseres Gesamtbild.

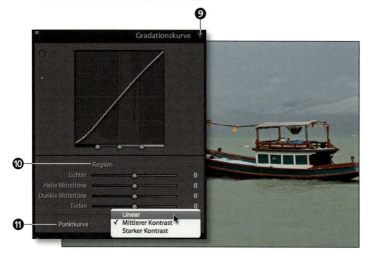

5 Linearer Kontrast als Basis

Vernachlässigen Sie den Kontrast-Regler in den Grundeinstellungen, denn damit ist die Korrektur zu beliebig. Wechseln Sie gleich auf die Gradationskurve ❾. Seit Lightroom 3 stehen Ihnen hier zwei Möglichkeiten zur Kurvenbearbeitung zur Verfügung, die parametrische ❿ und die Punktkurvenkorrektur ⓫.

Letztere beinhaltet standardmäßig schon eine leichte Kontrastkorrektur. Wechseln Sie über das Popup-Menü auf Linear, um eine eigene bildgerechte Kurve aufzubauen.

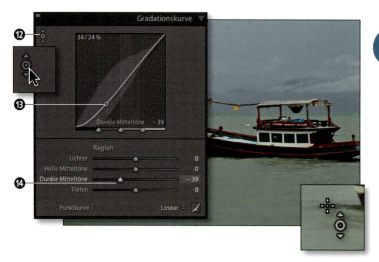

6 Im Bild arbeiten

Beginnen Sie zunächst mit der parametrischen Korrektur, die Sie sowohl direkt durch Ziehen an der Gradationskurve ⓭ als auch über Schieberegler ⓮ steuern können.

Der beste Weg ist aber, die Korrektur direkt im Bild zu steuern. Nach der Aktivierung des kleinen Kreis-Symbols ⓬, klicken Sie auf einen Schattenbereich im Bild, der »satter« werden soll – wie Details im Wasser – und ziehen mit gedrückter Maustaste nach unten. Die Gradationskurve zieht automatisch mit und die Tiefen werden abgedunkelt.

7 Kontrast aufbauen

Wiederholen Sie den Vorgang in hellen Stellen der Wolken, die noch heller werden sollen. Ziehen Sie diesmal mit gedrückter Maustaste nach oben.

Achten Sie jetzt einmal etwas genauer auf das Gradationskurvenfenster: Es wird immer ein bestimmter Tonwertbereich verändert – in diesem Fall die hellen Mitteltöne ⓰ –, dessen Schieberegler ⓱ hervorgehoben und verändert wird. Auch an der Kurve wird der Arbeitsbereich angezeigt ⓯ und die Korrekturen werden durchgeführt.

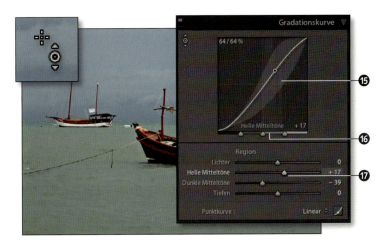

8 Punktkurve nutzen

Die parametrische Gradationskurve entspricht einer »sanften« Kontrastkorrektur. Falls Sie punktueller auf der Kurve arbeiten wollen, wechseln Sie mit einem Klick ⓳ auf die seit Lightroom 3 neue PUNKTKURVE.

Auch in dieser können Sie mit dem Werkzeug direkt im Bild arbeiten und die Tonwerte durch Ziehen verändern. Hier können Sie aber auch den Kontrast zwischen ähnlichen Tonwerten, wie der Wolkenstruktur, steigern ⓲.

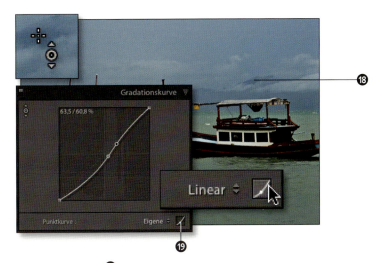

9 Tiefen retten

Bei einer Kontrastkorrektur leiden oft die Details in den Tiefen, die schnell zulaufen. Blaue Pixel der Tiefenwarnung weisen darauf hin. Die Tiefen können Sie natürlich über die Punktkurve selektiv bearbeiten, aber auch die parametrische Steuerung bietet sich dafür an. Klicken Sie also wieder auf das Symbol ⓬ für die parametrische Gradationskurve. Die eben durchgeführten Korrekturen in der Punktkurve werden auch hier abgebildet ⓴.

Bewegen Sie dann den TIEFEN-Regler ㉑, bis die Schattendetails wieder »offen« sind.

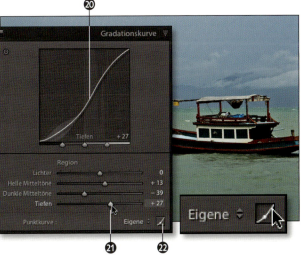

Kapitel 3 | Die Basisentwicklung **135**

Von Licht und Schatten
Korrekturen der Tiefen und Lichter

Gerade wenn ein Bild Spitzlichter und tiefe Schatten vereint, wird es in diesen Bereichen schnell eng. Die Lichter und Schatten können Sie während der Entwicklung nicht nur genau prüfen, sondern auch unabhängig voneinander anpassen. Die Funktionen WIEDERHERSTELLUNG, AUFHELLLICHT und SCHWARZ beziehen sich nur auf diese äußersten Tonwertgrenzen und können miteinander abgestimmt werden. Das Histogramm verrät Ihnen, wann Ihre Lichter und Tiefen perfekt sitzen.

Zielsetzungen:
- Schatten öffnen
- Ausgefressene Lichter retten
- Mitteltonkontrast beibehalten

[Lichtschatten.CR2]

1 Die Grenzen der Belichtung

Diese Motive sind nicht selten: Starkes Sonnenlicht erzeugt Kontraste, die im normalen Tonwertumfang nicht wiederzugeben sind. Das sehen Sie sofort, wenn Sie die Lichter- und Tiefenwarnung im Histogramm aktivieren ❶. Ausgefressene Lichter werden rot ❹, zulaufende Tiefen blau ❸ markiert.

Eine Korrektur der BELICHTUNG ❷ löst das Problem nicht, denn das Verringern der kritischen Bereiche auf der einen Seite verstärkt die Probleme auf der anderen Seite.

2 Lichter wiederherstellen

Nutzen Sie deshalb alternativ den Regler WIEDERHERSTELLUNG ❻. Dieser kann aus Restinformationen in einem der drei RAW-Kanäle die Lichter rekonstruieren, ohne sich auf die übrigen Tonwerte auszuwirken.

Ziehen Sie den Regler so weit, bis die roten Markierungen der Lichterwarnung weitgehend verschwunden sind – in Spitzlichtern können sie ruhig erhalten bleiben.

Auch im Histogramm sehen Sie, dass die Lichter nicht mehr abrupt abgeschnitten werden, sondern sanft auslaufen ❺.

3 Schatten und Schwarz

Nutzen Sie jetzt den Regler AUFHELLLICHT ❽, um die Schatten zu retten und ziehen Sie ihn so weit nach rechts, bis auch die blauen Markierungen der Tiefenwarnung verschwinden. Sie können wieder die Veränderung im Histogramm beobachten. Das magentafarbene Dreieck ❼ zeigt Ihnen, dass der Beschnitt jetzt nicht mehr alle drei Kanäle betrifft, es in den Details aber auch kein reines Schwarz mehr gibt. Erhöhen Sie gegebenenfalls den SCHWARZ-Wert ❾, aber nur so weit, dass Sie ganz kleine blaue Markierungen sehen.

Kapitel 3 | Die Basisentwicklung

Regie von ganz oben

Das Histogramm übernimmt die Kontrolle

Das Histogramm leistet wertvolle Dienste bei der Beurteilung von Bildqualität und Tonwerten. Aber nur wenige Anwender wissen, dass sie hiermit einen Großteil der Entwicklungsarbeit steuern können. Das Besondere dabei ist, dass Sie während der Korrektur die Veränderung der Tonwerte im Blick haben. Zusammen mit der Tiefen- und Lichterwarnung können Sie Ihr Bild schnell in »tonwertsichere« Zonen korrigieren. Im folgenden Workshop lernen Sie alle Details dazu kennen.

Zielsetzungen:
- Verlustfreie Korrektur über das Histogramm
- Tiefen und Lichter retten
- Schatten aufhellen
- Kontrast der Mitteltöne steuern

[Histogramm.CR2]

Foto: Oana Szekely

1 Histogramm und Korrektur

Natürlich sollen Sie Ihr Bild nicht nur im Histogramm beurteilen. Geben Sie ihm im Vorschaufenster möglichst viel Platz, indem Sie auf den Pfeil ❶ am linken Bildrand klicken. Blenden Sie dann das HISTOGRAMM ❹ und die GRUNDEINSTELLUNGEN ❺ ein und bewegen Sie die Maus über das Histogramm.

Ein bestimmter Tonwertbereich ist immer hellgrau hervorgehoben ❸. Unterhalb des Histogramms wird der entsprechende Korrekturbereich angegeben ❷ und dieser auch gleich in den Grundeinstellungen markiert ❻.

2 Lichter und Tiefen prüfen

Achten Sie auf die zwei Dreiecke in den oberen Ecken ❾, diese signalisieren Ihnen durch die weiße Markierung jetzt schon, dass es beschnittene Tiefen und Lichter im Bild gibt. Auch im Histogramm ist erkennbar, wie die Tiefen an ihre Grenzen stoßen ❽.

Wenn Sie die Maus über die Dreiecke ziehen, werden die kritischen Bereich temporär im Bild eingeblendet ❼. Durch einen Klick auf das Dreieck ist die Markierung dauerhaft aktiviert.

3 Tonwerte verschieben

Um die tiefen Schatten im Bild aufzuhellen, können Sie jetzt direkt die entsprechenden »unteren« Tonwerte im linken Bereich des Histogramms ⓫ bewegen.

Ziehen Sie den Mauszeiger über den linken Histogrammteil – der Arbeitsbereich AUFHELL-LICHT wird dann eingeblendet ❿ – und ziehen Sie mit gedrückter Maustaste nach rechts.

Damit wird gleichzeitig der entsprechende Regler ⓬ in den Grundeinstellungen bewegt und das Bild in den Schatten aufgehellt.

Kapitel 3 | Die Basisentwicklung

4 Übers Ziel hinausgeschossen

Um die kritischen Tiefen vollständig zu korrigieren, müssen Sie das Histogramm noch weiter links – im Arbeitsbereich SCHWARZ ⓭ – anpacken.

Aber Achtung: Gehen Sie hier nicht zu forsch vor! Wenn die blauen Warnmarkierungen verschwunden sind, sieht das auf den ersten Blick gut aus, aber das jetzt graue Dreieck ⓮ für die Tiefenmarkierung signalisiert Ihnen, dass keine Tiefe mehr im Bild vorhanden ist. Auch der SCHWARZ-Wert steht jetzt auf 0 ⓯.

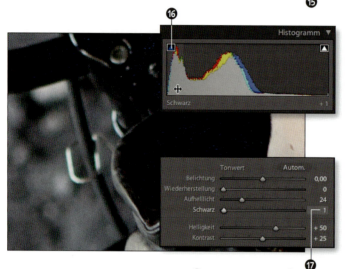

5 Schwarzsteuerung

Achten Sie immer darauf, eine minimale Schwarzzeichnung im Bild zu haben. Ziehen Sie den Schwarzbereich im Histogramm wieder leicht zurück oder geben Sie einen Wert von 1 oder 2 ein ⓱.

Im Vorschaubild zeigen sich dadurch zwar wieder erste »warnende« Pixel, aber das Histogramm-Dreieck ⓰ zeigt durch seine Farbe an, dass bisher nur der Blau-Kanal beschnitten ist. In den vorliegenden kleinen Bereichen ist das nicht kritisch.

6 Lichter wiederherstellen

Zur Korrektur der rot markierten, ausgefressenen Lichter arbeiten Sie im rechten Bereich des Histogramms mit der Funktion WIEDERHERSTELLUNG ⓲. Ziehen Sie die Tonwerte so weit nach links, bis – im besten Fall – die rote Markierung verschwindet. ⓳. Da diese Funktion nur im engen, oberen Tonwertbereich ansetzt, können Sie sie auch bis 100 % ⓴ hochziehen.

Diese Reparatur beseitigt nicht immer alle kritischen Lichter. Aber für Spitzlichter ist ein leichtes Überstrahlen in Ordnung.

7 Mitteltöne aufhellen

Da in den vier Arbeitsbereichen des Histogramms die BELICHTUNG ㉑ von den Lichtern getrennt ist, können Sie die Belichtung durch Ziehen nach rechts anheben, ohne dass die korrigierten Lichter Gefahr laufen, sofort wieder auszureißen.

Hellen Sie so die Mitteltöne des Bildes um etwas mehr als eine halbe Blende auf ㉒, um es freundlicher zu machen.

8 Kontrast aufbauen

Die Tiefen und Lichter sind gerettet. Um den Mitteltonkontrast wieder etwas zu verstärken, geht es zuletzt nochmal an die dunklen Mitteltöne, die Sie in Schritt 3 erheblich aufgehellt haben.

Bewegen Sie die Tonwerte wieder etwas nach links ㉓, um die AUFHELLLICHT-Wirkung zu reduzieren und so einen Kontrast zu den helleren Mitteltönen aufzubauen.

Keine Sorge: Die kritischen Tiefen sind durch die in Schritt 5 ausgesteuerten Schwärzen im sicheren Bereich.

9 Bildvergleich

Kontrollieren Sie, wie weit Sie gekommen sind: Blenden Sie über die →-Taste die seitlichen Paletten aus und drücken Sie die Taste Y zum Vergleich der ursprünglichen mit der korrigierten Version.

Um die Bilder optisch besser miteinander vergleichen zu können, können Sie natürlich spätestens jetzt über einen Klick auf die Dreiecke im Histogramm die Tiefen- und Lichterwarnung wieder ausblenden.

Der Weißabgleich

Farbbalance mit Pipette, Farbtemperatur und Tönung

Einer der Vorteile von RAW-Daten ist die nachträgliche Steuerung von Kameraparametern, wie etwa dem Weißabgleich. Diesen können Sie in Lightroom natürlich deutlich diffiziler vornehmen als in der Kamera. Neben einer Weißabgleichspipette stehen Ihnen der TEMPERATUR- und der TÖNUNG-Regler für die Farbbalance zur Verfügung.

Zielsetzung:
Weißabgleich durchführen
Warmen Hautton steuern
[Weissabgleich.CR2]

1 **Die Pipette**

Zoomen Sie mit einem Klick auf das Vorschaufenster oder mit dem verfügbaren Schieberegler ❶ in die 1:1-Ansicht. Wählen Sie die Weißabgleichspipette ❷ aus der Palette der GRUNDEINSTELLUNGEN. Es erscheint ein Lupenfeld ❸, dessen Zoomfaktor Sie in der Werkzeugleiste ändern können. Zur Berechnung des neutralen Mittelwertes wird aber immer ein 5×5-Pixelfeld in der Mitte des Lupenfeldes benutzt. Bewegen Sie also diesen Bereich auf eine Bildstelle, die farblich neutral sein soll, und klicken Sie einmal darauf.

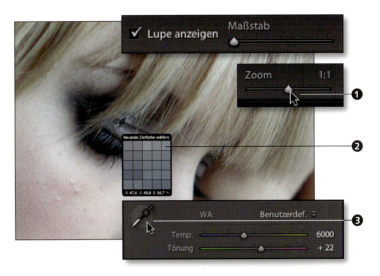

2 **Die Farbtemperatur**

Die gesamte Farbbalance des Bildes wurde jetzt verschoben. Wenn Sie die Pipette nochmals an anderer Stelle anwenden wollen, drücken Sie einfach die Taste [W], um sie erneut zu laden.

Aber natürlich können Sie auch den TEMPERATUR-Schieberegler ❹ nutzen. Hierüber steuern Sie die Balance zwischen kalter und warmer Farbtemperatur, niedrigen und hohen Kelvin-Werten oder ganz einfach zwischen Blau und Gelb. Für eine wärmere Anmutung schieben Sie den Regler nach rechts.

3 **Die Tönung**

Der Regler TÖNUNG justiert den Farbton auf der Achse zwischen Grün und Magenta. Gerade bei einer sehr hohen Farbtemperatur kippt das Gelb gerne einmal ins Grünliche. Durch eine Erhöhung des Magenta-Anteils ❺ können Sie dann die Hauttöne wieder natürlicher darstellen. Mit der Taste [Y] können Sie zur Beurteilung in die Vergleichsansicht wechseln. Drücken Sie [⇧]+[Y], um das Bild für den Vergleich zu teilen. Mit der [Y]-Taste kommen Sie auch wieder zurück in die Vollbildansicht.

Kapitel 3 | Die Basisentwicklung

Bildrauschen bekämpfen

Dem Farb- und Luminanzrauschen entgegensteuern

Auch mit hochwertigen Kameras gehört das Bildrauschen leider nicht der Vergangenheit an. Bei der Korrektur des Rauschens gilt es abzuwägen, wie viele störende Details Sie retuschieren wollen, ohne auf der anderen Seite zu viele wertvolle Details zu verlieren. Starten Sie mit der Rauschreduzierung am besten bei Null, um sich dann Stück für Stück heranzutasten.

Zielsetzung:
Bildrauschen korrigieren
Kantendetails erhalten
[Rauschen.CR2]

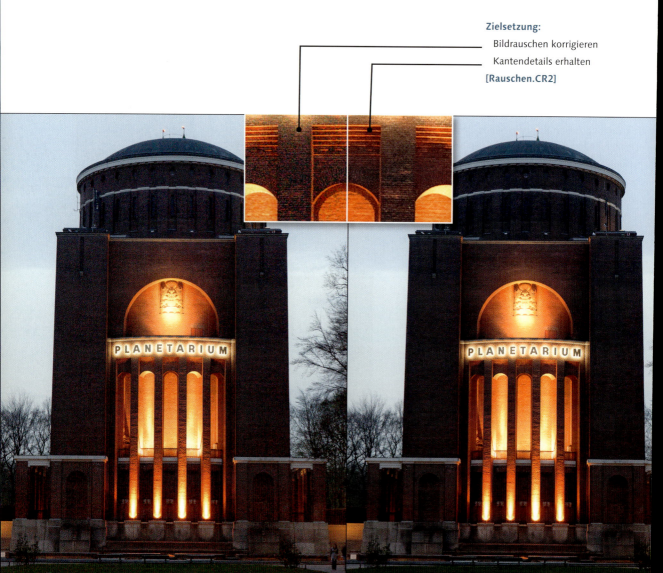

1 Arbeit in den Details

Zur Rauschreduzierung verlassen Sie das erste Mal im Entwicklungsprozess die GRUNDEINSTELLUNGEN – Belichtungssteuerung und Weißabgleich sollten jetzt schon abgeschlossen sein.

Öffnen Sie dann über einen Klick auf das entsprechende Dreieck die DETAILS ❶.

Nutzen Sie den Solomodus: Mehr dazu in der Übersicht der allgemeinen Steuerelemente auf Seite 19 unter »Paletten-Ansichten«.

2 Die besten Voraussetzungen

Den vollen Umfang der Rauschreduzierung von Lightroom 3 können Sie nur nutzen, wenn Sie in der aktuellen Prozessversion 2010 arbeiten. Wagen Sie deshalb einen Ausflug in die KAMERAKALIBRIERUNG und stellen Sie im Popup-Menü PROZESS ❷ sicher, dass Sie in der Version 2010 arbeiten.

Tipp: Ein Ausrufezeichen ❸ links unten im Bild zeigt an, wenn Sie in der alten Prozessversion 2003 arbeiten. Ein Klick darauf aktualisiert auf die neue Version 2010.

3 Die richtige Ansicht

Beurteilen Sie eine Rauschreduzierung oder Scharfzeichnung am besten in der 1:1-Ansicht. Darauf werden Sie auch durch das kleine Warnzeichen in der DETAIL-Palette hingewiesen. Der schnellste Weg ist, einfach auf dieses Warnzeichen zu klicken.

Blenden Sie außerdem über den Pfeil am Bildrand ❹ die linke Palette aus und drücken Sie die Taste Y, um die Vergleichsansicht einzublenden. Mit einem zusätzlichen Druck auf die ⇧-Taste können Sie das Bild zum Vergleich teilen.

Kapitel 3 | Die Basisentwicklung **145**

4 Bei Null starten

Um die Rauschreduzierung wirklich bildgerecht steuern zu können, sollten Sie alle Regler auf 0 setzen und sich Stück für Stück vorarbeiten. Das gilt auch für die Scharfzeichnung, die ein Bildrauschen ja noch verstärkt.

Klicken Sie dann in der Werkzeugleiste auf das mittlere Symbol ❺ für die Vergleichsansicht. So wird das »Nachher« – also die aktuelle Bildversion – zum »Vorher«, der neuen Referenz für den Vergleich auf der linken Seite.

5 Farbrauschen verringern

Starten Sie mit der Verringerung des Farbrauschens, indem Sie den entsprechenden Regler FARBE nach rechts bewegen.

Diese Korrektur vermindert das typische, farbige Flimmern – meiner Ansicht nach der größte Störfaktor beim digitalen Rauschen.

Für viele Bilder reicht diese Korrektur schon aus. Im vorliegenden Beispiel habe ich aber mit einem ISO-Wert von 6400 fotografiert und dann ist auch das Luminanzrauschen sehr offensichtlich.

6 Luminanzrauschen verringern

Jetzt folgt die Korrektur des Luminanzrauschens. Aber Vorsicht: Hier zeigt sich der Konflikt bei der Rauschreduzierung. Sobald der Regler LUMINANZ etwas stärker bewegt wird, verliert das Bild nicht nur das Rauschen, sondern sämtliche Details!

Wägen Sie deshalb ab, wie viele Bilddetails Sie der Rauschkorrektur opfern wollen.

7 Korrektur eingrenzen

Neu in Lightroom 3 sind die Regler DETAILS und KONTRAST, die beide allerdings erst ihre Stärke zeigen können, wenn Sie eine starke Korrektur über den LUMINANZ-Regler vorgenommen haben.

Der DETAILS-Regler legt einen Schwellenwert fest, ab dem die Luminanzkorrektur erst angewendet wird. Details in ähnlichen Tonwerten werden so wieder herausgearbeitet.

8 Luminanzkontrast

Auch der KONTRAST-Regler findet erst einen sinnvollen Einsatz bei starker Korrektur von Luminanzrauschen.

Durch diesen Regler wird der Luminanzkontrast – also der Kontrast zwischen hellen und dunklen Bildteilen – wieder verstärkt. Viele Bilddetails erhalten so wieder mehr Schärfe. Wie weit Sie beide Regler bewegen müssen, hängt von der Stärke der vorangegangenen Korrektur ab. Ich persönlich setze den LUMINANZ-Regler nur sehr sparsam ein, so dass nicht zu viele Bilddetails verlorengehen.

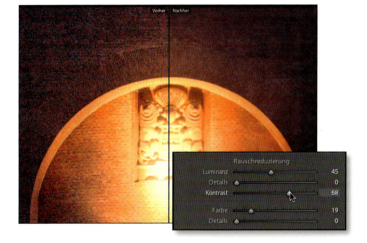

9 Farbdetails zurückholen

Nach dem gleichen Prinzip arbeitet der DETAILS-Regler im Farbbereich. Auch hier wird über einen Schwellenwert geregelt, wie viele Farbkontraste glattgebügelt werden. Kleine Farbkontraste können über diesen Regler wieder hervorgeholt werden.

Auch hier sollten Sie zunächst abwägen, wie weit Sie den Farbkontrast überhaupt reduzieren, bevor Sie die Gegenkorrektur einsetzen.

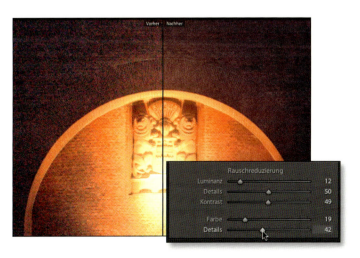

Kapitel 3 | Die Basisentwicklung

Perfekte Scharfzeichnung
Pflicht und Kür in der Detailsteuerung

Bei der Scharfzeichnung in Lightroom sollte man sich eines vor Augen führen: Sie schärfen das Bild immer in Originalgröße. Da eine Veränderung der Bildgröße nur bei der Ausgabe oder beim Export stattfindet, sollten Sie ein kleineres Format gegebenenfalls nochmal nachschärfen. Dieser Workshop zeigt Ihnen dafür die elegantesten Wege und natürlich alle Details, die für eine gute Scharfzeichnung wichtig sind.

Zielsetzungen:
Scharfzeichnung der Details
Flächen ruhig halten
Scharfzeichnungsparameter an Bildgröße anpassen
[Details.CR2]

1 **Kurzer Check**
Mit Lightroom 3 werden Bilder mit einer neuen Prozessversion bearbeitet – davon profitiert unter anderem die Scharfzeichnung. Bilder, die Sie schon mit einer früheren Lightroom-Version importiert haben, werden aber noch mit der älteren Prozessversion 2003 bearbeitet. Das erkennen Sie am Ausrufezeichen ❶ unten rechts im Bild, über das Sie auch per Klick die Prozessversion aktualisieren können. Oder Sie wechseln im Bereich KAMERAKALIBRIERUNG auf die aktuelle Version 2010.

2 **Detailarbeit**
Den Arbeitsbereich für die Scharfzeichnung finden Sie durch Klick auf den Reiter DETAILS ❷.

Das kleine Warnzeichen ❸ weist Sie darauf hin, dass Sie eine 1:1-Ansicht für die bessere Beurteilung wählen sollten. Klicken Sie am besten gleich auf dieses Symbol, dann wird in die 1:1-Ansicht gewechselt.

Standardmäßig ist eine geringe Vorschärfung eingestellt, auf deren Basis Sie weiterarbeiten können.

3 **Stärke definieren**
Bewegen Sie als Erstes den Regler für den BETRAG ❺, bis Sie eine deutliche Schärfung im Bild erkennen können.

In Lightroom ist es schwierig, ein Bild zu überschärfen. Der kritische Bereich ist am Schieberegler rot ❹ gekennzeichnet. So bleibt die Gefahr der Artefakte durch Überschärfung relativ gering.

Beurteilen Sie für die Scharfzeichnung in erster Linie die Farbkanten im Bild, die nicht überstrahlen dürfen.

Kapitel 3 | Die Basisentwicklung **149**

4 Radius justieren

Mit dem RADIUS geben Sie den Bereich an, innerhalb dessen der Bildkontrast durch den eben angegebenen BETRAG gesteigert werden soll. Beides zusammen ergibt den schärferen Gesamteindruck.

Achten Sie darauf, den Radius nicht zu hoch zu wählen, weil damit die Gefahr der Artefaktbildung erhöht wird. Je hochauflösender ein Bild ist, desto höher kann auch der Radius gewählt werden. Es gibt dafür also keine Standardwerte.

5 Details herausarbeiten

Jetzt geht es an das Feintuning: Der DETAILS-Regler betont die Motivdetails noch einmal extra. Wie er das macht erkennen Sie, wenn Sie die [Alt]/[⌥]-Taste gedrückt halten, während Sie am Regler ziehen.

An den Bilddetails werden reliefartige Konturen ❻ aufgebaut, die mit dem Originalbild überlagert werden und so die Details schärfen. Das Resultat sehen Sie, wenn Sie die [Alt]/[⌥]-Taste wieder loslassen.

6 Flächen schützen

Falls die Scharfzeichnung auch die Flächen unruhig macht, hilft der MASKIEREN-Regler. Hier werden durch den Aufbau einer Maske die Flächen geschützt. Auch hier sehen Sie, während Sie den Regler hochziehen, mit gedrückter [Alt]/[⌥]-Taste, wie eine schwarze Maske ❼ aufgebaut wird, die die Scharfzeichnung aus den Flächen ausschließt.

Nach dem Loslassen der [Alt]/[⌥]-Taste können Sie die Wirkung im Bild beurteilen.

7 Bildformat exportieren

Um ein kleineres Bildformat nachzuschärfen, müssen Sie es zuerst exportieren. Drücken Sie für das ausgewählte Bild die Tastenkombination ⇧+Strg/⌘+E, um auch aus dem Entwickeln-Modul direkt zu exportieren. Im Exportfenster geben Sie die Ausgabegröße ❽ an, wählen hier aber keine pauschale Nachschärfung ❿ und aktivieren die Option DIESEM KATALOG HINZUFÜGEN ❾.
Mehr zur Exportfunktion finden Sie im Kapitel »Exportieren und veröffentlichen« ab Seite 268.

8 Kleinere Bildformate schärfen

Nachdem der Export abgeschlossen ist, wechseln Sie kurz über die Taste G in die Bibliothek und wählen dort im Bereich KATALOG das eben exportierte Bild ⓫. Mit der Taste E wechseln Sie wieder in die Entwicklung. Der BETRAG-Regler steht jetzt wieder auf 0 ⓬, denn Sie haben ein neues JPEG-Bild vorliegen. Die Schärfung für das kleinere Format führen Sie jetzt auch in der 1:1-Ansicht durch, aber mit erheblich geringeren Werten für BETRAG und RADIUS. Es ist ja nur eine Nachschärfung.

9 Bei der Ausgabe schärfen

Wenn Sie ein Bild im kleineren Format über die Ausgabemodule ausgeben – also zum Beispiel ein kleineres Format drucken –, können Sie auch die Option der pauschalen Nachschärfung ⓯ nutzen, die in Schritt 7 noch ignoriert wurde.

Sie haben hier drei Stärkestufen ⓭ und zusätzlich die Wahl des Ausgabematerials ⓮ zur Verfügung.

Beurteilen können Sie die Schärfung allerdings erst nach der Ausgabe.

Kapitel 3 | Die Basisentwicklung **151**

Bildausschnitt bestimmen
Der richtige Umgang mit dem Freistellungswerkzeug

Ein fester Bildausschnitt trägt nicht nur maßgeblich zur Bildaussage bei, sondern ist unabdingbar, wenn Sie Ihr Bild ausgeben. Denn das Papierformat im Labor entspricht nicht exakt Ihren Bildproportionen. Auch Bildschirmformate, wie das beliebte 16:9-Format, sollten vorbereitet sein. Denn sonst wird der Bildausschnitt später willkürlich gesetzt.

Zielsetzungen:
Seitenproportionen festlegen
Bild freistellen
[Ronda.CR2]

1 Das Freistellungswerkzeug

Klicken Sie in der oberen Werkzeugleiste auf die FREISTELLUNGSÜBERLAGERUNG ❷. Dadurch öffnet sich das Einstellungsfenster, in dem Sie eine Drittel-Einteilung ❶ zur besseren Aufteilung der Bildproportionen sehen. Über das Menü WERKZEUG ▷ FREISTELLUNGSÜBERLAGERUNG – oder über die Taste [O] – können Sie diese auch ändern.

Sie können den Bildausschnitt jetzt einfach durch Ziehen an den Eckpunkten ❸ verändern. Das verriegelte Schloss ❹ zeigt an, dass die Bildproportionen erhalten bleiben.

2 Seitenverhältnis vorgeben

Natürlich können Sie auch ein anderes als das originale Seitenverhältnis für den Bildausschnitt vorgeben.

Öffnen Sie das Popup-Menü neben dem Schloss. Falls Ihr gewünschtes Format noch nicht auftaucht, wählen Sie BEN. DEF. EINGEB. und geben Sie Ihr gewünschtes Seitenverhältnis ein. Breite und Höhe sind hier nicht festgelegt – diese können Sie später durch Aufziehen des Freistellungsrechtecks bestimmen.

Wenn Sie auf OK klicken, wird sofort ein entsprechender Ausschnitt ❺ vorgegeben.

3 Ausschnitt bestimmen

Durch den vorgewählten Bildausschnitt ist das Seitenverhältnis fixiert, das erkennen Sie auch an dem Schloss ❼.

Sie können den Ausschnitt verändern, indem Sie den Rahmen an den Eckpunkten ❻ zu- oder aufziehen. Wenn Sie den Bildausschnitt innerhalb eines aufgezogenen Rahmens verschieben wollen, klicken Sie auf das Bild und bewegen Sie es mit gedrückter Maustaste.

Betätigen Sie die [↵]-Taste, um die Freistellung zu bestätigen. Zur Überarbeitung aktivieren Sie nur erneut das Werkzeug.

Kapitel 3 | Die Basisentwicklung

Alles im Lot

Fotos gerade ausrichten mit der Freistellungsüberlagerung

Wie oft kommt es bei Ihnen vor, dass ein Bild »kippt«? Offen gestanden bei mir sehr oft. Eine schnelle Ausrichtung des Horizonts oder anderer eigentlich gerader Linien gehört deshalb zum Standardrepertoire in den Basis-Bildanpassungen. Anstatt dafür die Objektivkorrektur zu bemühen, können Sie das schnell mit dem Freistellungswerkzeug erledigen.

Zielsetzungen:
Bildhorizontale gerade ausrichten
Bildausschnitt anpassen
[Details.CR2]

Foto: Maike Jarsetz

1 Freistellungsüberlagerung

Die Freistellungsüberlagerung beinhaltet nicht nur das Freistellungswerkzeug, sondern auch das Gerade-Ausrichten-Werkzeug ❷ inklusive einer Winkelangabe für die Ausrichtung ❹.

Öffnen Sie das entsprechende Fenster durch Klick auf das Symbol ❸ oder durch Drücken der Taste R.

Der Freistellungsrahmen und das überlagernde Raster ❶ sind unmittelbar sichtbar. Die Rasteraufteilung können Sie durch wiederholtes Drücken der Taste O auch verändern.

2 Arbeiten mit der Wasserwaage

Aktivieren Sie jetzt das Gerade-Ausrichten-Werkzeug durch einen Klick auf das Wasserwaagen-Symbol.

Ziehen Sie mit dem Werkzeug und gedrückter Maustaste über eine Bildgerade ❺, um diese horizontal oder vertikal auszurichten. Sobald Sie die Maustaste loslassen, findet die Ausrichtung automatisch statt.

3 Feintuning

Parallel zur Ausrichtung ist das Bild auch gleich auf einen rechteckigen Rahmen beschnitten worden. Diesen können Sie genauso weiterbearbeiten wie auch die Bildrotation. Bewegen Sie den Mauszeiger außerhalb des Formatrahmens ❻, um noch manuell weiter zu rotieren oder nutzen Sie die Winkelangabe ❼, die Sie per Schieberegler weiter verändern können. Durch die ↵-Taste, die Taste R oder einen weiteren Klick auf die Werkzeugleiste wird die Ausrichtung angewendet.

Kapitel 3 | Die Basisentwicklung **155**

GRUNDLAGENEXKURS

Was das Histogramm verrät ...
... und wie Sie es für die Bildentwicklung nutzen

Was leistet das Histogramm?

Ein Blick auf das Histogramm verrät Ihnen viel über den Korrekturbedarf eines Bildes, denn es ist die visuelle Bildstatistik. Sie sehen auf einen Blick, wie die Tonwerte im Bild verteilt sind und wie sie zu korrigieren sind.

In der Horizontalen repräsentiert das Histogramm die Tonwerte vom reinen Schwarz ❶ bis zum reinen Weiß ❸. Die Tonwerte werden standardmäßig in 0–100 % ❺ angegeben. In der Vertikalen zeigt die Höhe des Ausschlags ❷ die Menge der vorhandenen Pixel für den jeweiligen Tonwert an.

Bei einer ausgewogenen Tonwertverteilung von Standardmotiven liegen die Haupttonwerte meist in der Mitte und laufen sanft zum Rand hin aus.

Besonderheiten in Lightroom

Im Entwickeln-Modul geht die Funktion des Histogramms über eine reine Bildstatistik hinaus. Die Warnungen für die Tiefen- ❹ und Lichterbeschneidung ❻ kennzeichnen schon im Histogramm, wenn Tonwerte aus dem verfügbaren Tonwertbereich herausfallen – also beschnitten werden ❼.

Ein weißes Dreieck ❻ signalisiert, dass alle drei Farbkanäle beschnitten werden – und damit die Lichter ausfressen oder die Tiefen zulaufen. Ein farbiges Dreieck ❹ gibt an, in welchem Kanal schon ein Beschnitt vorliegt. Dieser Fall ist weniger gravierend, kann aber für einen Farbbereich einen Zeichnungsverlust zur Folge haben.

Ein Klick auf die weißen Dreiecke sorgt während der Korrektur permanent dafür, dass beschnittene Tonwerte im Bild farbig markiert werden. Bewegen Sie die Maus über die Dreiecke, ohne zu klicken, um diese Markierung temporär einzublenden.

Übrigens: Wenn Sie die Maus über das Bild bewegen, werden Ihnen die jeweiligen Tonwertanteile ❺ im Histogramm angezeigt.

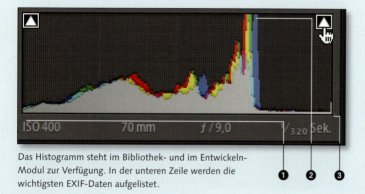

Das Histogramm steht im Bibliothek- und im Entwickeln-Modul zur Verfügung. In der unteren Zeile werden die wichtigsten EXIF-Daten aufgelistet.

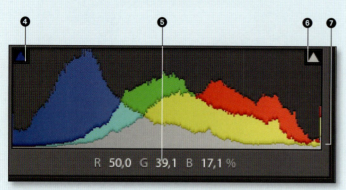

Im Entwickeln-Modul können Sie auch aktuelle Farbwerte ablesen. Außerdem können Sie direkt im Histogramm arbeiten.

Ein flaues Bild erkennen Sie im Histogramm sofort. Es sind keine wirklichen Tiefen und Lichter zu erkennen. Die Dreiecke zur Tiefen- und Lichter-Warnung sind grau ❽ und der Abstand der unteren und oberen Tonwerte zu den jeweiligen Tonwertgrenzen ist zu groß ❾.

Korrigieren Sie ein solches Bild mit dem Regler BELICHTUNG, um die Lichter anzuheben, und mit dem SCHWARZ-Regler, um die Tiefen zu erhalten, ohne die gesamten Mitteltöne abzudunkeln.

Aber achten Sie darauf, dass die Tiefen und Lichter bei der Korrektur nicht beschnitten werden. Ein weißes Dreieck würde Sie darauf hinweisen.

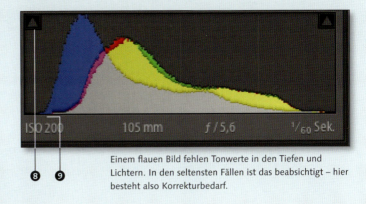

Einem flauen Bild fehlen Tonwerte in den Tiefen und Lichtern. In den seltensten Fällen ist das beabsichtigt – hier besteht also Korrekturbedarf.

High-Key-Bilder | Das Histogramm solcher Bilder sprengt das bisher erwähnte Idealbild, muss aber dennoch nicht »falsch« sein. Bei einem High-Key-Bild befinden sich fast alle Tonwerte im oberen Bereich. Prüfen Sie durch einen Klick auf die Warnung für die Lichterbeschneidung ❿, welche Bildbereiche beschnitten sind – sie werden im Bild rot angezeigt. Falls bildwichtige Details davon betroffen sind, nutzen Sie zur Korrektur den Regler WIEDERHERSTELLUNG.

Ein High-Key-Bild darf auch im Histogramm aus dem Rahmen fallen. Nutzen Sie aber die Lichterwarnung, um im Bild zu beurteilen, ob Ihnen keine wichtigen Motivteile verlorengehen.

Low-Key-Bilder | Low-Key-Bilder sind das Pendant zu High-Key-Bildern im unteren Tonwertbereich. Auch hier sollten Sie die Tiefenwarnung zur Kontrolle im Bild nutzen. Wichtig: Sie können alle Korrekturen auch direkt im Histogramm durchführen! Sobald Sie den Mauszeiger über die Tonwerte bewegen, wird Ihnen der Arbeitsbereich ⓫ angezeigt. Ziehen Sie mit gedrückter Maustaste, um direkt im Histogramm zu korrigieren ⓬.

Lesen Sie auch dazu den Workshop »Regie von ganz oben« auf Seite 138.

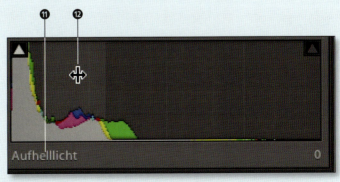

Nicht nur Low-Key-Bilder können Sie direkt im Histogramm korrigieren. Ziehen Sie einfach die Tonwerte in die richtige Richtung.

Entwicklungsworkflow

Bei der Menge von Bilddaten, die in Lightroom verwaltet werden, geht es bei der Entwicklung auch um einen guten Workflow. Anstatt Entwicklungseinstellungen für unzählige Bilder zu wiederholen, synchronisieren Sie sie am besten – während der Korrektur oder nachdem ein Referenzbild fertig entwickelt wurde. Auch Vorgaben helfen, wiederkehrende Entwicklungsprozesse schnell zu erledigen – wenn Sie wünschen, auch schon beim Bildimport. Über Protokoll, Schnappschüsse und Vergleichsansicht kontrollieren Sie jede Phase der Entwicklung. Wie das geht, lesen Sie in diesem Kapitel.

Standards setzen 166
  Konfigurieren Sie die Standardentwicklung Ihrer Kamera
Abziehbilder 168
  Entwicklungseinstellungen schnell übertragen
Synchronbilder 170
  Aufnahmeserien effektiv entwickeln
Alles unter Kontrolle 174
  Zusammenspiel zwischen Protokoll, Schnappschuss und Vergleich
Virtuelle Bildervielfalt 176
  Bildvarianten über virtuelle Kopien verwalten
Retortenentwicklung 180
  Vorgaben für die Serienentwicklung nutzen
Ein guter Start 184
  Wie Sie ein kameraspezifisches DNG-Profil erstellen

Bonusmaterial auf DVD:
Virtuelle Kopien einsetzen (Lektion 2.3)

Foto: iStockphoto, © blueberries, Bild 792974

Ihre Fragen – kurz geklärt

? Wie finde ich das Masterbild zu einer virtuellen Kopie?

! In der METADATEN-Palette der Bibliothek finden Sie für die virtuelle Kopie den Eintrag NAMEN DER KOPIE. Rechts daneben ist ein kleines Pfeilsymbol. Ein Klick darauf bringt Sie zum Masterfoto. Sie können auch mit der rechten Maustaste auf das Bild klicken und die Option ORDNER IN BIBLIOTHEK ANZEIGEN wählen. Dort finden Sie das Masterfoto neben der virtuellen Kopie – mehr Details zu virtuellen Kopien im Workshop »Virtuelle Bildervielfalt« auf Seite 176.

? Ich sehe nur einen Teil meines Bilderordners beziehungsweise der Sammlung. Es scheint ein Filter angewendet zu werden, ich befinde mich aber im Entwickeln-Modul. Wie kann ich das schnell abschalten?

! Die Auswahl einer Filterabfrage wird auch in die anderen Module »mitgenommen«. Es gibt jetzt zwei Möglichkeiten: Eine Filterung nach Attributen, wie Markierung oder Bewertung, erkennen Sie in der Filterleiste des Filmstreifens und können sie dort auch über den kleinen Kippschalter ganz rechts deaktivieren. Alle anderen Filterungen, wie die nach Metadaten oder Text, deaktivieren Sie am schnellsten über `Strg`/`⌘`+`L`.

? Ich habe mehrere Bilder im Filmstreifen ausgewählt. Aber wenn ich Entwicklungseinstellungen ändere, tut sich nur etwas im aktuell angezeigten Bild. Wie kann ich alle Bilder gleichzeitig entwickeln?

! Seit Lightroom 3 durch die Funktion der Auto-Sychronisation. Diese aktivieren Sie – nachdem Sie mehrere Bilder im Filmstreifen ausgewählt haben – indem Sie den kleinen Kippschalter am SYNCHRONISIEREN-Knopf umlegen. Die Bezeichnung des Knopfes wechselt dann zu AUTO-SYNC und die nachfolgenden Entwicklungseinstellungen wirken sich auf alle Bilder aus – lesen Sie dazu auch den Workshop »Synchronbilder« auf Seite 170.

? Beim Synchronisieren von Entwicklungseinstellungen scheint der Weißabgleich nicht angepasst zu werden. Alle anderen Entwicklungseinstellungen werden auf die ganze Serie übertragen, bloß die Farbtemperatur und die Tönung sind bei jedem Bild nach der Synchronisation noch unterschiedlich. Woran kann das liegen?

! Wenn für den Weißabgleich des Referenzfotos eine Vorgabe eingestellt ist, wird diese Vorgabe bei der Synchronisation übertragen. Die Einstellung WIE AUFNAHME behält dabei den ursprünglichen Weißabgleich bei und dieser kann bei jedem Bild unterschiedlich sein. Wechseln Sie vor der Synchronisation im Popup-Menü auf BENUTZERDEFINIERT, dann werden die genauen Einstellungen für TEMPERATUR und TÖNUNG übertragen.

? Versehentlich war meine Kamera auf die Spotmessung eingestellt und die Bilder einer Aufnahmeserie schwanken jetzt teilweise um 2½ Blenden – trotz gleicher Lichtbedingungen. Kann ich bei allen Bildern nachträglich dieselbe Belichtung einstellen?

! Ja, wählen Sie alle betreffenden Bilder aus und markieren Sie eines, dessen Belichtung stimmt. Wählen Sie dann im Bibliothek-Modul im Menü Foto ▷ ENTWICKLUNGSEINSTELLUNGEN ▷ GESAMTBELICHTUNGEN ABGLEICHEN. Im Entwickeln-Modul finden Sie im Menü EINSTELLUNGEN den etwas anderslautenden, aber gleichen Befehl BELICHTUNGEN ANGLEICHEN. Der Shortcut lautet in beiden Modulen ⇧ + Alt / ⌥ + Strg / ⌘ + M .

? Ich habe Bilder mit unterschiedlichen Belichtungen und Weißabgleichseinstellungen und alle sollen um 2/3 Blenden angehoben und etwas wärmer entwickelt werden. Kann ich in Lightroom auch relative Entwicklungseinstellungen synchronisieren oder gleichzeitig durchführen?

! Ja, im Bibliothek-Modul: Die AD-HOC-ENTWICKLUNG arbeitet auch relativ. Wechseln Sie über die Taste G zur Rasteransicht in der Bibliothek und wählen Sie die Bilder aus. Über die Pfeilknöpfe der AD-HOC-ENTWICKLUNG können Sie jetzt BELICHTUNG, WEISSABGLEICH und andere Einstellungen relativ anpassen. Einen Workshop zur Ad-hoc-Entwicklung finden Sie auf Seite 124.

? Die Vergleichsansicht im Entwickeln-Modul ist super. Aber wie kann ich verschiedene Entwicklungsphasen, wie Schnappschüsse oder Protokollschritte, direkt miteinander vergleichen? Das Vorher-Fenster zeigt immer nur den ersten Schritt, also den Importstatus.

! Sie können sowohl jeden Schnappschuss, als auch jeden Protokollschritt in das Vorher-Fenster verlagern. Klicken Sie dazu mit der rechten Maustaste auf den Schritt in der PROTOKOLL- und SCHNAPPSCHUSS-Palette und wählen Sie […] NACH VORHER KOPIEREN. Auch in der Vergleichsansicht können Sie Ihren aktuellen Bearbeitungsstatus zum neuen Vorher-Status machen. Nutzen Sie dafür das Symbol NACHHER ZU VORHER KOPIEREN in der Werkzeugleiste oder den Shortcut ⇧ + Alt / ⌥ + Strg / ⌘ + ← – mehr Details zur Vergleichsansicht auf den folgenden Übersichtsseiten und im Workshop auf Seite 174.

? Ich arbeite viel mit eigenen Entwicklungsvorgaben. Allerdings stört mich, dass diese in allen meinen Katalogen erscheinen. Für Porträtbilder nutze ich andere Vorgaben als für Mode-Shootings oder Industrieaufnahmen. Natürlich kann ich die Vorgaben in Ordnern sortieren, am liebsten würde ich sie aber katalogspezifisch speichern. Geht das?

! Ja, wählen Sie in den VOREINSTELLUNGEN – zu finden im BEARBEITEN-Menü auf dem PC oder dem LIGHTROOM-Menü auf dem Mac – den Bereich VORGABEN. Aktivieren Sie dort die Option VORGABEN MIT KATALOG SPEICHERN. Die Vorgaben landen dann im Katalog-Ordner auf der Festplatte und werden nur vom jeweiligen Katalog genutzt.

Entwicklungsworkflow steuern

Vorgaben

Die Lightroom-Vorgaben dienen dazu, eine Kombination aus Entwicklungseinstellungen zu speichern, um sie später per Klick auf andere Bilder anzuwenden. Dabei bestimmen Sie, ob alle oder nur ausgewählte Entwicklungsparameter in der Vorgabe gespeichert werden sollen.

Vorgaben können auch schon beim Import in Lightroom und bei einer Tether-Aufnahme – also dem direkten Import aus der Kamera während der Aufnahme – auf die Bilder angewendet werden.

❶ **Vorschau im Navigator:** Um zu beurteilen, wie Ihr Bild unter der neuen Vorgabe entwickelt würde, bewegen Sie einfach die Maus über den Vorgabennamen, ohne zu klicken.

❷ **Vorgaben erstellen:** Dies können Sie über einen Klick auf das kleine Symbol **+**. Benennen Sie die Vorgabe einfach und wählen Sie den Ordner, in dem die Vorgabe gespeichert werden soll. Wenn Sie noch keine eigenen Ordner angelegt haben, wird Ihre Vorgabe im Ordner »Benutzervorgaben« gespeichert.

❸ **Vorgabenordner:** Legen Sie einen neuen Ordner an, indem Sie mit der rechten Maustaste auf die Vorgabenliste klicken oder beim Erstellen der neuen Vorgabe im Popup-Menü einen neuen Ordner anlegen.

❹ **Vorgaben anwenden:** Übertragen Sie die Entwicklungseinstellungen einer Vorgabe auf Ihr Bild, indem Sie einfach auf den Vorgabennamen in der Liste klicken. Wenn Sie eine Vorgabe auf eine Reihe von Bildern anwenden wollen, müssen Sie vorher die Auto-Sync-Option einschalten.

❺ **Vorgaben aktualisieren:** Wenn Sie Bilder nach dem Anwenden einer Entwicklungsvorgabe noch verändern und diese Einstellungen in der Vorgabe speichern wollen, klicken Sie einfach mit der rechten Maustaste auf die Vorgabe und wählen MIT DEN AKTUELLEN EINSTELLUNGEN AKTUALISIEREN.

❻ **Vorgaben exportieren und importieren:** Eigene Vorgaben stehen Ihnen im Regelfall in allen Katalogen zur Verfügung, außer Sie aktivieren in den Lightroom-VOREINSTELLUNGEN unter VORGABEN die Option VORGABEN MIT KATALOG SPEICHERN. Diese Option ist auch hilfreich, wenn Sie Ihre Lightroom-Vorgaben mit dem Katalog archivieren wollen. Unabhängig davon können Sie über einen Klick mit der rechten Maustaste einzelne Vorgaben exportieren oder importieren.

❼ **Vorschau im Navigator:** Bewegen Sie die Maus über den Schnappschussnamen, um eine Vorschau zu sehen.

Schnappschüsse …

… sind die Alternativen zu unzähligen virtuellen Kopien. Mit Schnappschüssen können Sie Entwicklungsphasen speichern und jederzeit zu ihnen zurückkehren und auch die aktuellen Entwicklungseinstellungen überarbeiten.

❽ **Schnappschüsse im Vergleich:** Klicken Sie mit der rechten Maustaste auf einen Schnappschuss in der Liste, um diese SCHNAPPSCHUSSEINSTELLUNGEN NACH VORHER ZU KOPIEREN. Die aktuelle Einstellung erscheint dann in der Vergleichsansicht auf der linken oder oberen Vorher-Seite anstelle des Originalbildes. So können Sie sowohl Schnappschüsse vergleichen als auch auf Basis eines Schnappschusses in der Vergleichsansicht weiterarbeiten.

❾ **Vorgaben aktualisieren:** Wenn Sie Bilder in einem Schnappschuss-Status verändern, können Sie diesen Schnappschuss mit der rechten Maustaste aktualisieren.

❿ **Schnappschüsse erstellen:** Auch hierfür reicht ein einfacher Klick auf das kleine Symbol **+** und die anschließende Benennung. Ausgewählte Vorgaben löschen Sie durch einen Klick auf das Symbol **—**.

⓫ **Schnappschuss auswählen:** Klicken Sie auf einen Schnappschuss in der Liste, um dessen Entwicklungseinstellungen wiederherzustellen.

Das Protokoll …

… zeichnet jeden Entwicklungsschritt auf und bietet Ihnen die Möglichkeit, jederzeit zu einzelnen Entwicklungsphasen zurückzukehren. Da diese Schritte in der Datenbank des Katalogs gespeichert werden, sind sie auch nach dem Beenden und erneuten Öffnen von Lightroom verfügbar.

❶ **Vorschau im Navigator:** Bewegen Sie die Maus über den Protokollschritt, den Sie im Navigator beurteilen wollen.

❷ **Protokoll löschen:** Ein Klick auf das X löscht das Protokoll.

❸ **Protokollstatus auswählen:** Klicken Sie auf einen Protokollschritt in der Liste, um ihn in der Vorschau zu beurteilen.

❹ **Schnappschuss erstellen:** Mit der rechten Maustaste können Sie aus einem Protokollschritt einen Schnappschuss erstellen.

❺ **Entwicklungsphasen im Vergleich:** Um zwei Protokollschritte in der Vergleichsansicht miteinander zu vergleichen, wählen Sie für den ersten mit der rechten Maustaste den Befehl Protokollschritteinstellung nach Vorher kopieren. Wählen Sie dann mit einem Klick den zweiten Protokollschritt aus – dieser erscheint in der aktuellen Vorschau beziehungsweise im Nachher-Fenster in der Vergleichsansicht.

Die Vergleichsansicht …

… ist eine tolle Möglichkeit, Ihren Entwicklungsfortschritt dem Original gegenüberzustellen. Das Vorschaufenster wird in zwei Ansichtshälften geteilt und Sie können synchron in beide Ansichten zoomen und Ausschnitte verschieben.

❻ **Vergleichsansicht aktivieren:** Klicken Sie auf das Y-Symbol, um die Vergleichsansicht zu aktivieren oder drücken Sie die Taste [Y]. Ein erneutes Drücken der [Y]-Taste bringt Sie zurück in die Vollbildvorschau.

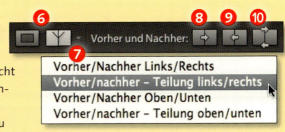

❼ **Vergleichsansicht wählen:** Über den kleinen Pfeil öffnen Sie ein Popup-Menü, aus dem Sie vier Ansichten wählen können. Zwischen geteilter und nicht geteilter Ansicht können Sie auch über ⇧+Y wechseln. Alt/⌥+Y ändert die Links/Rechts- auf die Oben/Unten-Teilung. Klicken Sie mehrmals auf das Y-Symbol, um die Ansichtsoptionen zu durchlaufen.

❽ **Vorher zu Nachher kopieren:** Mit diesem Knopf können Sie schnell wieder von der Ausgangsbasis starten.

❾ **Nachher zu Vorher kopieren:** Mit dieser Option können Sie den aktuellen Status als neue Vergleichsbasis nutzen.

❿ **Vorher und Nachher vertauschen:** Wählen Sie diese Option, wenn Sie in der geteilten 1:1-Ansicht Bilddetails in der linken und rechten Bildhälfte vergleichen wollen.

Entwicklungsstatus wählen

Rechts unten im Entwicklungsfenster befinden sich zwei Knöpfe, die eine Menge Aufgaben haben:

⓫ **Vorherige:** Dieser Knopf überträgt die Entwicklungseinstellungen des zuvor bearbeiteten Bildes auf das aktuelle Bild.

⓬ **Zurücksetzen:** Löschen Sie über diesen Knopf sämtliche in Lightroom vorgenommenen Entwicklungseinstellungen.

⓭ **Synchronisieren:** Wenn Sie mehrere Bilder ausgewählt haben, können Sie sie per Knopfdruck synchronisieren. Im daraufhin erscheinenden Fenster wählen Sie die genauen Einstellungen.

⓮ **Automatisch synchronisieren:** Schieben Sie den kleinen Kippschalter nach oben, um die folgenden Entwicklungseinstellungen sofort auf alle Bilder anzuwenden.

⓯ **Standard festlegen:** Mit gedrückter Alt-Taste können Sie die aktuellen Einstellungen als neuen Standard festlegen und so die Grundentwicklung aller neu importierten Bilder einer Kamera vordefinieren.

Kapitel 4 | Entwicklungsworkflow **165**

Synchronbilder

Aufnahmeserien effektiv entwickeln

Wer will schon jedes Bild einzeln entwickeln? In der Stapelentwicklung zeigt Lightroom seine Stärken im Foto-Workflow. Die individuelle oder automatische Synchronisation sind dabei nur die naheliegenden Funktionen. Denn schon in der Bibliothek können Sie Belichtungsunterschiede und Grundeinstellungen anpassen.

Zielsetzungen:
Belichtungen angleichen
Belichtung und Weißabgleich
Entwicklung synchronisieren
Individuelle Bildausschnitte
Automatische Synchronisation

[Synchro01-06.CR2]

170

1 Belichtungen angleichen

Für die ersten Entwicklungsschritte müssen Sie nicht unbedingt in das Entwickeln-Modul wechseln – schon in der Bibliothek sind manche Aufgaben schnell zu bewältigen. Wenn die Belichtungen innerhalb einer Aufnahmesituation schwanken, können Sie für eine Bildauswahl über das Menü Foto ▷ Entwicklungseinstellungen die Gesamtbelichtungen abgleichen.

Maßgeblich für die Korrektur ist das markierte Bild ❶ der Auswahl. Jedes Bild wird in der Belichtung individuell angepasst.

2 Relative Belichtungskorrektur

Alle Bilder sind jetzt so korrigiert, dass die Motive gleich belichtet sind. Falls Sie jetzt noch eine gleichmäßige Belichtungsanpassung für alle Bilder durchführen wollen, sind Sie in der Bibliothek immer noch richtig, denn nur hier können Sie eine relative Belichtungskorrektur durchführen.

Achten Sie darauf, dass immer noch alle Bilder ausgewählt sind und dass Sie sich in der Rasteransicht befinden. Öffnen Sie dann die Ad-hoc-Entwicklung und erhöhen Sie die Belichtung für alle Bilder um 1/3 Blende ❷.

3 Grundentwicklung

Nach dieser ersten synchronisierten Entwicklung wechseln Sie in das Entwickeln-Modul, um ein erstes Referenzfoto auf den Punkt zu entwickeln.

Für dieses Bild wurde mit der Pipette ❸ ein Weißabgleich am hellen Gefieder durchgeführt, über die Wiederherstellung ❹ die Lichter im weißen Gefieder rekonstruiert, mit erhöhter Klarheit ❺ der Detailkontrast erhöht und die Farbsättigung durch die Dynamik ❻ leicht gesteigert.

4 Bildausschnitt festlegen

Auch der Bildausschnitt gehört zu den ersten Entwicklungsschritten. Öffnen Sie mit einem Klick ❼ die Freistellungsüberlagerung und ziehen Sie den Bildausschnitt an den Ecken des Formatrahmens zusammen. Mit der ⏎-Taste schließen Sie dieses Arbeitsfenster.

Auch wenn der Bildausschnitt sicher keine Einstellung ist, die auf die anderen Bilder per Synchronisation übertragen werden soll, können Sie sie trotzdem jetzt schon durchführen.

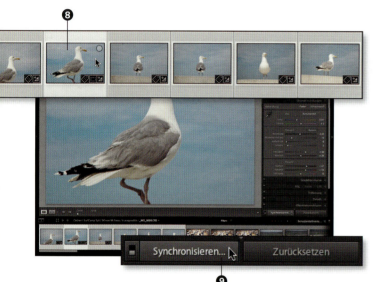

5 Bildauswahl synchronisieren

Für die Synchronisation der Bilddaten muss die Aufnahmeserie ausgewählt und das vorentwickelte Referenzfoto markiert sein ❽.

Im rechten unteren Bereich des Entwickeln-Moduls steht Ihnen dann der SYNCHRONISIEREN-Knopf ❾ zur Verfügung. Starten Sie die Synchronisation mit einem Klick.

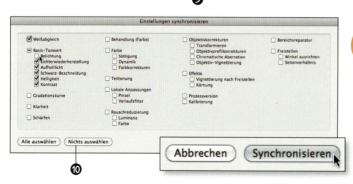

6 Einstellungen synchronisieren

Im folgenden Fenster legen Sie fest, welche der Entwicklungseinstellungen übertragen werden sollen. Hier gilt: Weniger ist mehr. Klicken Sie erst auf die Schaltfläche NICHTS AUSWÄHLEN ❿, bevor Sie dann nur die Einstellungen auswählen, die Sie am Referenzbild vorgenommen haben und die eins zu eins auf die anderen Bilder übertragen werden sollen. Dazu gehört auf jeden Fall nicht die Belichtung, die ja im ersten Schritt für jedes Bild korrigiert wurde. Klicken Sie dann auf SYNCHRONISIEREN.

7 Individuelle Anpassung

Nachdem alle Bilder durch die Synchronisation die gleiche Grundentwicklung erhalten haben, können die Entwcklungseinstellungen jetzt noch individuell angepasst werden.

Wählen Sie im Filmstreifen die Bilder nacheinander aus und passen Sie jeweils mit der Freistellungsüberlagerung ⓫ den Bildausschnitt an.

8 Automatische Synchronisation

Seit Lightroom 3 können Sie die Bilder auch gleichzeitig entwickeln, und zwar mit Hilfe der automatischen Synchronisation.

Diese aktivieren Sie, indem Sie den kleinen Kippschalter ⓬ am SYNCHRONISIEREN-Knopf nach oben schieben. Von jetzt an wird jede Entwicklungseinstellung unmittelbar auf alle Bilder übertragen.

9 Synchronisation in der Bibliothek

Übrigens: Sie können Bilder auch in der Bibliothek synchronisieren. Sie gehen dabei genauso vor, wie im Entwickeln-Modul. Aber Achtung: Der Knopf SYNCHRONISIEREN bezieht sich im Bibliothek-Modul nur auf die Metadaten. Um Entwicklungseinstellungen zu synchronisieren, klicken Sie nach dem Aktivieren der Bildauswahl auf EINSTELL. SYN. So gelangen Sie in das schon bekannte Fenster, in dem Sie auswählen, welche Einstellungen synchronisiert werden sollen.

Alles unter Kontrolle

Zusammenspiel zwischen Protokoll, Schnappschuss und Vergleich

Protokoll- und Schnappschüsse-Palette sind Photoshop-Anwendern vielleicht vertraut. In Lightroom sind diese Funktionen aber ungleich mächtiger. Sie sind dauerhaft verfügbar, da alle Einstellungen in der Lightroom-Datenbank gespeichert werden. In Kombination mit der Vergleichsansicht zeigen sie viele Stärken, die den Foto-Workflow bereichern.

1 Das Protokoll

Wählen Sie ein Bild, in dem schon Korrekturen in Lightroom vorgenommen wurden und öffnen Sie in der linken Palette des Entwickeln-Moduls die Schnappschüsse- und die Protokoll-Palette.

Im Protokoll werden sämtliche Entwicklungsschritte seit dem Import protokolliert. Klicken Sie auf einen Protokollschritt, um diese Entwicklungsphase im Vorschaubild einzublenden.

2 Schnappschuss erstellen

Das Protokoll ist mit seinen akribisch aufgeführten Schritten schnell unübersichtlich. Sichern Sie deshalb die relevanten Entwicklungsphasen als Schnappschuss.

Klicken Sie einfach mit der rechten Maustaste auf den ausgewählten Protokollschritt und wählen Sie Schnappschuss erstellen.

Die Schnappschüsse werden fein säuberlich in der Schnappschüsse-Palette aufgelistet – von dort aus können Sie jederzeit Ihre Entwicklungsphasen per Klick zum Vergleich aufrufen.

3 Entwicklungsphasen vergleichen

Aktivieren Sie eine Vergleichsansicht über das Popup-Menü ❶ in der Werkzeugleiste, um einen Protokollschritt, einen Schnappschuss oder die aktuelle Entwicklungsphase mit dem Importstatus zu vergleichen.

Sie können auch mit der Y-Taste in die Vergleichsansicht und zurückwechseln. Nutzen Sie zusätzlich die ⇧-Taste, um sofort die geteilte Ansicht einzublenden.

4 Vorher-Ansicht verändern

Im fortgeschrittenen Entwicklungsstatus ergibt es wenig Sinn, den Detailvergleich zum noch unentwickelten Importstatus anzustellen. Verändern Sie daher den Vorher-Status, um einen direkten Vergleich zu einem bestimmten Schnappschuss oder Protokollschritt herzustellen. Beides können Sie über das Kontextmenü aufrufen, das Sie mit der rechten Maustaste erreichen. Wählen Sie dort SCHNAPPSCHUSS NACH VORHER KOPIEREN ❷. Ihre weitere Entwicklungsarbeit wird dann auf der rechten Nachher-Seite gegenübergestellt.

5 Neuer Korrekturansatz

Auch den aktuellen Entwicklungsstatus können Sie – unabhängig von Protokoll und Schnappschuss – als neue Basis für Ihren Vergleich nutzen. Klicken Sie dafür auf das Symbol NACHHER- ZU VORHER-EINSTELLUNGEN KOPIEREN ❸.

So können Sie Ihre Entwicklungsarbeit Schritt für Schritt weiterverfolgen.

Übrigens: Auch über die rechte Maustaste können Sie einen Schnappschuss MIT DEN AKTUELLEN EINSTELLUNGEN AKTUALISIEREN.

Kapitel 4 | Entwicklungsworkflow **175**

Virtuelle Bildervielfalt

Bildvarianten über virtuelle Kopien verwalten

Virtuelle Kopien ermöglichen Ihnen, Bildvarianten in Lightroom zu entwickeln, ohne die Bilddatei wirklich duplizieren zu müssen. Denn es wird nur ein weiterer Satz von Metadaten für dieses Bild angelegt, in dem andere Entwicklungseinstellungen gespeichert werden können. So vermeiden Sie nicht nur ein unnötig großes Datenaufkommen, sondern können die Varianten auch sehr gut organisieren und miteinander synchronisieren.

Zielsetzungen:
Grundentwicklung sichern
Bildvarianten ausarbeiten
[Virtuell.CR2]

1 Kleinster gemeinsamer Nenner
Auch wenn Sie von vornherein wissen, dass Sie mehrere Bildvarianten ausarbeiten wollen, sollten Sie die virtuelle Kopie erst dann anlegen, wenn Sie die Grundentwicklung durchgeführt haben. Das Beispielbild erfuhr eine automatische Objektivkorrektur, eine Erhöhung der Farbtemperatur, die HELLIGKEIT der Mitteltöne wurde angehoben, gleichzeitig die BELICHTUNG abgesenkt und die Lichter wurden über die WIEDERHERSTELLUNG gerettet. Zum Schluss wurde der Detailkontrast über die KLARHEIT eingestellt.

2 Virtuelle Kopie anlegen
Um eine virtuelle Kopie anzulegen, gibt es viele Wege: In der Bibliothek und im Entwickeln-Modul wählen Sie aus dem Menü FOTO den Befehl VIRTUELLE KOPIE ANLEGEN oder nutzen Sie [Strg]/[⌘] + [T]. In allen Modulen können Sie den Befehl außerdem mit einem Klick mit der rechten Maustaste auf das Bild oder die Miniatur im Filmstreifen aus dem Kontextmenü aufrufen.

Die virtuelle Kopie ist an dem kleinen Eckensymbol ❶ erkennbar.

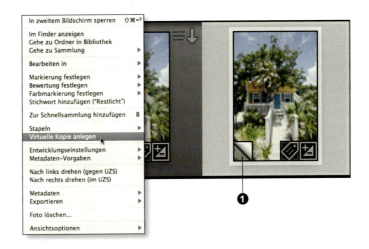

3 Sammlungen und virtuelle Kopien
Wenn Sie die Entwicklungsvarianten über eine Sammlung organisieren wollen, können Sie zwei Schritte in einem durchführen. Aktivieren Sie die Fotos, die in der Sammlung als virtuelle Kopie aufgenommen werden sollen, und wählen Sie über das Symbol **+** der SAMMLUNGEN-Palette den Befehl SAMMLUNG ERSTELLEN.

Nach dem Aktivieren der Option AUSGEWÄHLTE FOTOS EINSCHLIESSEN steht Ihnen die zusätzliche Option NEUE VIRTUELLE KOPIEN ERSTELLEN ❷ zur Verfügung.

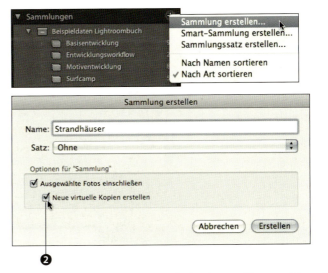

Zurück auf Los

4 Im Protokoll der neu erstellten virtuellen Kopie sind die ersten Bildanpassungen nicht mehr aufgeführt, denn das Protokoll dieses Bildes wurde mit der virtuellen Kopie zurückgesetzt.

Insofern könnte man auch darüber nachdenken, eine virtuelle Kopie anzulegen, um umfangreiche Protokolle in Entwicklungsphasen zu zerlegen.

Alternative Entwicklung

5 Der Hauptzweck einer virtuellen Kopie ist natürlich, eine alternative Entwicklung durchzuführen. Das besondere der virtuellen Kopie – daher der Name – ist, dass dabei nur ein weiterer Satz von Metadaten für ein und dieselbe Bilddatei angelegt wird.

Alle Entwicklungsschritte werden jetzt nur im Protokoll der virtuellen Kopie gespeichert. Sie können die Entwicklungsvarianten also wie zwei unabhängige Bilder behandeln.

Varianten vergleichen

6 Die Vergleichsansicht im Entwickeln-Modul stellt immer nur Entwicklungsphasen eines in Lightroom verwalteten Datensatzes gegenüber. Sie können hier nicht virtuelle Kopien miteinander oder mit dem anders entwickelten Masterfoto vergleichen.

Um die virtuelle Kopie und das Masterfoto gegenüberzustellen, aktivieren Sie beide Bilder mit der ⇧-Taste im Filmstreifen und drücken dann die Taste N. Damit wechseln Sie in den Übersichtsmodus ❸ der Bibliothek.

7 Teilsynchronisation

Sie können auch ausgesuchte Entwicklungseinstellungen zwischen virtuellen Kopien und Masterfoto austauschen, Lightroom behandelt diese völlig autonom.

Aktivieren Sie die virtuelle Kopie und das Masterfoto – die weiter entwickelte Version ist dabei ausgewählt ❹. Wechseln Sie über die Taste D in das Entwickeln-Modul und klicken Sie auf den Knopf SYNCHRONISIEREN. Im daraufhin erscheinenden Fenster aktivieren Sie nur die Einstellungen, die Sie übertragen wollen, und klicken auf SYNCHRONISIEREN.

8 Den Überblick behalten

Im originalen Bilderordner werden die virtuellen Kopien automatisch mit dem Masterfoto gestapelt. Wenn Sie eine virtuelle Kopie für eine Sammlung angelegt haben, fehlt dieses »Original«.

Um schnell den Überblick über Varianten und das dazugehörige Original zu bekommen, klicken Sie mit der rechten Maustaste auf die virtuelle Kopie und wählen Sie GEHE ZU ORDNER IN BIBLIOTHEK. So kommen Sie zurück zu den »Wurzeln« des Bildes.

9 Master oder Kopie

Über eine Filterabfrage können Sie Masterfotos und virtuelle Kopien alternativ anzeigen lassen.

Drücken Sie die Taste G, um in die Rasteransicht der Bibliothek zu wechseln, und blenden Sie die Filterleiste über das ANSICHT-Menü oder die Taste < ein.

Klicken Sie dort auf ATTRIBUT ❺ und wählen Sie ganz rechts unter ART ❻ das erste Symbol zur Auswahl der Masterfotos und das zweite zur Auswahl von virtuellen Kopien.

Kapitel 4 | Entwicklungsworkflow

Retortenentwicklung

Vorgaben für die Serienentwicklung nutzen

Die Synchronisation von Entwicklungseinstellungen ist eine schöne Sache. Aber wenn Sie eine gelungene Umsetzung für eine bestimmte Motiv- und Farbwelt entwickelt haben, können Sie diese auch als Vorgabe speichern, um sie auf ähnliche Aufnahmen anzuwenden, um per Klick eine ganze Serie zu entwickeln oder um schon beim Bildimport die Entwicklung zu steuern.

Zielsetzungen:
Referenzbild entwickeln
Entwicklungsvorgabe anwenden
Stapelentwicklung
[Sammlung: Vorgaben]

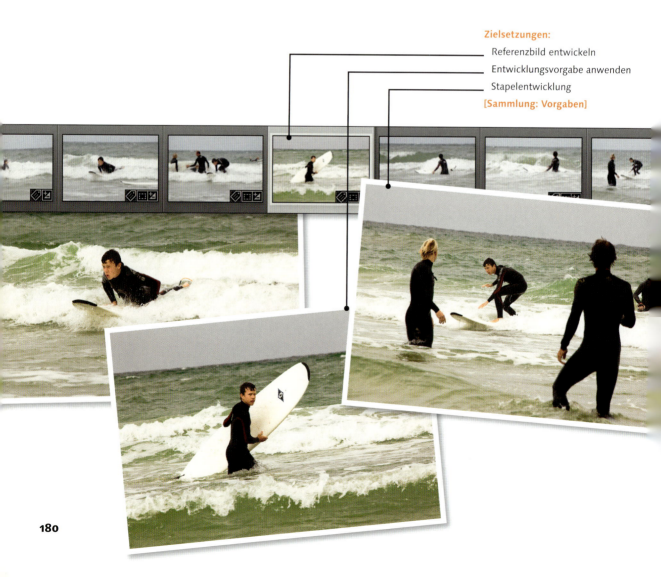

1 Referenzbild entwickeln

Beginnen Sie mit einem fertig entwickelten Bild. In der Beispielsammlung steht Ihnen schon ein Bild zur Verfügung, das in der Gradation korrigiert und über die HSL-Einstellungen farblich angepasst wurde.

Alle Bilder der Serie wurden über den Befehl Gesamtbelichtung abgleichen vorher individuell in der Belichtung angepasst. Blenden Sie über die Taste Y die Vergleichsansicht ein, um auch in den späteren Schritten die Veränderungen gegenüberstellen zu können.

2 Vorgabe erstellen

Klicken Sie im Vorgaben-Bereich auf das Symbol **+**, um eine neue Vorgabe zu erstellen.

Definieren Sie im nächsten Fenster, in welchem Ordner die Vorgabe gespeichert werden soll. Der Standardordner ist »Benutzervorgaben«, aber bei einer wachsenden Anzahl bietet es sich an, eigene Ordner zu erstellen.

Klicken Sie im Popup-Menü Ordner auf Neuer Ordner ❶ und geben Sie einen entsprechenden Namen ein.

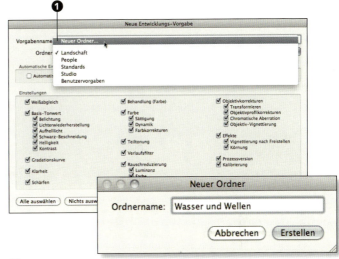

3 Einstellungen festlegen

Danach benennen Sie die Vorgabe und wählen die Einstellungen aus, die in der Vorgabe gespeichert werden sollen.

Deaktivieren Sie zum Beispiel die Belichtung ❷, um die schon vorgenommene Belichtungskorrektur nicht zu überschreiben. Aktivieren Sie alle weiteren Tonwert- und Farbsteuerungen und aktivieren Sie grundsätzlich keine Einstellung, die nicht verändert wurde.

Am Schluss klicken Sie auf Erstellen und Ihre neue Vorgabe erscheint im neuen Ordner in der Liste ❸.

Kapitel 4 | Entwicklungsworkflow **181**

Automatische Stapelarbeit

4 Vielleicht haben Sie in einer früheren Lightroom-Version schon einmal versucht, Vorgaben auf eine Serie von Bildern anzuwenden und die Wirkung beschränkte sich immer nur auf das in der Vorschau sichtbare Bild?

Dafür gibt es seit Lightroom 3 eine Lösung: Wählen Sie alle Bilder aus und ändern Sie den SYNCHRONISIEREN-Knopf über den kleinen Kippschalter ❹ auf die AUTOMATISCHE SYNCHRONISATION.

Vorgabe auf Serie anwenden

5 Ihre Bilder sind schon ausgewählt und jetzt müssen Sie nicht anderes mehr tun, als auf den Namen Ihrer Vorgabe in der Vorgabenliste zu klicken.

Schon werden alle Bilder mit den gewählten Entwicklungseinstellungen überarbeitet und in Farbe und Kontrast angepasst.

Einzelbilder nacharbeiten

6 Natürlich sind die meisten Bilder mit einer Vorgabe noch nicht hundertprozentig perfekt entwickelt und müssen nachgebessert werden. Nutzen Sie vor den nächsten Schritten die Möglichkeit, die Vorher-Ansicht in der Vergleichsansicht durch einen Klick auf das entsprechende Symbol ❺ zu aktualisieren. Passen Sie dann die Gradationskurve für jedes Bild an.

Mehr zur Vergleichsansicht im Überblick auf Seite 164 und im Workshop auf Seite 174

182 Kapitel 4 | Entwicklungsworkflow

7 Vorgabe aktualisieren

In der Vorgabenliste erkennen Sie, dass für die überarbeiteten Bilder die Vorgabe nicht mehr ausgewählt ist ❻.

Falls sich eine der Korrekturen als geeignet herausstellt, zukünftiger Bestandteil der bestehenden Vorgabe zu sein, können Sie sie aktualisieren. Klicken Sie dazu einfach mit der rechten Maustaste auf die Vorgabe und wählen Sie die Option MIT DEN AKTUELLEN EINSTELLUNGEN AKTUALISIEREN ❼ – die Einstellungen können Sie dann erneut auswählen.

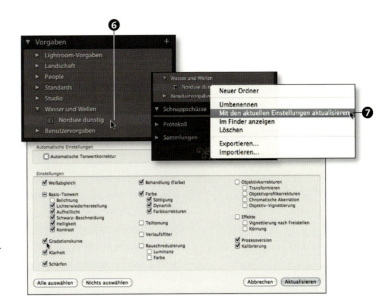

8 Vorgaben in der Bibliothek

Auch im Bibliothek-Modul können Sie schon auf gespeicherte Vorgaben zurückgreifen. In der AD-HOC-ENTWICKLUNG finden Sie ein Popup-Menü ❽ mit allen zur Verfügung stehenden Vorgaben – allerdings nicht fein säuberlich in Ordner sortiert.

9 Vorgaben beim Bildimport

Schon beim Bildimport – sei es im herkömmlichen Importdialog, über den automatischen Import oder über die TETHER-AUFNAHME – können Sie an verschiedensten Stellen ❾ eine Entwicklungsvorgabe wählen.

Lesen Sie auch wie Sie während der TETHER-AUFNAHME – also dem Fotografieren direkt aus Lightroom heraus – eine Vorgabe anwenden; und zwar auf Seite 62 im Workshop »Live-Shooting«.

Kapitel 4 | Entwicklungsworkflow **183**

Ein guter Start

Wie Sie ein kameraspezifisches DNG-Profil erstellen

Jede in Lightroom importierte RAW-Datei erfährt eine Grundanpassung, die als sogenannter Kamerastandard festgelegt ist. Mit Lightroom, einem Farb-Chart und dem »DNG Profile Editor« haben Sie die Möglichkeit, dafür ein eigenes Profil zu erstellen. Wenn Sie dieses als neuen Standard festlegen, werden die Daten Ihrer Kamera von Anfang an »unverfälscht« dargestellt.

1 Referenzbild herstellen

Sie benötigen zunächst eine DNG-Datei, die ein Standard-Chart abbildet. Fotografieren Sie also mit Ihrer Kamera ein Munsell-Farb-Chart mit 24 Farbfeldern. Diese ColorChecker werden von verschiedenen Herstellern angeboten. Fotografieren Sie unter neutralen Lichtbedingungen, also bei mittlerem Tageslicht oder Blitzlicht von 6 500 K. Importieren Sie die RAW-Datei dann in Lightroom und führen Sie keinerlei Korrekturen durch.

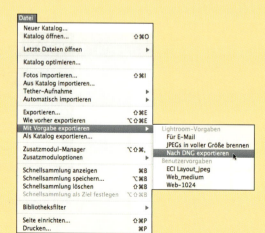

2 Als DNG exportieren

Jetzt benötigen Sie die DNG-Variante des Bildes. Am schnellsten geht das über das Datei-Menü: Wählen Sie Datei ▷ Mit Vorgabe exportieren ▷ Nach DNG exportieren. Dieser Export greift auf die Standard-DNG-Vorgabe aus dem Exportmenü zurück. Sie müssen jetzt nur noch den Speicherort festlegen und können auf OK klicken.

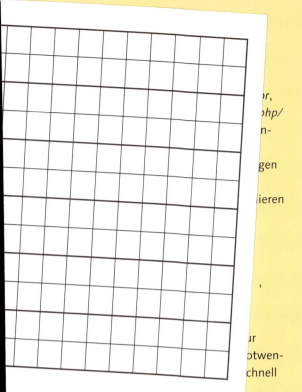

Über das FILE-Menü und den Befehl OPEN DNG IMAGE öffnen Sie die in Schritt 2 exportierte DNG-Datei als Vorlage für die Profilerstellung.

5 Chart ausmessen

Jetzt muss Ihr Referenzbild ausgemessen und mit den Normfarben verglichen werden. Klicken Sie im Fenster auf den Reiter CHART ❶. Daraufhin werden eine verkleinerte Abbildung des benötigten Charts sowie die nächsten Schritte aufgelistet.

Die übrigen Einstellungen des *DNG Profile Editors* unter den anderen Reitern benötigen Sie nicht, denn es soll ein Standardprofil für Ihre Kamera ausgemessen werden und keine manuelle Anpassung vorgenommen werden.

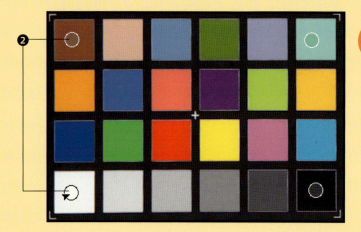

6 Messpunkte setzen

Auf Ihrem eigenen Referenzbild sind jetzt vier Messpunkte ❷ erschienen. Positionieren Sie diese farblich passend auf die vier Eckpunkte des fotografierten Color-Checkers.

So kann durch den *DNG Profile Editor* erst die Position des Farb-Charts ausgelotet werden, bevor der Abgleich durchgeführt wird. Das funktioniert auch mit gedrehten Bildern.

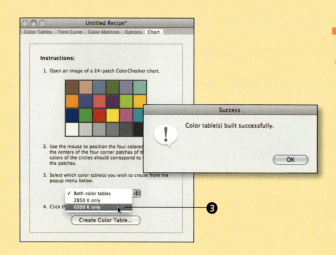

7 Kameraprofil erstellen

Klicken Sie auf den Knopf CREATE COLOR TABLE im CHART-Reiter. So werden die Farben einzeln durchgemessen und in einer Farbtabelle mit den Normwerten abgeglichen. Im Popup-Menü ❸ haben Sie vorher die Auswahl zwischen zwei Standardfarbtemperaturen – neutralem Tageslicht mit 6 500 K, wie in diesem Fall, und Kunstlicht mit 2 850 K. So können zwei unterschiedliche Profile für diese Lichtbedingungen erstellt werden. Sie können aber auch mit der Option BOTH COLOR TABLES zwei Farbtabellen in einem Profil speichern.

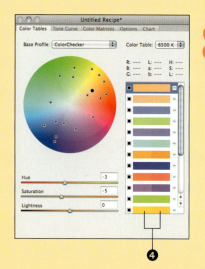

8 Abweichung von der Norm

Nachdem die Farbtabellen erfolgreich erstellt wurden, wechseln Sie auf den gleichnamigen Reiter COLOR TABLES.

Die gemessenen Farbwerte sind auf dem Farbkreis positioniert, und jede der einzelnen Normfarben ist in der Tabelle mit dem Soll- und Ist-Zustand aufgelistet ❹.

Das zeigt Ihnen ziemlich genau, was in einem Profil gespeichert wird – nämlich die Abweichung von der Norm.

9 Kameraprofil exportieren
Die gemessenen Abweichungen des Referenzbildes zu den genormten Farbfeldern werden nun als kameraspezifische Abweichung – also als Profil – exportiert.

Wählen Sie aus dem Menü FILE ▷ EXPORT [KAMERAMODELL] PROFILE und vergeben Sie einen Namen für dieses neue Profil.

Das neue Profil wird automatisch in dem Profile-Ordner gespeichert, auf den Lightroom und auch der RAW-Konverter von Photoshop zugreifen.

10 Profil wählen
Sie finden das erstellte Profil in Lightroom im Entwickeln-Modul im Arbeitsbereich KAMERAKALIBRIERUNG ❺. Öffnen Sie dort das Popup-Menü PROFIL, in dem alle verfügbaren Kameraprofile aufgelistet sind – inklusive Ihres eigens erstellten, kameraspezifischen Profils.

Testen Sie am Referenzfoto, wie sich die unterschiedlichen Profile auf die Farbfelder auswirken. Das Profil steht von jetzt an für jedes Bild dieser Kamera zur Verfügung.

11 Standard festlegen
Damit jedes zukünftig importierte Bild dieser Kamera mit der Grundanpassung des neuen Profils importiert wird, können Sie dieses als neuen Standard festlegen. Achten Sie darauf, dass außer der Wahl des Kameraprofils noch keine weitere Anpassung vorgenommen worden ist.

Drücken Sie dann die [Alt]-Taste, damit der ZURÜCKSETZEN-Knopf seine Funktion ändert, und klicken Sie dann auf STANDARD FESTLEGEN ❻.

Grundlagenexkurs | DNG-Profile erstellen **187**

Motivgerechte Entwicklung

Jedes Bild bekommt die Entwicklung, die es verdient. Deshalb findet die Basisanpassung und die Synchronisation von Belichtungsreihen auch bald ein Ende, wenn es geht darum, die letzten Qualitätsprozente aus den Bilder herauszuholen. Für die motivgerechte Entwicklung bietet Ihnen Lightroom selektive Bildkorrekturen, direkte Anpassungen im Motiv und Werkzeuge, mit denen Sie Entwicklungseinstellungen auch lokal auftragen können. Wie Sie all diese Möglichkeiten am besten miteinander kombinieren, lesen Sie in diesem Kapitel.

Weniger ist mehr **198**
    Dynamik steigern statt Sättigung anheben
Polfilter und Co. **200**
    Motivfarben mit der HSL-Steuerung herausarbeiten
Fleißarbeit **204**
    Die Retuschemöglichkeiten mit der Bereichsreparatur
Den Verlaufsfilter einsetzen **208**
    Motivteile unterschiedlich steuern
Lokale Naturereignisse **212**
    Bildbereiche partiell entwickeln
Porträts finishen **216**
    Lokale Korrekturen und Feintuning für die Haut
Echtes Schwarzweiß **220**
    Perfekte Schwarzweißumsetzungen ausarbeiten
Perfekte Tonung **224**
    Farbtonung in den Lichtern und Schatten abgleichen
Die richtige Perspektive **226**
    Automatische Fehlerbeseitigung und manuelle Objektivkorrektur
Foto-Effekte als Stilmittel **230**
    Künstliche Vignettierung und Körnung einarbeiten
Warum RAW-Daten? **234**
    Wie aus der Not eine Tugend wurde

   **Bonusmaterial auf DVD:**
Schwarzweiß und Tonungen (Lektion 2.4)

Foto: Maike Jarsetz

Aus der Lightroom-Trickkiste

? Hilfe! Die Maske des Korrekturpinsels (rot) ist immer vorhanden und lässt sich nicht abschalten. Ich kann also die Veränderungen nicht sehen.

! Drücken Sie einfach die Taste [O]. Damit wird die Maske dauerhaft ein- und ausgeblendet. Seit Lightroom 3 ist das übrigens kein Geheimtipp mehr – Sie können auch die Checkbox ÜBERLAGERUNG FÜR AUSGEWÄHLTE MASKE ANZEIGEN unten im Vorschaufenster aktivieren oder deaktivieren. Übrigens: Die Tastenkombination [⇧]+[O] wechselt die Farbe der Maske – mehr zum Umgang mit dem Korrekturpinsel auf Seite 216.

? Ich möchte von mehreren Entwicklungseinstellungen nur eine bestimmte rückgängig machen, ohne alle Schritte rückwärts gehen zu müssen. Ist das möglich?

! Ja, halten Sie die [Alt]/[⌥]-Taste gedrückt, dann erhalten Sie oberhalb der jeweiligen Schieberegler eine ZURÜCKSETZEN-Zeile. Klicken Sie darauf, um nur diese Einstellung zurückzusetzen.

? Ich möchte das Blau des Himmels stärker betonen. Das Ziel ist, einen Eindruck zu erzielen, als ob ein Polfilter verwendet worden wäre. Kann ich das über den Verlaufsfilter oder über ein anderes Tool erreichen?

! Nutzen Sie die HSL-Einstellungen im Entwickeln-Modul, um für die Blau-Töne die Luminanz abzusenken. Das entspricht ziemlich genau dem Look eines Polfilters. Im Workshop »Polfilter und Co« auf Seite 200 sehen Sie die HSL-Einstellungen im Praxiseinsatz.

? Kann ich in den Grundeinstellungen auch nur einen einzigen Regler auf die Automatik beziehungsweise die Standardeinstellung zurückstellen?

! Ja, halten Sie die [Alt]/[⌥]-Taste gedrückt und klicken Sie doppelt auf den Namen des Reglers.

? Ich habe viele verschiedene Korrekturen durchgeführt und möchte jetzt sehen, wie sich eine bestimmte auswirkt. Kann ich auch nur Teile der Entwicklung ausblenden?

! Ja, in der oberen Leiste jeder Bildanpassung gibt es einen kleinen Kippschalter. Mit seiner Hilfe können Sie nur diese Anpassung deaktivieren.

? Wenn ich direkt im Bild mit dem kleinen Kreis-Werkzeug arbeite, sehe ich das Popup-Menü für die Vergleichsansichten nicht mehr. Die Werkzeugleiste ist fast leer bis auf einen »Fertig«-Knopf. Wie kann ich mit dem Werkzeug arbeiten und trotzdem die Vergleichsansicht anschalten?

! Das ist richtig, in der Werkzeugleiste werden dann nur die Optionen des Werkzeugs für selektive Anpassungen angezeigt. Sie können die Vergleichsansicht aber auch mit der Taste [Y] aktivieren und deaktivieren und mit der Tastenkombination [⇧]+[Y] auf die geteilte Ansicht wechseln.

? An das Verlaufswerkzeug kann ich mich schwer gewöhnen, weil die Korrektur so abrupt startet. Kann das Werkzeug auch feiner arbeiten?

! Zunächst einmal kann es das natürlich durch feinere Einstellungen. Aber ein Trick noch dazu: Drücken Sie beim Aufziehen des Verlaufs die `Alt`/`⌥`-Taste. Dann ist Ihr Startpunkt der Mittelpunkt des Verlaufs. An dieser Stelle wird dann nur noch eine Korrektur von 50 % aufgetragen und der Verlauf wirkt sanfter.

? Kann man den Werkzeugdurchmesser der Bereichsreparatur oder des Korrekturpinsels nur über den Schieberegler verändern oder geht das auch über einen Shortcut?

! Nutzen Sie die Komma-Taste `,`, um den Durchmesser ohne Schieberegler zu verkleinern und die Punkt-Taste `.`, um ihn zu vergrößern. Den Durchmesser des Bereichsreparaturpinsels können Sie übrigens auch nachträglich ändern – mehr dazu auf Seite 206.

? Die Bearbeitungspunkte für den Verlaufsfilter oder den Korrekturpinsel stören bei einer aufwendigen Bearbeitung die Bildbeurteilung. Kann ich alle bis auf den aktiven Bearbeitungspunkt ausblenden?

! Ja, über das Popup-Menü in der Werkzeugleiste. Die Option Gewählt lässt immer nur den aktiven Bearbeitungspunkt eingeblendet. Weitere nützliche Shortcuts: Über die Taste `H` blenden Sie alle Punkte pauschal aus und ein erneutes Drücken der Taste `H` aktiviert die Auto-Einblendung. Sobald Sie mit der Maus das Vorschaubild verlassen, sind die Punkte unsichtbar. Die Tastenkombination `⇧`+`Strg`/`⌘`+`H` blendet alle Punkte wieder dauerhaft ein.

? Ich arbeite oft mit dem Korrekturpinsel, aber meistens ohne automatische Maskierung. Wie kann ich schnell zwischen der Pinsel- und der Löschen-Option hin- und herspringen?

! Halten Sie die `Alt`/`⌥`-Taste gedrückt, um temporär auf die Löschen-Option zu wechseln. Mit der `<`-Taste können Sie zwischen der A- und B-Einstellung des Pinsels wechseln. Übrigens: Wenn Sie die Fluss-Einstellung während des Arbeitens schnell verändern wollen, drücken Sie einfach die Ziffertasten von `1` – `0`, dann springt die Fluss-Einstellung in Zehner-Schritten.

? Sowohl das Gerade-Ausrichten-Werkzeug mit dem dazugehörigen Regler als auch die Drehung in den Objektivkorrekturen richtet das Bild aus. Gibt es einen Unterschied in den Funktionen?

! Ja, das Gerade-Ausrichten-Werkzeug dreht das Bild im Falle einer bereits erfolgten Formatfreistellung immer zum Mittelpunkt des aktuellen Formats. Die Drehen-Funktion in den Objektivkorrekturen arbeitet immer relativ zum ursprünglichen Mittelpunkt und eignet sich daher besser für optische Korrekturen der Perspektive.

Die Bildanpassungen

Obere Werkzeugleiste

Freistellen und gerade ausrichten: Hier stehen Ihnen zwei Werkzeuge zur Verfügung. Mit dem Freistellungswerkzeug ❶ legen Sie einen neuen Ausschnitt für das Bild fest. Die Originalproportionen oder eigene Seitenverhältnisse können per Klick auf das Schloss ❹ fixiert werden. Mit dem Gerade-Ausrichten-Werkzeug ❷ können Sie die Horizontlinie im Bild nachziehen, damit diese ausgerichtet wird. Die erfolgte Rotation ❺ wird im Fenster angezeigt. Die Option Auf Verkrümmen beschränken ❸ reduziert bei einer Verzerrung durch die Objektivkorrektur den Ausschnitt auf vorhandene Bildpixel.

Bereichsreparatur: Mit der Option Kop.stempel ❻ können Sie Bildbereiche exakt kopieren, die Option Repar.(ieren) ❼ passt die kopierten Bereiche in Helligkeit und Farbe der Umgebung an. Die Grösse ❽ des Reparaturbereichs passen Sie über den Schieberegler, die Tasten [,] und [.] oder später direkt im Bild an. Auch die Deckkraft ❾ kann später noch verändert werden.

Rote-Augen-Korrektur: Dieses Werkzeug ist eigentlich auch ohne den Text ❿ selbsterklärend.

Verlaufswerkzeug: Mit diesem Werkzeug tragen Sie eine kombinierte Entwicklungseinstellung über einen Verlauf partiell auf das Bild auf. Mit einem Klick auf das Symbol ⓫ wählen Sie über einen Farbwähler eine überlagernde Farbe aus.

Korrekturpinsel: Wie mit dem Verlaufswerkzeug können Sie hier Entwicklungen partiell mit dem Pinsel auftragen. Die Pinselgröße ⓱ steuern Sie per Schieberegler oder die Tasten [,] und [.]. Die Weiche Kante ⓲ blendet die Korrektur zum Rand hin aus und der Fluss ⓳ trägt nur einen Prozentsatz der Korrekturen auf. Über die Zifferntasten [1] – [0] springen Sie während der Arbeit in Zehnerschritten. Die Dichte ㉓ gibt eine maximale Stärke der Korrektur in Prozent an. Durch die Option

AUTOMATISCH MASKIEREN ⑳ werden nur ähnliche Bildbereiche korrigiert. Mit A und B ⑮ stehen Ihnen zwei Pinselvorgaben zur Verfügung, zwischen denen Sie per Klick oder über die Taste ⌈<⌉ wechseln können. LÖSCHEN ⑯ ist die dritte Pinselvorgabe, mit der Sie Korrekturbereiche wieder ausradieren. Mit der ⌈Alt⌉/⌈⌥⌉-Taste wechseln Sie temporär auf die LÖSCHEN-Option.

Optionen für Verlaufswerkzeug und Korrekturpinsel: Mit einem Klick auf NEU ⑬ erstellen Sie eine neue Korrektur. Die Einstellungen setzen Sie bei gedrückter ⌈Alt⌉/⌈⌥⌉-Taste mit einem Klick auf MASKIEREN (ZURÜCKSETZEN) ⑫ zurück. Klicken Sie auf das Dreieck ⑭ um den Gesamtbetrag des Korrekturumfangs zu verändern.

Alle Werkzeuge werden durch die ⌈↵⌉-Taste, einen erneuten Klick auf das Werkzeugsymbol oder einen Klick auf SCHLIESSEN ㉔ bestätigt. Über den kleinen Kippschalter ㉑ können Sie die Korrektur temporär ausschalten. Ein Klick auf ZURÜCKSETZEN ㉒ löscht die gesamte Korrektur.

Grundeinstellungen

❷ **Farbbehandlung:** Ein einfacher Klick wechselt zwischen der Farb- und der Schwarzweißumsetzung ❺.

❸ **Weißabgleich:** Aus dem Popup-Menü ❻ können Sie vordefinierte Weißabgleichsvorgaben wählen oder Sie nutzen das Pipettenwerkzeug ❹, um eine bestimmte Bildstelle zu neutralisieren. Mit der (Farb-)TEMPERATUR und der TÖNUNG ❼ können Sie manuell nachsteuern.

❽ **Belichtungskorrekturen:** Die Korrekturbereiche der vier Regler lassen sich im HISTOGRAMM ❶ erkennen und auch steuern. Halten Sie beim Betätigen des BELICHTUNG-, WIEDERHERSTELLUNG- oder SCHWARZ-Reglers die ⌈Alt⌉/⌈⌥⌉-Taste gedrückt, um eventuell beschnittene Bildbereiche zu erkennen.

❾ **Mitteltöne bearbeiten:** Nutzen Sie den HELLIGKEIT-Regler zur Aufhellung der Mitteltöne, ohne die Lichter weiter anzuheben. Den Kontrast der Mitteltöne können Sie besser über die Gradationskurven steuern.

❿ **Präsenz:** Nutzen Sie den KLARHEIT-Regler für eine Verstärkung des Detailkontrasts in den Tiefen und Lichtern. Die DYNAMIK entspricht einer differenzierten Sättigungskorrektur, die eine Übersättigung vermeidet.

Kapitel 5 | Motivgerechte Entwicklung 193

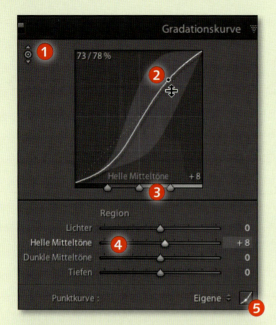

Gradationskurven

Parametrische Gradationskurve: Die traditionelle Gradationskurve von Lightroom ist direkt verknüpft mit der Reglersteuerung ❹ für vier Tonwertbereiche. Sie können aber auch die Kurve mit der Maus bewegen, beides bedingt sich gegenseitig. Im Histogramm wird der maximale Korrekturbereich hell hervorgehoben ❷.

Es wird jeweils einer der Tonwertbereiche schwerpunktmäßig korrigiert, die Korrektur wirkt sich aber auch in den danebenliegenden Bereichen aus. Die Wirkungszone der einzelnen Bereich können Sie über Schieberegler ❸ vergrößern oder verkleinern. Über ein kleines Symbol ❺ wechseln Sie auf die Punktkurve.

Beide Gradationskurven können über das Werkzeug für selektive Anpassungen ❶ direkt im Bild gesteuert werden.

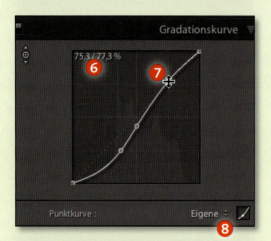

Punktkurve: Die Punktkurve hat weder Regler, noch festgelegte Tonwertbereiche, noch maximale Korrekturbereiche. Sie korrigieren die Tonwerte über frei gesetzte und frei verschiebbare Punkte ❼ auf der Kurve. Die Veränderung der Tonwerte ❻ wird Ihnen im Fenster angezeigt.

Aus dem Popup-Menü ❽ können Standardkurven als Basis gewählt werden.

HSL/Farbe/SW

Schwarzweißumwandlung: Starten sie eine Schwarzweißumwandlung durch einen Klick auf S/W ❾. Mit den Schiebereglern bestimmen Sie, welche Farbbereiche in helleren oder dunkleren Graustufen abgebildet werden sollen. Dies können Sie auch mit dem Werkzeug für selektive Anpassungen ❿ direkt im Bild und für mehrere Farbsegmente gleichzeitig steuern. Über die Option Autom.(atisch) ⓫ kehren Sie zur Standardumsetzung zurück.

❿ **HSL-Steuerungen:** Wählen Sie in der oberen Zeile ⓭, ob Sie den Farbton (Hue), die Sättigung oder die Luminanz einzelner Farbsegmente steuern wollen. Ein Klick auf Alle blendet die drei Steuerungen gleichzeitig ein. Die Schieberegler zeigen Ihnen durch den Farbbalken die Richtung der Veränderung an. Das Werkzeug für selektive Anpassungen ⓲ nimmt die Steuerungen direkt im Bild vor und kann auch mehrere Farbsegmente gleichzeitig steuern ⓳. Halten Sie die ⌥/Alt-Taste gedrückt, um Zugriff auf die Option Zurücksetzen ⓱ zu erhalten. Sie können auch nur einen der drei Teilbereiche zurücksetzen.

⓮ **Farbe:** Wählen Sie aus den Farb-Icons ⓰ den gewünschten Farbbereich aus, um ihn in Farbton, Sättigung und Luminanz zu bearbeiten. Ein Klick auf Alle ⓯ blendet die Bearbeitungsregler für alle Farbbereiche ein.

Die Farbe der Regler gibt Ihnen die Korrekturrichtungen an. Ein Werkzeug zur Anpassung direkt im Bild steht Ihnen hier nicht zur Verfügung.

⓴ **Teiltonung:** Nicht nur Schwarzweißbilder können Sie tonen. Geben Sie die gewünschte Tonungsfarbe über den Farbton an und steuern Sie die Farbintensität über die Sättigung. Lichter und Schatten können Sie unabhängig voneinander steuern – über den Abgleich ㉑ bestimmen Sie die Zugehörigkeit der Tonwerte zur Lichter- oder Schatteneinstellung.

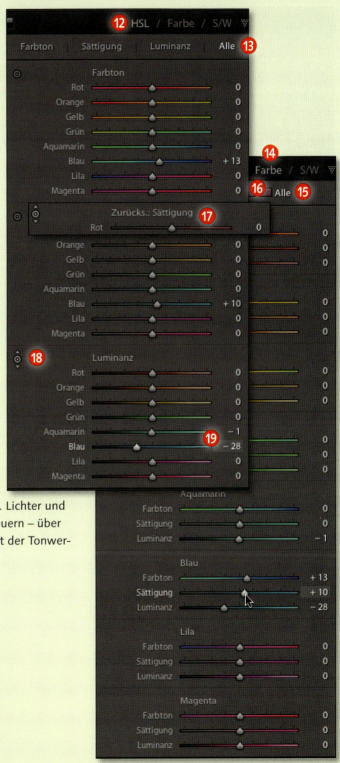

Kapitel 5 | Motivgerechte Entwicklung

Objektivkorrekturen

❶ **Profil:** Im Bereich PROFIL können Sie die automatischen Objektivkorrekturen aktivieren ❷, die auf einem Korrekturprofil ❹ für das Objektiv basieren. Durch Kombination mit dem Kameramodell ❺ wird die Sensorgröße berücksichtigt. Die Korrektur der drei Bereiche VERZERRUNG, CHROMATISCHE ABERRATION und VIGNETTIERUNG können Sie über Schieberegler ❻ noch verringern oder verstärken. Eigene Einstellungen können im Popup-Menü als Vorgabe ❸ gespeichert werden.

❼ **Manuell:** In den manuellen Objektivkorrekturen können Sie Korrekturen von Verzerrung, chromatischer Aberration und Vignettierung für die Bilder vornehmen, für die kein Korrekturprofil vorliegt. Die OBJEKTIV-VIGNETTIERUNG ❿ steuern Sie über den BETRAG und den Abstand zum MITTELPUNKT. Die chromatische Aberration ⓫ behandelt unabhängig die ROT/CYAN und die BLAU/GELB-Verschiebung. Über die Option RAND ENTFERNEN können Farbsäume pauschal entfernt werden.

Außerdem können im Bereich TRANSFORMIEREN ❽ Perspektivfehler wie stürzende Linien über eine vertikale oder horizontale Perspektivkorrektur und ein schiefer Horizont über eine Drehung korrigiert werden.

Dadurch entstehende Verzerrungen des rechteckigen Bildformats korrigieren Sie über eine individuelle Skalierung des Bildes oder die Option ZUSCHNITT BESCHRÄNKEN ❾.

Kamerakalibrierung

❿ Prozess: Seit Lightroom 3 werden alle Bilder mit der Prozessversion 2010 entwickelt. Bereits im Katalog enthaltene Bilder können über das Popup-Menü aktualisiert werden.
⓭ Profil: Ein kameraspezifisches Profil bestimmt die Erstentwicklung einer RAW-Datei. Wählen Sie dieses motivbezogen. CAMERA STANDARD entspricht der JPEG-Umsetzung. Eigene Kameraprofile werden über den *DNG Profile Editor* erstellt.
⓮ Kalibrierung: Durchgängige Farbabweichungen können Sie durch Steuerung der Primärfarben in SÄTTIGUNG und FARBTON korrigieren ⓯. Mit gedrückter [Alt]/[⌥]-Taste speichern Sie die Kalibrierung als neuen Kamerastandard ⓰.

Details

⓲ Schärfen: Führen Sie eine Scharfzeichnung am besten in der 1:1-Ansicht durch. Ein Warnzeichen ⓱ weist Sie darauf hin und lässt Sie gleichzeitig per Klick diese Ansicht einstellen. Der BETRAG definiert die Stärke der Scharfzeichnung, der RADIUS die Reichweite. DETAILS können über einen eigenen Regler verstärkt werden. Der MASKIEREN-Regler schützt Flächen vor der Scharfzeichnung.
⓳ Rauschreduzierung: Die wichtigste Rauschreduzierung nehmen Sie mit dem Regler FARBE vor. Das zusätzliche Luminanzrauschen hat einen eigenen Regler, den Sie aber nur vorsichtig einsetzen sollten. Detailverluste durch die Rauschreduzierung werden durch den DETAILS-Regler reduziert. Der KONTRAST-Regler verstärkt zusätzlich den eventuell verlorengegangenen Luminanzkontrast.

Effekte

⓴ Vignettierung: Über diese Einstellung bauen Sie eine künstliche Vignette auf. Über ein Popup-Menü können Sie den Stil der Vignette auswählen und diese dann in BETRAG, Abstand zum MITTELPUNKT, RUNDHEIT und WEICHER KANTE steuern. Die Lichtersteuerung steht Ihnen nur für dunkle Vignettierungen zur Verfügung und erhöht dort die Lichtdetails.
㉑ Körnung: Über diesen Effekt bauen Sie eine künstliche Filmkörnung auf. Die Stärke und Größe des Korns wird über Schieberegler definiert. Die UNREGELMÄSSIGKEIT variiert die Streuung der Details.

Weniger ist mehr

Dynamik steigern statt Sättigung anheben

Die Farbsättigung anzuheben gehört zu den Standardkorrekturen. Oft sieht aber eine gleichmäßige Anhebung der Bildsättigung schnell unnatürlich aus. Der DYNAMIK-Regler wird wegen seiner seltsamen Benennung selten für diese Aufgabe in Betracht gezogen, ist aber eine echte Alternative, denn er steigert die Farbsättigung nicht linear, sondern proportional, und schützt so zarte Töne vor der Übersättigung. Einen Vergleich der beiden Funktionen – und nebenbei ein paar Tricks zum Vorher-nachher-Vergleich – sehen Sie hier.

Zielsetzungen:
Farbsättigung anheben
Übersättigung vermeiden
[Dynamik.CR2]

Foto: Maike Jarsetz

1 Satt, satter, übersättigt

Öffnen Sie die GRUNDEINSTELLUNGEN und starten Sie erst zunächst mit dem Regler SÄTTIGUNG ❶ und einem Korrekturwert von circa 50. Sie sehen, dass es sehr schnell zu einer unnatürlichen Übersättigung kommen kann, die dafür sorgt, dass Bilddetails verlorengehen. Auch nahezu neutrale Farbbereiche – wie die Häuserwand im Hintergrund – werden in der Sättigung zu stark angehoben.

2 Vergleich vorbereiten

Aktivieren Sie in der Werkzeugleiste über das Popup-Menü ❷ den Vorher-nachher-Vergleich. Gleich danach tauschen Sie die Vorher- und Nachher-Ansicht über das entsprechende Symbol in der Werkzeugleiste ❸. Das korrigierte Bild steht jetzt als Referenz links und auf der rechten Seite wartet das unkorrigierte Bild auf eine alternative Behandlung. Dieses wird im nächsten Schritt weiterbearbeitet. Die Sättigungswerte sind schon wieder auf 0 gesetzt worden.

3 Dynamik im Vergleich

Nutzen Sie jetzt den DYNAMIK-Regler. Auch mit hohen Werten über 50 arbeitet dieser deutlich differenzierter.

Klicken Sie auf eines der Vergleichsbilder, um in die 1:1-Ansicht zu zoomen. Links sehen Sie die traditionelle Sättigungskorrektur, die dazu führt, dass zartere Farben übersättigt werden ❹. Der Regler DYNAMIK behandelt diese Zone deutlich sanfter und kann trotzdem die dominanten Farben in gleicher Stärke intensivieren ❺.

Kapitel 5 | Motivgerechte Entwicklung

Polfilter und Co.

Motivfarben mit der HSL-Steuerung herausarbeiten

Ob nun der bekannte Polfilter oder ein bestimmtes Filmmaterial: Jeder passionierte Analogfotograf hatte seine Vorlieben und Techniken, um aus den Motivfarben noch ein bisschen mehr herauszukitzeln. Die HSL-Steuerung ist in der digitalen Nachbearbeitung der Profi für diese Aufgaben, denn hier können Sie nicht nur die Sättigung einzelner Farbsegmente unabhängig voneinander steuern, sondern auch den FARBTON und die LUMINANZ. Dann sieht das Himmelsblau auch schnell wieder aus, wie mit dem Polfilter verstärkt.

Zielsetzungen:
- Himmel abdunkeln
- Himmelsblau intensivieren
- Blattgrün aufhellen
- Grün-Farbton verändern
- Farbsättigung selektiv erhöhen

[Ronda.CR2]

Foto: Maike Jarsetz

1 Die HSL-Steuerungen

Blenden Sie die seitliche Palette über einen Klick auf den Pfeil in der Seitenleiste ❶ aus, um den Raum für die Bildbeurteilung zu vergrößern.

Öffnen Sie dann die HSL-Steuerungen ❷. Sie erkennen in der zweiten Zeile der Palette die Bereiche FARBTON, SÄTTIGUNG und LUMINANZ ❸, die Sie gleich nacheinander nutzen werden.

2 Farbluminanz verändern

Beginnen Sie mit den Luminanzsteuerungen. Klicken Sie auf LUMINANZ ❹, um die entsprechenden Regler einzublenden.

Um den Himmel abzudunkeln, müssen Sie – je nach Himmelston – entweder den Luminanzwert der AQUAMARIN- und/oder der BLAU-Töne verringern.

Der erste Versuch mit einer Abdunklung der AQUAMARIN-Töne ist noch nicht so erfolgreich.

3 Bildfarben steuern

Sie können die Auswahl des richtigen Farbsegments auch abkürzen. Klicken Sie auf den unscheinbaren kleinen Knopf ❻ links oben in der Palette. Dieser aktiviert das Werkzeug für selektive Anpassungen, mit dem Sie die Farben direkt im Bild steuern können. Klicken Sie dazu einfach auf das Himmelsblau und ziehen Sie mit gedrückter Maustaste nach unten ❺, um den Luminanzwert abzusenken. Dies geschieht dann genau für die Farbbereiche, die im Motiv vorliegen – hier in erster Linie im Blau und zu einem kleinen Teil noch im Aquamarin.

Kapitel 5 | Motivgerechte Entwicklung **201**

4 Blattgrün aufhellen

Genauer sehen Sie die Wirkungsweise dieses Werkzeugs, wenn Sie damit das Blattgrün aufhellen.

Klicken Sie auf einen deutlich grünen Bildbereich wie etwa einen Busch und ziehen Sie diesmal den Regler nach oben ❼, um den Luminanzwert zu erhöhen.

An den Schiebereglern erkennen Sie, dass der grüne und gelbe Farbbereich dabei fast gleichwertig korrigiert wird.

5 Der Polfiltereffekt

Klicken Sie jetzt in der oberen Zeile auf Sättigung ❽, um den Himmel damit zu optimieren. Der klassische Polfilter blockt einen Bereich des UV-Lichts, das Himmelsblau wird so klarer und weniger dunstig.

Deshalb sollten Sie jetzt zusätzlich zur Abdunklung den Himmel noch satter machen. Benutzen Sie dazu weiterhin das Werkzeug – es leistet in diesem Farbbereich gute Dienste – und ziehen Sie es diesmal nach oben, um die Sättigung der Blau-Töne ❾ zu erhöhen.

6 Farben selektiv steuern

Auch das Blattgrün kann noch mehr Sättigung vertragen. Allerdings sollen nicht auch die Gelb-Töne angehoben werden, um die Felsen nicht unnatürlich erscheinen zu lassen.

Nutzen Sie deshalb direkt den Schieberegler für den grünen Farbbereich ❿.

7 Vorher und Nachher

Zwischendurch sollten Sie den Fortschritt Ihrer Korrektur mit dem Ausgangsbild vergleichen.

Über die Taste [Y] blenden Sie die Vergleichsansicht ein. Wenn Sie zusätzlich die [⇧]-Taste gedrückt halten, sehen Sie gleich die geteilte Vergleichsansicht ⓫.

8 Farbton verändern

Machen Sie das Grün noch etwas frischer. Dazu können Sie den FARBTON ⓬ nutzen. Mit einem Klick wechseln Sie in den so benannten Bearbeitungsbereich.

Nutzen Sie auch hier den Schieberegler, um nur die GRÜN-Töne zu bearbeiten. Die Farbskala am Regler zeigt Ihnen an, in welche Richtung Sie die Farbe verändern können. Eine Verschiebung nach rechts korrigiert das Grün in den kühleren, aquamarinen Bereich ⓭.

9 Gesamtkorrektur abgleichen

Verschaffen Sie sich am Schluss noch einen Überblick über die gesamte Korrektur und steuern Sie eventuell noch etwas nach.

Klicken Sie auf ALLE ⓯, um eine kombinierte Ansicht aller Korrekturen einzublenden.

Um das Werkzeug zur selektiven Anpassung zu deaktivieren, klicken Sie noch einmal auf das Symbol ⓮ oder unten in der Werkzeugleiste auf FERTIG ⓰.

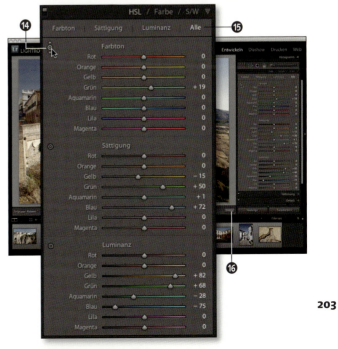

Fleißarbeit

Die Retuschemöglichkeiten mit der Bereichsreparatur

Für Photoshop-Anwender ist die Reparatur kleiner Macken und Makel kein Problem, denn dafür stehen ausreichend Werkzeuge und Techniken zur Verfügung. Lightroom hat die zwei wichtigsten davon übernommen: den Kopierstempel und den Reparaturpinsel. Beide vereinen sich im Werkzeug BEREICHSREPARATUR, das zusätzlich durch DECKKRAFT-Einstellungen zu steuern ist.

Zielsetzung:
Kleine Macken retuschieren
[Details.CR2]

1 Die Bereichsreparatur

Für eine Retusche sollten Sie zumeist mindestens in der 1:1-Ansicht arbeiten. Wechseln Sie also mit einem Klick auf die Vorschau oder über den Schieberegler ❸ in der Werkzeugleiste in diese Vergrößerung. Blenden Sie dann noch die linke Arbeitspalette per Klick auf den Pfeil in der linken Seitenleiste ❶ aus, um mehr Platz für die Bildvorschau zu haben.

Öffnen Sie dann die Bereichsreparatur über einen Klick auf das Symbol ❷ in der oberen Werkzeugleiste.

2 Der Reparaturpinsel

In der Bereichsreparatur ❹ steht Ihnen ein Werkzeug mit zwei unterschiedlichen Optionen zur Verfügung: der Kopierstempel ❺ und der Reparaturpinsel ❻. Beide ersetzen den Reparaturbereich mit einem anderen Bildbereich, aber im Gegensatz zum Kopierstempel verrechnet der Reparaturpinsel den kopierten Quellbereich mit der Reparaturstelle, damit er sich fließender einfügt.

Wählen Sie für die ersten Korrekturen den Reparaturpinsel.

3 Reparaturmaßstab einstellen

Je kleiner die Reparaturstelle ist, desto genauer müssen Sie arbeiten und noch weiter in das Bild hineinzoomen. Bewegen Sie die Maus nach links an die ausgeblendete Seitenpalette. Dadurch wird diese temporär wieder eingeblendet. Öffnen Sie den NAVIGATOR per Klick auf das obere Dreieck ❼. Wählen Sie dann aus dem rechten Popup-Menü ❽ einen größeren Abbildungsmaßstab. Sobald Sie die Maus wieder in die Mitte des Arbeitsfensters bewegen, wird die Palette wieder ausgeblendet.

Kapitel 5 | Motivgerechte Entwicklung

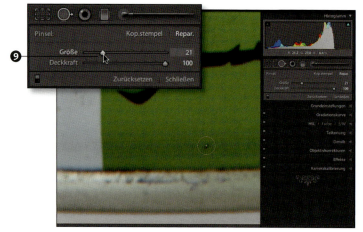

4 Werkzeuggröße einstellen

Mit dem Schieberegler GRÖSSE ❾ passen Sie den Werkzeugdurchmesser an die Reparaturstelle an.

Sie können den Durchmesser auch direkt über der Reparaturstelle anpassen. Mit der ⏎-Taste verkleinern Sie den Durchmesser und mit der ⏎-Taste vergrößern Sie den Bereich schrittweise.

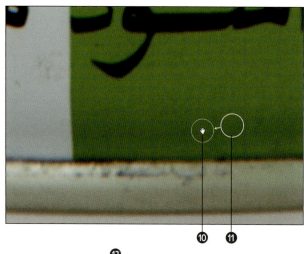

5 Reparatur per Klick

Zur Reparatur einer Bildstelle klicken Sie einfach nur mit dem angepassten Durchmesser ❿ darauf.

Lightroom wählt dann einen Quellbereich ⓫ für die Reparatur aus, der den gleichen Durchmesser hat. Der Quellbereich überlagert den Reparaturbereich und passt sich in Farbe und Tonwert an die Umgebung an.

So können Sie Klick für Klick alle kleinen Macken und Reparaturbereiche des Bildes abarbeiten.

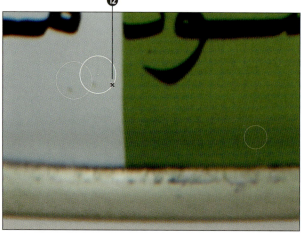

6 Reparaturbereich vergrößern

Falls Sie auf größere Reparaturstellen treffen, müssen Sie die Werkzeuggröße anpassen. Das geht allerdings auch nachträglich, denn wie alle anderen Korrekturen und Anpassungen ist die Bereichsreparatur nicht-destruktiv und kann jederzeit überarbeitet werden.

Am Rand des Werkzeugkreises entsteht ein Skalierungspfeil ⓬. Mit gedrückter Maustaste können Sie jetzt den Durchmesser skalieren.

7 Kopierquelle verschieben

Nicht immer wählt Lightroom einen idealen Quellbereich für die Reparatur. Aber natürlich können Sie den Quellbereich – genauso wie die Reparaturstelle – immer noch mit der Maus bewegen.

Das Reparaturergebnis wird dann neu berechnet.

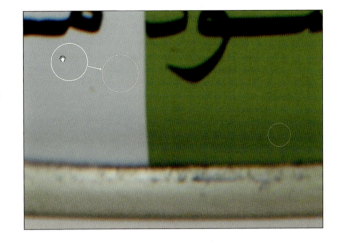

8 Strukturierte Bereiche kopieren

Strukturierte Bereiche sehen nach der Arbeit mit dem Reparaturpinsel oft unnatürlich fleckig aus. Das liegt unter anderen an der eigenmächtigen Überlagerung in bestehende Bildbereiche, die am Rand sehr leicht schmutzig erscheint.

Wechseln Sie in diesem Fall mit einem Klick auf die KOPIERSTEMPEL-Option, diese kopiert die Bildpixel ohne weitere Bearbeitung und das Ergebnis sieht manchmal realistischer aus.

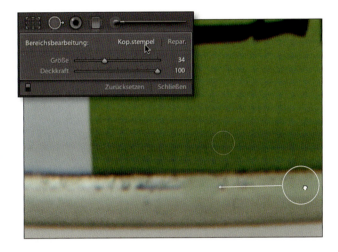

9 Deckkraft variieren

Der kopierte Bereich passt sich in Farbe und Helligkeit meist nie genau an, deshalb müssen Sie einen Kompromiss wählen: Verändern Sie die Deckkraft des kopierten Bereichs, bis er sich gut in die Umgebung einfügt und setzen Sie dann mehrere Reparaturbereiche übereinander, die sich überlagern.

Übrigens: Um alle kreisförmigen Überlagerungen kurzfristig auszublenden, drücken Sie die Taste H oder nutzen Sie das Popup-Menü in der Werkzeugleiste ⓑ.

Kapitel 5 | Motivgerechte Entwicklung

Den Verlaufsfilter einsetzen
Motivteile unterschiedlich steuern

Lightroom vereint in seinen Entwicklungswerkzeugen eine Menge Ansätze, die auf analogen Labor- oder Aufnahmetechniken beruhen. Dazu gehört auch der Verlaufsfilter. Dieser ist als Software-Werkzeug natürlich deutlich flexibler als ein Hardware-Objektivvorsatz: Sie können verschiedenste Entwicklungseinstellungen kombinieren und diese in jeder Richtung und Ausdehnung auftragen. Und natürlich können Sie auch jedes Detail nachträglich justieren.

Zielsetzungen:
Himmel abdunkeln, farblich intensivieren und im Kontrast verstärken
Vordergrundfarbe verstärken
Details hervorholen
[Verlauf.CR2]

Foto: Maike Jarsetz

1 Erste Entwicklungsarbeit
Nehmen Sie im ersten Schritt die Belichtungs- und Tonwertkorrekturen des Bildes in den GRUNDEINSTELLUNGEN vor.

Hier wurde die BELICHTUNG um circa 1/3 Blenden erhöht, der SCHWARZ-Wert wegen kritischer Tiefen abgesenkt und gleichzeitig die Schatten durch das AUFHELLLICHT angehoben. Zum Schluss wurden der Detailkontrast über den Regler KLARHEIT angehoben und die Farben leicht über den DYNAMIK-Regler intensiviert.

2 Der Verlaufsfilter
Wählen Sie den Verlaufsfilter ❶ aus der oberen Werkzeugpalette.

Darunter klappt ein Satz von Einstellungen auf, mit dem Sie jetzt partielle Entwicklungseinstellungen per Verlauf auftragen können – zusätzlich zu den schon ausgeführten Anpassungen aus Schritt 1.

3 Gute Startbedingungen
Das Verlaufswerkzeug behält immer die zuletzt angewendeten Einstellungen in den Reglern. Um diese auf Null zurückzusetzen, halten Sie die [Alt]/[⌥]-Taste gedrückt – so verwandelt sich der Effekt-Schriftzug zu ZURÜCKSETZEN ❷. Ein Klick und alle Einstellungen sind wieder auf Null.

Prüfen Sie außerdem in der unteren Werkzeugleiste, ob im Popup-Menü BEARBEITUNGSPUNKTE ANZEIGEN die Option IMMER ausgewählt ist. Sonst könnten Sie am Anfang leicht den Überblick verlieren.

Kapitel 5 | Motivgerechte Entwicklung

Filter vordefinieren

4 Jetzt werden Sie erste Einstellungen für den Verlaufsfilter festlegen. Diese dienen zunächst nur dazu, den Wirkungsbereich des Verlaufs zu erkennen.

Um die Dramatik des Himmels zu verstärken, verringern Sie die BELICHTUNG und erhöhen Sie den KONTRAST über die Schieberegler. Auch die SÄTTIGUNG können Sie schon verstärken. Mit diesen Einstellungen ziehen Sie den Verlaufsfilter von oben nach unten über den Himmel.

Einstellungen justieren

5 Der Verlauf ist jetzt grob aufgetragen. Am oberen Ende wirken die Einstellungen zu 100 % ❸ in der Mitte zu 50 % ❹ und laufen zum Ende hin aus ❺.

Jetzt können Sie die Wirkung auf den Himmel erst genau beurteilen und die Einstellungen für das Bild justieren. Verwenden Sie zum Beispiel zusätzlich den Regler KLARHEIT, um den Detailkontrast zu korrigieren, oder verstärken Sie die vordefinierten Einstellungen für BELICHTUNG und KONTRAST.

Verlauf perfektionieren

6 Nicht nur die Einstellungen des Verlaufsfilters können Sie nachträglich ändern, sondern auch die Richtung und die Ausbreitung.

Klicken Sie auf den Anfangs- oder Endpunkt eines Verlaufs ❽, um ihn mit gedrückter Maustaste auseinander- oder zusammenzuziehen. Platzieren Sie den Mauszeiger auf der Mittellinie, um den Winkel des Verlaufs mit der Maus zu ändern ❼.

7 Die nächste Korrektur

Im nächsten Schritt soll der Motiv-Vordergrund deutlich stärker gesättigt und etwas aufgehellt werden.

Um einen weiteren Verlaufsfilter anzulegen, klicken Sie zunächst auf NEU ❿. Dann klicken Sie wieder mit gedrückter [Alt]/[⌥]-Taste auf ZURÜCKSETZEN ❾, um eine neue Kombination von Bildeinstellungen für den zweiten Filter aufzubauen.

8 Vordergrund bearbeiten

Erhöhen Sie zunächst den Detailkontrast über den KLARHEIT-Regler und erhöhen Sie sowohl die SÄTTIGUNG als auch leicht die HELLIGKEIT. Ziehen Sie den Verlauf diesmal von links unten diagonal auf. Auch diesen Filter können Sie natürlich noch justieren.

Übrigens: Wenn Sie alle Korrekturen proportional verringern oder verstärken wollen, klicken Sie auf das Dreieck ⓫ rechts oberhalb der Einstellungen. Danach können Sie den BETRAG ⓬, also die gemeinsame Stärke der Einstellungen, verändern.

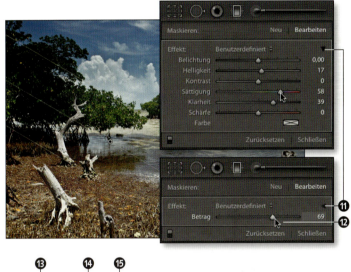

9 Verlaufsfilter bearbeiten

Auf Ihre einmal angelegten Verlaufsfilter haben Sie jederzeit Zugriff: Sobald Sie wieder auf das Verlaufsfilterwerkzeug klicken, zeigen sich die Bearbeitungspunkte ⓭ als Mittelpunkt des Verlaufs. Aktivieren Sie den Punkt, den Sie bearbeiten wollen, einfach durch einen Klick ⓮. Wollen Sie einen Verlauf löschen, dann aktivieren Sie ihn einfach und drücken die [Entf]-Taste ⓯.

Wenn Sie die Wirkung des Verlaufsfilters nur temporär ausblenden wollen, betätigen Sie den Kippschalter ⓰.

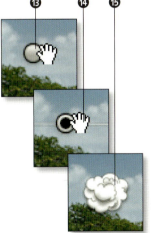

Kapitel 5 | Motivgerechte Entwicklung

Lokale Naturereignisse
Bildbereiche partiell entwickeln

Lokale Anpassungen sind nicht nur über den Verlaufsfilter möglich – auch der Korrekturpinsel kann kombinierte Entwicklungseinstellungen auf ausgesuchte Bildbereiche anwenden. Diese wählen Sie nicht – wie Sie es vielleicht aus Photoshop kennen – vorher aus, sondern Sie tragen die Korrekturen direkt mit dem Pinsel auf. Die Genauigkeit garantiert dabei eine intelligente Maskierungsoption.

Zielsetzungen:
Himmelskontrast ausarbeiten
Kühle Farbstimmung
Warmes Licht im Vordergrund
Detailkontrast verstärken
Abgrenzung der Korrekturen
[Lokalkorrektur.CR2]

Foto: Maike Jarsetz

1 Vorbereitung

In diesem Motiv sollen Vorder- und Hintergrund gegenläufig entwickelt werden. Während der Kontrast des Hintergrunds stark gesteigert werden soll, soll das sanfte, fast schattenlose Licht im Vordergrund erhalten bleiben.

In den GRUNDEINSTELLUNGEN nehmen Sie deshalb am Anfang nur eine leichte Belichtungskorrektur vor und eine weitere Aufhellung der Mitteltöne über den Regler HELLIGKEIT.

2 Der Korrekturpinsel

Wählen Sie den Korrekturpinsel ❷ aus der oberen Werkzeugpalette. Setzen Sie eventuelle Einstellungen aus früheren Korrekturen zurück, indem Sie die [Alt]/[⌥]-Taste drücken und auf das erscheinende ZURÜCKSETZEN ❶ klicken.

Bereiten Sie danach mit den Schiebereglern im unteren Bereich ❸ die Optionen des Korrekturpinsels vor.

3 Mit der GRÖSSE – erkennbar durch den inneren Kreis ❽ – geben Sie einen Wirkungsbereich der Korrektur von 100 % vor. An der WEICHEN KANTE lässt die Wirkung zum Rand hin – dem äußeren Kreis ❼ – nach.

Durch den FLUSS ❹ können Sie die Wirkung stückweise auftragen. Die DICHTE ❻ gibt den maximalen Wirkungsgrad an. Wählen Sie für beide Optionen in diesem Fall 100 %. Aktivieren Sie die Option AUTOMATISCH MASKIEREN ❺ für eine automatische Kantenerkennung

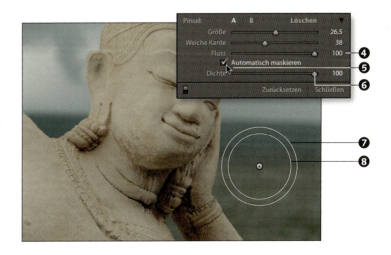

Kapitel 5 | Motivgerechte Entwicklung **213**

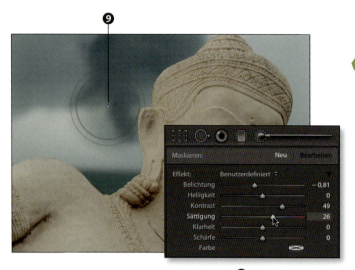

4 Richtung vorgeben

Wählen Sie eine erste Einstellung für den Korrekturpinsel, das Feintuning folgt später. Verringern Sie die BELICHTUNG und heben Sie gleichzeitig den KONTRAST und die SÄTTIGUNG an. Dann malen Sie mit dem Pinsel über den Hintergrund.

Durch die Voreinstellungen sehen Sie sofort, wo die Korrektur aufgetragen wird. Achten Sie darauf, dass die markierte Mitte des Pinsels ❾ nur über den Hintergrund fährt. So macht die automatische Maskierung an der Kante zum helleren Buddha Halt.

5 Feinarbeit

Durch die automatische Maskierung können Sie durchgängig mit einer großen Pinselspitze arbeiten. Sie erweitern so Stück für Stück einen Bearbeitungspunkt.

Falls Sie doch einmal detaillierter arbeiten wollen, zoomen Sie einfach in das Bild hinein. Die optische Pinselgröße ändert sich dabei nicht, wird also relativ zum Bild kleiner.

Alternativ können Sie eine zweite, feste Pinselvorgabe anlegen. Klicken Sie auf B ❿, um ein zweites Vorgabeset anzulegen.

6 Kaltes Licht

Nachdem Sie die erste Korrektur auf den Hintergrund aufgetragen haben, folgt nun etwas Feinarbeit. Korrigieren Sie BELICHTUNG, KONTRAST und SÄTTIGUNG und arbeiten Sie den Himmelskontrast weiter heraus.

Einen Farbtemperatur-Regler gibt es für den Korrekturpinsel leider nicht, aber Sie können einen kühlen Farbton zur Überlagerung nutzen. Klicken Sie auf das Farbfeld ⓫ und wählen Sie einen kühlen, blauen Farbton mit passender SÄTTIGUNG ⓬ aus – die Wirkung können Sie im Vorschaubild beurteilen.

7 Vordergrund bearbeiten

Die Schritte 4–6 können Sie jetzt für den Vordergrund wiederholen. Klicken Sie aber vorher auf NEU ⑭ und danach mit gedrückter ⌥/Alt-Taste auf ZURÜCKSETZEN ⑬, um einen neuen Korrekturpinsel anzulegen. Erhöhen Sie für den Vordergrund nur leicht die HELLIGKEIT, aber arbeiten Sie mit einer starken Einstellung der KLARHEIT, um die Details weiter herauszuarbeiten. Wählen Sie diesmal als Farbe ein warmes Hellgelb und tragen Sie dieses »warme Licht« auf die Buddha-Figur auf.

8 Maskenarbeit

Falls die automatische Maskierung nicht ausreicht, können Sie natürlich weitere Korrekturen vornehmen. Um die Maske kurz einzublenden, bewegen Sie einfach den Mauszeiger auf den Bearbeitungspunkt ⑯. Dauerhaft blenden Sie die Maske über die ⓞ-Taste oder die entsprechende Option ⑰ in der Werkzeugleiste ein.

Aktivieren Sie die LÖSCHEN-Option des Pinsels ⑮ und stellen Sie GRÖSSE, WEICHE KANTE und FLUSS ein, um Fehler zu korrigieren.

9 Korrekturumfang ändern

Wenn die Abstimmung der einzelnen Entwicklungsparameter stimmt, aber der gesamte Korrekturumfang noch variiert werden soll, gibt es dafür zwei Wege: Bewegen Sie Ihren Mauszeiger auf den Bearbeitungspunkt. Es entsteht ein Regler ⑳, den Sie nach links und rechts bewegen können und damit die Stärke der Korrektur steuern.

Alternativ klicken Sie auf das Dreieck ⑱ oberhalb der Einstellungen und verändern den BETRAG der Korrektur über einen Schieberegler ⑲.

Kapitel 5 | Motivgerechte Entwicklung **215**

Porträts finishen

Lokale Korrekturen und Feintuning für die Haut

Die feine Retusche eines Porträts inklusive Weich- und Scharfzeichnung findet traditionell in Photoshop statt. Der Workflow in Lightroom bietet aber durchaus Möglichkeiten, den Großteil dieser Arbeiten auch hier zu erledigen. Durch geschickten Einsatz der Entwicklungswerkzeuge kommen Sie auch in Lightroom im Porträt-Workflow sehr weit.

Zielsetzung:
- Hintergrund abdunkeln
- Augenzone aufklaren
- Haut aufhellen
- Haut weichzeichnen
- Details scharfzeichnen

[Portraetfinish.jpg]

1 Leichte Retusche

Beginnen Sie mit der Retusche kleiner Makel, bevor Sie sich dann an die feinen, lokalen Korrekturen machen. Wählen Sie mit einem Klick die Bereichsreparatur ❶ in der oberen Werkzeugleiste aus, aktivieren Sie die Option REPAR.(ieren), ❷ passen Sie die Größe mit der ⎡.⎤- und ⎡,⎤-Taste auf den jeweiligen Reparaturbereich an und klicken Sie, um die Stellen zu retuschieren.

Mehr zur Bereichsreparatur lesen Sie im Workshop »Fleißarbeit« auf Seite 204.

2 Klarer Hautton

Sorgen Sie mit einer weiteren Kontrastkorrektur dafür, dass der Hautton etwas transparenter wird. Aktivieren Sie die parametrische GRADATIONSKURVE und darin das Werkzeug zur selektiven Anpassung ❸.

Klicken Sie auf einen repräsentativen Hautton und ziehen Sie die Maus nach oben. So erhöhen Sie die Helligkeit in den Hauttönen. Wiederholen Sie dies für einen helleren und einen dunkleren Hautton. Im Arbeitsfenster erkennen Sie parallel, in welchen Tonwertbereichen die Korrektur stattfindet ❹.

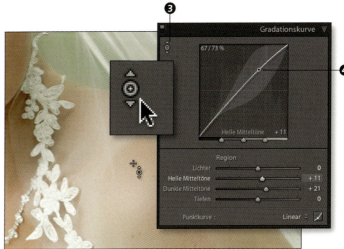

3 Lokale Bearbeitung starten

Aktivieren Sie dann den Korrekturpinsel ❻ und klicken Sie mit gedrückter ⎡Alt⎤/⎡⌥⎤-Taste auf ZURÜCKSETZEN ❺. So sind alle anderen Anpassungen auf »Neutral« gestellt und Sie haben eine gute Ausgangsbasis.

Nun soll der Hintergrund etwas zurückgedrängt werden. Reduzieren Sie SÄTTIGUNG ❽ und HELLIGKEIT ❼ und stellen Sie eine große Pinselspitze mit WEICHER KANTE ❾ und automatischer Maskierung ❿ ein.

Kapitel 5 | Motivgerechte Entwicklung **217**

4 Korrektur justieren

Arbeiten Sie anfangs ruhig mit einer großen Pinselspitze. Die automatische Maskierung sorgt bei diesen klaren Kanten dafür, dass die Korrektur nicht über den Hintergrund hinaus aufgetragen wird.

Blenden Sie das gesamte Bild ein, um die Wirkung des veränderten Hintergrunds zu beurteilen. Passen Sie gegebenenfalls die Einstellungen noch etwas an und ziehen Sie den Kontrast-Regler wieder ein wenig zurück, um den Vordergrund mehr zu betonen.

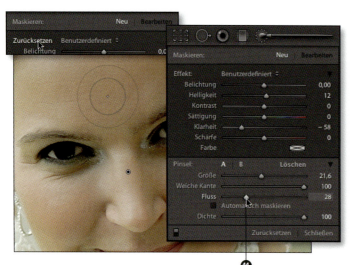

5 Haut weichzeichnen

Zu jeder Porträtretusche gehört eine angemessene Weichzeichnung der Gesichtszüge. Diese können Sie über den Klarheit-Regler erreichen, denn negative Werte verringern den Detailkontrast und zeichnen dadurch weich. Erstellen Sie wieder einen neuen Pinsel, setzen Sie den Wert für Klarheit auf circa –50, und wählen Sie einen Pinsel mit 100 % Weicher Kante und einer Fluss-Einstellung ⓫ von circa 30. Durch den Fluss wird die Weichzeichnung nur stückweise mit verminderter Wirkung aufgetragen.

6 Puderwirkung in der Maske

Malen Sie jetzt mit dem weichen Anpassungspinsel über die Hautbereiche und tragen Sie durch wiederholte Anwendung die Weichzeichnung wie Puder auf. Die Hautbereiche, die stärker weichgezeichnet werden sollen, werden mehrfach bearbeitet.

Wenn Sie mit dem ersten Ergebnis zufrieden sind, bewegen Sie einmal den Mauszeiger auf den Bearbeitungspunkt ⓬ oder drücken Sie die Taste 0 . So können Sie die unterschiedliche Bearbeitungsstärke in der Maske erkennen.

7 Details hervorholen

Die Scharfzeichnung von bildwichtigen Details wie zum Beispiel den Lippen ist der nächste Schritt.

Klicken Sie auf NEU ⓭ für eine weitere Anpassung. Ziehen Sie diesmal die Werte für KLARHEIT und SCHÄRFE sehr hoch und erhöhen Sie leicht die SÄTTIGUNG, bevor Sie mit einer etwas erhöhten FLUSS-Einstellung von circa 50 die Korrektur mit ein oder zwei Pinselstrichen auftragen.

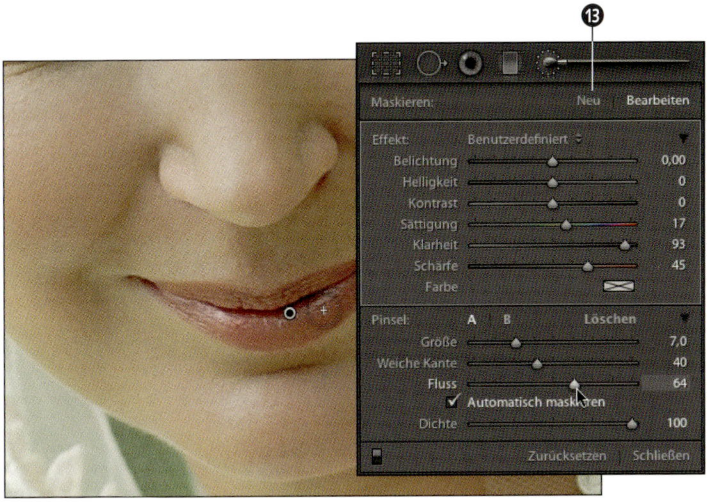

8 Augenpartie aufhellen

Sie haben jetzt schon einige Bearbeitungspunkte erstellt. Wenn Sie eine dieser Korrekturen justieren wollen, klicken Sie auf den jeweiligen Bearbeitungspunkt und passen Sie die Einstellungen an.

Zögern Sie aber nicht, immer wieder neue Bearbeitungsbereiche mit spezifischen Einstellungen zu erstellen. Die Augen liegen im Schatten und könnten eine Aufhellung und einen höheren Detailkontrast vertragen. Erstellen Sie dafür einen neuen Korrekturpinsel mit erhöhter HELLIGKEIT und KLARHEIT.

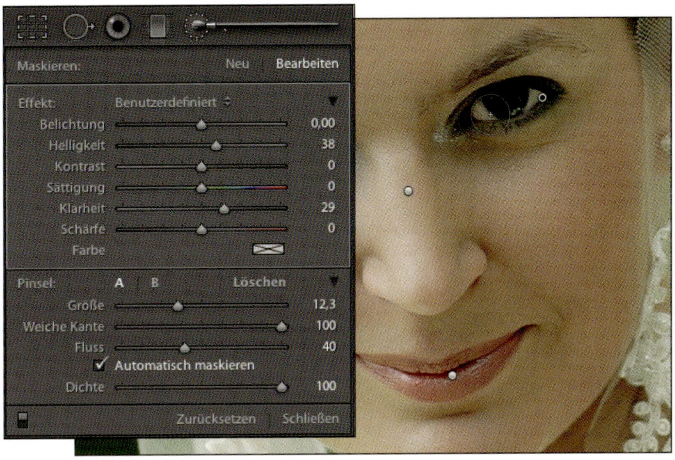

9 Wirkung abstufen

Falls die Wirkung noch nicht so ist, wie Sie sie sich vorgestellt haben, können Sie die einzelnen Einstellungen noch anpassen oder den Betrag für den kombinierten Korrekturumfang steuern.

Bewegen Sie dazu die Maus auf den aktiven Bearbeitungspunkt, so dass ein Regler ⓮ entsteht, den Sie mit gedrückter Maustaste nach links und rechts bewegen und so die Wirkung abstufen können. Die veränderten Werte können Sie an den Schiebereglern ⓯ ablesen.

Echtes Schwarzweiß

Perfekte Schwarzweißumsetzungen ausarbeiten

Gute Schwarzweiß- oder Graustufenumsetzungen schaffen es, eine Bildstimmung noch besser wiederzugeben als im farbigen Original. Lightroom bietet Ihnen dafür alle Möglichkeiten. Neben einer genauen Belichtungs- und Kontraststeuerung können Sie die Schwarzweißumsetzung für einzelne Farbbereiche differenzieren und so Filterwirkungen kombinieren.

Zielsetzungen:
Schwarzweißumsetzung
Orangefilter simulieren
Detailkontrast aufbauen
[Schwarzweiss.CR2]

1 **Vergleichsansicht aktivieren**
Um die Schwarzweißumsetzung immer mit dem Original-Farbbild vergleichen zu können, aktivieren Sie von vornherein die Vergleichsansicht.

Wählen Sie dazu aus dem Popup-Menü in der Werkzeugleiste ❶ die Option VORHER/NACHHER LINKS/RECHTS oder drücken Sie einfach die Taste Y.

2 **Negativarbeit**
Blenden Sie die GRUNDEINSTELLUNGEN ein und pendeln Sie zuerst die BELICHTUNG des Bildes richtig aus. Dieses Motiv kann eine Belichtungssteigerung um knapp eine halbe Blende vertragen ❸. Außerdem sollten die Tiefen über den SCHWARZ-Regler etwas angehoben werden. Dabei hilft Ihnen auch das HISTOGRAMM, in dem Sie die Korrekturen direkt vornehmen können ❷.
Mehr zur direkten Histogrammarbeit im Workshop »Regie von ganz oben« auf Seite 138.

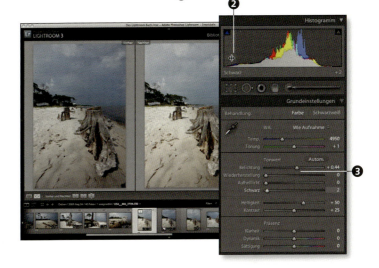

3 **In Graustufen konvertieren**
Öffnen Sie dann die Palette HSL/Farbe/SW und klicken Sie auf S/W ❹, um das Bild unmittelbar in Graustufen umzusetzen. Die Helligkeitsgrade der einzelnen Farbsegmente sind schon voreingestellt: ROT-, GELB- und GRÜN-Töne werden leicht abgedunkelt und BLAU-Töne leicht aufgehellt.

Das können Sie gleich noch für die einzelnen Farbbereiche anpassen. Vorher sollten Sie sich aber noch dem Gesamtkontrast der Graustufenumsetzung widmen.

Kapitel 5 | Motivgerechte Entwicklung **221**

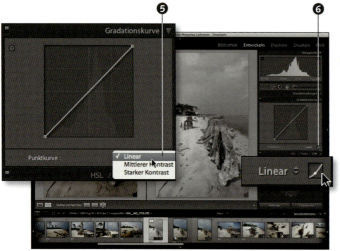

4 Basis für die Kontrastkorrektur

Reizen Sie auf jeden Fall den Gesamtkontrast aus, bevor Sie in der HSL-Steuerung die Farbsegmente übersteuern. Klicken Sie auf den Reiter GRADATIONSKURVE und wechseln Sie gleich auf die Punktkurve durch einen Klick auf das kleine Symbol ❻.

Aktivieren Sie dann aus dem Popup-Menü die Option LINEAR ❺, um ohne Vorkorrekturen, also ohne schon vorhandene Punkte, auf der Kurve arbeiten zu können.

5 Bildkontrast aufbauen

Wählen Sie das Werkzeug für selektive Anpassungen über das kleine Punkt-Symbol ❼ aus.

Klicken Sie im Bild auf helle Bildstellen, die noch weiter aufgehellt werden sollen und ziehen Sie dafür mit gedrückter Maustaste nach oben. Dunkle Mitteltöne wie im Himmel können Sie entsprechend durch eine Abwärtsbewegung intensivieren. Die Gradationskurve ❽ zeigt die Korrektur an.

6 Himmel herausarbeiten

Geben Sie dem Himmel mehr Tiefe, so als ob Sie einen Orange- oder Rotfilter benutzt hätten. Wechseln Sie dazu erst wieder in den S/W-Bereich und nutzen Sie auch dort das Werkzeug für selektive Anpassungen.

Klicken Sie auf einen dunklen Bereich im Himmel und ziehen Sie mit gedrückter Maustaste nach unten ❾, bis der Himmel deutlich abgedunkelt ist. An den Reglern sehen Sie, dass Sie damit in erster Linie die blauen Tonwerte bearbeitet haben.

7 Schwarzweißkontrast aufbauen

Klicken Sie dann auf andere Motivteile, wie den gelblichen Sand, und ziehen Sie den Regler nach oben, um diese Bildbereiche noch weiter aufzuhellen ❿.

Dies hat Einfluss auf die komplementären Farben Gelb und Orange, wie man an den Schiebereglern erkennen kann. So entsteht ein schöner Schwarzweißkontrast.

8 Weitere Farbsteuerung

Natürlich können Sie die Farbbereiche auch ohne das Werkzeug für selektive Anpassungen steuern.

Verändern Sie zum Beispiel die benachbarten Bereiche wie AQUAMARIN, um den Kontrast in den Blautönen noch zu erhöhen.

Das Werkzeug deaktivieren Sie, indem Sie es nochmals anklicken oder in der Werkzeugleiste auf FERTIG klicken.

9 Scharfzeichnung der Details

Nehmen Sie zum Schluss noch eine finale Scharfzeichnung vor. Erhöhen Sie dazu zunächst in den GRUNDEINSTELLUNGEN den Wert für die KLARHEIT, also den Detailkontrast, und wechseln Sie dann in das Fenster DETAILS, um eine Scharfzeichnung anzulegen, die mit hohen Werten für BETRAG und DETAILS ⓫ die Detailkontraste besonders betont und gleichzeitig mit einem hohen MASKIEREN-Wert Flächen wie den Himmel schützt.

Mehr zur Scharfzeichnung auf Seite 148.

Kapitel 5 | Motivgerechte Entwicklung

Perfekte Tonung

Farbtonung in den Lichtern und Schatten abgleichen

Tonungen sind mehr als bloße Farbüberlagerungen. Den richtigen Look bekommen Tonungen, wenn die tiefen Töne intensiver gefärbt werden als die Lichter. Dies tut nicht nur dem Bild gut, weil die Lichter so nicht durch Farbe getrübt werden, sondern entspricht auch einer klassischen analogen Tonung, bei der sich die Chemie in den entwickelten Silberanteilen ablagerte.

Zielsetzungen:
Farbtonung
Licht-Schatten-Abgleich
[Schwarzweiss.CR2]

1 Schatten intensivieren

Beginnen Sie mit einer fertigen Schwarzweißumwandlung. Um das Schwarzweißbild statt des Originalbildes als Vergleich für die nächsten Schritte zu nutzen, klicken Sie bei aktivierter Vergleichsansicht ❸ auf das Icon Nachher-zu-Vorher-Einstellungkopieren ❹. Öffnen Sie die Teiltonung im gleichnamigen Arbeitsfenster und wählen Sie als erstes die Tonungsfarbe für die Schatten, indem Sie die Sättigung ❷ auf circa 25 anheben und dann den Farbton ❶ über den Regler wählen.

2 Lichter nachsteuern

Die Schatten des Bildes können eine intensive Einfärbung vertragen – anders sieht es mit den Lichtern aus.

Stellen Sie zuerst den gleichen Farbton – am besten über die numerische Eingabe ❺ – für die Lichter ein und ziehen Sie dann langsam die Sättigung hoch. Vermeiden Sie dabei eine zu starke Einfärbung der Lichter, die die Brillanz des Bildes dämpfen würde. Oft reicht die Hälfte des in den Schatten verwendeten Wertes.

3 Sättigung abgleichen

Über den Abgleich-Regler ❻ können Sie die Sättigung in den Mitteltönen noch genauer steuern. Mit diesem Regler pendeln Sie die Zugehörigkeit der Mitteltöne aus. Je weiter Sie den Regler nach rechts bewegen, desto mehr Tonwerte werden mit den Einstellungen für die Lichter – also der geringeren Sättigung – versehen.

Verschieben Sie den Regler – im anderen Fall – nach links, wird das Bild auch in den hellen Mitteltönen gesättigter.

Kapitel 5 | Motivgerechte Entwicklung **225**

Die richtige Perspektive
Automatische Fehlerbeseitigung und manuelle Objektivkorrektur

Mit Lightroom 3 ist eine der wichtigsten Notwendigkeiten weggefallen, die Bildbearbeitung in Photoshop fortsetzen zu müssen. Jetzt können Sie Objektivfehler und die Perspektive auch schon in Lightroom – und damit an RAW-Daten – korrigieren. Dieser Workshop führt Sie durch die Möglichkeiten der Objektivkorrektur.

Zielsetzungen:
Stürzende Linien ausgleichen
Objektivfehler ausgleichen
[Rauschen.CR2]

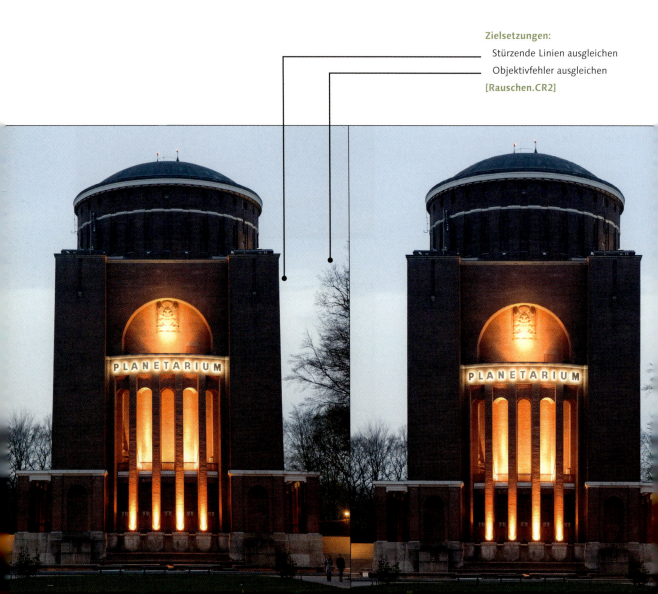

1 **Die Objektivkorrektur**
Öffnen Sie den Arbeitsbereich OBJEKTIVKORREKTUREN ❷ im unteren Teil der Bildanpassungen.

Im Arbeitsbereich OBJEKTIVKORREKTUREN klicken Sie dann auf PROFIL ❶. Hier findet zunächst die automatische Korrektur von objektivbedingten Abbildungsfehlern wie Verzerrung, chromatischer Aberration und Vignettierung statt.

2 **Profil aktivieren**
Klicken Sie auf die Checkbox PROFILKORREKTUREN AKTIVIEREN ❸ und das Bild wird unmittelbar korrigiert. Verzerrungen werden genauso entfernt wie eine leichte Abschattung zum Rand.

Diese Korrektur findet nicht mit Pauschalwerten statt, sondern greift auf Korrekturprofile ausgemessener Objektive zurück.

Aus den EXIF-Daten Ihres Bildes wird die Information über das verwendete Equipment herausgelesen. So kann auch die Sensorgröße bei der Korrektur berücksichtigt werden.

3 **Eigene Profilwahl?**
Sie haben die Möglichkeit, in den jeweiligen Popup-Menüs die Angaben zu ändern, beispielsweise zum Objektiv. Das ergibt aber nur Sinn, wenn Ihr verwendetes Equipment noch nicht als Profil hinterlegt ist und Sie einen Näherungswert über ein anderes Profil erreichen wollen.

Eigene Objektivprofile können Sie übrigens mit dem kostenlosen *Adobe Lens Profile Creator* erstellen.

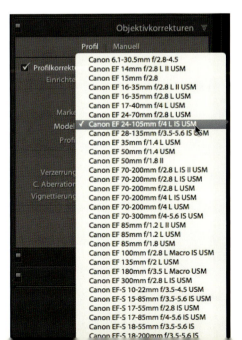

227

Gegenkorrektur

4 Nicht alle Objektivfehler sind unerwünschte Begleiterscheinungen. Deshalb können Sie im unteren Bereich über Schieberegler alle drei Korrekturparameter ❹ individuell einstellen.

Die Korrektur von Vignettierungen kann so bis auf 0 verringert – also praktisch ausgeschaltet – und als Gestaltungsmittel beibehalten werden.

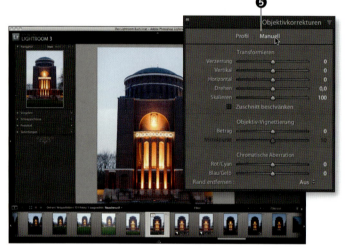

Manuelle Perspektivkorrektur

5 Wählen Sie nach der Korrektur objektivbedingter Fehler über einen Klick auf MANUELL ❺ die Perspektivkorrektur.

Bilder, für die kein Korrekturprofil vorliegt, können in diesem Bereich manuell korrigiert werden.

Aber in erster Linie ist dieser Arbeitsbereich für die Korrektur von stürzenden Linien und schiefen Geraden vorgesehen.

Raster und Vollbild

6 Beim genauen Ausrichten benötigen Sie so viel Platz wie möglich. Blenden Sie den Filmstreifen über den Pfeil am unteren Bildrand aus, so vergrößert sich das Vorschaubild.

Sobald Sie den Mauszeiger über einen der TRANSFORMIEREN-Regler bewegen, wird automatisch ein Raster ❻ eingeblendet, das Ihnen bei der nachfolgenden Korrektur hilft.

7 Stürzende Linien ausgleichen

Nutzen Sie den Regler VERTIKAL, um die stürzenden Linien zu korrigieren. Durch einen negativen Wert wird das Bild praktisch nach vorne gekippt.

Am unteren Bildrand erkennen Sie die dadurch entstehenden transparenten Bereiche ❼.

8 Bilddrehung anpassen

Meist ist es mit einer Korrektur nicht getan. Bevor Sie die vertikale Perspektivkorrektur übertreiben, prüfen Sie an horizontalen Linien, ob das Bild auch einen schiefen Horizont hat.

Schieben Sie den DREHEN-Regler leicht nach rechts. Bei einem Wert von 0,1 sind die Bildhorizontalen geradegerückt und alle Linien stimmen.

9 Bildausschnitt bestimmen

Zum Schluss kümmern Sie sich um die durch die Entzerrung entstandenen Randbereiche.

Statt das Bild nachträglich freizustellen, können Sie es hier schon auf die noch rechteckigen Bildbereiche beschneiden.

Aktivieren Sie die Option ZUSCHNITT BESCHRÄNKEN ❽. Das Bild wird so automatisch beschnitten.

Kapitel 5 | Motivgerechte Entwicklung

Foto-Effekte als Stilmittel

Künstliche Vignettierung und Körnung einarbeiten

Auf der einen Seite haben Sie in Lightroom eine automatische Objektivkorrektur, die Vignettierungen automatisch entfernt. Andererseits sind Vignetten schon längst ein Stilmittel, das deshalb auch künstlich hinzugefügt werden kann. Ein weiteres Stilmittel ist die Möglichkeit, den Bildern eine klassische Filmkörnung hinzuzufügen. Beide Möglichkeiten finden Sie in der EFFEKTE-Palette.

Zielsetzungen:
Vignettierung hinzufügen
Randverhalten steuern
Filmkörnung simulieren
[Schwarzweiss.CR2]

1 **Die Effekte-Palette**
Öffnen Sie die EFFEKTE-Palette und starten Sie dort mit der Vignettierung ❶. Schieben Sie den BETRAG-Regler nach links, um die Ränder abzudunkeln. Beurteilen Sie die Intensität der Abdunklung einfach nach dem Vorschaubild.

Vignettierung nach Freistellen bedeutet, dass alle Parameter der Vignettierung für jedes neue Bildformat neu angepasst werden.

2 **Abstand zum Mittelpunkt**
Mit dem Regler MITTELPUNKT ❷ steuern Sie, wie weit der Anfang der Vignette vom Mittelpunkt des Motivs entfernt ist.
Verschieben Sie den Regler nach links, um die Vignette näher an den Mittelpunkt zu rücken. Durch eine Verschiebung nach rechts wandert sie nach außen.

3 **Von rund bis oval**
Über eine Erhöhung des RUNDHEIT-Wertes können Sie die Vignette in eine kreisförmige Form ändern. Das ist eine gute Methode, um die Bildmitte durch die Vignette mehr zu betonen, aber Details an den seitlichen Rändern weiterhin klar abzubilden. Die Form der Vignetten ist so nicht zwingend an die Bildproportionen gebunden.

Kapitel 5 | Motivgerechte Entwicklung

Weiche Kante

4 Natürlich sollte eine Vignette immer weich auslaufen. Die genaue Kantenschärfe bestimmen Sie mit dem Regler Weiche Kante.

Ein Wert von 0 bezeichnet hier eine scharfe Kante und je höher der Wert ist, desto weicher fällt die Kante aus.

Prioritäten festlegen

5 Im oberen Popup-Menü ❸ können Sie noch die Art der Vignette variieren. Die Option Lichterpriorität blendet die Ränder einfach zu Schwarz hin aus. Wechseln Sie auf die Option Farbpriorität, um die ursprüngliche Farbe mit den Randschatten zu verrechnen – ähnlich dem Effekt Multiplizieren, den Sie vielleicht aus Photoshop kennen.

Lichter retten

6 Für dunkle Vignetten – also Vignetten mit negativen Werten – steht Ihnen noch der Regler Lichter zur Verfügung. Durch eine Anhebung des Wertes sorgen Sie dafür, dass die Lichter aus dem dunklen Rand noch weiter herausgearbeitet werden.

Dadurch wirkt eine Vignette nicht ganz so künstlich.

7 Filmkörnung simulieren

Klicken Sie einmal auf das Bild, um in die 1:1-Ansicht zu wechseln, so können Sie die folgende Körnung am besten beurteilen. Verschieben Sie dann mit dem Handwerkzeug den Ausschnitt so, dass Sie die Körnung an einer homogenen Fläche wie dem Himmel oder dem Wasser beurteilen können.

Erhöhen Sie dann den Wert für eine passende STÄRKE der Körnung. Die anderen Parameter, wie GRÖSSE und UNREGELMÄSSIGKEIT, sind zur besseren Beurteilung auf einen Standardwert voreingestellt.

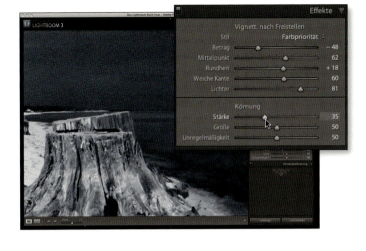

8 Größe anpassen

Als Nächstes legen Sie die Größe des Korns fest. Auch dieses lässt sich am besten in der 100%-Ansicht beurteilen.

Auch hier gibt es keine Standardwerte – beurteilen Sie das Ergebnis einfach optisch. Sie können zwischendurch auch mit einem Klick auf das Bild wieder auf die Vollbildansicht wechseln, um den Effekt im verkleinerten Vollbild zu beurteilen.

9 Unregelmäßige Körnung

Der Regler UNREGELMÄSSIGKEIT verteilt die Körnung und sorgt bei höheren Werten für eine höhere Streuung der Körnung. Auch hier gibt es keine Standardvorgaben oder Vorgaben, die bestimmte analoge Filme simulieren würden. Alle drei Werte können Sie miteinander abgleichen und nach persönlichem Geschmack kombinieren.

Warum RAW-Daten?

Wie aus der Not eine Tugend wurde

Von der ersten RAW-Daten-Konvertierung zum »Prinzip Lightroom«

Mit der Einführung der RAW-Daten begann eine neue Art der nicht-destruktiven Bildentwicklung, die in Lightroom später zum Grundprinzip erklärt wurde. Dieses entwickelte sich eigentlich aus einem Manko: Das RAW-Format – also die »rohe« Kamerainformation – ist kein Standardformat, es unterscheidet sich je nach Kamerahersteller, manchmal sogar auch nach Modellgeneration. Alle Einstellungen, die Sie während der RAW-Entwicklung mit Lightroom oder einem anderen RAW-Konverter vornehmen, können also nicht im RAW-Format selbst gespeichert werden, sondern müssen gesondert, zum Beispiel in sogenannten Filialdateien oder – wie in Lightroom – in einer Datenbank gespeichert werden.

Was umständlich klingt, birgt einen gewaltigen Vorteil. Denn so laufen Sie nie Gefahr, die Originaldatei zu überschreiben und behalten immer Ihr »digitales Negativ«.

Lesen Sie dazu auch den Exkurs »Nicht-destruktives Arbeiten« auf Seite 36.

Das »rohe« Bildmaterial

RAW-Daten bieten noch einen viel bedeutenderen Vorteil als einen sicheren Foto-Workflow: Das weitaus größere Qualitätspotenzial durch die höhere Farbtiefe und die noch nicht fixierten Farbkanäle.

RAW-Daten sind die ersten Daten, die Ihre Kamera auf dem Chip erfasst – also die unverarbeiteten Lichtinformationen. Diese »reinen« Chipinformationen entsprechen keinem Standard. Deshalb muss entweder die kamera-interne Software oder ein externer Editor wie Lightroom die Informationen verarbeiten, bevor sie dann am Schluss in ein gängiges Bildformat wie zum Beispiel PSD, TIFF oder JPEG ausgegeben werden.

Erst bei der Ausgabe in ein Standardbildformat werden die Farbkanäle Rot, Grün und Blau erzeugt. Die ursprünglichen Farbinformationen, die auf den Chip getroffen sind, wurden dort zwar schon als rote, grüne und blaue Informationen gefiltert. Sie sind jedoch noch nicht in Kanälen gespeichert, sondern nebeneinander auf dem Chip verteilt.

Wenn diese Informationen dann auf die drei Farbkanäle übertragen werden, sind diese noch unvollständig, denn jeder Farbkanal interpretiert ja nur eine Teilinformation des Chips. Die fehlende Information in den Farbkanälen wird bei der RAW-Entwicklung berechnet – oder besser gesagt interpretiert.

Dadurch, dass Sie die RAW-Entwicklung in Lightroom selbst übernehmen, nutzen Sie die Unvollständigkeit der RAW-Datei: In der Kalkulation der »fehlenden« Kanalinformationen sind natürlich Toleranzen vorhanden. Diese werden für die »Interpretation« – also die Feinentwicklung – des Bildes genutzt.

Vorteil: 16 Bit Farbtiefe

RAW-Daten liegen immer in einem größerem Tonwertumfang vor als die entsprechenden JPEG-Dateien, da sie meist mit 16 Bit Farbtiefe ausgegeben werden. Zum Vergleich: Eine

Unentwickelte RAW-Datei (16 Bit)

Entwickelte RAW-Datei (16 Bit)

Synchronisierte JPEG-Version (8 Bit)

JPEG-Datei mit 8 Bit Farbtiefe kann pro Farbkanal 256 Tonwertabstufungen verarbeiten. Eine 16-Bit-Datei dagegen verarbeitet knapp 65 000 Tonwertabstufungen pro Kanal.

Den Unterschied können Sie ganz leicht selbst sehen: Nehmen Sie ein Motiv im JPEG- und RAW-Format gleichzeitig auf. Importieren Sie beide Dateien in Lightroom und entwickeln Sie zunächst die RAW-Datei. Dann synchronisieren Sie beide Bilder und übertragen die Entwicklungseinstellungen auf die JPEG-Datei (wie all das geht, lesen Sie im Kapitel 3, »Die Basisentwicklung«.)

Sie werden feststellen, dass die Entwicklungseinstellungen bei der JPEG-Datei durch deren geringeren Tonwertumfang viel extremer umgesetzt werden und kritische Bildstellen sehr schnell »ausfressen«.

DNG – das digitale Negativ

Die Eigenheit der RAW-Formate, keine Entwicklungseinstellungen innerhalb der Datei zu speichern, stellt keinen Stolperstein dar solange Sie innerhalb von Lightroom arbeiten, denn der Lightroom-Katalog organisiert alle Entwicklungsphasen für Sie.

Wollen Sie Fotos aber mit einer anderen Konvertierungssoftware wie zum Beispiel dem RAW-Konverter von Photoshop bearbeiten oder die RAW-Informationen unabhängig von Lightroom archivieren, sollten Sie diese im DNG-Format ausgeben. Mit dem DNG-Format hat Adobe eine Art Hülle geschaffen, die die originale RAW-Datei einbettet, aber ermöglicht, dass Metadaten und Entwicklungseinstellungen in Form von XMP-Informationen im Format mitgespeichert werden.

Dadurch steigt natürlich auch die Archivierungssicherheit, denn die Wahrscheinlichkeit, dass zukünftige Adobe-Software ihre eigenen Formate unterstützt, ist recht groß. Die DNG-Konvertierung können Sie in verschiedenen Phasen der Bildorganisation durchführen:

Als DNG importieren: Wählen Sie während des Bildimports aus der oberen Leiste des Importfensters ALS DNG KOP.

Fotos in DNG konvertieren: Wählen Sie für bereits importierte Bilder aus dem Menü BIBLIOTHEK ▷ FOTOS IN DNG KONVERTIEREN.

Als DNG exportieren: Nutzen Sie im Export-Dialogfeld die Lightroom-Vorgabe NACH DNG KONVERTIEREN.

Sie haben übrigens schon beim Import die Möglichkeit, Ihre nativen RAW-Daten in DNG-Dateien konvertieren zu lassen.

Tipp: Wenn Sie mit einer neuen Kamera arbeiten, aber nicht mit der aktuellsten Lightroom-Version, können Sie mit Hilfe des kostenlosen DNG-Konverters von Adobe Ihre RAW-Daten im Stapel in DNG konvertieren und diese DNGs auch mit früheren Versionen importieren.

Mehr zur RAW-Daten-Entwicklung im Grundlagenexkurs »Die Sache mit den XMP-Daten« auf Seite 304

Photoshop-Exkursion

Irgendwann sind die Grenzen von Lightroom erreicht. Meistens dann, wenn es um ganz spezielle Einzelbildbearbeitung wie komplexere Retuschen, Freistellungen, Montagen und ausgefeilte Effekte oder spezifische Bearbeitungen von Aufnahmeserien geht. Für all diese Aufgaben ist Photoshop prädestiniert. Das Besondere bei der Zusammenarbeit zwischen Lightroom und Photoshop ist einerseits, dass die Übergabequalität von vornherein festgelegt ist, und andererseits, dass jedes in Photoshop weiterverarbeitete Bild automatisch im Lightroom-Katalog weiterverwaltet wird – vorausgesetzt, Sie befolgen die Ratschläge in diesem Kapitel.

Die Pflichteinstellungen **240**
  Vorbereitungen vor dem ersten Photoshop-Ausflug
Aller guten JPEGs sind drei **244**
  Die drei Optionen beim Austausch von JPEG-Dateien
Bilder-Sandwich **248**
  Nutzen Sie erweiterte Maskentechniken in Photoshop
Panoramen erstellen **252**
  Tipps und Vorgehensweise für die Panoramaerstellung
HDR-Bilder erstellen **256**
  Belichtungsreihen vorbereiten und zusammenfügen
Übersetzungshilfe **260**
  Was Sie tun müssen, damit die Bridge Lightroom »versteht«
Vorteil: Smart-Objekt **262**
  So erhalten Sie den RAW-Vorteil in der Photoshop-Arbeit
4C-Daten verwalten **266**
  Ein Workflow für Kunden- und Printdateien

Bonusmaterial auf DVD:
HDR-Bilder erstellen (Lektion 2.5)

Foto: Oana Szekely

Lightroom und Photoshop

? **Nachdem ich meine RAW-Bilder in Lightroom bearbeitet habe, sehen diese in der Bridge noch ganz unverändert aus. Wie kann ich die Korrekturen außerhalb von Lightroom sichtbar machen?**

! Ganz einfach: Alle Fotos auswählen und in der Bibliothek aus dem Menü METADATEN oder im Entwickeln-Modul aus dem Menü FOTO ▷ METADATEN IN DATEI SPEICHERN wählen beziehungsweise [Strg]/[⌘] + [S] drücken. Sie haben auch die Möglichkeit in den Katalogeinstellungen im Bereich METADATEN die Option ÄNDERUNGEN AUTOMATISCH IN XMP SPEICHERN zu aktivieren. Da das aber bedeutet, das bei jeder kleinsten Änderung auf die Festplatte zugegriffen wird, ist diese Option meist sehr speicherintensiv. Weitere Tipps im finden Sie im Workshop »Übersetzungshilfe« auf Seite 260.

? **Ich bin noch auf der Suche nach einem geeigneten Workflow: Soll ich in Lightroom erst die Entwicklung durchführen und am Schluss die Datei exportieren und in Photoshop bearbeiten – dann ist sie doch nicht mehr in meinem Lightroom-Katalog? Und meine Entwicklungseinstellungen kann ich auch nicht mehr verändern. Wenn ich hingegen zuerst die Arbeiten in Photoshop durchführe, dann habe ich keine RAW-Daten mehr. Was ist besser?**

! Benutzen Sie nicht die EXPORT-Funktion, sondern die direkte Übergabe an Photoshop über die Taste [Strg]/[⌘] + [E]. Dabei wird das exportierte Bild nämlich immer im Katalog aufgenommen – auch wenn Sie dieses in Photoshop unter neuem Namen an einem neuen Ort speichern. RAW-Daten sollten Sie so lange wie möglich im Entwicklungsprozess nutzen, die Übergabe an Photoshop gehört also grundsätzlich an den Schluss des Workflows. Ein Tipp: Wenn Sie das Bild als Smart-Objekt übergeben, können Sie die Entwicklungseinstellungen auch noch nach der Arbeit in Photoshop bearbeiten. Wie das geht, steht im Workshop »Vorteil: Smart-Objekt« auf Seite 262. Bei JPEG-Daten stehen Ihnen drei Möglichkeiten für den Workflow zur Verfügung. Welche Vorteile die einzelnen Optionen bieten, wird auf Seite 244 genauer beschrieben.

? **Wenn ich ein Bild an Photoshop übergebe, bekomme ich die Meldung, dass ein neueres Camera-RAW-Modul benötigt wird. Was bedeutet das und was soll ich tun?**

! Am besten aktualisieren Sie Ihr Camera-RAW-Modul – wählen Sie in Photoshop das Menü HILFE ▷ AKTUALISIERUNGEN. Lightroom benutzt intern den Camera-RAW-Konverter als »Motor« für das Entwickeln-Modul. Wenn Sie Ihr RAW-Bild an Photoshop übergeben, rendert Camera RAW es zu einer RGB-Datei. Die Option TROTZDEM ÖFFNEN berücksichtigt eventuell nicht alle Einstellungen aus Lightroom bei der Konvertierung. Falls Sie mit einer älteren Photoshop-Version arbeiten, die Sie nicht auf die neueste ACR-Version aktualisieren können, ist es also sinnvoll, die Option MIT LIGHTROOM RENDERN zu wählen. Lightroom erstellt dann fertige RGB-Dateien, die Sie direkt an Photoshop übergeben können.

? Meine Kamera schafft inzwischen 24,5 Megapixel. Ich fotografiere auch immer mit voller Auflösung – für den Fall der Fälle. Wenn ich Panoramen zusammenfüge, ist das aber eher hinderlich, denn selten brauche ich dafür diese Bildgröße. Kann ich bei der Panoramaerstellung auch gleich die Einzelbilder herunterrechnen lassen?

! Per Knopfdruck geht das leider noch nicht. Aber Sie können recht elegant über die EXPORT-Funktion kleinere Bildversionen ausgeben und gleichzeitig in den Katalog importieren. Der nächste Schritt ist dann die direkte Panoramaerstellung. Einen Workshop dazu finden Sie auf Seite 252.

? Nach der Entwicklung übergebe ich viele Bilder an Photoshop, um aufwendigere Retuschen durchzuführen oder Filter anzuwenden. Obwohl in meinen Photoshop-Farbeinstellungen AdobeRGB als Arbeitsfarbraum eingestellt ist, werden die Bilder aus Lightroom immer in einer sRGB-Datei geöffnet. Was mache ich falsch?

! Den Farbraum richten Sie in den Voreinstellungen für die externe Bearbeitung ein, dort können Sie auch die Farbtiefe und das Dateiformat vordefinieren. Alle Details dazu finden Sie im Grundlagenexkurs auf den folgenden Seiten in diesem Kapitel.

? Nachdem ich eine HDR-Konvertierung durchgeführt habe, folgen noch eine Menge Korrekturen, zum Beispiel der Weißabgleich. Sollte man das nicht vorher in den RAW-Daten erledigen oder ignoriert die HDR-Funktion diese Einstellungen?

! Auf jeden Fall sollten Sie elementare Korrekturen wie den Weißabgleich oder auch Objektivkorrekturen schon in den RAW-Daten vornehmen. Belichtungs- oder Gradationskorrekturen werden allerdings bei der HDR-Erstellung tatsächlich ignoriert, da die Belichtungsdaten direkt aus den Kamera-Reaktions-Kurven der EXIF-Daten ausgelesen werden. Einen Workshop zur HDR-Erstellung finden Sie auf Seite 256.

? Bilder, die ich über die Funktion »Bearbeiten in« an Photoshop übergeben und gespeichert habe, haben immer ein »bearbeitet«-Anhängsel. Kann ich das ändern oder die Bilder individuell benennen? Werden sie dann trotzdem im Katalog integriert?

! Zur letzten Frage: Ja. Die Verknüpfung mit Lightroom ist unabhängig vom Dateinamen oder Speicherort. Statt SPEICHERN wählen Sie in Photoshop SPEICHERN UNTER, so können Sie einen eigenen Namen wählen. Die Standardbenennung ändern Sie in den Voreinstellungen für die externe Bearbeitung. Dort können Sie eine Vorlage für den Dateinamen erstellen. Wie das geht, erfahren Sie im Grundlagenexkurs »Die Pflichteinstellungen« auf Seite 240.

GRUNDLAGENEXKURS

Die Pflichteinstellungen

Vorbereitungen vor dem ersten Photoshop-Ausflug

Bei der direkten Übergabe von RAW-Daten an Photoshop tappt man schnell in eine Falle. Denn ohne vorherige Definition werden Ihre Bilder automatisch im – voreingestellten – Farbraum sRGB übergeben. Dieser ist nicht optimal zur Erhaltung größtmöglicher Farbnuancen. Nutzen Sie deshalb die Voreinstellungen für den Farbraum und andere wichtige Parameter.

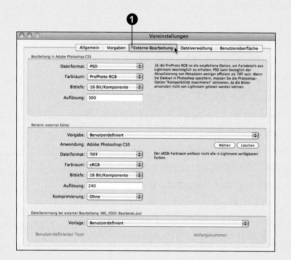

1 Standard festlegen
Öffnen Sie die Lightroom-Voreinstellungen. Diese erreichen Sie über das LIGHTROOM- (Mac) beziehungsweise BEARBEITEN-Menü (PC).
Klicken Sie dort auf den Reiter EXTERNE BEARBEITUNG ❶. Hierunter steuern Sie sowohl die Standardvorgaben für die weitere Bearbeitung in Photoshop als auch die Optionen für weitere Ausgabeziele.

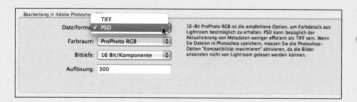

2 Dateiformat festlegen
Starten Sie im oberen Bereich des Fensters mit den Vorgaben für die BEARBEITUNG IN ADOBE PHOTOSHOP. Geben Sie dort das DATEIFORMAT an, in das die RAW-Daten bei der Übergabe in Photoshop umgewandelt werden sollen. Hier stehen Ihnen nur PSD und TIFF – letzteres mit der Option zur ZIP-Komprimierung – zur Verfügung.

Achtung: JPEG-Daten werden immer im bestehenden Dateiformat und Farbraum sowie in der bestehenden Farbtiefe und Auflösung an Photoshop übergeben.

3 Farbraum wählen

Wählen Sie als nächstes das Menü FARBRAUM ❷. Der kleinste Farbraum ist sRGB. Wählen Sie ADOBERGB (1998), wenn Photoshop auch AdobeRGB als Arbeitsfarbraum nutzt – dann findet kein weiterer Farbraumwechsel statt. Wählen Sie den großen Arbeitsfarbraum PROPHOTO RGB, wenn Sie das Bild in Photoshop noch einmal in einen anderen Farbraum, wie zum Beispiel ECI-RGB, konvertieren wollen.
Lesen Sie auch den »Grundlagenexkurs »Farbmanagement mit RAW-Daten« auf Seite 372.

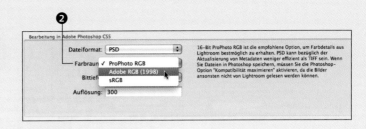

4 Farbtiefe definieren

Mit RAW-Daten nutzen Sie eine größere Farbtiefe als bei JPEG-Daten. Entscheiden Sie an dieser Stelle, ob Sie die Farbtiefe von 16 Bit auch in der Photoshop-Datei beibehalten wollen oder gleich auf eine reduzierte Farbtiefe von 8 Bit wechseln ❸ – diese ist immer noch Standard für sämtliche Ausgabemöglichkeiten im Druck oder für die Bildschirmanzeige.

5 Relative Auflösung angeben

Als letztes geben Sie die AUFLÖSUNG an. Diese bestimmt aber nicht die Bildqualität, denn die Bilder werden immer in voller Pixelanzahl übergeben.

AUFLÖSUNG bezeichnet nur die relative Auflösung von dargestellten Pixeln pro Inch/Zoll. Mit einer voreingestellten AUFLÖSUNG von 300 DPI ❹ werden Ihnen in Photoshop gleich die richtigen Abmessungen für die Bildgröße in Druckqualität angezeigt.

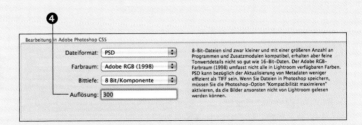

Aller guten JPEGs sind drei
Die drei Optionen beim Austausch von JPEG-Dateien

Insbesondere im Porträt-Workflow sind JPEG-Aufnahmen noch weit verbreitet. Und natürlich können Sie auch mit JPEG-Daten Ihren Lightroom-Workflow aufbauen. Beim Austausch mit Photoshop gibt es dabei allerdings eine Besonderheit, da nicht zwingend eine neue Datei erstellt werden muss. Ihnen bleibt mit drei Optionen die Qual der Wahl. In diesem Workshop erfahren Sie, welche wann die richtige ist.en

Zielsetzung:
Farb- und Tonwertkorrektur in Lightroom
Übergabe für Retuscheaufgaben zu Photoshop
Arbeitsschritte zusammenfügen
[Austausch.JPG]

244 | Kapitel 6 | Photoshop-Exkursion

1 Entwickeltes JPEG

JPEGs erfahren in Lightroom keine besondere Behandlung. Im normalen Workflow würden Sie gar nicht merken, ob Sie mit JPEG- oder RAW-Daten arbeiten – von dem ungleich höheren Entwicklungspotenzial der RAW-Daten einmal abgesehen.

Auch für JPEGs werden alle vorgenommenen Entwicklungsschritte im Protokoll ❶ gespeichert.

2 Arbeit für Photoshop

Das Bild ist weitestgehend fertig entwickelt, aber einige Retuscheecken – insbesondere der harte Übergang von der Schulter zum Hintergrund ❷ sind in Photoshop schneller und exakter zu bearbeiten.

Wählen Sie deshalb im Hauptmenü FOTO ▷ BEARBEITEN IN ▷ IN ADOBE PHOTOSHOP BEARBEITEN. Schneller geht das über das Tastaturkürzel Strg/⌘ + E.

3 Aktuelle Kopie bearbeiten

Und dann geht sie schon los – die Qual der Wahl. Ihnen stehen drei Optionen für die Übergabe zur Verfügung. Lassen Sie uns sehen, zu welchen Ergebnissen sie führen.

Wenn Sie eine KOPIE MIT DEN LIGHTROOM-ANPASSUNGEN BEARBEITEN ❸, bedeutet das, dass alle Entwicklungseinstellungen des Bildes – die im Moment nur in der Lightroom-Datenbank, aber nicht im Originalbidl gespeichert sind – auf das Bild angewendet werden und von dieser Version eine Kopie erstellt wird. Diese Kopie wird dann an Photoshop übergeben.

4 Original und Kopie

Nachdem Sie in Photoshop die Retusche durchgeführt und das Bild gespeichert haben, kehren Sie zu Lightroom zurück. Dort finden Sie beide Dateiversionen nebeneinander, da sie automatisch gestapelt werden.

Farblich ist kein Unterschied zu erkennen, aber die Retusche ist durchgeführt worden. Einziges Manko: Sie haben bei der aktuellen Version nicht mehr die Möglichkeit, auf die ersten Entwicklungsschritte zurückzugreifen. Das Protokoll verzeichnet für diese neue Datei nur einen Arbeitsschritt ❹.

5 Kopie des Originals bearbeiten

Jetzt die zweite Alternative: Aktivieren Sie wieder das ursprünglich entwickelte JPEG und wechseln Sie nochmal über ⌃/⌘ + E zu Photoshop.

Diesmal wählen Sie allerdings die zweite Variante KOPIE BEARBEITEN. Dabei wird eine Kopie des unbearbeiteten Original-JPEGs an Photoshop übergeben. An diesem Bild können Sie natürlich auch die Retusche durchführen. Zurück in Lightroom erkennen Sie aber, dass trotzdem die ursprünglich Bildkorrekturen fehlen.

6 Retten durch Synchronisieren

Trotzdem ergibt diese Option Sinn. Denn Sie können jetzt die retuschierte Kopie des Originals mit dem unretuschierten, aber farb- und belichtungskorrigierten Original synchronisieren.

Wählen Sie beide Dateien aus, aktivieren Sie das Original und klicken Sie auf SYNCHRONISIEREN. Im folgenden Dialog machen Sie sich es einfach und klicken auf die Schaltfläche ALLE AUSWÄHLEN ❺. So werden alle Entwicklungseinstellungen in einem Schritt pauschal übertragen.

7 Finden Sie den Unterschied

Bis auf die retuschierten Details sind beide Bilder jetzt in Farbe und Tonwert identisch. Auch wenn das Protokoll nur einen Synchronisationsschritt enthält, hat diese Variante ihre Vorteile.

So hat die retuschierte Fassung alle Entwicklungseinstellungen in Lightroom erhalten und Sie können diese dort am leichtesten und ohne große Qualitätsverluste editieren.

8 Original bearbeiten

Starten Sie noch einmal mit der ursprünglichen JPEG-Datei und versuchen Sie diesmal die dritte Option: ORIGINAL BEARBEITEN.

Diesmal wird keine Kopie erzeugt, sondern das Original direkt an Photoshop übergeben. Die Entwicklungseinstellungen aus Lightroom werden in Photoshop erst einmal ignoriert.

Nachdem Sie das Bild in Photoshop retuschiert und gespeichert haben, erscheint es – ohne weitere Kopie in Lightroom – auch dort retuschiert und farblich korrigiert.

9 Veränderte Masterdatei

Was auf den ersten Blick wie eine optimale Variante erscheint – schließlich müssen Sie keine Kopie des Bildes verwalten und in dem retuschierten Bild haben Sie gleichzeitig über das Protokoll alle Flexibilität über die vorgenommenen Bildeinstellungen –, hat auch seine Tücken. Denn Sie haben soeben Ihr Original verändert und gespeichert. Sprich, es gibt nun gar kein Original mehr!

Das ist für die in diesem Beispielbild vorgenommenen Korrekturen vertretbar, kann aber bei anderen Korrekturen kritisch werden.

Kapitel 6 | Photoshop-Exkursion

Bilder-Sandwich

Nutzen Sie erweiterte Maskentechniken in Photoshop

Lightroom deckt mit seinen lokalen Korrekturmöglichkeiten wohl schon den größten Aufgabenbereich ab, aber immer wieder kommt man an Grenzen – zum Beispiel wenn die Maskierung des Korrekturpinsels nicht filigran genug oder gar hinderlich ist oder wenn man innerhalb einer Datei Farbtemperaturen miteinander mischen möchte. Sehen Sie dazu ein Beispiel.

Zielsetzungen:
Virtuelle Kopie anlegen
Weißabgleich bearbeiten
Weißabgleich in Licht und Schatten trennen
[Weissabgleich.CR2]

1 Zweite Dateiversion vorbereiten

Ziel ist es, aus einem Bild zwei Dateiversionen mit unterschiedlicher Farbtemperatur herzustellen und diese dann in Photoshop so zu montieren, dass sich warme Lichter mit kühlen Tiefen mischen.

Erstellen Sie also zuerst eine virtuelle Kopie von der Datei – das geht über das Menü Foto ▷ Virtuelle Kopie anlegen, über das Kürzel Strg/⌘ + T oder auch mit der rechten Maustaste über das Kontextmenü.

Mehr zu virtuellen Kopien finden Sie auf Seite 176.

2 Den Weißabgleich bearbeiten

Wählen Sie eine der Dateiversionen aus, um deren Weißabgleich über die Farbtemperatur Temp. und Tönung deutlich ins Warme ❶ zu verschieben. Es ist dabei egal, ob Sie die Entwicklungseinstellungen des Originals oder der eben erstellten virtuellen Kopie ändern.

3 An Photoshop übergeben

Die beiden unterschiedlichen Farbtemperatur-Varianten werden jetzt in Photoshop zusammengefügt. Markieren Sie beide Bilder im Filmstreifen und wählen Sie diesmal im Hauptmenü Foto ▷ Bearbeiten in ▷ In Photoshop als Ebenen öffnen.

So ersparen Sie sich die zusätzliche Arbeit, zwei Dateien in eine gemeinsame verschieben zu müssen.

Kapitel 6 | Photoshop-Exkursion

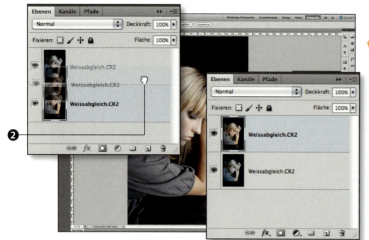

4 Mit Ebenen arbeiten

Öffnen Sie in Photoshop über das FENSTER-Menü die EBENEN-Palette. Dort sehen Sie beide Dateiversionen – wie in einem Sandwich – übereinander liegen.

Die Ebenen können Sie beliebig in der Hierarchie ändern: Ziehen Sie einfach mit gedrückter Maustaste eine Ebene unter oder über die jeweils andere ❷.

In diesem Beispiel sollte die wärmere Variante oben liegen.

5 Lichter auswählen

Jetzt geht es in die Fortgeschrittenen-Liga von Photoshop: Um eine Maske zu erstellen, die von der oberen warmen Ebene nur die hellen Bildbereiche einblendet, werden Sie eine Luminanzauswahl erstellen.

Blenden Sie sich dazu – auch über das FENSTER-Menü – die KANÄLE-Palette ein. Klicken Sie mit gedrückter ⌃Strg/⌘-Taste auf den oberen farbigen Kanal ❸. So wählen Sie mit einem Klick die Lichter des Bildes aus. Die gestrichelte Kante ❹ markiert die Auswahl.

6 Maske erstellen

Zurück in der Ebenen-Palette wandeln Sie diese Auswahl in eine Maske um – und zwar auch wieder mit nur einem Klick.

Klicken Sie diesmal auf das kleine Maskensymbol ❺ in der Ebenen-Palette – so wird Ihre Auswahl in eine Ebenenmaske umgewandelt, welche die obere Ebene nur noch teilweise einblendet und die untere Ebene durchscheinen lässt.

250 **Kapitel 6** | Photoshop-Exkursion

7 Maske begutachten

Schauen Sie sich die Maske einmal genauer an. Wenn Sie dazu mit gedrückter [Alt]/[⌥]-Taste auf die Maskenminiatur ❼ klicken, so wird diese im Bildfenster eingeblendet.

Das dann erscheinende Schwarzweißbild maskiert ganz fein die obere Ebene. Dort, wo Sie schwarz ist, ist die obere Ebene voll maskiert – also nicht mehr sichtbar. Umso heller die Maske wird, desto mehr Deckkraft hat die obere Ebene.

8 Das Beste aus zwei Ebenen

Jetzt verstehen Sie genauer, wie sich die zwei Ebenen vermischen. Klicken Sie wieder auf die Ebenenminiatur ❾, um das vollständige Bild einzublenden.

Klicken Sie nun auch einmal auf das Augensymbol ❽ einer Ebene, um sie einzeln sichtbar zu machen. Von der oberen, warmen Ebene sehen Sie nur noch die hellen Bildteile. Die kühlere Version der unteren Ebene kann also in den Schatten durchscheinen.

Das Ziel ist erreicht: Warme Lichter und kühle Schatten sind kombiniert.

9 Zurück in Lightroom

Speichern Sie die Photoshop-Datei einfach über den Befehl SPEICHERN oder mit den Tasten [Strg]/[⌘] + [S]. So wird sie automatisch im gleichen Ordner gespeichert wie das Ursprungsbild.

Wechseln Sie zurück zu Lightroom und markieren Sie die drei Varianten im Filmstreifen. Mit der Taste [N] gelangen Sie in die Überprüfungsansicht der Bibliothek, mit den Tasten [⇧] + [→] blenden Sie alle Paletten aus – so können Sie die drei Varianten sehr gut miteinander vergleichen.

Kapitel 6 | Photoshop-Exkursion **251**

Panoramen erstellen

Tipps und Vorgehensweise für die Panoramaerstellung

Die Panoramaerstellung gehört in den Aufgabenbereich von Photoshop. Die Vorbereitungen dazu erledigen Sie aber in Lightroom. Dazu gehört natürlich in erster Linie die vollständige RAW-Entwicklung. Ein Hindernis bei der Panoramaerstellung können zu große Bilddaten sein. Mit einem kleinen Umweg können Sie die Ausgangsdaten in Lightroom in gewünschter Größe vorbereiten.

Zielsetzungen:
Bildserie entwickeln
Ausgangsgröße vorbereiten
Panorama erstellen
Bilddateien in Katalog integrieren
[Sammlung: Panorama]

1 Einzelbilder entwickeln

Starten Sie damit, Ihre Bilddaten vorzubereiten. Am schnellsten geht das, wenn Sie alle Bilder im Filmstreifen markieren und dann die automatische Synchronisation (Autom. synchr.) über den kleinen Kippschalter ❶ einschalten. So wird die Entwicklung gleich auf alle Bilder angewendet. Nutzen Sie auf jeden Fall in den Objektivkorrekturen die Funktion Profilkorrekturen aktivieren ❷, um Vignettierungen auszuschalten, die später bei der Überblendung stören können.

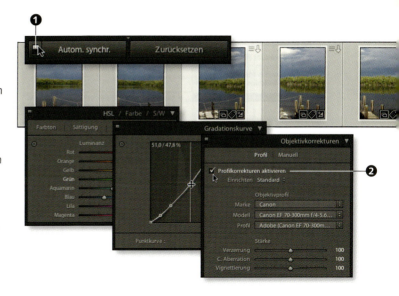

2 Effektive Vorarbeit

Wechseln Sie über das Tastaturkürzel ⇧ + Strg / ⌘ + E in den Exportdialog. Sie sollten jetzt zuerst eine Reihe kleinerer Bilddateien erzeugen, damit das Panorama nicht zu speicherintensiv wird. Wählen Sie dafür den Speicherort ❸ und benennen Sie den Bildordner. Aktivieren Sie die Option Diesem Katalog hinzufügen ❹. In den Dateieinstellungen wählen Sie JPEG mit einer Qualität von 100 %. Geben Sie die gewünschte Bildgröße für die Lange Kante ❺ – das ist die spätere Bildhöhe – in cm an.

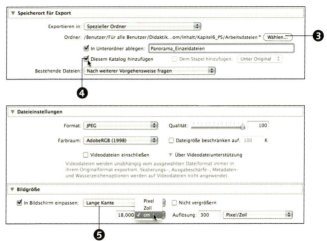

3 In den Katalog integrieren

Nachdem Sie auf Exportieren geklickt haben, werden die Einzelbilder gleich wieder in den Katalog importiert.

Sie lokalisieren Sie am schnellsten, indem Sie im Bibliothek-Modul in der Palette Katalog auf Durch vorherigen Export hinzugefügt ❻ klicken. Damit liegen jetzt die fertig entwickelten Einzelbilder im kleineren Format vor und sind bereit für die Erstellung des Panoramas.

Kapitel 6 | Photoshop-Exkursion 253

HDR-Bilder erstellen

Belichtungsreihen vorbereiten und zusammenfügen

HDR-Umsetzungen von Belichtungsreihen gehören mittlerweile fast zum Standard für Natur- und Architektur-Fotografen. Auch wenn eine vorherige Belichtungskorrektur wenig sinnvoll ist, können Sie die Bilddaten in Lightroom auch anders vorbereiten. Geben Sie dabei Ihre HDR-Umsetzung aus Photoshop in 16 Bit aus, um ein großes Bearbeitungspotenzial zu behalten.

Zielsetzungen:
Bildserie entwickeln
HDR-Bild erstellen
Belichtung und Farbe steuern
Detailkontrast ausarbeiten
[HDR_01-03.CR2]

1 Serie synchronisieren

Passen Sie in Lightroom schon mal die Parameter an, die Sie auf jeden Fall ändern wollen. In die Belichtung greift später noch die HDR-PRO-Funktion von Photoshop ein, aber den Weißabgleich oder einen schiefen Horizont können Sie natürlich schon in den RAW-Daten korrigieren.

Wählen Sie die Belichtungsreihe im Filmstreifen mit gedrückter ⇧-Taste aus und aktivieren Sie die automatische Synchronisierung über den kleinen Kippschalter ❶, um die Anpassungen auf alle Bilder anzuwenden.

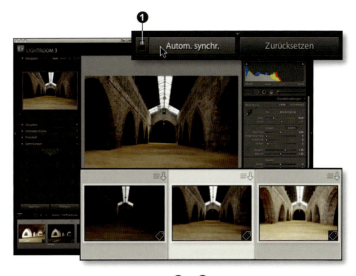

2 Bilder ausrichten

Wählen Sie aus der oberen Werkzeugleiste des Entwickeln-Moduls die FREISTELLUNGSÜBERLAGERUNG ❸. Aktivieren Sie darin das GERADE-AUSRICHTEN-Werkzeug ❷ per Klick.

Ziehen Sie mit diesem Werkzeug eine Bildhorizontale oder Bildvertikale nach ❹, die daraufhin ins Lot gerückt wird.

3 Parallel freistellen

Die Freistellungsüberlagerung passt sich dem Bildwinkel an und nach dem Betätigen der ↵-Taste oder einem Doppelklick auf das Bild wird die Drehung und die notwendige Freistellung der Ecken durchgeführt.

Und zwar – durch die automatische Synchronisation aus Schritt 1 – gleich in der ganzen Bildserie ❺.

Kapitel 6 | Photoshop-Exkursion

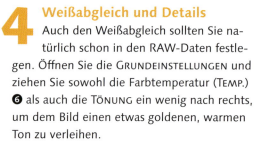

4 Weißabgleich und Details

Auch den Weißabgleich sollten Sie natürlich schon in den RAW-Daten festlegen. Öffnen Sie die GRUNDEINSTELLUNGEN und ziehen Sie sowohl die Farbtemperatur (TEMP.) ❻ als auch die TÖNUNG ein wenig nach rechts, um dem Bild einen etwas goldenen, warmen Ton zu verleihen.

Auch den Detailkontrast können Sie jetzt schon über den Regler KLARHEIT ❼ steuern. Dieser wird aber auch später noch in der HDR-Umsetzung eingestellt.

5 In HDR Pro zusammenfügen

Übergeben Sie die Bilder jetzt der HDR-PRO-Funktion von Photoshop.

Wählen Sie dafür im Hauptmenü FOTO ▷ BEARBEITEN IN ▷ IN PHOTOSHOP ZU HDR PRO ZUSAMMENFÜGEN. Im Hintergrund werden dann die Bilder erst in einer Photoshop-Ebenendatei aufgebaut ❽, bevor sich der HDR-Pro-Dialog öffnet.

Wählen Sie als MODUS ❾ für die HDR-Umsetzung 16-BIT – so bleibt Ihnen in Lightroom noch genug Spielraum, um diesen großen Tonwertumfang angemessen zu bearbeiten.

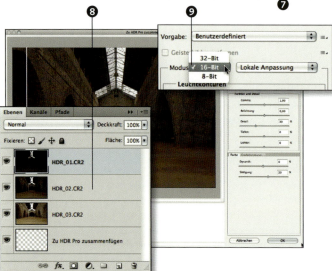

6 Tonwerte steuern

Aktivieren Sie die Option GEISTERBILDER ENTFERNEN ❿, um verwacklungsbedingte Unschärfen auszublenden – der grüne Rahmen ⓯ bestimmt, welches Bild bei ungenauen Überlagerungen maßgeblich ist. Dann geht es an die Tonwerte: Durch Verschiebung des GAMMA-Werts ⓫ nach rechts verringern Sie den Kontrast und können gleichzeitig die BELICHTUNG ⓬ anheben. Heben Sie auch die TIEFEN ⓭ an und senken Sie die LICHTER ⓮ ab. Das jetzt noch zu weiche Bild wird gleich weiter bearbeitet.

7 Farbe und Kontrast

Die Standardeinstellung in HDR Pro ist eine um 20% erhöhte SÄTTIGUNG. Wer diese Bonbonfarben mag, lässt die Einstellung so stehen. Ersetzen Sie sie andernfalls durch eine etwa gleich hohe DYNAMIK ⓰. Wechseln Sie dann auf die GRADATIONSKURVE ⓱ und bauen Sie in den primären Tonwerten ⓲ durch eine S-Kurve einen höheren Kontrast auf.

Zur Info: Dynamik, Sättigung und Gradationskurve arbeiten genauso wie in Lightroom – mehr dazu in Kapitel 3.

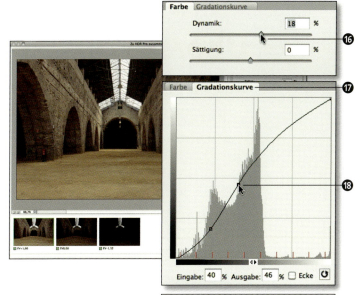

8 Details ausarbeiten

Nach dem globalen Kontrast kommt der Detailkontrast, der in einer – oft weichen – HDR-Umsetzung sehr wichtig ist.

Erhöhen Sie den DETAIL-Regler ⓳ in den Tonwertsteuerungen deutlich – dieser arbeitet ähnlich wie der KLARHEIT-Regler, nur mit einer stärkeren Wirkung.

Die so genannten LEUCHTKONTUREN ⓴ sind in erster Linie HDR-Effekten vorbehalten. Mit moderaten Werten und geringem RADIUS können Sie damit aber auch einfach den Detailkontrast etwas verstärken.

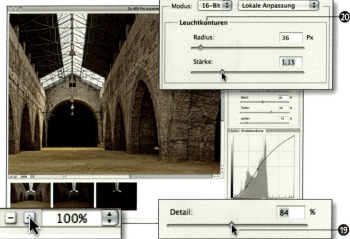

9 Feintuning in Lightroom

Nachdem Sie im HDR-PRO-Dialog die Umsetzung mit OK bestätigt und das entstandene Bild gespeichert haben, taucht es wieder im Lightroom-Katalog auf.

Da Sie jetzt immer noch mit einem 16-Bit-Bild arbeiten, können Sie auch noch umfangreichere Korrekturen mit den gewohnten Lightroom-Anpassungen vornehmen.

Ziehen Sie zum Beispiel den SCHWARZ-Regler ㉑ noch nachträglich an, um ein bisschen mehr Tiefe ins Bild zurückzubringen.

Kapitel 6 | Photoshop-Exkursion

Übersetzungshilfe

Was Sie tun müssen, damit die Bridge Lightroom »versteht«

In den Katalogeinstellungen kann man mit METADATEN AUTO-MATISCH IN XMP SPEICHERN ganz einfach dafür sorgen, dass die Änderungen, die man an den Bildern mit Lightroom vornimmt, auch gleich außerhalb des Programms sichtbar sind. Allerdings ist diese Option sehr speicherintensiv und deshalb zeige ich Ihnen hier sinnvolle und praktikable Alternativen.

1 Originaldatei anzeigen
Nehmen Sie an diesem Bild in Lightroom einfach deutliche Veränderungen vor und aktivieren Sie die Vergleichsansicht über die Taste Y. Klicken Sie dann mit der rechten Maustaste auf das Bild im Filmstreifen ❷ und wählen Sie IM EXPLORER/FINDER ANZEIGEN. Dort sieht das Bild ❶ farblich völlig anders aus, auch die Vignettierung ist zu erkennen.

Sie sehen auch, was fehlt: eine XMP-Datei mit den Entwicklungseinstellungen, denn die sind bisher nur in der Lightroom-Datenbank gespeichert.

2 Ansicht in der Bridge
Beurteilen Sie das Bild dann noch in der Bridge – indem Sie es einfach auf das Startsymbol der Bridge ziehen oder es über den Ordnerpfad ❸ in der Bridge anwählen.

Hier sieht das Bild nun nochmal anders aus, denn in der Bridge wird eine RAW-Datei mit dem Standardprofil des RAW-Konverters dargestellt – also sehr ähnlich oder sogar identisch mit der unentwickelten Lightroom-Version.

3 Änderungen in Datei speichern

Um das Bild in entwickelter Form anzuzeigen, müssen Sie der Bridge die Entwicklungseinstellungen mitteilen – über die XMP-Datei. Wählen Sie im Entwickeln-Modul im Menü FOTO oder in der Bibliothek im Menü METADATEN den Befehl METADATEN IN DATEI SPEICHERN. Vielleicht kommt Ihnen der Kurzbefehl schon bekannt vor, es ist der allgemeine Speichern-Befehl Strg/⌘ + S.

Sie müssen Ihr Bild oder Ihre Bilder also nur wie gewohnt speichern und schon ist die Ansicht in der Bridge aktuell!

4 Rasteransicht nutzen

Nutzen Sie auch die Möglichkeiten, die Lightroom Ihnen bietet, um den Status der Metadaten im Blick zu behalten.

Wählen Sie in der Bibliothek im Menü ANSICHT die ANSICHT-OPTIONEN und darin die RASTERANSICHT ❹. Als zusätzliches Zellsymbol können Sie dort die NICHT GESPEICHERTEN METADATEN ❺ aktivieren.

Lesen Sie auch den Grundlagenexkurs »Die Sache mit den XMP-Daten« auf Seite 304.

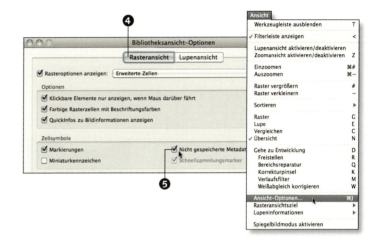

5 Metadaten aktualisieren

In der erweiterten Rasteransicht wird jetzt über ein Symbol ❻ angezeigt, wenn die Metadaten in Lightroom aktueller sind als die auf der Festplatte. Durch einen Klick auf das Symbol wird die XMP-Datei auf der Festplatte aktualisiert.

Nach dem ersten Speichern der Metadaten ist die XMP-Datei dann übrigens auch im Explorer oder im Finder sichtbar.

Allerdings kann sie dort nicht die Anzeige des Thumbnails ❼ verändern; das kann nur ein RAW-Konverter beziehungsweise die Bridge.

Kapitel 6 | Photoshop-Exkursion **261**

Vorteil: Smart-Objekt

So erhalten Sie den RAW-Vorteil in der Photoshop-Arbeit

Ob Sie nun in Photoshop ein professionelles Compositing erstellen oder einfach nur Spielereien mit Ihren Urlaubsbildern durchführen: In jedem Fall unterbrechen Sie beim Übergang zu Photoshop die Arbeit an Ihren RAW-Daten. Nicht jedoch, wenn Sie mit einem Smart-Objekt arbeiten. Damit wird die RAW-Datei in die Photoshop-Datei integriert und Sie können jederzeit Ihre Entwicklungseinstellungen in gewohnter Weise überarbeiten.

Zielsetzung:
Smart-Objekt an Photoshop übergeben
Transformationen durchführen
Entwicklungseinstellungen überarbeiten
[Postkarte.CR2]

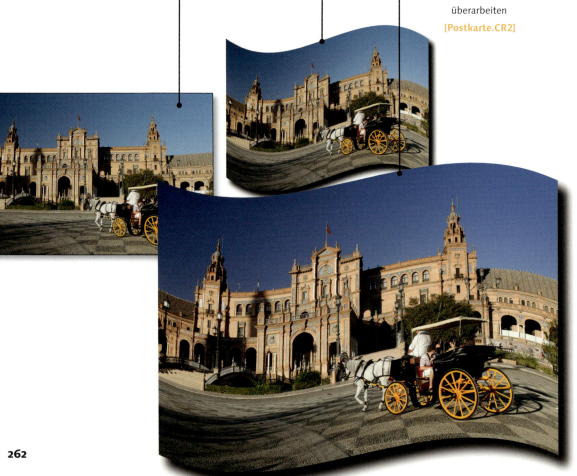

1 Smart-Objekt erstellen

Wechseln Sie mit einem in Lightroom fertig entwickelten Bild zu Photoshop. Wählen Sie dafür wieder den Weg über das Menü Foto ▷ Bearbeiten in, wählen Sie aber diesmal den Menüpunkt In Photoshop als Smart-Objekt öffnen.

Ein Smart-Objekt kann die aktuellen Einstellungen der RAW-Datei in die entstehende Photoshop-Datei einbinden. So können Sie die RAW-Datei erhalten und später noch Änderungen an den Entwicklungseinstellungen vornehmen.

2 Ein Smart-Objekt erkennen

In Photoshop öffnen Sie über das Menü Fenster die Ebenen-Palette. Darin sehen Sie dann eine Miniatur ❶, die anzeigt, dass die Bildebene als Smart-Objekt vorliegt.

Über diese Miniatur gelangen Sie später auch in den RAW-Konverter, um den Inhalt des Smart-Objekts – also die RAW-Datei mit den Entwicklungseinstellungen – zu bearbeiten.

3 Frei transformieren

Auch beim Transformieren und Verzerren hat ein Smart-Objekt Vorteile, denn bei Änderungen wird immer auf die Originaldaten des Smart-Objekts zurückgegriffen. Dabei werden zum Beispiel auch Qualitätsverluste durch häufige Transformationen verhindert.

Wählen Sie aus dem Bearbeiten-Menü den Befehl Frei transformieren – oder drücken Sie die Tasten Strg/⌘ + T. Wählen Sie dann das Verkrümmen-Symbol ❷ in der Optionsleiste. Damit können Sie das Bild frei verzerren oder in eine vorgegebene Form bringen.

Kapitel 6 | Photoshop-Exkursion **263**

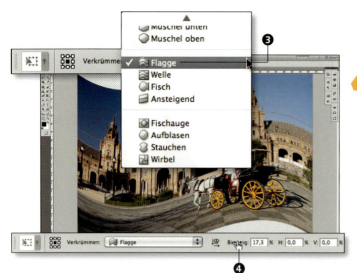

4 Postkarte biegen

Wählen Sie wieder aus dem Popup-Menü VERKRÜMMEN in der oberen Optionsleiste eine Vorgabe – zum Beispiel die FLAGGE ❸, um eine flatternde Postkarte nachzustellen.

Diese Flagge wird erst ein wenig extrem umgesetzt, aber Sie können die Parameter noch ändern. Klicken Sie einfach auf BIEGUNG ❹ und ziehen Sie die Maus mit gedrückter Maustaste nach links, um den Wert zu verringern.

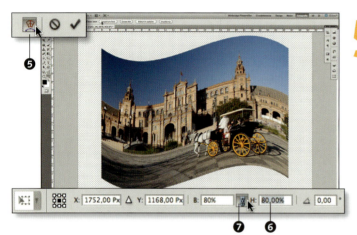

5 Größe anpassen

Durch die Biegung fällt das Bild jetzt ein wenig aus dem Formatrahmen heraus, von daher werden wir nun noch die Größe der Flagge anpassen.

Deaktivieren Sie die VERKRÜMMEN-Option durch einen weiteren Klick auf das Symbol ❺ und geben Sie einen Skalierungsfaktor für die Breite und Höhe ❻ ein.

Tipp: Aktivieren Sie vorher das Verkettungssymbol ❼, wenn Sie die Seitenproportionen beibehalten möchten.

6 Schatteneffekt hinzufügen

Wo wir schon bei Spielereien sind, können wir der flatternden Postkarte auch noch einen Schatten verleihen.

Gehen Sie wieder in die EBENEN-Palette und klicken Sie dort auf das kleine EFFEKTE-Symbol ❽. Wählen Sie aus dem sich öffnenden Popup-Menü den SCHLAGSCHATTEN-Effekt.

Im folgenden Fenster können Sie einfach ein wenig mit den Parametern experimentieren, bis der Schatten, der in der Vorschau angezeigt wird, stimmt. Klicken Sie auf OK.

7 Photoshop-Datei speichern

Speichern Sie zwischendurch Ihre Photoshop-Datei – mit einem beliebigen Namen an einem beliebigen Ort.

Wechseln Sie dann zu Lightroom: Dort finden Sie die Datei am von Ihnen gewählten Speicherort in der Ordnerstruktur aufgelistet.

Ein Zusammenhang zur ursprünglichen Bilddatei besteht aber nicht mehr. Würden Sie Änderungen im Original vornehmen, würden diese nun nicht mehr in der Photoshop-Datei angezeigt.

8 Entwicklungseinstellungen ändern

Zu Photoshop gehört auch der RAW-Konverter. Und mit diesem können Sie die Entwicklungseinstellungen in der RAW-Datei Ihres Smart-Objekts überarbeiten. Klicken Sie dafür in der EBENEN-Palette einfach doppelt auf die kleine Smart-Objekt-Miniatur ❾. Der RAW-Konverter ist auch der »Motor«, der das Entwickeln-Modul in Lightroom steuert. Alle Einstellungen, wie zum Beispiel die HSL-Steuerung, sollten Ihnen daher bekannt vorkommen.

9 Smart-Objekt bearbeiten

Wenn Sie die Änderungen im RAW-Konverter mit OK bestätigt haben, werden diese nun auch sofort auch im transformierten Smart-Objekt eingearbeitet.

Und auch die Transformation können Sie jederzeit verändern. Wählen Sie dafür einfach erneut den TRANSFORMIEREN-Befehl – das geht auch über den Shortcut [Strg]/[⌘] + [T] – und die VERKRÜMMEN-Option, um Korrekturen damit durchzuführen (siehe Schritte 3 bis 5).

4C-Daten verwalten

Ein Workflow für Kunden- und Printdateien

Lightroom 3 kann nun auch Video- und 4C-Daten verwalten. Die Vermutung liegt nahe, dass Lightroom dann auch alle notwendigen Funktionen wie eine Profilkonvertierung in den 4C-Farbraum oder einen Softproof beherrscht. Das ist aber zum jetzigen Zeitpunkt noch Zukunftsmusik und fällt immer noch in den Aufgabenbereich des großen Bruders Photoshop.

1 Größten Farbraum wählen

Es gibt zwei Wege, ein Bild an Photoshop zu übergeben: den Export oder die direkte Übergabe über das Menü FOTO ▷ BEARBEITEN IN. In beiden können Sie die entwickelte RAW-Datei im lightroominternen, großen ProPhoto-Farbraum übergeben. So vermeiden Sie Konvertierungsverluste, bevor die eigentliche Farbkonvertierung beginnt.

Eine Vorgabe für den direkten Photoshop-Export definieren: Wie das geht, steht im Grundlagenexkurs auf Seite 240.

2 Profil-Konvertierung

In Photoshop wandeln Sie das Bild über den Befehl BEARBEITEN ▷ IN PROFIL UMWANDELN in ein Vierfarbbild um.

Den Ihnen vielleicht schon bekannten Befehl über das Menü BILD ▷ MODUS ▷ CMYK-FARBE sollten Sie meiden, weil Sie dabei keine Kontrolle über den ausgewählten 4C-Zielfarbraum haben.

3 Zielfarbraum wählen

Wählen Sie dann Ihren gewünschten 4C- oder Druckfarbraum aus dem Popup-Menü ❶. Über die eingeschaltete VORSCHAU ❷ können Sie schon eventuelle Verluste, die durch den Wechsel vom größeren in den kleineren Farbraum entstehen, erkennen. Als PRIORITÄT wählen Sie in der Regel PERZEPTIV ❸ – so wird die Durchzeichnung des Bildes am besten erhalten.

Mehr zum Thema Farbmanagement finden Sie im Grundlagenexkurs auf Seite 372.

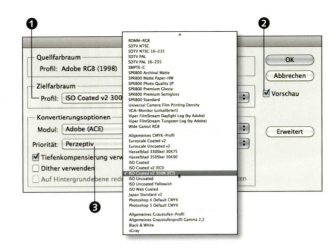

4 4C-Variante speichern

Das eben entstandene 4C-Bild können Sie jetzt ohne Weiteres mit neuem Namen an einem frei gewählten Speicherort speichern.

Trotzdem wird es von Lightroom automatisch im Katalog aufgenommen ❹ und kann dort weiter verwaltet werden.

Und natürlich können Sie auf das fertig entwickelte und in 4C gewandelte Bild ganz normal über den Explorer oder den Finder zugreifen.

5 Photoshop-Lightroom-Workflow

Öffnen Sie für das 4C-Bild die KAMERAKALIBRIERUNG im Entwickeln-Modul. Sie sehen, dass in diesem immer noch ein eigenes 4C-Profil eingebettet ist.

Jetzt gibt es nur noch einen Weg für den Wechsel zwischen Lightroom und Photoshop und zurück: Wählen Sie wieder FOTO ▷ BEARBEITEN IN ▷ IN ADOBE PHOTOSHOP BEARBEITEN und aktivieren Sie diesmal die Option ORIGINAL BEARBEITEN ❺, denn nur so wird das »Original«-4C-Bild wieder im gleichen Farbraum übergeben.

Kapitel 6 | Photoshop-Exkursion **267**

Exportieren und veröffentlichen

Irgendwann ist es Zeit für den Export. Ob Sie entwickelte Bilder an ein Online-Labor schicken, an den Kunden weiterleiten oder auf CD brennen wollen: Für alle Fälle gibt es die richtigen Exporteinstellungen, die Sie für Ihre Zwecke modifizieren und als eigene Vorgabe speichern können. Dieses gilt auch für die neuen Veröffentlichungsdienste. Diese lassen Sie intelligente Exportschleifen aufbauen und die Kontrolle über nachträglich veränderte Bilder behalten. Und seit Lightroom 3.2 können Sie Ihre Alben auch direkt zu Facebook und Co. exportieren.

Foto-Service vorbereiten 276
 Eigene Export-Vorgaben für wiederkehrende Aufgaben nutzen
Direkter E-Mail-Versand 278
 Perfektionieren Sie die E-Mail-Export-Vorgabe
Bilder auf DVD brennen 280
 Mehrere Wege für die Archivierung auf CD oder DVD
Auf Papier und Leinwand 282
 Wie Sie am geschicktesten verschiedene Formate ausgeben
RAW-Bilder archivieren 286
 Das DNG-Format erhält das Original mit Entwicklungseinstellungen
Ein Katalog fürs Archiv 288
 Bildauswahl als Lightroom-Katalog speichern
Der Veröffentlichungsmanager 290
Veröffentlichen statt exportieren 292
 So bleiben Ihre Exporte immer aktuell
Facebook, Flickr und Co. 296
 Die schnelle Veröffentlichung auf Fotoportalen
Smarte Bildordner 300
 Eine automatische Bildauswahl für die Veröffentlichung
Schnelle Sammlung 302
 Veröffentlichungsordner als Zielsammlung nutzen
Die Sache mit den XMP-Daten 304
 So behalten Sie die originalen Bilddaten im Blick

 **Bonusmaterial auf DVD:**
Fotos veröffentlichen (Lektion 3.1)

Foto: Maike Jarsetz

Kurz einmal nachgefragt …

? **Ich habe eine Fotoserie im Format 13 x 18 cm in 300 dpi exportiert und habe das Format als »Breite x Höhe« angegeben. Die hochformatigen Bilder stimmen nach dem Export nur ungefähr in der Größe und die querformatigen Bilder sind viel zu klein. Wieso?**

! Die Angaben für Breite und Höhe sind Maximalwerte für die horizontale Breite und vertikale Höhe. Hoch- und querformatige Bilder werden deshalb in unterschiedlichen Größen ausgegeben. Diese Option wählen Sie zum Beispiel für Bildschirmpräsentationen, wenn Hoch- wie Querformat in den Bildschirm eingepasst werden müssen. Wenn Bilder unterschiedlicher Ausrichtung in gleicher Größe ausgegeben werden sollen, wählen Sie die Option ABMESSUNGEN, diese ist unabhängig von der Ausrichtung. Außerdem wird ein Bild nie beschnitten. Liegen nicht die richtigen Seitenproportionen vor, wird die längste Seite eingepasst und die kürzere proportional verkleinert.

? **Welcher Farbraum ist der beste für den Export von JPEG-Dateien? sRGB oder AdobeRGB?**

! Wenn die Bilder an ein Online-Labor geschickt werden, sRGB. Denn das ist dort immer noch Standard. Wenn Sie in Ihrem eigenen Workflow weiterarbeiten und die Bilder vielleicht auf einem hochwertigen Fotodrucker ausgeben, wählen Sie den größeren Farbraum AdobeRGB. ProPhoto ist sinnvoll, wenn Sie die Bilder in Photoshop in einen anderen Farbraum konvertieren wollen. Diesen können Sie aber auch gleich unter ANDERE einstellen.

? **Die Einstellungen für die JPEG-Qualität sind anders als in Photoshop, statt 0–12 Qualitätsstufen eine Skala von 0–100. Wie kann ich das in Beziehung setzen?**

! Die Maximalwerte entsprechen einander in einer nahezu verlustfreien Qualität. Von dort aus können Sie proportional herunterrechnen. Eine Lightroom-Qualität von 85 entspricht ca. einer Qualität von 10 in Photoshop. Eine Lightroom-Qualität von 65 entspricht ca. einer von 8 in Photoshop.

? **Ich bin der Meinung, dass die Kamera-Informationen niemand etwas angehen. Kann ich in Lightroom die EXIF-Informationen aus den Metadaten löschen?**

! Nicht aus den Original-RAW-Daten. Aber Sie geben Ihre Bilder ja sicher als entwickelte TIFFs oder JPEGs weiter. Und beim Export oder bei der Veröffentlichung können Sie durch die Option METADATEN MINIMIEREN die EXIF-Daten und damit die Belichtungsinformationen aus den Metadaten löschen.

? **Wenn ich entwickelte Bilder als JPEG-Kopien exportiere (für Fotoalben oder Abzüge) und danach an einzelnen Bildern weitere Änderungen vornehme, sind die Änderungen in der Bilddatei nicht angekommen. Was muss ich tun, damit die Korrekturen auch in den exportierten Bildern gespeichert werden?**

! Nutzen Sie dazu den neuen Veröffentlichungsmanager von Lightroom 3. Einen entsprechenden Workshop finden Sie auf Seite 292.

? Ich möchte meine Urlaubsmotive einmal im Originalformat ausdrucken, aber auch für eine 16:9-Diashow vorbereiten. Dafür benutze ich ein externes AV-Programm, für das ich die Bilder aus Lightroom exportiere. Wenn ich beim Export das Seitenformat angebe, wird das Bild aber nicht beschnitten, nur verkleinert. Wenn ich die Bilder schon in Lightroom beschneide, kann ich sie andererseits nicht mehr im Originalformat ausdrucken, oder?

! Legen Sie für den Export eine Sammlung mit virtuellen Kopien an. Führen Sie bei einem Bild die Freistellung im festen Seitenverhältnis von 16:9 durch. Synchronisieren Sie alle virtuellen Kopien nur mit der Freistellungseinstellung. Exportieren Sie dann die Bilder der Sammlung. Einen genauen Workshop dazu finden Sie auf Seite 282.

? Ich möchte die exportierten Bilder ebenfalls in meinem Lightroom-Katalog verwalten und gleich mit den Originalen stapeln. Oft ist aber die Option »Dem Stapel hinzufügen« ausgegraut. Warum?

! Diese Option ist nur verfügbar, wenn die Bilder in den GLEICHEN ORDNER WIE ORIGINALFOTO exportiert werden. Nur dann können sie miteinander gestapelt werden.

? Die Export-Vorgabe »Für E-Mail« öffnet bei mir immer nur den Ordner, in den ich exportiert habe, aber startet das E-Mail-Programm nicht automatisch. Was mache ich falsch?

! Sie müssen Lightroom einfach mitteilen, dass Ihre E-Mail-Anwendung in einem solchen Fall gestartet werden soll. Einen genauen Workshop dazu finden Sie auf Seite 278.

? Das Copyright-Wasserzeichen beim Export ist für meine Zwecke viel zu klein! Kann ich das irgendwie editieren?

! Ja, wählen Sie WASSERZEICHEN BEARBEITEN aus dem Popup-Menü oder legen Sie sich eigene Wasserzeichen an, für die Sie Größe, Ausrichtung und Erscheinungsbild bestimmen. Wie das geht, lesen Sie im Grundlagenexkurs »Marken setzen« auf Seite 318.

? Ich habe über den Veröffentlichungsmanager Bilder zu meinem Flickr-Account exportiert. Nun weiß ich, dass Freunde Kommentare auf Flickr abgegeben haben – kann ich diese in Lightroom sehen?

! Nur mit einem Flickr-Pro-Account funktioniert der Austausch von Kommentaren zwischen Flickr und Lightroom. Sie können diese dann in der KOMMENTARE-Palette über den Aktualisierungsknopf herunterladen. Wie das geht, zeige ich Ihnen am Beispiel von Facebook auf Seite 296.

Das Exportfenster

❶ **Export-Ziel:** Über das obere Popup-Menü geben Sie an, ob die exportierten Bilder auf die Festplatte gespeichert oder – ohne Zwischenspeicherung – direkt auf CD/DVD gebrannt werden sollen. Diese Funktion ist in der 64-Bit-Windows-Version nicht verfügbar.

❷ **Ordner wählen:** In diesem Popup-Menü wählen Sie den Speicherort für ihre exportierten Bilder aus vier Standard-Ordnern, einem SPEZIELLEN ORDNER, den Sie dann über den Knopf WÄHLEN zuweisen, und dem GLEICHEN ORDNER WIE ORIGINALFOTO. Die Option ORDNER SPÄTER WÄHLEN verlagert die Wahl des Ordners auf den Moment des Exports. So können Sie den Ordner beim Nutzen von Exportvorgaben jedesmal individuell bestimmen.

❸ **Katalog und Stapel:** Auch exportierte Bilder können Sie über die entsprechende Option weiter im Katalog verwalten. Die Option DEM STAPEL HINZUFÜGEN ist nur verfügbar, wenn das Bild im gleichen Ordner wie das Original und nicht in einem Unterordner gespeichert ist.

❹ **In Unterordner ablegen:** Über diese Option wird automatisch ein neuer, individuell benannter Ordner im Zielordner angelegt.

❺ **Bestehende Dateien:** Wenn Sie einen Export-Ordner öfters nutzen, geben Sie in diesem Menü an, ob bereits vorhandene Dateien überschrieben, umbenannt oder übersprungen werden sollen.

Tipp: Nutzen Sie für häufige Korrekturen an bereits exportierten Dateien den Veröffentlichungsmanager. Einen Workshop dazu finden Sie auf Seite 292.

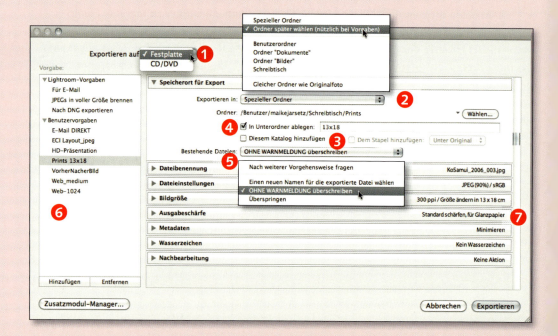

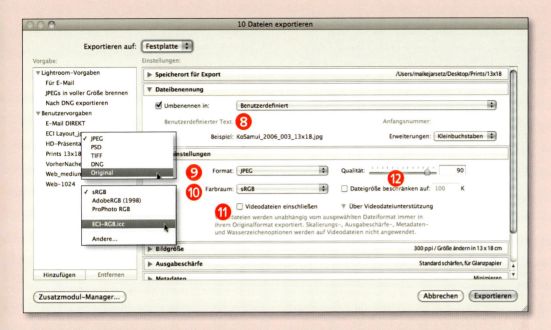

F **Export-Vorgaben:** In der linken Vorgabe-Spalte können Sie eigene Vorgaben sammeln. Stellen Sie dafür erst alle Parameter im Hauptfenster ein, bevor Sie dann auf Hinzufügen klicken, um diese unter einem eigenen Namen als Vorgabe zu speichern.

Die eigenen Vorgaben werden im Ordner Benutzervorgaben gespeichert. Sie können bei der Benennung der Vorgabe aber auch einen neuen Ordner anlegen.

G **Kurzinfos:** Auch wenn die einzelnen Einstellungen verborgen sind, wird in der oberen Zeile jeweils eine Zusammenfassung der vorgenommenen Einstellungen eingeblendet.

H **Dateibenennung:** Mit der Checkbox Umbenennen können Sie einen neuen Namen für die zu exportierenden Dateien vergeben. Über das Popup-Menü Benutzerdefiniert können Sie eine eigene Vorgabe bearbeiten, die den Benennungsmustern in Lightroom entspricht.

I **Dateiformat:** Wählen Sie aus diesem Popup-Menü das Dateiformat für die zu exportierenden Dateien. Neben den drei Standardbildformaten steht Ihnen das DNG-Format für die Ausgabe von RAW-Daten und die Option Original zur Verfügung, mit der Sie auch unterschiedliche Formate ausgeben können.

J **Farbraum:** Wählen Sie aus den drei Standardfarbräumen sRGB, AdobeRGB und ProPhoto RGB für Ihren Export. Wenn Sie Bilder in einem eigenen Farbraum, wie zum Beispiel ECI-RGB ausgeben möchten, wählen Sie diesen über Andere aus.

K **Videodateien einschließen:** Mit Lightroom 3 können Sie Video-Dateien importieren und natürlich auch wieder exportieren. Wählen Sie für diese, genau wie auch für 4C-Daten, als Dateiformat Original.

L **JPEG-Qualität:** Alternativ zur Angabe der Komprimierung über die JPEG-Qualität, können Sie auch eine maximale Dateigrösse auswählen; die Komprimierung wird dann automatisch bestimmt.

❶ **Bildgröße:** Die BILDGRÖSSE bereitet den meisten Anwendern die größte Verwirrung – hier ein Überblick über die Optionen. Die ersten drei Optionen können Sie alle in Pixelanzahl, Zentimeter oder Zoll angeben.

BREITE UND HÖHE gibt die Bildmaße in einem festen Seitenverhältnis vor. Die exportierten Bilder werden in diesen vorgegebenen Rahmen eingepasst. Diese Vorgabe eignet sich zum Beispiel für Bildschirmpräsentationen.

ABMESSUNGEN sind unabhängig von der Ausrichtung des Bildes. Hoch- und Querformate werden also in gleicher Größe ausgegeben

LANGE ODER KURZE KANTE legt die Priorität auf die entsprechende Bildkante, die exakt eingepasst wird. Die andere Kante passt sich dann an. Hierüber können Sie Bilder unterschiedlicher Proportionen auf die gleiche Breite oder Höhe bringen.

MEGAPIXEL gibt die Obergrenze für die Bildgröße vor. Die exakten Bildabmessungen ergeben sich durch das Seitenverhältnis des Bildes.

❷ **Ausgabeschärfe:** Mit einer nachträglichen Schärfung wird der Schärfeverlust durch eine Skalierung auf Bildschirmgröße oder durch die Wiedergabe auf Papier ausgeglichen. Sie ersetzt nicht die Scharfzeichnung im Motiv über das Entwickeln-Modul. Die Nachschärfung kann noch generell in ihrer Stärke oder auch speziell für ein Ausgabemedium variiert werden.

❸ **Metadaten:** Mit der Option EINGEBETTETE METADATEN MINIMIEREN reduzieren Sie die Metadaten auf den Copyright-Hinweis.

❹ **Auflösung:** Die Angabe der Auflösung ist entscheidend, wenn Sie die Abmessungen in Zentimetern oder Zoll angegeben haben. Geben Sie für eine gute Druckqualität mindestens 300 PIXEL/ZOLL ein. Bei einer Größenangabe in Pixeln oder Megapixeln ist die Auflösung nur relativ – die Bildqualität wird dadurch nicht beeinflusst.

❺ **Wasserzeichen:** Neben dem EINFACHEN COPYRIGHT-WASSERZEICHEN, das links unten in der Ecke in vorgegebener Größe eingeblendet wird, haben Sie noch die Möglichkeit, sich

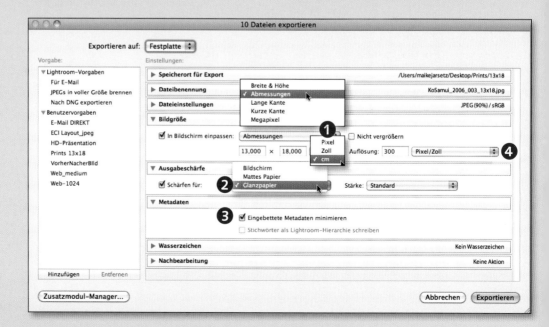

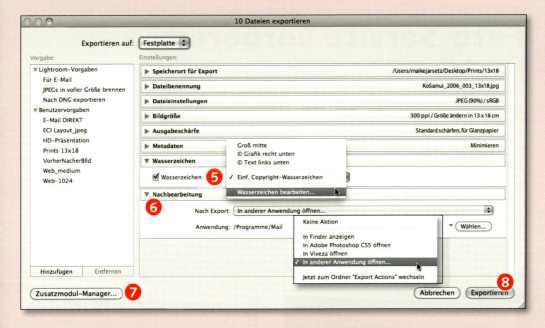

eigene Wasserzeichen-Vorgaben zu erstellen und diese aus dem Popup-Menü auszuwählen.

❻ **Nachbearbeitung:** Ein Bildexport kann auch in einer weiteren Aktion münden, etwa dem Öffnen im Finder oder einem Photoshop-Plug-in. Mit IN ANDERER ANWENDUNG ÖFFNEN können Sie ein beliebiges Programm zur Weiterbearbeitung WÄHLEN.

❼ **Zusatzmodul-Manager:** Hier können Sie die Zusatzmodule aktivieren oder deaktivieren und neue Zusatzmodule für Web-Galerien, Export-Aktionen oder auch Entwicklungseinstellungen über die Adobe-Exchange-Seite laden.

❽ **Export:** Durch Klick auf den EXPORTIEREN-Knopf wird der Export mit Ihren Vorgaben durchgeführt.

Foto-Service vorbereiten

Eigene Export-Vorgaben für wiederkehrende Aufgaben nutzen

Die naheliegendste Nutzung für den Export ist natürlich die Produktion von Fotoabzügen. Da Sie beim Export die Bildgröße genauso definieren, wie den Farbraum, das Dateiformat oder die Bildqualität, bietet es sich an, diese Parameter in einer Vorgabe zu speichern. So sparen Sie sich die erneute Einstellung beim nächsten Export und vermeiden Fehler.

1 Bildersammlung exportieren

Schlagen Sie zwei Fliegen mit einer Klappe: Während Sie Ihre erste Exportvorgabe anlegen, können Sie auch schon die erste Bildauswahl für den Bilderservice vornehmen.

Wählen Sie zuerst alle Bilder aus, die exportiert werden sollen. Am besten haben Sie sich natürlich eine Sammlung ❶ mit Ihren Favoritenbildern angelegt. Diese können Sie dann über Strg/⌘ + A markieren.

Klicken Sie dann auf EXPORTIEREN ❷.

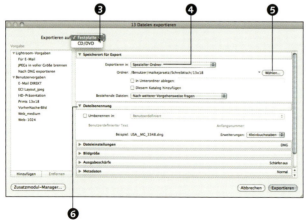

2 Exportordner festlegen

Im Exportieren-Fenster legen Sie jetzt Stück für Stück die Rahmenbedingungen für den Export fest. Starten Sie im oberen Popup-Menü und wählen Sie EXPORTIEREN AUF ▷ FESTPLATTE ❸.

Danach wählen Sie den Speicherort für den Export aus dem Popup-Menü ❹. Wählen Sie SPEZIELLER ORDNER und legen Sie einen solchen per Klick auf WÄHLEN ❺ fest.

Eine DATEIBENENNUNG ❻ ist für den Bilderservice nicht notwendig.

3 Dateieinstellungen und Bildgröße

Jetzt legen Sie die eigentliche Bildqualität Ihrer Exportdaten fest. Für den Online-Versand benötigen Sie JPEG-Dateien ❼, die Sie nicht mit einer schlechteren QUALITÄT ❽ als 80 ausgeben sollten. Wählen Sie als FARBRAUM sRGB ❾, da dies der Standardfarbraum bei den Online-Laboren ist.

Als BILDGRÖSSE wählen Sie eine KURZE KANTE ❿ von 13 CM ⓫. Damit legen Sie die Mindestgröße der kurzen Seite fest. Die längere Seite wird proportional skaliert. Hoch- oder Querformat werden jeweils angepasst.

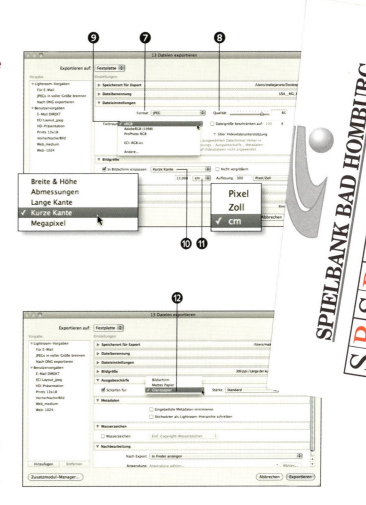

4 Brillante Papierabzüge

Eine sinnvolle Option bei Papierabzügen ist eine nachträgliche AUSGABESCHÄRFE. Diese ersetzt nicht die motivgerechte Scharfzeichnung, die Sie in den DETAIL-Steuerungen des Entwickeln-Moduls vornehmen, sondern gleicht einen Schärfeverlust aus, der unweigerlich durch die Verkleinerung der Bilder und den Ausdruck auf Papier stattfindet.

Die Scharfzeichnungswerte sind vom Ausgabemedium abhängig. Stellen Sie deshalb die Papiersorte ⓬ im Popup-Menü ein.

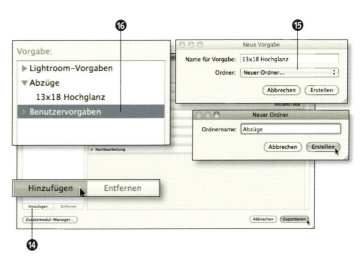

5 Vorgabe für Abzüge erstellen

All diese Einstellungen stellen jetzt Ihre Vorgabe für Papierabzüge im Format 13 x 18 auf Hochglanzpapier dar. Klicken Sie auf HINZUFÜGEN ⓮, um daraus eine Vorgabe zu speichern. Benennen Sie diese und wählen Sie NEUER ORDNER im Popup-Menü ⓯, wenn Sie gleich ein neues Vorgabeset erstellen wollen. Auch dieses müssen Sie benennen. Nach zweimaligem Klicken auf ERSTELLEN können Sie die Vorgabe für zukünftige Exporte aus der Liste ⓰ wählen. Die aktuell ausgewählten Bilder geben Sie über den Klick auf EXPORTIEREN aus.

Kapitel 7 | Exportieren und veröffentlichen **277**

Direkter E-Mail-Versand

Perfektionieren Sie die E-Mail-Export-Vorgabe

Haben Sie auch schon optimistisch die Export-Vorgabe FÜR E-MAIL angeklickt und sich gewundert, wieso Ihr E-Mail-Programm nicht pariert? An diesem liegt es dabei nicht. Die Lightroom-Vorgabe bezieht sich nämlich nur auf die Bildeinstellungen. In diesem Workshop lernen Sie, was Sie noch brauchen, um den E-Mail-Versand Ihrer Bilder zu automatisieren.

1 Export-Vorgabe nutzen

Testen Sie am Anfang, wie weit Sie mit der herkömmlichen Vorgabe kommen. Sie können dabei gleich den Export-Dialog umgehen, denn die Lightroom-Export-Vorgaben können Sie auch über das DATEI-Menü auswählen.

Aktivieren Sie die gewünschten Bilder in Lightroom und wählen Sie DATEI ▷ MIT VORGABE EXPORTIEREN ▷ FÜR E-MAIL, um die Vorgabe ohne weitere individuelle Einstellungen zu starten.

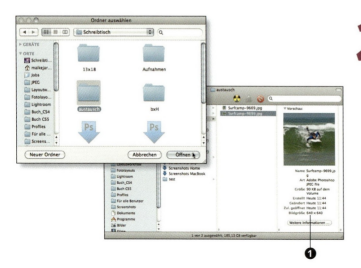

2 In der Sackgasse

Sie werden sogleich aufgefordert, den Speicherort für Ihre Bilder anzugeben und das war es dann auch schon: Die Bilder werden in der vorgegebenen Größe von 640 Pixeln ❶ ausgegeben – aber weiter passiert nichts.

Es besteht noch keine Verknüpfung zu Ihrem E-Mail-Programm, was man auch verstehen kann, denn je nach Betriebssystem und persönlicher Vorliebe des Benutzers wird diese Aufgabe ja von verschiedenen Mail-Programmen übernommen.

3 Eigenen Export vorbereiten

Machen Sie sich also daran, den E-Mail-Export zu perfektionieren. Wechseln Sie diesmal über den EXPORTIEREN-Knopf in der Bibliothek oder über den Shortcut ⇧ + Strg / ⌘ + E auf den Exportdialog und wählen Sie dort die Vorlage FÜR E-MAIL an, um schon die wichtigsten Parameter für die Dateieinstellungen, Farbraum etc. zu definieren.

4 Nachbearbeitung wählen

Öffnen Sie die unterste Einstellung NACHBEARBEITUNG, um Ihr E-Mail-Programm einzubinden. Aus dem Popup-Menü NACH EXPORT wählen Sie die Option IN ANDERER ANWENDUNG ÖFFNEN ❷, klicken auf WÄHLEN ❸ und lokalisieren dann Ihr E-Mail-Programm in dem Programme-Ordner auf Ihrer Festplatte.

Damit haben Sie die wichtigste Einstellung festgelegt und können jetzt noch andere Parameter, wie die Bildgröße ❹ oder den Zielordner ❻, individuell definieren.

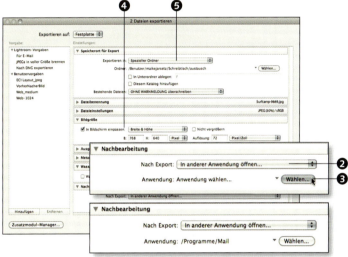

5 Die bessere Vorgabe

Bevor Sie jetzt auf EXPORTIEREN klicken, speichern Sie diese Einstellungen als Vorgabe. Dazu klicken Sie unterhalb der Vorgaben auf HINZUFÜGEN und benennen die aktuellen Einstellungen mit einem neuen Vorgaben-Namen. Diese Vorgabe ❻ können Sie jetzt immer nutzen.

Nach dem Export der Bilder werden diese dann automatisch in einem neuen E-Mail-Fenster geöffnet ❼ – so, wie es sein soll …

Kapitel 7 | Exportieren und veröffentlichen **279**

Bilder auf DVD brennen

Mehrere Wege für die Archivierung auf CD oder DVD

Bilder auf CD zu brennen ist fast ein Selbstläufer, denn in einer entsprechenden Vorgabe sind die wichtigsten Parameter schon eingetragen. Dazu gehört das Exportziel CD/DVD, mit dem Sie eine Zwischenspeicherung der umfangreichen Daten auf der Festplatte vermeiden können.

1 Bildauswahl exportieren

Starten Sie in der Bibliothek. Wählen Sie alle Bilder aus, die Sie auf CD brennen wollen und klicken Sie auf EXPORTIEREN ❶.

Dies führt Sie direkt in den EXPORTIEREN-Dialog, wo Sie individuelle Einstellungen für die zu brennenden Daten vornehmen können.

Die ganz schnelle Alternative ohne Konfigurationsmöglichkeiten finden Sie in Schritt 4.

2 Brennen, ohne zu speichern

Im Exportfenster öffnen Sie als Erstes das Popup-Menü EXPORTIEREN AUF und wählen CD/DVD ❸ als Ziel. Mit dieser Option werden die zu exportierenden Daten ohne Zwischenspeicherung auf der Festplatte gebrannt – das erspart Ihnen spätere Aufräumarbeiten. Einige Optionen, wie zum Beispiel die Wahl eines Speicherorts, stehen Ihnen deshalb hier nicht zur Verfügung. Sie können auch aus der Vorgaben-Liste JPEGs IN VOLLER GRÖSSE BRENNEN ❷ wählen. Darin ist die Ausgabe auf DVD schon enthalten.

3 Bildqualität festlegen

In der Übersicht ab Seite 272 sind die einzelnen Bereiche des Exportfensters im Detail erklärt.

Modifizieren Sie jetzt noch Ihre Bildeinstellungen, wie zum Beispiel das FORMAT ❹, den FARBRAUM ❺ oder die relative AUFLÖSUNG ❻ des Bildes.

Klicken Sie dann auf EXPORTIEREN. Lightroom exportiert daraufhin alle Bilder mit den entsprechenden Vorgaben und speichert sie temporär.

4 Der schnellste Weg

Automatisch wird – abhängig vom Betriebssystem – das Standardprogramm zum Brennen gestartet. Dieses können Sie noch weiter konfigurieren und dann die Bilder auf den eingelegten Datenträger brennen ❼.

Sie können diesen Weg auch abkürzen:
Wenn Sie die Vorgabe JPEGs IN VOLLER GRÖSSE BRENNEN oder eine eigene Vorgabe unter DATEI ▷ MIT VORGABE EXPORTIEREN wählen, überspringen Sie das Exportieren-Fenster.

5 Brennprogramm bestimmen

Wenn Sie ein anderes Brennprogramm bevorzugen, können Sie dieses im Exportieren-Fenster vordefinieren. Einziger Haken dabei: Sie müssen auf die FESTPLATTE exportieren ❽ und einen Export-Ordner ❾ vordefinieren. Die gebrannten Daten müssen später wieder aus diesem Ordner gelöscht werden.

Genau wie im vorigen Workshop aktivieren Sie für die Nachbearbeitung IN ANDERER ANWENDUNG ÖFFNEN ❿, klicken auf WÄHLEN ⓫ und bestimmen Ihr präferiertes Brennprogramm ⓬, das nach dem Export gestartet werden soll.

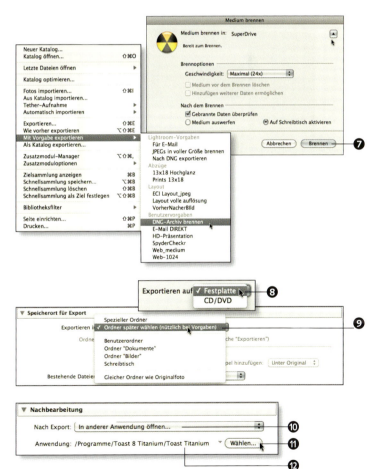

Kapitel 7 | Exportieren und veröffentlichen **281**

Auf Papier und Leinwand

Wie Sie am geschicktesten verschiedene Formate ausgeben

Wenn Sie Ihre besten Urlaubsbilder sowohl als AV-Show in HD-Qualität präsentieren als auch 13x18-Abzüge produzieren lassen wollen, passt das normalerweise nicht zusammen. Denn die Seitenproportionen von HD und 13x18-Format stimmen nicht überein und Ihre Bilder sollen natürlich nicht willkürlich beschnitten werden. Eine Kombination von virtuellen Kopien und verschiedenen Exporteinstellungen löst das Problem.

1 Bildauswahl vorbereiten
Bereiten Sie am besten Ihre Auswahl über Bewertungen und Markierungen vor und nutzen Sie dann die Filterleiste, um die Bildauswahl einzublenden. Hier wurden die besten Bilder über das Flaggensymbol ❶ beziehungsweise über die Taste P markiert und dann über den Klick auf das Flaggensymbol in der FILTER-Leiste ❷ gefiltert.

Mehr zur Auswahl von Bilddaten finden Sie in den Workshops »Spreu und Weizen« und »Viele Nadeln im Heuhaufen« ab Seite 94.

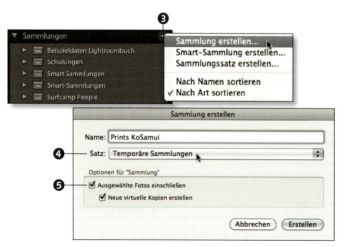

2 Sammlung erstellen
Über Strg/⌘ + A markieren Sie alle Bilder der Auswahl. Klicken Sie dann auf das Symbol + ❸ in der SAMMLUNGEN-Palette und wählen Sie SAMMLUNG ERSTELLEN.
Legen Sie sich bei Bedarf über das Popup-Menü SATZ ❹ einen neuen Sammlungssatz an. Ich nutze für diesen Zweck immer einen Satz TEMPORÄRE SAMMLUNGEN und lösche die enthaltenen Sammlungen nach der Produktion. Aktivieren Sie die Option AUSGEWÄHLTE FOTOS EINSCHLIESSEN ❺ und wählen Sie für die Sammlung den gewünschten Namen.

3 Präsentationsformate filtern

Aus dieser Sammlung können Sie jetzt die Querformate für die Diapräsentation filtern. Stellen Sie über die Taste ⟨G⟩ sicher, dass Sie in der Rasteransicht sind, deaktivieren Sie den Markierungsfilter ❿ in der Filterleiste und klicken Sie im Bibliotheksfilter auf METADATEN ❽. Danach klicken Sie in der obersten Zeile der ersten Spalte auf das Popup-Menü und wählen SEITENVERHÄLTNIS ❻, um alle Bilder im QUERFORMAT ❼ zu filtern. Hieraus erstellen Sie eine neue Sammlung – diesmal mit der Option NEUE VIRTUELLE KOPIEN ERSTELLEN ❾.

4 Beschnitt synchronisieren

In der neuen Sammlung legen Sie jetzt das richtige Seitenformat für die AV-Show im HD-Format fest, damit Sie später weder an den Seiten noch oben oder unten Ränder erhalten.

Wechseln Sie über die Taste ⟨D⟩ in das Entwickeln-Modul, markieren Sie alle Bilder und aktivieren Sie zuerst die Autosynchronisation ⓭. Wählen Sie dort die Freistellungsüberlagerung ⓬ und klicken auf das Popup-Menü ⓫ neben dem Schloss, um ein benutzerdefiniertes Format einzugeben.

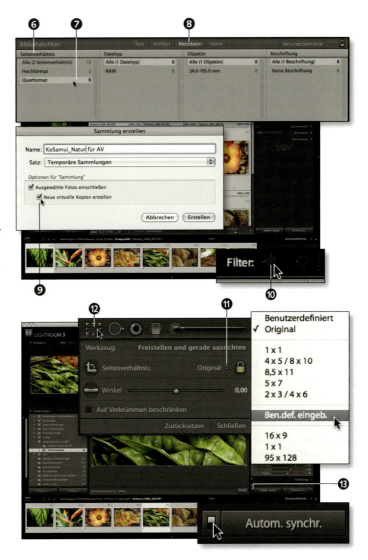

5 Eigenes Bildformat definieren

Im folgenden Fenster können Sie ein eigenes Seitenverhältnis vorgeben. Dieses kann zwar nicht in vollen Pixelzahlen eingegeben werden, aber auch 19,2 zu 10,5 entspricht dem HD-Verhältnis von 1920 zu 1050 Pixeln. Bestätigen Sie dieses durch OK und schon ist das Seitenverhältnis ausgewählt. Dass die Proportionen fixiert sind, zeigt das geschlossene Schloss-Symbol ⓮ an.

6 HD-Dias vorbereiten

Durch die automatische Synchronisation ist ein Freistellungsrahmen ⓰ über alle Bilder gelegt worden. Diesen können Sie jetzt individuell im Ausschnitt anpassen.

Deaktivieren Sie aber vorher die automatische Synchronisation oder wählen Sie die Bilder einzeln aus ⓯, bevor Sie den Ausschnitt mit der Maus anpassen.

Bestätigen Sie die Freistellung mit der ⏎-Taste.

7 Sammlung exportieren

Markieren Sie jetzt wieder alle Bilder über Strg/⌘ + A und wechseln Sie in die Bibliothek, um dort auf EXPORTIEREN zu klicken.

Sie können den Export auch direkt aus dem Entwickeln-Modul über ⇧ + Strg/⌘ + E starten.

8 Feste Breite und Höhe vorgeben

Im Export-Menü stellen Sie als erstes die Bildgröße auf die HD-Abmessungen ein.

Aktivieren Sie IN BILDSCHIRM EINPASSEN und wählen Sie aus dem Popup-Menü BREITE & HÖHE ⓱.

Wechseln Sie die Einheiten im Popup-Menü auf PIXEL ⓲ und geben Sie als Breite 1920 und als Höhe 1050 Pixel ein.

9 Exportvorgaben speichern

Danach folgen die anderen wichtigen Einstellungen, wie der SPEICHERORT und die DATEIEINSTELLUNGEN – wählen Sie hier JPEG im FARBRAUM sRGB mit maximaler QUALITÄT. Da die meisten Beamer keinen größeren Farbraum als sRGB bieten, fahren Sie damit am sichersten.

Speichern Sie dieses Einstellungsset als VORGABE ⓳, indem Sie auf HINZUFÜGEN ⓴ klicken und es entsprechend benennen.

10 Print-Abmessungen

Nachdem Sie den ersten Export durchgeführt haben, markieren Sie in der ersten Sammlung, die auch Hochformate enthält, alle Bilder über ⌜Strg⌝/⌘ + ⌜A⌝ und wechseln erneut in den Exportdialog. Diesmal ist das Ziel, Abzüge aller Bilder im gleichen Format zu produzieren. Wechseln Sie dafür die Bildgröße auf ABMESSUNGEN ㉑ und stellen Sie das gewünschte Format ㉒ und eine AUFLÖSUNG VON 300 DPI ein. Auch eine Nachschärfung für das entsprechende Papier ㉓ ist sinnvoll.

11 Alle Formate im Griff

Bevor Sie diesen Export durchführen, speichern Sie auch hierfür eine Vorgabe. Achten Sie darauf, dass auch die sonstigen Parameter stimmen: Für einen Online-Service sollten Sie auf jeden Fall sRGB als Farbraum wählen, da dies dort der Standard ist. Eine Qualität von 80–90 reicht im Allgemeinen und reduziert die Dateigröße.

Klicken Sie dann auf EXPORTIEREN. Durch diese Vorgabe wird unabhängig vom Format die längste Kante auf die vorgegebene längste Abmessung ㉔ ausgegeben.

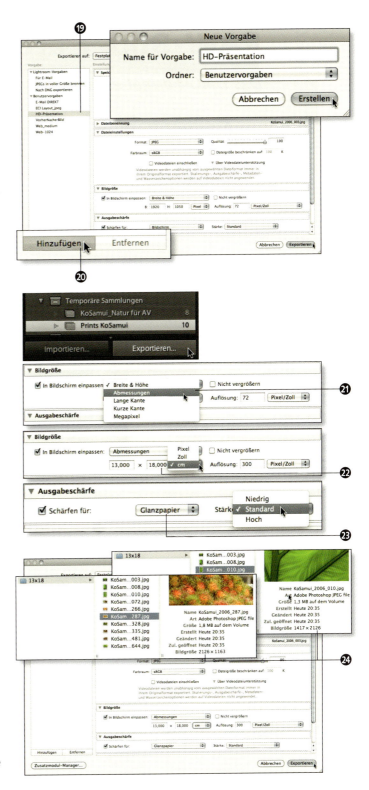

Veröffentlichen statt exportieren

So bleiben Ihre Exporte immer aktuell

Alle Module in Lightroom sind miteinander verknüpft und können in beliebiger Reihenfolge verwendet werden. Der Exportvorgang allerdings bedeutet in Lightroom immer so etwas wie den Schlussstrich. Anders verhält sich das mit dem Veröffentlichungsmanager, der einmal exportierte Bilder im Blick behält und schnell aktualisieren kann.

1 Die Verbindungen

Öffnen Sie die Veröffentlichungsdienste durch Klick auf das Dreieck ❶. Dort stehen Ihnen verschiedene Verbindungen für die Veröffentlichung zur Verfügung.

Die Verbindung zur FESTPLATTE ❷ wird in erster Linie dazu genutzt, um wiederkehrende Exportvorgänge zu verwalten.

Darüber hinaus gibt es noch verschiedene Verbindungen zu Fotoportalen, die sicher in folgenden Lightroom-Versionen oder auch heute schon über Plug-ins erweitert werden können.

2 Dienst einrichten

Um die Vorgaben für einen Veröffentlichungsdienst für die Festplatte festzulegen, klicken Sie in der Zeile FESTPLATTE auf EINRICHTEN ❹ oder wählen aus dem Menü unter dem + ❺ ZUM VERÖFFENTLICHUNGSMANAGER WECHSELN.

Im Veröffentlichungsmanager können Sie gegebenenfalls nochmals die Verbindung wählen, die Sie einrichten wollen ❸.

3 Speicherort festlegen

Mit einem Veröffentlichungsdienst fixieren Sie einen Speicherort für die Bilder – Sie legen quasi einen Veröffentlichungsordner an. Wichtig zu wissen: Diese Einstellung können Sie nachträglich nicht mehr ändern.

Benennen Sie zuerst den Veröffentlichungsdienst ❻, wählen Sie aus dem Popup-Menü Spezieller Ordner ❼ und legen Sie diesen über den Wählen-Knopf ❽ fest.

Optional können Sie auch noch einen Unterordner anlegen ❿ und Ihre Dateien umbenennen ❾.

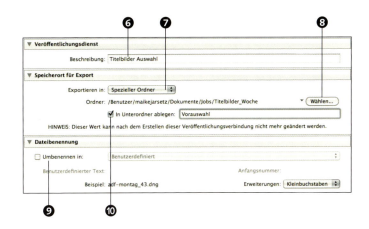

4 Bildgröße definieren

Die wichtigsten Einstellungen betreffen natürlich die Bildqualität. In diesem Fall möchte ich Layoutbilder für ein Titelbild zur Auswahl bereitstellen. Deshalb habe ich ein JPEG in maximaler Qualität ⓬ gewählt und als Farbraum ECI-RGB ⓫ eingestellt. Die Bildgröße entspricht mit ihren Abmessungen ⓭ A4 plus 3 mm Beschnitt. Eine Auflösung von 150 Pixel/Zoll ⓮ ist für Layoutzwecke ausreichend. Da die Auswahl am Bildschirm stattfinden soll, habe ich noch eine entsprechende Ausgabeschärfung eingestellt.

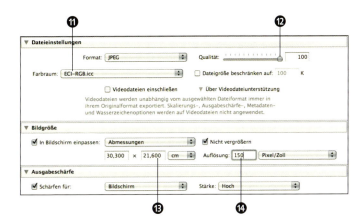

5 Metadaten minimieren

Viele Fotografen möchten nicht, dass die Kunden oder andere Außenstehende Einblick in Kameradaten wie Belichtung oder Kameraausrüstung haben. Das lässt sich leicht verhindern:

Aktivieren Sie einfach die Option Eingebettete Metadaten minimieren ⓯ im Bereich Metadaten – so bleibt nur noch der Copyright-Eintrag in den Metadaten enthalten.

Klicken Sie auf Speichern, um den Veröffentlichungsdienst zu aktivieren. Dieser ist dann in der Liste Ihrer Verbindungen verfügbar ⓰.

Kapitel 7 | Exportieren und veröffentlichen

6 Bilder hinzufügen

Der eingerichtete Veröffentlichungsdienst verhält sich jetzt wie ein Ordner oder eine Sammlung. Sie können nun beliebig Bilder darauf ziehen ⓱.

Dadurch werden noch keine Bilder ausgegeben oder gar verschoben, sie werden nur für die Veröffentlichung vorgemerkt.

7 In der Warteschleife

Klicken Sie auf den Namen des Veröffentlichungsdienstes ⓴, um die Bilder in der »Warteschleife« zu sehen.

Alle Bilder werden unter dem Reiter Zu veröffentlichende neue Fotos ⓲ gesammelt und warten auf ihre Veröffentlichung.

Auch in diesem Fenster gelten die Prinzipien der Bibliothek – Sie können zum Beispiel die Bildersammlung noch mit dem Bibliotheksfilter ⓳ durchsuchen und sämtliche Ansichten aus der Bibliothek nutzen.

8 Bilder veröffentlichen

Rechts oben im Fenster befindet sich der Knopf Veröffentlichen ⓴.

Dieser Befehl exportiert die Bilder nach und nach mit den definierten Vorgaben in den festgelegten Ordner. Im Fenster erkennen Sie die bereits veröffentlichten Bilder im unteren Bereich ㉑.

Alternativ können Sie auch mit rechter Maustaste auf den Veröffentlichungsdienst in der Liste klicken und den Befehl Jetzt veröffentlichen wählen

9 Alles im Fluss

Das Besondere am Veröffentlichen-Vorgang ist, dass der Bezug zu den Motiven in Lightroom nicht verlorengeht. Die Bilder sind nach wie vor im Veröffentlichungsdienst gespeichert.

Wechseln Sie in den Entwickeln-Modus und nehmen Sie noch Änderungen in einem Motiv vor. Ich habe für das Beispielbild den A4-Ausschnitt vordefiniert und eine Schwarzweißumsetzung inklusive Teiltonung durchgeführt.

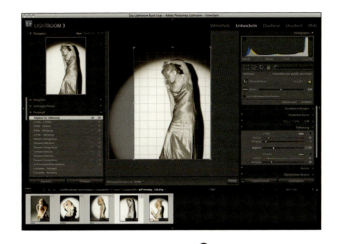

10 Im Veröffentlichungsordner

Wechseln Sie über die Taste G zurück in die Rasteransicht der Bibliothek und klicken Sie noch einmal auf den Veröffentlichungsdienst.

Sie erkennen, dass das editierte Foto in einem eigenen Fenster mit Namen ERNEUT ZU VERÖFFENTLICHENDE GEÄNDERTE FOTOS ㉒ gesammelt wurde.

Der Veröffentlichungsmanager kontrolliert also selbsttätig, wenn Bilder geändert werden und neu veröffentlicht werden sollen.

11 Neu veröffentlichen

Die Bilder können jetzt ohne weiteren Aufwand neu veröffentlicht werden. Klicken Sie dafür einfach noch einmal auf den VERÖFFENTLICHEN-Knopf.

Durch die einmalige Einrichtung der Exporteinstellungen müssen Sie keine weiteren Schritte durchführen, um das aktualisierte Foto mit den gleichen Vorgaben erneut zu veröffentlichen.

Facebook, Flickr und Co.

Die schnelle Veröffentlichung auf Fotoportalen

Um Bilder auf Fotoportalen und in sozialen Netzwerken zu veröffentlichen, waren bisher mehrere Schritte vom Export in Lightroom bis zur Einrichtung eines Albums notwendig. Lightroom 3 vereint bisher die drei gängigsten Portale im Veröffentlichungsmanager und lässt Sie alle notwendigen Schritte direkt mit Lightroom ausführen.

1 Verbindung einrichten

Öffnen Sie die Palette des Veröffentlichungsmanagers. Neben der Festplatte haben Sie bisher Zugriff auf drei weitere Verbindungen: FACEBOOK, FLICKR und SMUGMUG.

Jede dieser Verbindungen müssen Sie erst einrichten, bevor Sie Bilder veröffentlichen können. Natürlich müssen Sie einen Account für die entsprechenden Portale besitzen.

Klicken Sie auf EINRICHTEN ❶ neben dem jeweiligen Verbindungsdienst oder wählen Sie den Befehl aus dem Menü, nachdem Sie auf das Symbol **+** geklickt haben.

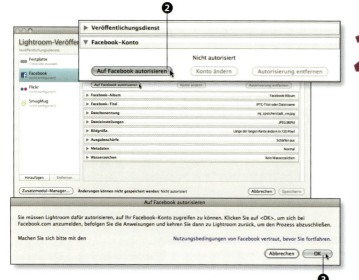

2 Autorisierung starten

Im Veröffentlichungsmanager erhalten Sie ein erweitertes Exportfenster. Im oberen Bereich sind die Einstellungen für die Online-Verbindungen angefügt worden. Dazu gehören natürlich die Account-Einstellungen, damit Sie direkt aus Lightroom auf Ihren Facebook-Account oder auf andere Netzwerke zugreifen können.

Im Beispiel von Facebook klicken Sie auf AUF FACEBOOK AUTORISIEREN ❷. Durch eine Bestätigung der Nutzungsbedingungen ❸ werden Sie auf Facebook weitergeleitet.

3 Anmeldung durchführen

Melden Sie sich mit Ihren Benutzerdaten an ❹. Je nach Portal werden jetzt verschiedene Abfragen durchgeführt. Sie müssen Ihre Zustimmung erteilen, dass Sie von einer externen Anwendung aus – in diesem Fall Lightroom – auf Ihre Account-Daten zugreifen dürfen.

Die genannten Verbindungs- und Zugriffsmöglichkeiten müssen Sie ZULASSEN ❺.

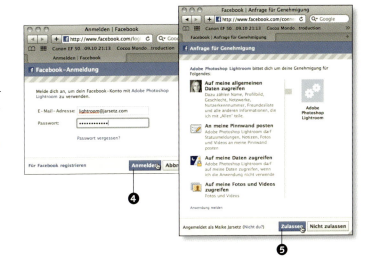

4 Zurück zu Lightroom

Nach der Anmeldung können Sie zurück zu Lightroom wechseln. Klicken Sie einfach auf FERTIG. Jetzt sind Sie in Lightroom mit Ihren Account-Daten autorisiert.

Sie können jetzt auch das KONTO ÄNDERN ❻ oder Ihre bestehende Autorisierung jederzeit rückgängig machen ❼.

5 Album anlegen

Jetzt geht es um das Eigentliche. Nach der Benennung des Dienstes ❽ folgt die Wahl oder die Erstellung des Albums (für Facebook oder Flickr) beziehungsweise der Galerie (für SmugMug). Da Sie die Verbindung zu Ihrem Account schon hergestellt haben, können Sie jetzt von Lightroom aus über das Popup-Menü ALBUM ❾ auf bestehende Alben zugreifen oder neue erstellen ⓫. Je nach Portal sind die Folgemenüs dann leicht unterschiedlich. Für ein Facebook-Album können Sie auch Berechtigungen festlegen.

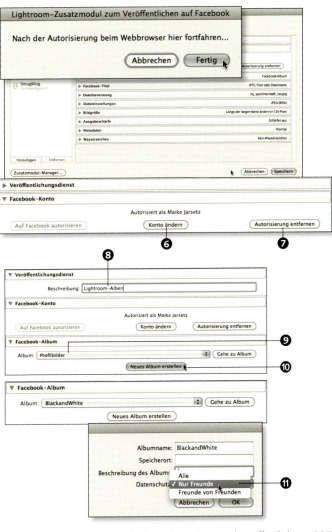

Kapitel 7 | Exportieren und veröffentlichen **297**

6 Bildtitel oder Beschreibung

Eine weitere Besonderheit bei der Veröffentlichung in Facebook und Co. ist die Möglichkeit, den späteren Titel des Bildes – unabhängig vom Dateinamen – aus den Metadaten generieren zu lassen.

Legen Sie den IPTC-Titel ⓬ über das Popup-Menü im Bereich Facebook-Titel fest. Die Inhalte bestimmen Sie später.

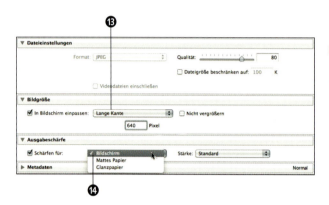

7 Bildgröße und -qualität

Natürlich müssen Sie auch die Bildgröße einstellen. Die JPEG-Qualität von 80 ist dabei in den Dateieinstellungen der Facebook-Vorgabe vordefiniert.

Definieren Sie eine Abmessung für die Lange Kante ⓭, um allen Bildern die gleiche Maximalgröße zu geben.

Eine zusätzliche Ausgabeschärfung stellen Sie auf die Option Bildschirm ⓮ ein. Dadurch wird eine recht hohe Detailnachschärfung durchgeführt.

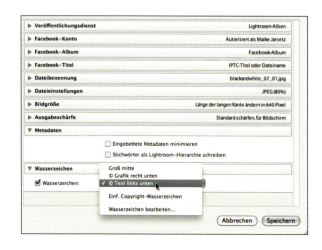

8 Copyright einfügen

Wichtig ist bei der Online-Veröffentlichung natürlich ein Copyright-Hinweis in den Bildern.

Im Bereich Wasserzeichen können Sie entweder auf eigene, vordefinierte Wasserzeichen zurückgreifen oder den Copyright-Eintrag aus den Metadaten als Einfaches Copyright-Wasserzeichen im Bild einblenden lassen.

Lesen Sie dazu auch die Grundlagenexkurse »Die weite Welt der Metadaten« auf Seite 110 und »Marken setzen« auf Seite 318.

9 IPTC-Titel festlegen

Nachdem Sie die Einstellungen für den Facebook-Dienst mit OK bestätigt haben, ist der Dienst fertig eingerichtet.

Vor der Veröffentlichung können Sie noch den IPTC-Titel für die Bilder bearbeiten, denn diesen Metadaten-Eintrag haben Sie bereits in Schritt 6 als späteren Bildtitel definiert.

Öffnen Sie in der Bibliothek die METADATEN-Palette, wählen Sie STANDARD ⓯ und geben Sie unter TITEL die Bildbeschreibung für die einzelnen Bilder ein.

10 Album veröffentlichen

Wählen Sie jetzt die gewünschten Bilder für das Album aus und ziehen Sie sie per Drag & Drop auf den Veröffentlichungsordner ⓰. Natürlich können Sie die Bilder auch nacheinander aus verschiedenen Ordnern auswählen.

Klicken Sie dann auf den Namen des Facebook-Ordners ⓲, um die zur Veröffentlichung bereitstehenden Bilder anzuzeigen. Ein weiterer Klick auf den VERÖFFENTLICHEN-Knopf ⓱, postet Ihr Album auf Ihrer Facebook-Seite.

11 Interaktion

Damit ist alles getan, die Bilder sind auf Facebook – oder auf einem anderen Portal – veröffentlicht. Das Schöne ist, dass Sie jetzt auch direkt in Lightroom die Vorteile der sozialen Netzwerke genießen können.

Sie müssen sich nicht mal auf Facebook einloggen, um zu schauen, ob jemand Ihr Album kommentiert hat. Gehen Sie einfach in die neue KOMMENTARE-Palette in der Bibliothek und laden Sie die Kommentare per Klick auf das Aktualisierungssymbol ⓳ herunter.

Kapitel 7 | Exportieren und veröffentlichen

Smarte Bildordner

Eine automatische Bildauswahl für die Veröffentlichung

Aus dem Bibliotheks-Kapitel sind Sie mit Sammlungen und Smart-Sammlungen vertraut. Dieses Prinzip können Sie sich auch beim Veröffentlichen zu Nutze machen. Smart-Ordner sammeln automatisch die Bilder nach vordefinierten Kriterien. Und Sie können Sie dann einfach per Klick veröffentlichen.

1 Dienst hinzufügen

Bevor Sie einen Smart-Ordner erstellen, müssen Sie festlegen, für welchen Veröffentlichungsdienst Sie ihn nutzen wollen. Denn dessen Einstellungen gelten für alle Ordner, die diesen Dienst bedienen.

Legen Sie sich noch einen weiteren Dienst für eine bestimmte Ausgabegröße an. Öffnen Sie den Veröffentlichungsmanager, markieren Sie die Festplatte und klicken Sie auf Hinzufügen ❶. Benennen Sie den Dienst, legen Sie die Einstellungen fest und klicken Sie auf Speichern.

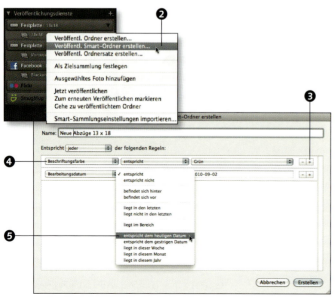

2 Smart-Ordner erstellen

Zurück in der Palette des neu erstellten Dienstes klicken Sie mit der rechten Maustaste auf seinen Namen und wählen Veröffentl. Smart-Ordner erstellen ❷. Damit erstellen Sie einen zusätzlichen Ordner für diesen Veröffentlichungsdienst, dessen Inhalte dann automatisch gefiltert werden. Klicken Sie auf das Symbol + ❸, um weitere Kriterien hinzuzufügen. Wählen Sie eine bestimmte Beschriftungsfarbe ❹ und Entspricht dem heutigen Datum ❺. Nach der Benennung klicken Sie auf Erstellen.

3 Bilder kategorisieren

Die Vorbereitungen sind jetzt schon abgeschlossen. In dem neuen Smart-Ordner werden alle Bilder landen, die die Kriterien erfüllen.

Durchforsten Sie Ihr Bildarchiv und vergeben Sie eine grüne Beschriftung an die Bilder, die gleich im 13x18-Format ausgegeben werden sollen. Sie können über die rechte Maustaste oder über das Menü FOTO eine Farbmarkierung festlegen. Am schnellsten geht es aber über die Taste 8 .

4 Automatische Auswahl

Klicken Sie auf Ihren Smart-Ordner in den Veröffentlichungsdiensten. An der kleinen Zahl rechts ❻ können Sie schon erkennen, wie viele Bilder den Suchkriterien des Smart-Ordners entsprechen. Diese können Sie jetzt, wie schon in den vorangegangenen Workshops, über einen Klick auf VERÖFFENTLICHEN entsprechend Ihrer Vorgaben exportieren. Das besondere an diesem Smart-Ordner ist die dynamische Filterung. Morgen wird der Ordner leer sein beziehungsweise nur neue grün markierte Auswahlbilder beinhalten.

5 Veröffentlichung anzeigen

Mit diesem Konzept können Sie Tag für Tag ausgewählte Bilder sammeln und diese dann gemeinsam produzieren lassen.

Klicken Sie mit der rechten Maustaste auf den Smart-Ordner und wählen Sie GEHE ZU VERÖFFENTLICHTEM ORDNER.

So wird Ihnen der Export-Ordner ❼ auf der Festplatte inklusive aller schon veröffentlichen Bilder angezeigt.

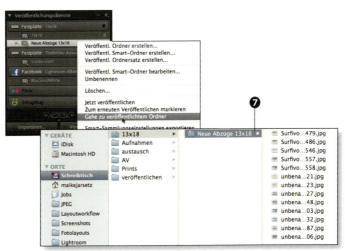

Kapitel 7 | Exportieren und veröffentlichen **301**

Schnelle Sammlung

Veröffentlichungsordner als Zielsammlung nutzen

Ein Veröffentlichungs-Ordner ist durch den vorher definierten Veröffentlichungsdienst schon fest an alle Ausgabeparameter geknüpft. Sie müssen sich also um nichts weiter kümmern als um die Auswahl der Bilder. Ein Ordner, der gleichzeitig als Zielsammlung festgelegt ist, ermöglicht Ihnen die Veröffentlichung im Handumdrehen.

1 Veröffentlichungs-Ordner

Wie bereits im vorangegangenen Workshop demonstriert, sollten Sie schon einen Veröffentlichungsdienst mit Exporteinstellungen für Bildqualität und Exportziel eingerichtet haben – wie zum Beispiel für die Ausgabe von Bildern im Format 13 x 18.

Klicken Sie mit der rechten Maustaste auf den Dienstnamen, wählen Sie VERÖFFENTL. ORDNER ERSTELLEN und benennen Sie diesen.

2 Zielsammlung erstellen

Gleich danach klicken Sie mit der rechten Maustaste auf den neuen Ordner und können diesen dann über das kontextsensitive Menü ALS ZIELSAMMLUNG FESTLEGEN.

Das Prinzip der Schnellsammlung oder Zielsammlung kennen Sie schon aus dem Workshop »Auswahl und schnelle Zuordnung« auf Seite 102.

3 Bilder schnell sammeln

Anstatt die Bilder einzeln auf den Ordner ziehen zu müssen, können Sie Sie Bilder nun schnell in der Zielsammlung sammeln. Klicken Sie dazu auf das kleine Kreissymbol rechts oben in der Miniaturansicht ❶, wählen mit rechter Maustaste DER ZIELSAMMLUNG HINZUFÜGEN oder drücken einfach die Taste B.

So sammeln Sie die Bilder in der Zielsammlung, also dem Veröffentlichungsordner.

4 Veröffentlichen

Um die Bilder mit den vorher definierten Einstellungen zu exportieren, klicken Sie erst auf den Ordnernamen, so sehen Sie dessen Inhalt im Vorschaufenster.

Klicken Sie dort auf VERÖFFENTLICHEN, um die Fotos Bild für Bild zu exportieren.

5 Bilder hinzufügen

Natürlich können Sie der Zielsammlung auch noch nach der Veröffentlichung Bilder hinzufügen. Im Vorschaufenster des Veröffentlichungsordners werden diese im oberen Fensterbereich gesammelt.

Über einen weiteren Klick auf VERÖFFENTLICHEN exportieren Sie diese neuen Bilder, genauso wie zwischenzeitlich geänderte Bilder.

Lesen Sie auch Grundlagen zum Veröffentlichen im Workshop »Veröffentlichen statt exportieren« auf Seite 292.

Kapitel 7 | Exportieren und veröffentlichen **303**

Die Sache mit den XMP-Daten

So behalten Sie die originalen Bilddaten im Blick

Von Lightroom und anderen Programmen

Wahrscheinlich ist Ihnen das auch schon mal passiert: Nach ausgiebiger Arbeit in Lightroom öffnen Sie ein bearbeitetes Originalbild einfach per Doppelklick von der Festplatte und – oh Schreck – nichts von ihrer aufwendigen Entwicklungsarbeit ist mehr zu sehen.

Wenn Sie die Grundlagenexkurse über nicht-destruktives Arbeiten und das Katalogprinzip auf den Seiten 36 und 70 gelesen haben, wissen Sie, dass die Entwicklungseinstellungen in der Datenbank des Lightroom-Katalogs gespeichert werden und damit das Originalbild – und das gilt auch für JPEGs – komplett unangetastet bleibt.

Falls Sie aber doch in die Verlegenheit kommen, Ihre Originaldaten außerhalb von Lightroom ändern zu wollen, hier ein paar Tipps dafür.

Im Explorer bzw. Finder ist nur die unentwickelte Originaldatei sichtbar.

Die Vorher- und Nachher-Ansicht in Lightroom am Beispiel eines entwickelten JPEG-Bildes

Auch in der Bridge sind im Normalfall keine Änderungen im Bild sichtbar.

Eine Frage der Kommunikation

Obwohl Ihre Bilder offensichtlich »unentwickelt« angezeigt werden, ist dies für den Explorer beziehungsweise Finder und für die Bridge die »richtige« Darstellung, denn durch die Entwicklung in Lightroom wird weder eine JPEG-Datei »überspeichert« noch eine externe XMP-Datei mit Entwicklungsdarstellungen für die RAW-Datei angelegt. Außerhalb von Lightroom liegen also immer noch die Originaldaten vor.

Die Original-RAW-Datei in der Bridge ohne XMP-Einstellungen

Nachdem die Entwicklungseinstellungen der RAW-Datei in einer XMP-Datei gespeichert wurden, sind die Änderungen auch in der Bridge sichtbar.

Der Finder kann trotz Vorhandensein der XMP-Einstellungen die Ansicht nicht aktualisieren.

Immer auf dem aktuellen Stand

Vorweg: Sie müssen in den Standardvoreinstellungen der Bridge nichts ändern, wenn Sie ab und zu einmal die Ansicht einer Originaldatei in der Bridge aktualisieren wollen. Markieren Sie einfach das Bild oder die Bilder und speichern Sie sie über den bekannten Shortcut [Strg]/[⌘]+[S]. Damit werden die aktuellen Metadaten in die Datei beziehungsweise in die XMP-Datei geschrieben. Und die Ansicht in der Bridge wird aktualisiert.

Sie können Lightroom auch zwingen, die XMP-Daten automatisch zu speichern. Öffnen Sie dazu über das LIGHTROOM-Menü (Mac) beziehungsweise das BEARBEITEN-Menü (PC) die KATALOGEINSTELLUNGEN und dort den Reiter METADATEN ❶. Die Option ÄNDERUNGEN AUTOMATISCH IN XMP SCHREIBEN ❷ sichert die XMP-Datei automatisch – und zwar bei jeder Änderung der Datei in Lightroom. Deshalb sollten Sie sich auch genau über-

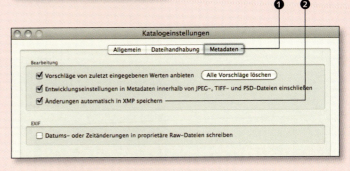

legen, ob dies für Sie sinnvoll ist, denn bei der Entwicklungsarbeit einer ganzen Bildserie kann Ihr Rechner schnell einmal ins Schwitzen kommen.

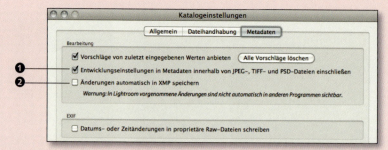

Sonderfall JPEG

JPEG-Daten benötigen eigentlich keine externe XMP-Datei für die Entwicklungseinstellungen, denn diese können innerhalb der Datei gespeichert werden.

Damit Lightroom dies auch tun kann, muss die Option ENTWICKLUNGSEINSTELLUNGEN IN METADATEN INNERHALB JPEG-, TIFF- UND PSD-DATEIEN EINSCHLIESSEN aktiviert sein ❶.

Nur dann werden die Entwicklungseinstellungen – entweder durch die automatische Speichern-Option ❷ oder durch den manuellen Speichern-Befehl – auch für alle anderen als nur RAW-Formate gespeichert.

Auch für JPEGs gilt, dass nach Speicherung der Entwicklungseinstellungen aus Lightroom die Änderungen zwar in der Bridge sichtbar sind, aber im Explorer und Finder sehen die Dateien noch unbearbeitet aus. Die JPEG-Datei verhält sich in diesem Fall wie eine RAW-Datei. Die Entwicklungseinstellungen sind zwar in den Metadaten der Datei vorhanden, müssen aber für eine finale Änderung noch auf das Bild angewendet werden.

Das sehen Sie auch in der Bridge: Dort wird durch ein kleines Symbol ❸ angezeigt, dass Entwicklungseinstellungen in dieser Datei vorliegen. Diese Einstellungen können Sie übrigens auch jetzt noch über die rechte Maustaste löschen ❹. Sie haben also eine Art Sicherheitspuffer vor dem ultimativen Ändern der Originaldatei eingebaut.

Um die Entwicklungseinstellungen auf die JPEG-Datei anzuwenden, müssen Sie sie nur doppelklicken. Dann wird die Datei – aufgrund der gespeicherten XMP-Daten – im RAW-Konverter geöffnet und die Entwicklungseinstellungen werden dort direkt angewendet. Danach können Sie das Bild in Photoshop öffnen und sichern oder auch im RAW-Konverter eine Kopie speichern. Erst dann liegt eine ultimativ geänderte JPEG-Datei vor.

Lightroom macht es seinen Anwendern also recht schwer, die Originaldaten zu ändern – und das ist in Zeiten der nicht-destruktiven Bildkorrektur auch gut so.

Die Bridge zeigt nach dem Speichern die Änderung der Entwicklungseinstellungen in den JPEG-Dateien an.

Da diese Entwicklungseinstellungen in den XMP-Metadaten gespeichert sind, können Sie noch rückgängig gemacht werden.

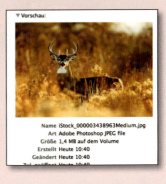

Die Vorschau im Finder bzw. Explorer wird erst aktualisiert, nachdem das Bild im RAW-Konverter geöffnet und mit den neuen Entwicklungseinstellungen gespeichert wurde.

Am einfachsten bleibt der Export

Sie sehen also, es ist möglich, die originalen Daten über mehrere Wege ❺ mit den Entwicklungseinstellungen zu aktualisieren. Im Normalfall ist das aber gar nicht nötig, wenn Ihr gesamter Workflow in Lightroom stattfindet. In Lightroom arbeiten Sie jederzeit mit der aktuellen Version Ihres Bildes.

Aktualisierte Originaldateien benötigen Sie dann nur im Einzelfall bei der Archivierung, Produktion oder beim Austausch von Bilddaten. Für die letzten beiden Aufgaben sind der Exportdialog oder der Veröffentlichungsmanager zuständig, die beide mit ihren vielen Möglichkeiten ausführlich in diesem Kapitel besprochen werden.

Die Archivierung erledigen Sie am besten über einen Export des gesamten Katalogs inklusive der Bilddaten, der so genannten Negativdateien. Wie das geht, ist auf Seite 288 beschrieben.

Übrigens: RAW-Daten können Sie als DNG-Datei exportieren und damit sowohl die RAW-Daten erhalten als auch die notwendigen XMP-Daten innerhalb der Datei speichern.

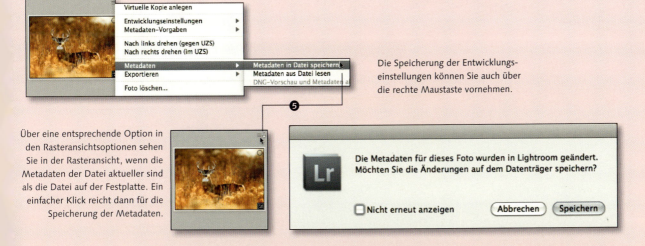

Die Speicherung der Entwicklungseinstellungen können Sie auch über die rechte Maustaste vornehmen.

Über eine entsprechende Option in den Rasteransichtsoptionen sehen Sie in der Rasteransicht, wenn die Metadaten der Datei aktueller sind als die Datei auf der Festplatte. Ein einfacher Klick reicht dann für die Speicherung der Metadaten.

Grundlagenexkurs | Die Sache mit den XMP-Daten

Diashow-Präsentation

Auch für die Präsentation Ihrer Bilder müssen Sie Lightroom nicht verlassen. Zwar reicht das Diashow-Modul noch nicht an die Möglichkeiten hochwertiger Stand-alone-Software für AV-Shows heran, doch die Funktionalität, Bildentwicklung und Präsentation praktisch parallel durchführen zu können, ist in Lightroom einmalig. In diesem Kapitel erhalten Sie einen Überblick über die Möglichkeiten und Vorgehensweisen in diesem Modul.

Marken setzen **318**
  Erkennungstafel und Wasserzeichen einrichten
Diashow-Layout aufbauen **322**
  Von der Standardvorgabe zum eigenen Layout
Bildauswahl festlegen **326**
  Die Optionen bei der Auswahl der präsentierten Bilder
Fotoinformationen nutzen **328**
  Wie Sie Titel und Bildunterschriften in die Diashow integrieren
Portfolio präsentieren **330**
  Diashow als PDF-Präsentation ausgeben
Der richtige Rahmen **332**
  Runden Sie Ihre Diashow effektvoll ab
Modernes Daumenkino **336**
  Diashow als Video ausgeben
Ende der Fahnenstange **338**
  JPEGs an andere AV-Programme übergeben
Diashow auf Abruf **340**
  Bildauswahl und Layout zusammen als Sammlung speichern

 **Bonusmaterial auf DVD:**
Diashow-Layouts verwenden (Lektion 3.2)

Fotos: Maike Jarsetz

Hätten Sie's gewusst?

? Ich möchte in meiner Diashow eine Textbeschreibung für die Dias hinzufügen. Diese soll natürlich für jedes Dia unterschiedlich sein. Wenn ich aber auf einem Dia Text hinzufüge, erscheint der immer gleich auf allen Dias! Wie kann ich das ändern?

! Nutzen Sie Ihre Metadaten-Einträge. Denn nur so können Sie Dias individuell beschriften. Dazu müssen Sie im Popup-Menü neben dem Textfeld BEARBEITEN auswählen und im folgenden Fenster ein Metadatenfeld, wie zum Beispiel TITEL oder BILDUNTERSCHRIFT, für die Beschriftung wählen. Diese Platzhalter werden dann für jedes Dia individuell mit den Metadateneinträgen gefüllt. Die Metadaten müssen Sie natürlich in der Bibliothek im Fenster METADATEN vorbereiten – falls Sie es nicht sowieso schon getan haben. Im Workshop »Fotoinformationen nutzen« auf Seite 328 erhalten Sie eine Anleitung dafür.

? Wenn ich Textbausteine hin und her bewege, gibt diese praktische Ankerlinie, die sich an den Ecken oder an den Mittelpunkten des Formats ausrichtet. Jetzt möchte ich aber den Block relativ zum Bildrahmen ausrichten, der nicht zentriert ist. Kann ich die Bezugspunkte dieser Linien ändern?

! Ja, ziehen Sie einfach mit gedrückter Maustaste das kleine Quadrat – den »Anker« – vom Rand des Formats an einen neuen Bezugspunkt – also zum Beispiel in die Ecke Ihres Bildrahmens. Dieser frei gewählte Bezugspunkt erscheint dann gelb markiert.

? Wir arbeiten auf mehreren Rechnern mit Lightroom und wundern uns oft, dass auf unterschiedlichen Arbeitsplätzen die Diashows in den Proportionen leicht unterschiedlich wirken. Woran kann das liegen? Oder – anders gefragt – wo stellt man eine feste Größe und Auflösung für die Diashow ein?

! Eine feste Auflösung kann für die Diashow nicht eingestellt werden. Da die Diashow in erster Linie für die Präsentation innerhalb von Lightroom konzipiert ist, wird sie immer für die auf dem Rechner eingestellte Bildschirmauflösung angelegt. Die von Ihnen beobachteten Unterschiede in den Proportionen liegen bestimmt an unterschiedlichen Bildschirmen beziehungsweise an deren Auflösung.

? Für eine Pausenpräsentation zwischen Vorträgen möchte ich immer ein Dia einblenden. Ich wähle dieses aus, aktiviere die Option »Verwenden: Ausgewählte Fotos« in der Werkzeugleiste und klicke auf »Abspielen«. Trotzdem durchläuft die Diashow alle Bilder. Warum?

! Wahrscheinlich, weil Lightroom es gut meint und wohl davon ausgeht, dass Sie niemals nur ein Dia eines ganzen Filmstreifens wiedergeben wollen. Sie haben aber trotzdem mehrere Optionen für eine »One-Dia-Show«:
- Starten Sie die Diashow mit Ihrem ausgewählten Dia und halten Sie sie gleich mit der `Leertaste` wieder an.

- Markieren Sie das betreffende Dia mit einer Flaggenmarkierung – das geht am schnellsten über die Taste P – und wählen Sie in dem Popup-Menü VERWENDEN ▷ MARKIERTE FOTOS.
- Setzen Sie in den Optionen des Abspielen-Fenster die Dialänge auf einen maximalen Wert. Dessen Grenze liegt allerdings bei 20 Sekunden.
- Über zweimaliges Drücken der Taste F aktivieren Sie den Vollbildmodus. Mit der ⇧ - und →-Taste blenden Sie alle Paletten aus. Und durch zweimaliges Drücken der L-Taste wird die Umgebung schwarz »heruntergedimmt«. So präsentieren Sie ein Dia ohne gleichzeitige Diashow.

? Ich verzweifle bei der Ausgabe meiner Diashow als einzelne JPEGs. Die Proportionen der Dias verschieben sich immer zum Rand. Welche Auflösung in Pixeln muss ich denn einstellen, damit die Diashow so ausgegeben wird wie in Lightroom?

! Wählen Sie die naheliegende Einstellung, Ihre Bildschirmauflösung. Denn diese ist Grundlage für das Seitenverhältnis in der Diashow. Sie können natürlich auch ein Vielfaches oder einen proportionalen Anteil der jeweiligen Breite und Höhe in Pixeln als Ausgabeformat wählen. So bleiben die Seitenverhältnisse und Proportionen gleich.

? Was mache ich falsch? Sobald ich eine Diashow abspiele oder auch als PDF oder JPEG ausgebe, erscheinen die Bilder unterschiedlich groß. Im Vorschaufenster des Diashow-Moduls sind aber alle Bilder gleich groß. Woran kann das liegen?

! Wahrscheinlich arbeiten Sie mit JPEGs, die in unterschiedlichen Größen vorliegen. Lightroom rendert die Bilder für die Diashow auf die gewünschte Größe – allerdings werden die Bilder hierbei nur verkleinert, niemals vergrößert. Wenn die Auflösung des Bildes nicht so groß ist wie der für das Bild vorgesehene Rahmen, wird es in seiner maximalen Auflösung und damit im Zweifelsfall kleiner als vorgesehen ausgegeben.

? Ich arbeite im Studio mit einem zweiten Monitor für den Kunden, den ich ja über die Symbole und Popup-Menüs im Filmstreifen sehr gut ansteuern kann. Wie kann ich jetzt auch die Diashow auf diesem Monitor ablaufen lassen und nicht nur auf meinem Haupt-Monitor?

! Ganz einfach. Im Bereich ABSPIELEN werden Ihnen beide Monitore als kleine Symbole angezeigt. Klicken Sie einmal auf das Monitorsymbol, auf dem die Präsentation ablaufen soll. Damit haben Sie den Abspielbildschirm definiert. Optional könnten Sie noch den zweiten Bildschirm während der Präsentation auf Schwarz abblenden.

Das Export-Modul im Überblick

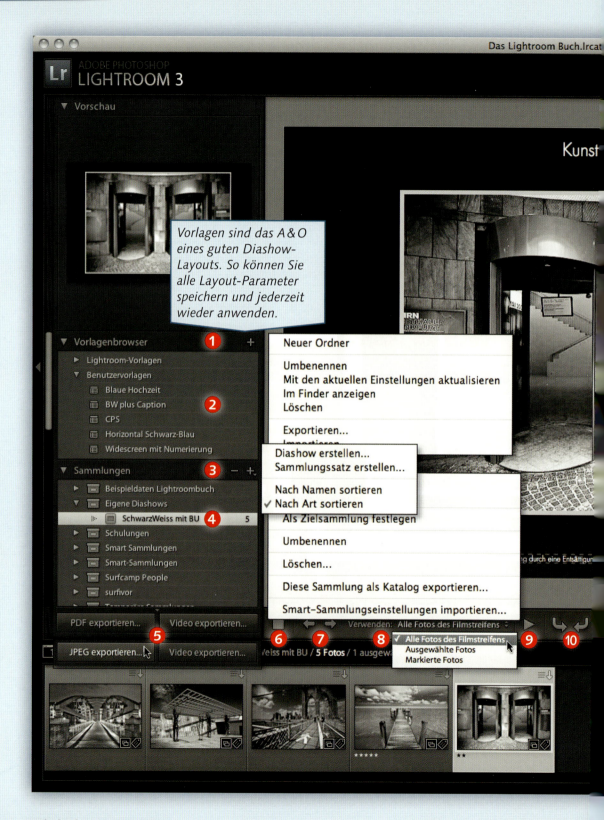

Das Export-Modul

❶ **Vorlagen anlegen:** Über einen Klick auf das **+** speichern Sie die aktuellen Einstellungen als Diashow-Vorlage. Neue Vorlagen werden im Ordner BENUTZERVORLAGEN oder in einem eigens angelegten Ordner gespeichert.

❷ **Vorlagen bearbeiten:** Klicken Sie mit der rechten Maustaste auf eine Vorlage, um sie neu zu benennen, mit veränderten Layout-Einstellungen zu aktualisieren oder die Einstellungen – für die Nutzung in anderen Katalogen – zu exportieren.

❸ **Sammlungen und Diashow:** In der SAMMLUNGEN-Palette können Sie auf vorher angelegte Sammlungen zugreifen oder eigene Diashows erstellen. Diese speichern sowohl die verwendeten Bilder in einer Sammlung als auch alle Layout-Parameter. Klicken Sie auf das Symbol **+**, um eine neue Diashow zu erstellen, und auf das Symbol **–**, um eine bestehende zu löschen.

❹ **Sammlungen bearbeiten:** Mit der rechten Maustaste können Sie auf alle Funktionen zugreifen, die Sie aus der Bibliothek für Sammlungen kennen. Dazu gehört, Sammlungen oder eine Diashow als Zielsammlung festzulegen, sie umzubenennen, zu löschen oder als Katalog zu exportieren.

❺ **Diashow ausgeben:** Wenn Sie die Diashow nicht in Lightroom präsentieren wollen, können Sie sie als mehrseitiges PDF oder als Video exportieren. Die Ausgabequalität und Größe legen Sie in den folgenden Menüs fest. Halten Sie die Alt/⌥-Taste gedrückt, um die PDF-Ausgabe-Option in eine JPEG-Ausgabe zu wandeln. Mit dieser Option geben Sie einzelne JPEG-Dateien aus, die dann in anderen AV-Programmen weiterverwendet werden können.

❻ **Vorschau:** Sie können eine Diashow im VORSCHAU-Fenster abspielen lassen. Die Steuerung mit Play- ❾, Pause- und Stop-Knopf befindet sich in der Werkzeugleiste.

❼ **Zwischen Dias navigieren:** Der Links- und Rechtspfeil navigiert zwischen den Bildern im Filmstreifen beziehungsweise zwischen den ausgewählten Dias. Das jeweils ausgewählte Foto wird im Diashow-Layout in der Vorschau angezeigt.

❽ **Dias auswählen:** Durch Klick auf den Linkspfeil gelangen Sie zurück zu den zuletzt ausgewählten Ordnern beziehungsweise Modulen. Ähnlich einem Verlauf in einem Webbrowser führt Sie der Rechtspfeil wieder vorwärts.

❿ **Objekte rotieren:** Alle überlagernden Objekte, wie die Erkennungstafel oder Textüberlagerungen, können auf dem Dia frei platziert und – mit den Rotationspfeilen – in 90-Grad-Schritten rotiert werden.

⓫ Textbausteine hinzufügen: Über das ABC-Symbol können Sie Dias mit Text ausstatten. Dabei sind Texte, die auf allen Dias gleich erscheinen, genauso möglich, wie Textbausteine, deren Inhalte für jedes Bild aus den IPTC-Metadaten generiert werden. Neben Standards, wie dem Titel oder der Bildbeschreibung, können Sie über die BEARBEITEN-Option auch eigene Kombinationen von IPTC-Informationen erstellen.

⓬ Textfeld: In diesem Feld geben Sie einen eigenen Text ein, der dann auf jedem Dia erscheint. Die Formatierung erfolgt im Bearbeitungsbereich TEXTÜBERLAGERUNGEN. Details dazu finden Sie auf der nächsten Doppelseite.

⓭ Vorschau und Präsentation: Die eigentliche Präsentation Ihrer Diashow starten Sie über den Knopf ABSPIELEN. Hierbei läuft die Diashow im Vollbild ab. Sie können die Wiedergabe mit der `Leertaste` anhalten und wieder starten. Die `Esc`-Taste beendet die Präsentation.

⓮ Vorschauen rendern: Um die Diashow ohne Ruckeln oder ungeplante Pausen ablaufen zu lassen, sollten Sie sämtliches Bildmaterial vor der ersten Wiedergabe rendern lassen. Aktivieren Sie dafür die Option VORSCHAUEN IM VORAUS VORBEREITEN.

⓯ Abspieloptionen: Wie bei fast allen Wiedergabesteuerungen haben Sie auch hier die Möglichkeit, eine WILLKÜRLICHE REIHENFOLGE zu bestimmen und eine Endlosschleife durch die Option WIEDERHOLEN zu erzeugen.

⓰ Dialänge und Überblendung: Mit diesen beiden Schiebereglern steuern Sie die Anzeigedauer und Überblendungszeit jedes Dias.

⓱ Monitor wählen: Wenn Sie einen Zweitmonitor oder Beamer angeschlossen haben, können Sie wählen, auf welchem davon die Diashow wiedergegeben werden soll. Klicken Sie einmal auf das gewünschte Monitorsymbol, damit darauf das Wiedergabesymbol erscheint. Außerdem haben Sie die Möglichkeit, während der Präsentation den ANDEREN BILDSCHIRM SCHWARZ DARSTELLEN zu lassen.

⓲ An Musik anpassen: Ein Klick auf den Knopf MUSIK ANPASSEN im Bereich SOUNDTRACK passt die Anzeigedauer der Diashow genau an die Länge des Soundfiles an.

⓳ Soundtrack hinzufügen: Seit Lightroom 3 können Sie Ihre Diashows mit beliebigen MP3-Dateien als Musik oder Sound unterlegen. Wählen Sie die entsprechende Datei unter MUSIK AUSWÄHLEN.

⓴ Layout-Optionen: Die Details aller Layout-Einstellungen finden Sie auf der nächsten Doppelseite.

Optionen

❶ Zoomen, um Rahmen zu füllen: Durch diese Option wird Ihr Bild soweit skaliert, dass die kurze Seite genau in den vorgegebenen Rahmen passt.
❷ Kontur: Geben Sie Ihrem Bild hiermit einen Rahmen, den Sie durch Klick auf das kleine Farbfeld in der Farbe und über den Schieberegler in der Stärke variieren können.
❸ Schlagschatten: Der Bildrahmen kann auch einen Schatten haben. Die DECKKRAFT und der WINKEL bestimmen das Aussehen. Der OFFSET und RADIUS die Position.

Layout

❹ Hilfslinien: Hilfslinien an den vier Diaseiten begrenzen den Bildrahmen. Der Abstand zum Seitenrand wird in Pixeln angegeben. Die Hilfslinien können über die entsprechende Option zur Ansicht eingeblendet werden. Die Hilfslinien können auch im Dia direkt mit der Maus angepasst werden.
❺ Hilfslinien verknüpfen: Klicken Sie in die kleinen Quadrate, um alle oder einzelne Hilfslinien miteinander zu verknüpfen. So erhalten Sie sehr einfach gleiche Seitenränder.

Hintergrund

❻ Farbe für Verlauf: Erstellen Sie im Hintergrund Ihrer Diashow einen Verlauf, indem Sie per Klick auf das kleine Farbfeld eine zweite Verlaufsfarbe definieren.
❼ Hintergrundbild: Sie können ein Bild formatfüllend als Hintergrund Ihrer Diashow verwenden und mit der DECKKRAFT steuern, wie deutlich es eingeblendet wird. Ziehen Sie das Bild einfach auf den kleinen Vorschaurahmen im Menü.
❽ Hintergrundfarbe: Die Standardhintergrundfarbe ist immer Schwarz. Sie können sie über einen Klick auf das kleine Farbfeld ändern.

Überlagerungen

❾ Erkennungstafel: Nutzen Sie die ERKENNUNGSTAFEL, um eine Art Signatur in Ihre Diashow einzufügen. Sie können dafür formatierten Text oder eine Grafikdatei verwenden. Im LIGHTROOM-MENÜ (Mac) oder BEARBEITEN-MENÜ (PC) finden Sie die EINRICHTUNG DER ERKENNUNGSTAFEL. Diese kann in DECKKRAFT und MASSSTAB variiert sowie mit einer eigenen FARBE belegt werden.

❿ Wasserzeichen: Ein Wasserzeichen kann über den Befehl WASSERZEICHEN BEARBEITEN im LIGHTROOM-MENÜ (Mac) oder BEARBEITEN-MENÜ (PC) in Grafik, Position und Aussehen vorbereitet werden. Die vorbereiteten Wasserzeichen wählen Sie dann über das Popup-Menü unter dem kleinen Pfeil aus.

⓫ Bewertungssterne: Bewertungen aus der Bibliothek können in der Diashow überlagert oder als Textelement eingeblendet werden.

⓬ Textüberlagerungen: Nachdem Sie über den ABC-Knopf in der Werkzeugleiste Textbausteine auf dem Dia hinzugefügt haben, können Sie hier den jeweils aktiven Text formatieren und in der Deckkraft und Farbe bestimmen.

⓭ Schatten: Für jedes Textelement und auch für die Erkennungstafel können Sie einen Schatten hinzufügen. Die Steuerungsmöglichkeiten entsprechen dem Schlagschatten für den Bildrahmen unter Punkt 3 in den Optionen.

Titel

⓮ Start- und Endbildschirm: Hierbei handelt es sich um zusätzliche Dias, die bei einer Präsentation vor beziehungsweise hinter die eigentliche Diashow eingefügt werden.

⓯ Farbe: Über einen Klick auf das kleine Farbfeld gelangen Sie in ein Fenster, in dem Sie die Farbfläche frei wählen können.

⓰ Erkennungstafel: Als einziges grafisches Element können Sie in den Start- oder Endbildschirm eine ERKENNUNGSTAFEL HINZUFÜGEN. Auch in diesem Bearbeitungsfenster können Sie FARBE und MASSSTAB verändern. Ein Klick auf den kleinen Pfeil lässt Sie die Erkennungstafel noch weiter bearbeiten.

GRUNDLAGENEXKURS

Marken setzen

Erkennungstafel und Wasserzeichen einrichten

Erkennungstafel und Wasserzeichen sind Elemente, die Sie in allen Ausgabemodulen nutzen können. Beides können Sie individuell vorbereiten und als Vorgabe speichern. Neben der Erkennungstafel, die Sie natürlich auch als Wasserzeichen nutzen können, bietet der Wasserzeichen-Editor noch mehr Einstellungen, wie Platzierung und Ausrichtung.

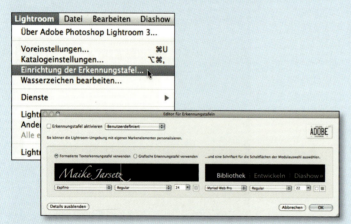

1 Erkennungstafel einrichten
Eine sogenannte Erkennungstafel ist nichts anderes als eine fest definierte Signatur, die an verschiedenen Stellen von Lightroom eingesetzt werden kann.

Legen Sie sich am besten mehrere Vorlagen dafür an, die Sie dann nach Bedarf wechseln können. Wählen Sie aus dem LIGHTROOM-Menü (Mac) oder dem BEARBEITEN-Menü (PC) den Befehl EINRICHTUNG DER ERKENNUNGSTAFEL. Vordefiniert ist Ihr Benutzername in Zapfino, also einer recht verspielten Typografie.

2 Typografie und Farbe
Richten Sie sich zunächst eine Texterkennungstafel ❷ ein. Geben Sie einen gewünschten Text, zum Beispiel den Namen Ihres Studios, im Textfeld ❸ ein.

Markieren Sie dann mit gedrückter Maustaste den Text, den Sie formatieren wollen, und wählen Sie die Schriftart ❹, den Schriftschnitt ❺ und die Größe ❻ aus dem Popup-Menü. Ein Klick auf das kleine Farbfeld ❼ führt Sie zum Farbkreis, aus dem Sie eine Farbe für den gesamten oder auch für Teile des Textes ❶ auswählen können.

3 Grafische Erkennungstafel
Alternativ zu einer Texterkennungstafel können Sie auch eine GRAFISCHE ERKENNUNGSTAFEL VERWENDEN ❾.

Klicken Sie auf DATEI SUCHEN ❽ und wählen Sie eine vorbereitete Grafik von Ihrer Festplatte. Idealerweise liegt diese im JPEG- oder PNG-Format vor und ist nicht höher als 58 Pixel.

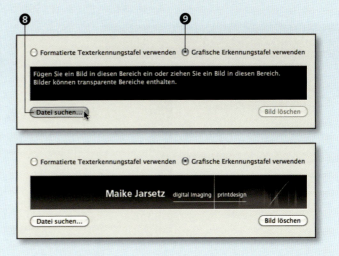

4 »Mein Lightroom«
Den ersten Einsatz für die Erkennungstafel können Sie gleich aus diesem Menü starten.

Über die Option ERKENNUNGSTAFEL AKTIVIEREN ❿ wird diese in der Modul-Leiste der Lightroom-Oberfläche eingeblendet und ersetzt damit das eigentliche Lightroom-Logo.

Damit können Sie Lightroom gut als individuellen Präsentationsrahmen in Ihrem Studio nutzen.

5 Erkennungstafel speichern
Vergessen Sie nicht, verschiedene Erkennungstafeln abzuspeichern. Öffnen Sie dafür das obere Popup-Menü ⓫ und wählen Sie SPEICHERN UNTER.

Damit können Sie in allen Ausgabemodulen direkt auf die verschiedenen Erkennungstafeln zugreifen ⓬ und diese zum Beispiel für Signaturen oder Wasserzeichen verwenden.

Grundlagenexkurs | Marken setzen

6 Der Wasserzeichen-Editor

Seit Lightroom 3 ist mit dem Wasserzeichen-Editor eine sehr elegante Möglichkeit hinzugekommen, Wasserzeichen und deren Layout-Parameter, wie Positionierung und Transparenz, als Vorgaben zu definieren. Das Editor-Fenster öffnen Sie entweder über das Menü Datei oder über das entsprechende Popup-Menü ⓭ an den Stellen in Lightroom, in denen Sie das Wasserzeichen aktivieren können.

7 Typografisches Wasserzeichen

Aktivieren Sie zunächst als Wasserzeichenstil Text ⓯ und geben Sie Ihre gewünschten Beschriftung im Textfeld ein. Danach können Sie in den Textoptionen ⓮ Schriftart, -stil und -farbe definieren. Auch die Größe des Textes können Sie anpassen: Ziehen Sie einfach mit der Maus an einer Ecke des Textrahmens ⓰, um ihn zu skalieren.

Tipp: Das Tastaturkürzel für das ©-Zeichen ist die ⌥ + G -Taste auf dem Mac und Alt + 0 1 6 9 auf dem Ziffernblock des PCs.

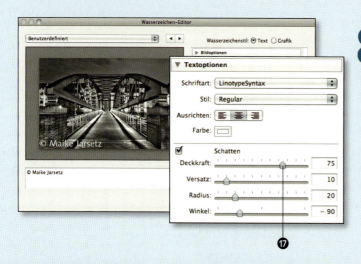

8 Schatteneffekt hinzufügen

Wenn Sie ein Wasserzeichen später noch mit Transparenz versehen wollen, empfiehlt es sich, einen Schatten hinzuzufügen. Denn ein weißes, transparentes Wasserzeichen ist auf dunklen Flächen gut erkennbar, benötigt aber auf hellen Flächen einen dunklen Schatten, um erkennbar zu sein.

Aktivieren Sie die Option Schatten und steuern Sie zunächst die Deckkraft ⓱. Über den Versatz und den Winkel bestimmen Sie die Positionierung und über den Radius die Weichheit des Schattens.

9 Grafisches Wasserzeichen

Auch für die Wasserzeichen können Sie natürlich eine Grafik nutzen. Aktivieren Sie zuerst die entsprechende Option ⓲ und öffnen Sie dann die BILDOPTIONEN.

Darin WÄHLEN Sie die gewünschte Datei auf Ihrer Festplatte. Diese wird zuerst links unten im Bild platziert. Auch hier können Sie die Größe mit der Maus an einer Ecke ⓳ der Grafik aufziehen.

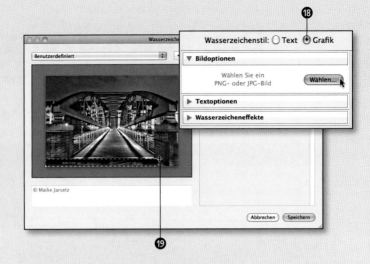

10 Skalieren und positionieren

Die genaue Positionierung der Wasserzeichen steuern Sie im Bereich WASSERZEICHENEFFEKTE – und zwar indem Sie per Klick einen ANKER ㉓ bestimmen, zu dem das Wasserzeichen dann springt. Eine Verschiebung von der festen Verankerung erreichen Sie durch einen horizontalen oder vertikalen Versatz ㉑.

Zusätzlich können Sie hier noch über einen Schieberegler die GRÖSSE skalieren oder die Grafik EINPASSEN ⓴. Bei Bedarf können Sie Grafik und Text über die zwei Knöpfe ㉒ drehen.

11 Vorgabe speichern

Auch die eigentliche Transparenz des Wasserzeichens steuern Sie mit den Wasserzeicheneffekten. Ziehen Sie einfach den DECKKRAFT-Regler ㉕ herunter, bis die gewünschte Transparenz erreicht ist.

Um ein Wasserzeichen als Vorgabe zu sichern, öffnen Sie das Popup-Menü oben links und wählen AKTUELLE EINSTELLUNGEN ALS NEUE VORGABE SPEICHERN ㉔. Die benannte Vorgabe erscheint dann in der Liste und Sie haben an allen Stellen, an denen Wasserzeichen eingesetzt werden, Zugriff darauf ㉖.

Grundlagenexkurs | Marken setzen **321**

Diashow-Layout aufbauen
Von der Standardvorgabe zum eigenen Layout

Die Einstellungen für das Gestalten einer Diashow sind vielfältig. Auf dem Weg zum ersten eigenen Layout bietet es sich an, von einer Standardvorgabe auszugehen und dann die gewünschten Parameter individuell anzupassen. Im folgenden Workshop erstellen Sie Schritt für Schritt ein eigenes Layout, das Sie dann als neue Benutzervorgabe speichern können. Diese Vorgabe können Sie dann wiederum als Basis für neue Diashows nehmen und darin jedes Detail anpassen.

1 Start mit einer Vorgabe

Im Diashow-Modul ist zu Beginn immer das zuletzt benutzte Layout ausgewählt. Starten Sie deshalb am besten mit einer Vorgabe, die möglichst sparsam Layout-Elemente einsetzt.

Öffnen Sie den VORLAGENBROWSER ❷ und darin die LIGHTROOM-VORLAGEN. Klicken Sie auf AN FENSTERGRÖSSE ANPASSEN, um eine schlichte Arbeitsgrundlage auszuwählen.

Für die seitenfüllende Anzeige sorgt übrigens die Option ZOOMEN, UM RAHMEN ZU FÜLLEN ❶ aus dem Bereich OPTIONEN.

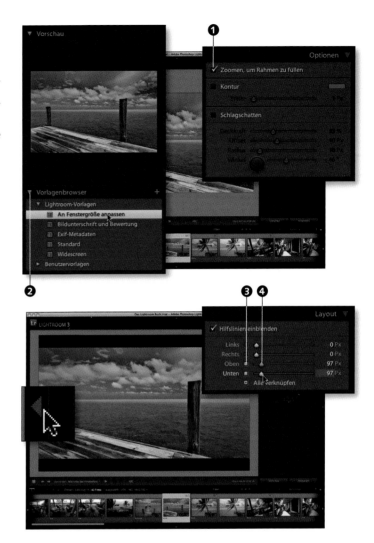

2 Bildrahmen anpassen

Die Vorgaben benötigen Sie erst einmal nicht mehr. Blenden Sie daher die linke Palette über den Pfeil am Rand aus, um eine größere Vorschau zu haben. Öffnen Sie den Bereich LAYOUT und passen Sie die Seitenränder an. Sie können die Abstände des Bildes zum Rand entweder numerisch oder über die Schieberegler ❹ verändern. Klicken Sie auf die kleinen Quadrate ❸, um zu bestimmen, welche Werte miteinander verknüpft werden sollen. Die Regler mit gefüllten Quadraten sind dann voneinander abhängig.

3 Text einfügen

Sie können in Ihrer Diashow einen beliebigen Text einfügen. Öffnen Sie dazu den Bereich ÜBERLAGERUNGEN und aktivieren Sie die TEXTÜBERLAGERUNGEN ❻.

Nun müssen Sie erst einmal Textbausteine hinzufügen. Klicken Sie auf das ABC-Symbol ❺ in der Werkzeugleiste. Dadurch aktivieren Sie ein Textfeld ❼, in das Sie den gewünschten Text eintragen können.

Nach der Bestätigung mit der ↵-Taste wird der Text links unten im Bild platziert.

Kapitel 8 | Diashow-Präsentation **323**

Bildauswahl festlegen

Die Optionen bei der Auswahl der präsentierten Bilder

Natürlich bietet es sich an, alle Bilder einer Diashow vorher über eine Sammlung zu organisieren. Aber auch im Diashow-Modul können Sie noch wählen, welche Bildauswahl Sie benutzen wollen. Ein besondere Aufgabe fällt hierbei den Flaggenmarkierungen zu, denn diese können auch ohne weitere Auswahl herausgefiltert werden.

1 Sammlung und Vorgabe

Ein weiterer Vorteil von Sammlungen ist, dass Sie sie auch vom Diashow-Modul auswählen können. Bildordner können dagegen nur in der Bibliothek gewechselt werden.

Wählen Sie also eine zuvor vorbereitete Sammlung in der SAMMLUNGEN-Palette aus und nutzen Sie für das Layout eine Vorlage aus den LIGHTROOM-VORLAGEN, die Sie noch individuell konfigurieren können.

2 Fotos auswählen

In der Werkzeugleiste – die Sie übrigens mit der Taste T ein- und ausblenden können – finden Sie ein Popup-Menü ❶, über das Sie bestimmen, welche Bildauswahl in die Diashow aufgenommen werden soll.

Standardmäßig sind ALLE FOTOS DES FILMSTREIFENS – also alle Bilder der gewählten Sammlung oder des gewählten Ordners – ausgewählt. Es werden somit alle Bilder in der Diashow angezeigt, unabhängig von der aktuellen Auswahl im Filmstreifen.

3 Auswahl einschränken

Wenn Sie aber nur einen Teil Ihrer Sammlung in der Diashow präsentieren möchten, müssen Sie dafür zuerst die Bilder festlegen.

Zusätzlich ändern Sie dann die Einstellung im Popup-Menü auf AUSGEWÄHLTE FOTOS.

Rechts in der Werkzeugleiste ❷ erkennen Sie, dass sich jetzt die Gesamtzahl der Bilder reduziert hat.

Wie Sie eine Sequenzzahl einblenden, erfahren Sie auf der nächsten Seite.

4 Für Diashow markieren

Bei einer manuellen Auswahl können sich auch leicht Fehler einschleichen. Sicherer ist es, die Auswahl über Markierungen vorzunehmen.

Markieren Sie die Bilder für die Diashow entweder vorher in der Bibliothek ❹ oder wählen Sie sie jetzt nacheinander im Filmstreifen aus und drücken dabei die Taste P, um ein Bild zu markieren ❸.

Mehr über Markierungen erfahren Sie im Workshop »Spreu und Weizen« auf Seite 94.

5 Markierung filtern

Danach ändern Sie die Einstellung im Popup-Menü der Diashow auf MARKIERTE FOTOS. Im Filmstreifen werden alle nicht markierten Bilder ausgeblendet ❺ – so haben Sie einen besseren Überblick darüber, welche Bilder in der Diashow verwendet werden.

Die Gesamtanzahl der Bilder wird Ihnen im Filmstreifen angezeigt, die Anzahl der Diashow-Bilder in der Werkzeugleiste.

Fotoinformationen nutzen

Wie Sie Titel und Bildunterschriften in die Diashow integrieren

Mit den Textüberlagerungen der Diashow können Sie beliebigen Text auf den Dias platzieren. Allerdings lässt dieser keine individuelle Anpassung zu. Dafür müssen Sie die Metadaten des Bildes – zum Beispiel den Titel oder die Bildunterschrift – nutzen. Denn diese können über einen Platzhalter für jedes Dia eingeblendet und auch mit eigenem Text erweitert werden.

1 Diashow vorbereiten

Bereiten Sie die Bildauswahl für die Diashow über eine Sammlung, mit einer Bildauswahl im Filmstreifen oder durch eine Markierung ❹ vor.

Legen Sie dann das Layout fest: Im nebenstehenden Beispiel wurde auf Basis der Vorlage WIDESCREEN die Option ZOOMEN, UM RAHMEN ZU FÜLLEN ❶ deaktiviert, der schwarze Hintergrund mit einem grauen Verlauf ❸ überlagert, der Rahmen skaliert und eine weiße Umrandung ❷ hinzugefügt.

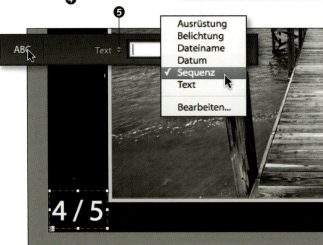

2 Sequenznummer hinzufügen

Starten Sie mit dem ersten Textbaustein: Klicken Sie auf das ABC-Symbol in der Werkzeugleiste.

Anstatt nun einen Text in das Textfeld einzugeben, öffnen Sie einfach das Popup-Menü ❺.

Wählen Sie daraus die SEQUENZ, mit der Sie die Dias durchnummerieren und eine Gesamtzahl anzeigen lassen können. Diese wird Ihnen dann links unten im Bild eingeblendet.

3 Vorgabe anpassen

Die Standarddarstellung der Sequenznummerierung können Sie auch verändern. Wählen Sie nochmals aus dem Popup-Menü BEARBEITEN. Im folgenden Fenster können Sie verschiedenste Textbausteine kombinieren oder erweitern.

Schreiben Sie nun einen Text zwischen die Bausteine BILDNUMMER und GESAMTZAHL ❻ und bestätigen Sie über den FERTIG-Knopf. Platzieren Sie den Text am Bild, indem Sie den Ankerpunkt an die Bildecke schieben ❼ und den Text daran ausrichten.

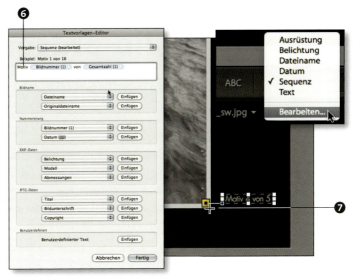

4 Metadaten nutzen

Klicken Sie erneut auf den ABC-Knopf, um ein neues Textfeld zu erzeugen.

Wählen Sie diesmal gleich aus dem Popup-Menü BEARBEITEN. Im Textvorlagen-Editor wählen Sie aus dem Popup-Menü ❽ den IPTC-Eintrag, der im Bild eingeblendet werden soll, und klicken dann auf EINFÜGEN ❾.

Starten Sie mit dem TITEL und klicken Sie auf FERTIG. Wechseln Sie auf die METADATEN-Palette der Bibliothek, wählen Sie STANDARD ❿ und tragen Sie die Titel der Bilder nach, falls Sie das noch nicht getan haben.

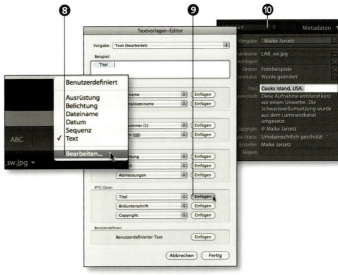

5 Individuelle Betitelung

Genauso können Sie vorgehen, wenn Sie dem Dia eine Bildbeschreibung ⓫ hinzufügen wollen. Auch diese muss natürlich in den Metadaten der Bilder ausgefüllt sein.

Sie fügen das entsprechende Textfeld genauso hinzu wie den Titel im letzten Schritt. Sofort wird es mit den spezifischen Inhalten ausgefüllt.

Achtung: In den Metadatenfeldern können Sie keine Zeilenumbrüche eingeben, die Beschreibung wird immer einzeilig eingeblendet. Sie sollten diese also entsprechend kurz halten.

Portfolio präsentieren

Diashow als PDF-Präsentation ausgeben

Ein Diashow-Layout eignet sich auch sehr gut dafür, um dem Kunden auf professionelle Weise eine Bildauswahl zu präsentieren. Bevorzugtes Austauschformat dafür ist ein PDF. In Lightroom können Sie dieses gleich in Form einer mehrseitigen Präsentation ausgeben.

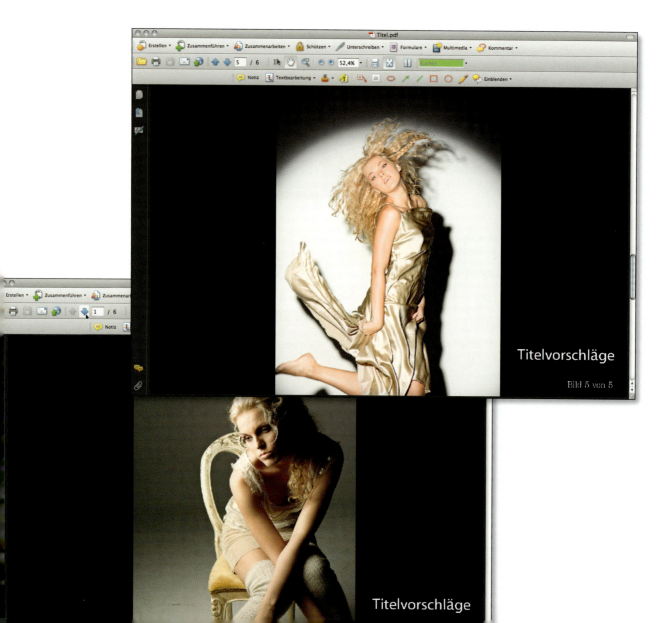

1 PDF exportieren

Die Übergabe einer fertigen Diapräsentation an ein mehrseitiges PDF ist denkbar einfach:

Sie müssen nur auf den Knopf PDF EXPORTIEREN ❶ klicken und ein paar weitere Einstellungen vornehmen.

2 Größe und Qualität steuern

Wählen Sie zunächst den Speicherort und geben Sie einen Namen für das PDF-Dokument ein. Aus dem Popup-Menü können Sie dann eine ÜBLICHE GRÖSSE für die Bildschirmpräsentation wählen oder auch eine eigene Größe in Pixeln eingeben. Die Option BILDSCHIRM ❸ gibt die Diashow in der aktuellen Auflösung des Monitors aus und garantiert so, dass alle Positionierungen wie vorgegeben ausgegeben werden. Als QUALITÄT ❷ der JPEG-Komprimierung empfiehlt sich ein Wert über 80.

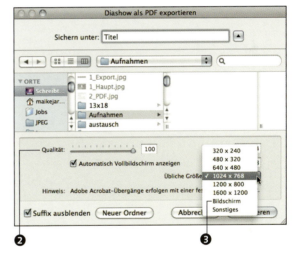

3 PDF-Präsentation

Die Option AUTOMATISCH VOLLBILDSCHIRM ANZEIGEN erzeugt eine Vollbildpräsentation, in der Ihr Kunde die pure Diashow ohne das Programmumfeld von Lightroom zu sehen bekommt.

Beim Öffnen erfolgt lediglich noch einmal die Abfrage, ob das Dokument in der Vollbildvorschau angezeigt werden soll.

Ein Klick auf EXPORTIEREN erstellt die Diashow.

Der richtige Rahmen

Runden Sie Ihre Diashow effektvoll ab

Eine Diashow innerhalb von Lightroom ist nicht auf die reine Fotopräsentation beschränkt. Sie können sie auch mit einem Soundtrack unterlegen, einen einfachen Start- und Endbildschirm definieren und die Art der Übergänge zwischen den Dias bestimmen. Alle Anleitungen dazu finden Sie in diesem Workshop.

1 **Start- und Endbildschirm**
Natürlich können Sie auch individuelle Start- und Endbilder in Photoshop vorbereiten und in Lightroom importieren, um Sie dann in der Diashow zu nutzen.

Wenn es Ihnen aber nur darum geht, nicht mit der Tür beziehungsweise gleich dem ersten Dia ins Haus zu fallen und die Präsentation angemessen zu beschließen, reicht ein einfacher Start- und Endbildschirm aus, den Sie im Bereich TITEL ❶ mit einem Klick aktivieren können.

2 **Erkennungstafel nutzen**
Konfigurieren Sie zuerst den Startbildschirm. Wählen Sie bei Bedarf eine neue Hintergrundfarbe über das kleine Farbfeld ❹. Zur Kontrolle wird der Startbildschirm bei jeder Bearbeitung eingeblendet.

Als einziges Textelement können Sie eine Erkennungstafel aus dem Popup-Menü hinzufügen. Sie bestimmen deren Größe über den MASSSTAB-Schieberegler ❷ und können auch hier die Farbe über das Farbfeld ❸ ändern, nachdem Sie die Option FARBE ÜBERSCHREIBEN aktiviert haben.

3 **Endbildschirm konfigurieren**
Auf die gleiche Art und Weise können Sie auch den Endbildschirm konfigurieren. Idealerweise haben Sie für diese Zwecke schon verschiedene Erkennungstafeln angelegt.

Mehr über Erkennungstafeln finden Sie im Grundlagenexkurs »Marken setzen« auf Seite 318.

Kapitel 8 | Diashow-Präsentation

Soundtrack aktivieren

4 Beleben Sie Ihre Diashow mit Musik oder anderen Sounddateien.

Öffnen Sie dazu den Bereich ABSPIELEN und aktivieren Sie die Option SOUNDTRACK ❺. Pro Diashow kann eine Sounddatei hinzugefügt werden.

Sounddatei auswählen

5 Über den Knopf MUSIK AUSWÄHLEN ❼ können Sie – ja was wohl? – die gewünschte Musik für die Diashow auswählen.

Anders als die Vorgängerversion kann Lightroom 3 hier nicht nur auf eine interne Musikbibliothek, wie zum Beispiel iTunes, zugreifen, sondern auch unabhängige MP3-Dateien laden.

Der Name des Stücks sowie die Abspiellänge wird zur Information im Fenster angezeigt ❻.

Dialänge anpassen

6 Über den Schieberegler DIAS können Sie die Einblendungsdauer eines jeden Dias einstellen.

Um die Diashow genau auf die Musik abzustimmen, können Sie die Dialänge auch über den Knopf AN MUSIK ANPASSEN bestimmen.

Die Dauer der Bildeinblendung errechnet sich dann ganz automatisch.

7 Übergänge verblassen

Der Schieberegler VERBLASSEN bestimmt die Übergänge zwischen den Dias – genauer gesagt, die Dauer des Überblendens vom einen ins andere Dia. Natürlich stellen Sie diese kürzer ein als die gewählte Dialänge.

Optional können Sie die Dias auch in eine FARBE ❽ überblenden, damit die Bilder sich nicht überlagern.

Über eine VORSCHAU ❾ im Vorschaufenster können Sie die Wirkung überprüfen.

8 Abspielbildschirm wählen

Wenn Sie einen Beamer oder Präsentationsmonitor angeschlossen haben, können Sie diesen als Abspielbildschirm definieren. Die verfügbaren Monitore werden Ihnen im Fenster angezeigt.

Klicken Sie einmal auf den Monitor, der für die Präsentation verwendet werden soll. Zur Kontrolle wird kurz eine kleine Zahl ⓫ im Monitor eingeblendet. Außerdem wechselt das Play-Symbol auf den gewählten Monitor ❿.

9 Vorschauen rendern

Jetzt haben Sie eigentlich alles vorbereitet und können die Diashow bildschirmfüllend präsentieren.

Damit das auch flüssig abläuft, sollten Sie dafür sorgen, dass die Dias im Vorhinein gerendert werden. So muss während der Präsentation keine Rechenarbeit geleistet werden.

Aktivieren Sie VORSCHAUEN IM VORAUS VORBEREITEN ⓬ und starten Sie die Präsentation über ABSPIELEN ⓭. Beenden können Sie die Präsentation über die Esc-Taste.

Kapitel 8 | Diashow-Präsentation

Modernes Daumenkino

Diashow als Video ausgeben

Eine Neuigkeit in Lightroom 3 ist die vielfach geforderte Ausgabemöglichkeit einer Diashow als Video. So können Sie Ihre Vorarbeit inklusive Layout, Soundtrack und Übergänge als ganzen Film ausgeben und sehr leicht auch auf anderen Medien präsentieren. Dabei ist es denkbar einfach, das richtige Format zu wählen, denn die Formate und deren Verwendung sind ausführlich erläutert.

1 Vorarbeit abschließen

Bereiten Sie Ihre Diashow vollständig im Layout und mit Überlagerung vor. Und definieren Sie in der Werkzeugleiste, welche Bilder präsentiert werden sollen ❶, denn der Film nutzt immer alle vorgesehenen Dias. Vergessen Sie für den Film nicht die Abspieloptionen. Ein Sound sollte dabei sein und die Übergänge zwischen den Dias sind ebenso wichtig wie ein Start- und ein Endbildschirm.

Lesen Sie mehr zum Feintuning einer Diashow im vorangegangenen Workshop.

2 Video exportieren

Klicken Sie dann auf den Knopf VIDEO EXPORTIEREN ❷. Die Auswahl der Bilder im Filmstreifen ist jetzt nicht mehr relevant, da Sie diese im letzten Schritt schon über den Filmstreifen definiert haben.

3 Vorgaben nutzen

Auch für das Video müssen Sie eine Ausgabegröße vorgeben; die gängigen Vorgaben dafür sind schon definiert und im Popup-Menü ❸ verfügbar.

Eigene Werte können Sie hier nicht eingeben, da unbedingt vermieden werden soll, inkompatible Seitenverhältnisse zu erzeugen.

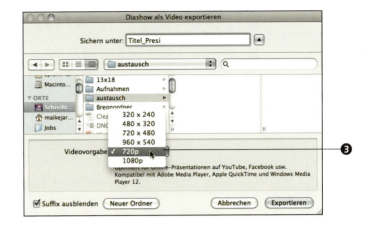

4 Ausgabezweck wählen

Wählen Sie also Ihre Vorgabe aus. Zu jeder Vorgabe gibt es einen Hilfetext, der Ihnen detailliert erläutert, für welche Ausgabezwecke diese Videogröße geeignet ist.

Sie finden sowohl Vorgaben für das iPhone als auch für YouTube oder Facebook und natürlich auch eine HD-Auflösung für die beste Qualität.

5 Vom RAW zum Film

Ein Klick auf EXPORTIEREN erstellt aus den nativen RAW-Daten direkt eine MP4-Datei, Sie müssen dafür keine JPEG-Varianten zwischenspeichern.

Den Film öffnen Sie per Doppelklick in Ihrem Standardwiedergabeprogramm – zum Beispiel im QuickTime-Player – und geben es wie gewohnt über die Steuerungen wieder.

Ende der Fahnenstange

JPEGs an andere AV-Programme übergeben

Für viele Ansprüche sind die Möglichkeiten im Diashow-Modul von Lightroom völlig ausreichend. Aber anspruchsvolle AV-Shows werden mit mehreren Bild- und Tonspuren in Spezialprogrammen angelegt. Trotzdem kann das Diashow-Modul mit seinen Layoutmöglichkeiten Vorarbeit leisten. Denn über einen kleinen Trick können Sie die einzelnen Dias als JPEGs exportieren.

1 **Der Trick mit der Alt-Taste**
Treffen Sie als Erstes im Filmstreifen die Auswahl der Bilder, die ausgegeben werden sollen. Alle Bilder auf einmal markieren Sie über die Tasten [Strg]/[⌘] + [A].
Halten Sie dann die [Alt]/[⌥]-Taste gedrückt, so wird der PDF EXPORTIEREN-Knopf zum JPEG-Exportieren-Knopf ❶. Dieser führt Sie dann ins entsprechende Exportfenster.

2 **Diagröße wählen**
Im Exportfenster geben Sie natürlich den Speicherort und die Basisbenennung für die Dias an.
Fast noch wichtiger ist aber die Größe der Dias. Wenn Sie schon wissen, in welcher Größe Ihre Diashow angelegt wird, wählen Sie aus dem Popup-Menü ÜBLICHE GRÖSSE ❷ eine der Vorgaben oder SONSTIGES und geben Sie eine eigene Größe in Pixeln an.
Am besten ist es, wenn Ihre Bildschirmauflösung – und damit auch das Dia – von vornherein die gleichen Proportionen hat.

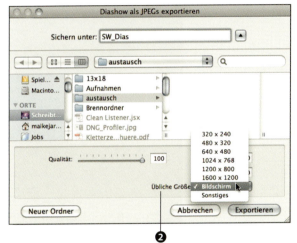

3 **Fertige JPEGs**
Nach dem Exportieren ist an Ihrem gewählten Speicherort ein Ordner entstanden, der gleichnamige und durchnummerierte JPEGs in den vorgegebenen Abmessungen enthält.
In diesen JPEGs ist jeweils das gesamte Diashow-Layout abgebildet.

Kapitel 8 | Diashow-Präsentation **339**

Diashow auf Abruf

Bildauswahl und Layout zusammen als Sammlung speichern

In einer Diashow-Vorlage speichern Sie nur die Layout-Parameter einer Diashow, aber nicht die verwendeten Bilder. Diese müssen zusätzlich in einer Sammlung gespeichert sein. Besser ist: Sie kombinieren beides miteinander und speichern die Bildauswahl zusammen mit den Diashow-Vorgaben als Diashow in der Sammlungen-Palette. So geht keine Vorbereitungsarbeit verloren.

1 Die Sammlungen
Öffnen Sie die Palette Sammlungen. Diese enthält verschiedene Formen von Sammlungen: Normale Sammlungen ❶, in denen Sie Bilder aus verschiedenen Ordnern sammeln, ohne sie dafür zu duplizieren, Smart-Sammlungen ❷, deren Inhalte automatisch gefiltert werden, und Sammlungssätze ❸, in denen Sie Ihre Sammlungen organisieren können.

Mehrere Workshops zum Thema Sammlungen finden Sie im Kapitel 2, »Bibliothek und Bildorganisation«.

2 Sammlungssatz erstellen
Legen Sie zuallererst einen Satz für Ihre zukünftigen Diashows an. Diese sind später zwar auch durch ein anderes Symbol zu erkennen, die Sammlungen-Palette gut sortiert zu halten, ist aber immer hilfreich.

Klicken Sie rechts oben auf das Symbol **+** ❹, um einen Sammlungssatz zu erstellen ❺. Geben Sie im folgenden Fenster dann einfach einen Namen ein. Bei Bedarf können Sie einen neuen Satz auch innerhalb eines bestehenden Satzes anlegen.

3 Auswahl als Diashow speichern

Bevor Sie Ihre aktuelle Diashow speichern, gilt es, auch noch die verwendeten Bilder auswählen. Im vorliegenden Fall werden die markierten Bilder in der Diashow gefiltert. Sauberer ist es allerdings, wenn Sie mit gedrückter [Strg]/[⌘]-Taste nacheinander die Bilder anklicken, die in der Diashow verwendet werden sollen. Klicken Sie nochmals auf das + in der SAMMLUNGEN-Palette und wählen Sie diesmal DIASHOW ERSTELLEN. Geben Sie ihr einen Namen und speichern Sie sie im eben angelegten Satz ❻ ab.

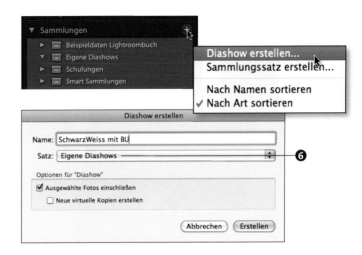

4 Diashow-Optionen

In einer Diashow werden natürlich alle Layout-Optionen wie in einer Vorlage gespeichert. Darüber hinaus wird die VERWENDEN-Einstellung der Werkzeugpalette gespeichert und Sie haben die Option, alle ausgewählten Bilder als Bestandteil der Diashow einzuschließen ❼. Erst damit ergibt die Speicherung einer Diashow-Sammlung meines Erachtens nach Sinn. Zusätzlich können Sie von den ausgewählten Bilder noch einmal NEUE VIRTUELLE KOPIEN ERSTELLEN ❽.

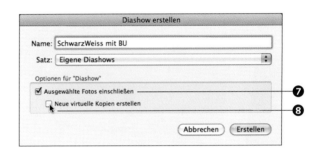

5 Dauerhaft gesammelt

Nach dem Klick auf ERSTELLEN wird die Diashow in der SAMMLUNGEN-Palette gelistet. Sie erkennen schon am Symbol ❾, dass es sich nicht um eine normale Sammlung handelt. Dennoch haben Sie auch in den anderen Modulen Zugriff darauf.

Übrigens: Falls Sie in der Diashow die markierten Bilder gefiltert haben, können Sie die Einstellung jetzt auf ALLE FOTOS DES FILMSTREIFENS ❿ ändern. Dies hätten Sie auch schon in Schritt 3 nach der Bildauswahl tun können.

Kapitel 8 | Diashow-Präsentation **341**

Bilder ausdrucken

Nach dem Bilder bearbeiten kommt das Bilder drucken. Das ausgedruckte Bild ist immer noch eine der schönsten Trophäen guter Fotografie. Aber auch beim Ausdrucken gibt es vielfältige Aufgaben: erste Kontaktabzüge mit den Fotoinformationen, kombinierte Bildpakete auf einem Druckbogen, erste Layouts auf mehreren Seiten oder Fine-Art-Prints auf eigenen Papierformaten. Für all diese Aufgaben erhalten Sie in diesem Kapitel Anleitungen und wichtige Hintergrundinformationen, so auch zum Thema Farbmanagement.

Fine-Art-Prints ausgeben 352
  Einzelseiten anlegen und Bildauswahlen drucken
Kontaktbögen erstellen 356
  Der schnelle Weg zur Bildübersicht
Als JPEG drucken 360
  Mit Druckvorgaben in Dateien drucken
Bildpakete erstellen 362
  Kombinieren Sie verschiedene Formate auf Druckbögen
Der erste Schritt zum Fotolayout 366
  Benutzerdefinierte Bildpakete als Layout-Vorlage speichern
Druckjob speichern 370
  Eine Druckvorlage inklusive der Bilddaten speichern
Farbmanagement mit RAW-Daten 372
  Farbkonsistent von der Kamera bis zum Druck

 **Bonusmaterial auf DVD:**
Kontaktbögen ausgeben (Lektion 3.3)

Fotos: Stefan Koch

Druckreife Fragen

? Ich möchte mein Drucklayout als JPEG ausgeben, um es von einem Dienstleister drucken zu lassen. Allerdings werden die JPEGs nie randlos und auch noch mit unterschiedlichen Rändern ausgegeben. Wie kann ich dieses an mein Bildformat anpassen?

! Die Größe der Druckseite – und damit auch des auszugebenden JPEGs – ist mit dem eingestellten Papierformat des ausgewählten Druckers verknüpft. Über den Knopf SEITE EINRICHTEN können Sie für das Papierformat EIGENE PAPIERFORMATE auswählen. Klicken Sie auf das Zeichen + und geben Sie das gewünschte Format an. Setzen Sie dann noch die Randwerte für den nicht druckbaren Bereich auf 0, um randlos auszugeben. Mehr zur Ausgabe von JPEG-Daten erfahren Sie im Workshop auf Seite 360.

? Ich möchte bei Kontaktabzügen oder Einzeldrucken nicht nur den Dateinamen hinzufügen, sondern auch Belichtungsangaben und andere EXIF-Informationen – aber wie?

! Im Arbeitsbereich SEITE aktivieren Sie die FOTOINFO. Wählen Sie dann statt des Dateinamens BENUTZERDEFINIERT. Im folgenden Fenster können Sie verschiedene Benennungsbausteine über den Knopf EINFÜGEN kombinieren. So können Sie auch individuelle Bildbeschreibungen hinzufügen, natürlich vorausgesetzt, Sie haben das Metadatenfeld in der Bibliothek auch ausgefüllt.

? Wenn ich Kontaktabzüge oder Einzelseiten ausdrucke und die Bilder rahmenfüllend platziert sind, kann ich sie einfach im Rahmen verschieben. Bei Bildpaketen geht das nicht. Wie kann ich dort den Bildausschnitt verschieben?

! Halten Sie einfach die ⌈Strg⌉/⌘-Taste gedrückt. So erhalten Sie über dem Bildrahmen ein Handsymbol, mit dem Sie wie gewohnt den Ausschnitt verschieben können.

? Wenn ich ein benutzerdefiniertes Paket anlege und die Fotos in die vordefinierten Bildrahmen ziehe, werden sie immer beschnitten. Wie kann ich die Position der Rahmen beibehalten, aber die Bildproportionen an das jeweilige Foto anpassen?

! Ganz einfach: Aktivieren Sie für die Zellen die Option AUF FOTO-SEITENVERHÄLTNIS SPERREN. Mehr Tricks und Kniffe zu den Bildpaketen finden Sie im Workshop »Bildpakete erstellen« auf Seite 362.

? Wie kann ich in einem Bildpaket mehrere Seiten im gleichen Layout festlegen? Das manuelle Skalieren und Positionieren ist mir zu aufwendig und führt meist nicht zu exakt gleichen Ergebnissen.

! Legen Sie erst eine Seite im gewünschten Layout an und klicken Sie dann mit der rechten Maustaste auf die einzelnen Bildzellen, die auf jeder Seite erscheinen sollen. Wählen Sie dann die Option ZELLE VERANKERN. Auf allen bestehenden und noch folgenden Seiten erscheint jetzt die Bildzelle in den gleichen Abmessungen und an gleicher Position. Wenn die Zelle bereits mit einem Foto gefüllt ist, wird dieses Bild auf den nächsten Seiten wiederholt.

? **Wie kann ich eine mehrseitige Layout-Vorlage anlegen und speichern?**

! Wählen Sie als LAYOUTSTIL ein benutzerdefiniertes Bildpaket und fügen Sie über den Bereich ZELLEN weitere Formate hinzu. Sobald diese nicht mehr auf eine Seite passen, wird automatisch eine neue Seite angelegt. Sie können auch über den entsprechenden Knopf in der Palette eine leere NEUE SEITE hinzufügen. Dieses mehrseitige Bildpaket können Sie durch Klick auf das Zeichen **+** im Vorlagenbrowser als Vorlage speichern. Eine genauere Anleitung finden Sie im Workshop »Der erste Schritt zum Foto-Layout« auf Seite 366.

? **Wie richte ich Bildrahmen in einem Paket am besten aus? Auch bei eingeblendetem Raster ist es schwer, diese auf genau die gleiche Höhe oder Breite zu platzieren.**

! Die Option HILFSLINIEN EINBLENDEN im Bereich LINEALE, RASTER, HILFSLINIEN blendet nur die ausgewählten Layouthilfen ein. Für eine Positionierung am Raster oder auch an bestehenden Zellen muss zusätzlich noch die entsprechende Option aus dem Popup-Menü RASTER-AUSRICHTUNG gewählt sein.

? **Was bedeutet die Option »Auto-Layout« in den Zellen-Einstellungen des Bildpakets?**

! Das Auto-Layout richtet Ihre schon erstellten Bildformate so auf der Seite aus, dass Sie sie später mit möglichst wenigen durchgehenden Schnitten zerschneiden können.

? **Ich habe ein Bildpaket angelegt und in der oberen rechten Ecke erscheint ein Warnsymbol. Wenn ich mit der rechten Maustaste darauf klicke, bekomme ich keine weiteren Informationen. Was bedeutet das?**

! Das Warnzeichen ist nur eine Information darüber, dass sich Bildrahmen überlappen. Das kann gewollt sein, dann ignorieren Sie die Warnung einfach. Ansonsten müssen Sie die Bilder neu platzieren, bis das Warnzeichen verschwindet.

? **Ich habe öfter Druckjobs, die ich später, nach Abstimmung mit dem Kunden, mit etwas anderen Entwicklungseinstellungen in der genau gleichen Form noch einmal ausdrucken muss. Kann ich eine Druckvorlage inklusive der Bilder speichern?**

! Nicht als Vorlage, sondern tatsächlich als Druck. Öffnen Sie die Sammlungen-Palette, klicken Sie dort auf das Zeichen **+** und wählen Sie DRUCK ERSTELLEN. Hier können Sie auch die REFERENZIERTEN FOTOS EINBEZIEHEN und damit alles zusammen speichern.

? **Ich drucke meine Fotos auf zwei verschiedenen Druckern aus. Wie kann ich es hinbekommen, dass die Farben auf beiden gleich erscheinen?**

! Nur mit eigens angelegten Druckerprofilen. Im Bereich FARBMANAGEMENT wechseln Sie dann das Profil von VON DRUCKER VERWALTET auf das jeweilige ICC-Druckerprofil. Dieses muss anhand eines ausgedruckten Targets und eines Farbmessgeräts ermittelt und im System gespeichert werden. Mehr über Farbmanagement finden Sie im Grundlagenexkurs auf Seite 372.

Der Druckdialog im Überblick

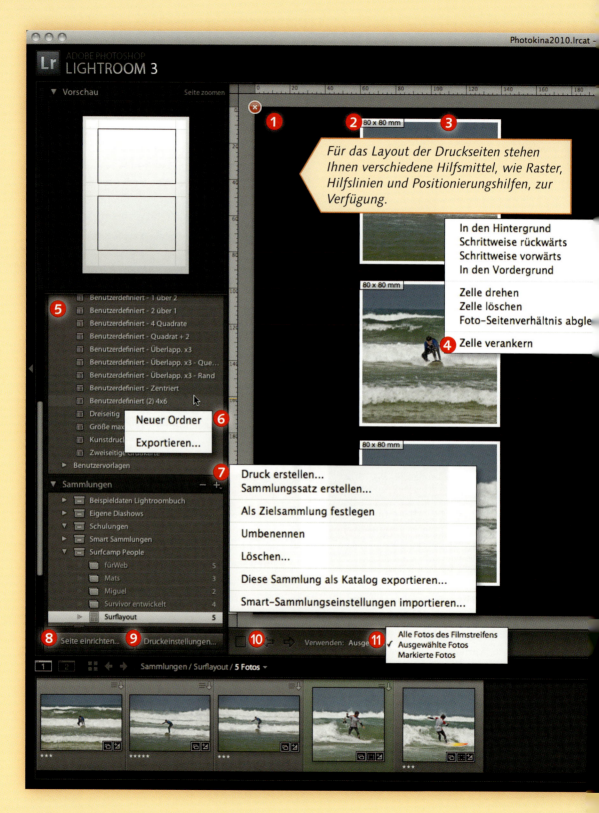

Der Druckdialog

❶ **Layoutseite:** Bei Kontaktabzügen und Einzelseiten-Drucken werden die benötigten Seiten selbsttätig angelegt. Für Bildpakete definieren Sie die Seitenanzahl selbst. Nicht benötigte Seiten können über die x-Schaltfläche gelöscht werden.

❷ **Layouthilfen:** Mit Hilfslinien, Rastern und eingeblendeten Zellengrößen können Sie das Layout im Detail aufbauen. In den Einstellungen für LINEALE, HILFSLINIEN und RASTER können Sie eine entsprechende Ausrichtung festlegen.

❸ **Zellen:** Bilder werden für das Drucklayout in sogenannten Zellen platziert. Diese können in Größe und Verhalten eingestellt werden. Auch bei Bildrahmen können Stärke und Grauwert konfiguriert werden.

❹ **Zelle verankern:** Verankern Sie eine Zelle, um sie auf allen Seiten in gleicher Größe und Position sowie mit gleichem Inhalt darzustellen.

❺ **Layout-Vorlagen speichern:** Sie können vordefinierte Layouts – also die aktuellen Einstellungen – als Vorlage speichern. Über den Vorlagenbrowser können Sie gespeicherte Vorlagen wieder aufrufen.

❻ **Vorlagen austauschen:** Gespeicherte Vorlagen stehen in jedem Katalog zur Verfügung. Es sei denn, Sie aktivieren in den Voreinstellungen VORGABEN MIT KATALOG SPEICHERN. Über einen Rechtsklick auf eine Vorlage können Sie eine ausgesuchte Vorlage exportieren, um sie in einem anderen Katalog per Rechtsklick in einen Ordner zu importieren.

❼ **Druckjob speichern:** Zusammen mit dem Drucklayout können Sie auch die verwendeten Bilder speichern. Klicken Sie auf das Zeichen + und wählen Sie DRUCK ERSTELLEN, wenn Sie einen kompletten Druckjob später in der SAMMLUNGEN-Palette aufrufen möchten.

❽ **Seite einrichten:** Über diesen Knopf gelangen Sie zu den Seiteneinstellungen. Hier können Sie eigene Formate anlegen und die Seitenränder festlegen.

❾ **Druckereinstellungen:** Je nach Druckertreiber steuern Sie über diesen Knopf diverse Einstellungen für die Druckqualität. Dieses Menü entspricht den Treibereinstellungen, wie in jedem anderen Programm.

❿ **Navigation:** Wechseln Sie über diese Pfeile zwischen den für den Druck ausgewählten Bildern. Das Quadrat führt Sie zum ersten ausgewählten Bild.

⓫ **Fotos verwenden:** Über dieses Popup-Menü bestimmen Sie, welche Fotos aus dem Filmstreifen für den Druck benutzt werden sollen.

❶❷ **Filterleiste:** Im Filmstreifen können Sie die gleichen Filterungen wie in den anderen Lightroom-Modulen durchführen.

❸ **Eine Ausgabe drucken:** Mit diesem Knopf übergehen Sie das Druckdialogfeld und führen einen Ausdruck mit den zuletzt eingestellten Parametern durch.

❹ **Drucken:** Mit diesem Knopf öffnen Sie den Menüdialog des Druckertreibers und können die Druckereinstellungen nochmals verändern.

❺ **Farbmanagement:** Lightroom wandelt die Bildfarben beim Ausdruck in den Druckerfarbraum um, wenn Sie aus dem Popup-Menü das ICC-Profil des Druckers auswählen. Die Einstellung vom Drucker übergibt die unangepassten Bilddaten an den Druckertreiber und dessen – von Drucker zu Drucker unterschiedlichen – Farbanpassungsmöglichkeiten.

❻ **Druckqualität:** Mit Lightroom 3 ist es möglich, mit bis zu einer maximalen Auflösung von 720 dpi ausdrucken. In den meisten Fällen reichen jedoch 300 dpi. Über die Option AUSDRUCK SCHÄRFEN wird eine zusätzliche Scharfzeichnung auf Basis des Skalierungsfaktors und des verwendeten Materials durchgeführt. Die 16-Bit-Ausgabe ist nur bei der Verwendung von 16-Bit-fähigen Druckern sinnvoll.

❼ **Drucken im Entwurfsmodus:** Wenn Bilder offline sind, kann zwar nicht auf die vollen Daten zurückgegriffen werden, ausdrucken lassen sich die Bilder aber trotzdem – auf Basis der im Lightroom-Katalog gespeicherten Vorschaudateien.

❽ **Druckauftrag:** In dieser Palette legen Sie die letzten Einstellungen für den Ausdruck fest. Zuallererst bestimmen Sie über die Ausgabe, ob die Bilder direkt zum Drucker geschickt oder als JPEGs gespeichert werden sollen, um sie dann an einen externen Drucker zu übergeben.

❾ **Lineale, Raster und Hilfslinien:** In dieser Palette können Sie verschiedene Layouthilfen einblenden. Keine dieser Überblendungen wird mit ausgedruckt. Um die Bildzellen am Raster oder auch aneinander auszurichten, müssen Sie die entsprechende Rasterausrichtung im Popup-Menü auswählen.

❿ **Layoutstil:** Im Layoutstil EINZELBILD/KONTAKTABZUG werden die ausgewählten Bilder entsprechend der genauen Layouteinstellungen auf die benötigten Seiten verteilt. In einem BILDPAKET können Sie ein Bild in mehreren Formaten auf einer Seite ausdrucken. BENUTZERDEFINIERTE PAKETE ermöglichen es, mehrere Bilder in unterschiedlichen Formaten auf der Seite zu kombinieren.

❶ Viele Einstellungen unterscheiden sich je nach gewähltem **Layoutstil**:

Bildeinstellungen

❷ **Zum Füllen zoomen:** Mit dieser Option wird das Bild in den vorgesehenen Rahmen skaliert und gegebenenfalls beschnitten.
❸ **Drehen und einpassen:** Das Bild wird je nach Ausrichtung im Bildrahmen eingepasst.
❹ **Ein Foto pro Seite wiederholen:** Platziert ein Bild wiederholt auf einem Kontaktbogen.

❺ **Kontur (innen)/Fotorand:** Eine Kontur kann in Graustufen zwischen Schwarz und Weiß angepasst werden. Ein Fotorand ist immer klassisch schwarz.

Layout/Zellen

❻ **Ränder:** Bestimmen Sie hiermit bei Einzelseiten oder Kontaktabzügen den Abstand zum Rand.
❼ **Seitenraster/Zeilenabstand:** Die Anzahl von Reihen und Spalten ergibt sich je nach

Raster und Bildanzahl in den Kontaktbögen. Der Zeilenabstand steuert die Abstände zwischen den Bildzellen.

❽ **Zellengröße:** Alternativ zum Zeilenabstand kann auch die Zellgröße vorgegeben werden. Über eine Option können Sie für die Bildzellen das QUADRAT BEIBEHALTEN.

❾ **Zellen hinzufügen:** Feste Formate für Bildpakete können Sie hier vordefinieren und per Klick hinzufügen.

❿ **Ausgewählte Zelle/Layout löschen:** Über diese Knöpfe entfernen Sie einzelne oder alle Zellen im Layout.

⓫ **Neue Seite:** Feste Formate für Bildpakete können Sie vordefinieren und per Klick hinzufügen.

⓬ **Ausgewählte Zelle anpassen:** Hier geben Sie die individuelle Größe für eine Bildzelle ein.

⓭ **Zelle drehen:** Diese Option wechselt zwischen Hoch- und Querformat.

⓮ **Auf Foto-Seitenverhältnis sperren:** Diese Option gilt für benutzerdefinierte Bildpakete und passt die Bildzelle an die Bildproportionen an.

Seite

⓯ **Hintergrundfarbe:** Über das Farbfeld gelangen Sie in ein Fenster, in dem Sie für den Hintergrund eine beliebige Graustufe wählen können.

⓰ **Erkennungstafel:** Die Erkennungstafel wird allgemein im Katalog vordefiniert. Hier kann sie aktiviert und in 90-Grad-Schritten gedreht werden. Durch Reduzierung der Deckkraft können Sie sie auch als Wasserzeichen einsetzen.

⓱ **Wasserzeichen:** Über den Wasserzeichen-Editor können Sie ein solches im Layout vorbereiten und über das Popup-Menü auswählen. Neben der Art des Wasserzeichens können Sie die Farbe, Deckkraft und genaue Positionierung definieren.

⓲ **Seitenoptionen:** Auf mehrseitigen Kontaktbögen und Einzelseiten können Sie noch zusätzliche Seiteninformationen einblenden.

⓳ **Fotoinfo:** Die Fotoinformationen sind die Metadaten des Bildes, die unterhalb des Einzelbildes oder Kontaktbogens eingeblendet werden. Über den rechten Pfeil öffnen Sie ein Popup-Menü, aus dem Sie verschiedene Informationen wählen oder über die Option BENUTZERDEFINIERT kombinieren können.

⓴ **Schnittmarkierungen:** Diese sind nur für Bildpakete verfügbar und für den späteren Beschnitt der Einzelbilder-Formate auf dem Druckbogen nützlich.

Fine-Art-Prints ausgeben

Einzelseiten anlegen und Bildauswahlen drucken

Lightroom ist prädestiniert für das Ausdrucken ganzer Bildserien. Denn für Ihre Bildauswahl legen Sie nur einmalig alle Druckeinstellungen an und können dann eine gesamte Serie auf einmal ausdrucken. Dieser Workshop führt Sie durch einen kompletten Druckauftrag vom Anlegen des Seitenformats über das Bildlayout bis zu den Ausgabeeinstellungen.

Zielsetzungen:
Druckformat anlegen
Layout steuern
Serie ausdrucken

Fotos: Stefan Koch

1 Bilder und Layout vorbereiten

Starten Sie mit einer Bildauswahl, zum Beispiel einer Sammlung ❷, deren Bilder Sie ausdrucken wollen.

Aktivieren Sie dann im LAYOUTSTIL ❶ die Option EINZELBILD/KONTAKTBOGEN. So wird entweder das erste Bild des Filmstreifens oder das vorher ausgewählte Bild im Vorschau-Fenster angezeigt.

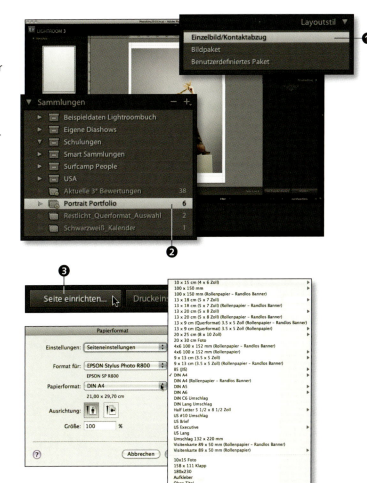

2 Druckseite einrichten

Wählen Sie zuerst das Druckformat aus. Das machen Sie in Lightroom nicht anders als in anderen Programmen. Klicken Sie auf den Knopf SEITE EINRICHTEN ❸, dieser führt Sie in die Seiteneinstellungen Ihres Betriebssystems.

Es ist wichtig, die Seitengröße schon am Anfang festzulegen, damit der Druckbereich im Fenster angezeigt wird. Wählen Sie aus dem Popup-Menü ein PAPIERFORMAT oder klicken Sie auf EIGENES FORMAT.

3 Eigenes Seitenformat anlegen

Um sich ein eigenes Druckformat anzulegen, klicken Sie zunächst auf das Zeichen + und benennen das Format am besten auch gleich sinnvoll. Danach geben Sie die Abmessungen Ihres Fotopapiers an und legen die Seitenränder fest.

Im vorliegenden Beispiel gehe ich von einem randlosen Druck aus und habe daher den nicht-druckbaren Bereich mit jeweils 0 cm eingestellt.

Natürlich hängt der druckbare Bereich von den Möglichkeiten Ihres Druckers ab.

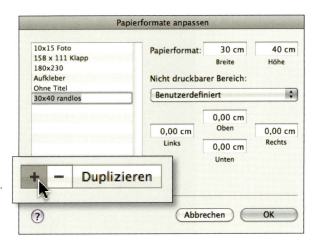

Kapitel 9 | Bilder ausdrucken

4 Rahmen füllen

Sorgen Sie jetzt in den Layout-Einstellungen dafür, dass auch hier keine Ränder ❹ mehr definiert sind. Geben Sie bei SEITENRASTER ❺ nur jeweils eine Reihe und Spalte ein.

Selten stimmt das Druckformat mit dem Seitenverhältnis des Fotos überein. Über die Option ZUM FÜLLEN ZOOMEN ❻ in den BILDEINSTELLUNGEN wird das Foto formatfüllend auf der Seite abgebildet.

5 Fotos auswählen

Sie können alle Fotos des Filmstreifens ausdrucken, wenn Sie die Fotos per Klick mit gedrückter `Strg`/⌘-Taste auswählen oder sie vorher mit einer Flaggenmarkierung ❼ markieren.

Vergessen Sie nicht, im Popup-Menü ❽ anzugeben, welche Bilder Sie für den Ausdruck bestimmt haben.

Mehr zu Markierungen erfahren Sie im Workshop »Spreu und Weizen« auf Seite 94.

6 Druckqualität festlegen

Das Drucklayout für den randlosen Einzelseitendruck ist jetzt festgelegt. Wechseln Sie also zum DRUCKAUFTRAG.

Stellen Sie dort zuerst als Ausgabeziel den Drucker ❾ ein und geben Sie dann die empfohlene DRUCKAUFLÖSUNG ❿ für Ihren Drucker an. Meistens reicht eine Auflösung von 300 dpi. Hochwertige Drucker arbeiten auch mit Auflösungen von 360 dpi oder 420 dpi.

7 Ausdruck schärfen

Um den Schärfeverlust durch das Papiermaterial auszugleichen, können Sie noch eine Nachschärfung vordefinieren.

Stellen Sie hier die Beschaffenheit des Abzugpapiers ⓬ und die gewünschte Stärke ⓫ der Schärfung ein.

Bitte beachten: Diese Nachschärfung ersetzt nicht die Scharfzeichnung im Entwickeln-Modul, sondern gleicht nur den Schärfeverlust beim Drucken aus.

8 Druckerprofil wählen

Beim Ausdruck geht es natürlich darum, die auf dem Monitor angezeigten Farben auch richtig im Druckerfarbraum wiederzugeben.

Ändern Sie dafür im Bereich FARBMANAGEMENT das Profil auf ein eigens erstelltes Druckerprofil, das mit einem Farbmessgerät anhand eines ausgedruckten Charts erstellt wurde. Die sogenannte RENDERPRIORITÄT erhält mit PERZEPTIV die Relation der originalen Farben und Tonwerte.

9 Und nun endlich: Drucken

Klicken Sie abschließend auf DRUCKEN, um den Druckjob loszuschicken. Sie kommen nun zu den Einstellungen Ihres Druckertreibers, in denen Sie das Papiermaterial auswählen und vor allem das Farbmanagement des Druckers ausschalten können. Das sollten Sie tun, denn das Farbmanagement haben Sie ja schon über die Wahl des Druckerprofils in Lightroom vorgenommen.

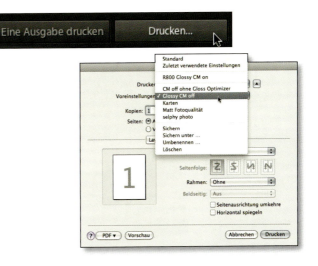

Mehr zum Thema Farbmanagement finden Sie im Grundlagenexkurs auf Seite 372.

Kontaktbögen erstellen
Der schnelle Weg zur Bildübersicht

Kontaktbögen gehören zum Muss für ein Ausgabemodul. Hier sollen auf schnellem Wege Bildübersichten erstellt und ausgedruckt werden. Das leistet Lightroom über komfortable Layoutfunktionen. Mit den individuellen Fotoinformationen, die weit über das hinausgehen, was zum Beispiel Photoshop leisten kann, werden außerdem die Bilddetails dokumentiert.

Zielsetzungen:
Seitenraster erstellen
Abstände bestimmen
Fotoinformationen hinzufügen

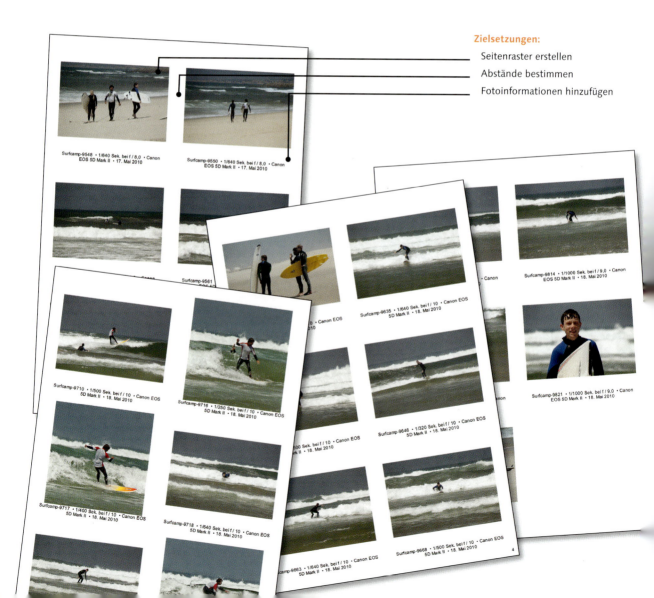

1 Layout-Vorlage nutzen
Starten Sie für einen Kontaktbogen am besten im VORLAGENBROWSER mit einer Layout-Vorlage, die für einen Kontaktbogen gedacht ist, also zum Beispiel 2×2 ZELLEN.
Als Layoutstil wird dadurch automatisch EINZELBILD/KONTAKTABZUG ausgewählt.

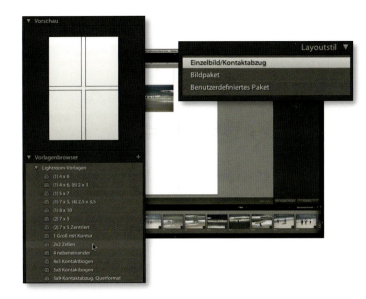

2 Alle Bilder verwenden
Um alle Bilder Ihrer Bildauswahl im Kontaktbogen abzubilden, wählen Sie in dem Popup-Menü VERWENDEN ▷ ALLE FOTOS DES FILMSTREIFENS.
Sie können natürlich auch vorher den Inhalt des Filmstreifens über eine Filterung ❶ einschränken.

Mehr zum Filtern von Bilddaten erfahren Sie im Workshop »Viele Nadeln im Heuhaufen« auf Seite 98.

3 Seite einrichten
Passen Sie dann die Vorlage an Ihr gewünschtes Druckformat an.
Klicken Sie auf SEITE EINRICHTEN, wählen Sie Ihren Drucker und eines der Papierformate aus dem Popup-Menü.
Außerdem können Sie bei AUSRICHTUNG das Hoch- oder Querformat für die Seite festlegen.

Kapitel 9 | Bilder ausdrucken

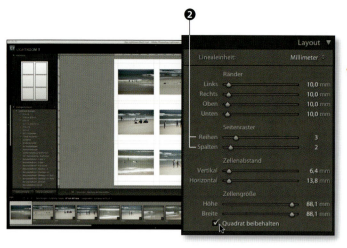

4 Seitenraster und Bildzellen

Öffnen Sie die LAYOUT-Palette. Darin sind die Seitenränder schon automatisch durch den druckbaren Bereich des Druckers festgelegt.

Legen Sie über die Anzahl der REIHEN und SPALTEN ❷ das Seitenraster und die Anzahl der Bildzellen fest. Der zusätzliche ZELLENABSTAND bestimmt die Größe der Zellen, die Sie alternativ auch über ZELLENGRÖSSE festlegen können. Die Option QUADRAT BEIBEHALTEN sichert gleiche Größen für Hoch- und Querformat.

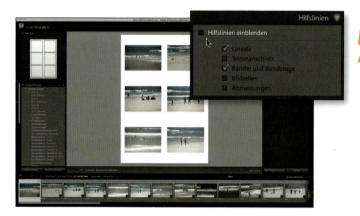

5 Hilfslinien ausblenden

Öffnen Sie die HILFSLINIEN-Palette und deaktivieren Sie die Option HILFSLINIEN EINBLENDEN.

Ohne die eingeblendeten Ränder haben Sie einen besseren Eindruck von dem entstehenden Kontaktabzug.

6 Seitenoptionen nutzen

In der Palette SEITE haben Sie die Möglichkeit, automatische Seiteninformationen für die Kontaktabzüge einzublenden. Dazu gehören SEITENNUMMERN, die SEITEN-INFORMATIONEN – die übrigens Ihre aktuellen Druckereinstellungen auflisten – und SCHNITT-MARKEN. Letztere sind normalerweise nur beim Einzelseiten-Druck pder bei Bildpaketen sinnvoll.

7 Fotoinfo hinzufügen

Wichtiger für Kontaktabzüge ist die Ausgabe mit der FOTOINFO ❸, mit der Sie den Dateinamen oder Belichtungs- oder Ausrüstungsinformationen automatisch unter den Bildern einblenden lassen können.

Wählen Sie aus dem Popup-Menü die gewünschte Metadateninformation oder gehen Sie auf BEARBEITEN ❹, um eine eigene Kombination von Metadaten einzublenden.

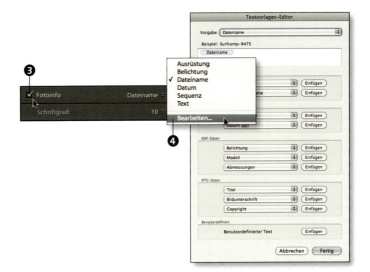

8 Metadaten kombinieren

Im TEXTVORLAGEN-EDITOR können Sie aus dem Popup-Menü ❺ die gewünschten Metadaten auswählen und dann per Klick auf EINFÜGEN ❻ für die Fotoinfo übernehmen.

Sie können auch eigenen Text in die Benennung mit einfügen und so die Textbausteine mit Textzeichen voneinander trennen.

Für die Fotoinfo wird dann der Text aus den Metadateninformationen der jeweiligen Bilder ausgelesen.

Klicken Sie auf OK, wenn Sie alle gewünschten Informationen kombiniert haben.

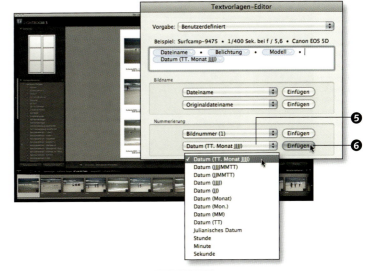

9 Kontaktbögen drucken

Im Bereich DRUCKAUFTRAG können Sie jetzt noch die Druckqualität festlegen. Für einen Kontaktabzug reicht meistens eine DRUCKAUFLÖSUNG von 150 dpi ❼. Für die Nachschärfung geben Sie den gewünschten MEDIENTYP ❽, also die Papierart, an.

Geben Sie das PROFIL ❾ Ihres Druckers an, um farbverbindlich zu drucken und wählen Sie bei RENDERPRIORITÄT die Option PERZEPTIV.

Mehr zu den Details des Farbmanagements erfahren Sie auf Seite 372.

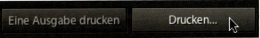

Kapitel 9 | Bilder ausdrucken

Als JPEG drucken

Mit Druckvorgaben in Dateien drucken

Es gibt viele Situationen, in denen ein vorbereitetes Drucklayout als Datei ausgegeben werden soll: Wenn die Bilder bei einem Druckdienstleister ausgedruckt werden sollen, wenn sie zur Abstimmung als JPEG verschickt werden sollen oder wenn Sie den Ausschnitt eines Bildes auch noch dann kontrollieren möchten, wenn Sie es in ein abweichendes Format ausgeben wollen.

Großes Einzelbild

Starten Sie am besten mit einer Vorgabe, um die Fotos formatfüllend als JPEGs ausgeben zu können.

Öffnen Sie den Vorlagenbrowser und wählen Sie aus den Lightroom-Vorgaben GRÖSSE MAXIMIEREN ❷. Diese Vorgabe beinhaltet automatisch EINZELBILD/KONTAKTABZUG als Layoutstil und einen maximalen Bildrahmen. Dieser wird nur durch den nicht-druckbaren Bereich des Papiers beschränkt ❶.

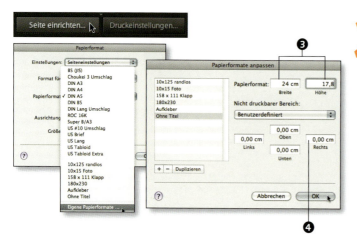

Randloses Bildformat

Für eine randlose Ausgabe des JPEGs müssen Sie das gewünschten Endformat einstellen und die Druckränder eliminieren.

Klicken Sie auf den Knopf SEITE EINRICHTEN und wählen Sie aus dem Popup-Menü PAPIERFORMAT ▷ EIGENE PAPIERFORMATE. Geben Sie im darauffolgenden Fenster Ihr gewünschtes Bildformat ❸ an und setzen Sie die Ränder für den nicht-druckbaren Bereich auf 0,00 cm ❹.

3 Bildauswahl zoomen

Wahrscheinlich entspricht Ihr Bildformat nicht dem gewählten Ausgabeformat, so dass sich noch weiße Seitenränder ergeben.

Öffnen Sie dann die BILDEINSTELLUNGEN und aktivieren Sie die Option ZUM FÜLLEN ZOOMEN. Wählen Sie vor der Druckausgabe die gewünschten Bilder im Filmstreifen aus und verwenden Sie über das Popup-Menü in der Werkzeugleiste nur AUSGEWÄHLTE FOTOS.

4 Als JPEG ausgeben

Als Druckauftrag wählen Sie jetzt unter AUSGABE die JPEG-DATEI ❺.

Geben Sie die DATEIAUFLÖSUNG an ❻. Eine hochwertige Ausgabe im gewünschten Format sollte eine Auflösung von 300 dpi haben. Stellen Sie auch die JPEG-QUALITÄT ❼ so hoch wie möglich ein. Nur wenn Sie große Bilddaten per E-Mail verschicken möchten, sollten Sie die Qualität auf höchstens 85 % verringern. Über BENUTZERDEFINIERTE DATEIABMESSUNGEN ❽ können Sie auch nachträglich noch eine Skalierung in ein anderes Format vornehmen.

5 Farbraum wählen

Sehr wichtig bei der Ausgabe in ein Dateiformat ist die Wahl des Farbraums über das PROFIL ❾. Lightroom verarbeitet RAW-Daten im vergleichsweise großen Farbraum ProPhoto RGB. Möchten Sie die Bilder weitergeben, sollten Sie sie in einen auch von anderen Programmen und Ausgabegeräten sicher unterstützten Farbraum umwandeln. sRGB bietet sich bei der Weitergabe von Screendateien oder an Massenlabore an. ADOBERGB ist die bessere Wahl für hochwertige Drucker oder professionelle Labore.

Kapitel 9 | Bilder ausdrucken

Bildpakete erstellen
Kombinieren Sie verschiedene Formate auf Druckbögen

Bei der Ausgabe verschiedener Bildgrößen für ein Motiv liegt es natürlich nahe, diese auf einem größeren Druckformat zusammen auszugeben anstatt pro Foto einen ganzen Druckbogen zu verschwenden. Die Bildpakete bieten Ihnen praktische Möglichkeiten dafür. Sie können damit feste Bildgrößen anlegen und diese per Klick hinzufügen. Auch individuelle Anpassungen sind natürlich möglich. Praktisch ist die Ausgabe mit automatischen Schnittmarkierungen, die den späteren Beschnitt erleichtern.

Zielsetzungen:
Druckformat festlegen
Bildgrößen kombinieren
Beschnittmarken ausgeben

Fotos: Stefan Koch

1 Druckformat einrichten

Richten Sie als erstes Ihre Druckseite ein: Klicken Sie auf SEITE EINRICHTEN und wählen Sie erst den Drucker ❷ und dann das PAPIERFORMAT ❸.

Je nach Druckertreiber stehen Ihnen unterschiedliche Ausgabeformate zur Verfügung. Das neue Papierformat wird sofort in der Vorschau angepasst ❶.

2 Bilder für Bildpaket auswählen

Öffnen Sie den Layoutstil und klicken Sie auf BILDPAKET – Sie erhalten eine leere Seite, die Sie gleich mit Bildrahmen füllen werden.

Aktivieren Sie auch jetzt schon die Bilder, die später ausgedruckt werden sollen, indem Sie sie im Filmstreifen mit gedrückter `Strg`/`⌘`-Taste auswählen.

Für jedes Bild wird jetzt automatisch eine Druckseite vorgesehen.

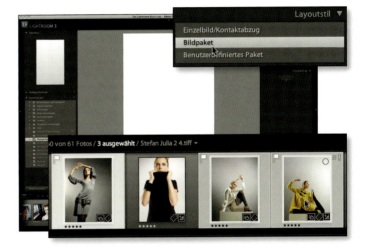

3 Bildeinstellungen vorbereiten

Öffnen Sie nun zuerst die BILDEINSTELLUNGEN und die Palette für LINEALE, RASTER UND HILFSLINIEN. In den Bildeinstellungen aktivieren Sie die Option ZUM FÜLLEN ZOOMEN ❺, damit die Bildformate immer vollständig ausgefüllt werden. Die Option DREHEN UND EINPASSEN ❹ richtet die Bilder im Rahmen immer so groß wie möglich aus. Aktivieren Sie die Option HILFSLINIEN EINBLENDEN und darin zuerst den SEITENANSCHNITT ❻, um die Bilder nur im druckbaren Bereich zu platzieren. Das SEITENRASTER ❼ erleichtert die Anordnung.

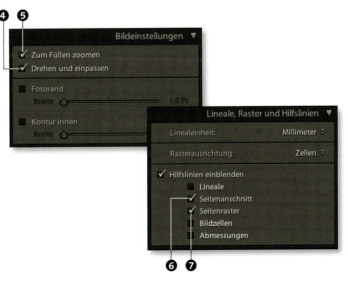

Kapitel 9 | Bilder ausdrucken **363**

4 Bildformat einrichten

Jetzt kommt es zum Wesentlichen: In der Palette ZELLE können Sie verschiedene Bildrahmen anlegen und auf der Seite anordnen. Klicken Sie auf den kleinen Pfeil ❽ neben einer der sechs Formatvorgaben und wählen Sie aus dem Popup-Menü ein gewünschtes Format oder legen Sie unter BEARBEITEN ein eigenes Format fest.

Geben Sie die gewünschte GRÖSSE des Bildes an und klicken Sie auf HINZUFÜGEN. Sofort wird ein entsprechender Bildrahmen auf der Seite platziert.

5 Format anpassen

Wenn Sie erst einmal eine Formatvorgabe erstellt haben, können Sie sie durch einen Klick auf die Größenangabe ❾ gleich mehrfach dem Bildpaket hinzufügen.

Natürlich können Sie auch noch danach die Angaben ändern – entweder Sie ziehen einfach an den Anfassern des Bildrahmens ❿ oder geben individuelle Abmessungen ⓫ ein.

6 Bildrahmen kopieren

Natürlich können Sie auch einfach bestehende Bildrahmen kopieren. Halten Sie dazu die [Alt]/[⌥]-Taste gedrückt und ziehen Sie einen Bildrahmen zur Seite, um ihn zu kopieren. Platzieren Sie den neuen Bildrahmen neben die bestehenden. Beim Platzieren hilft die automatische Rasterausrichtung an den Zellen wie auch das eingeblendete Raster.

Übrigens: Wenn sich die Bilder überlappen, erscheint oben rechts ein Warnzeichen.

7 Schnittmarken erstellen

Um die Bilder später vernünftig aus der Druckseite schneiden zu können, können Sie jetzt schon die SCHNITTMARKIERUNGEN ❿ einblenden. Diese finden Sie in der SEITE-Palette.

Für die Schnittmarkierungen stehen Ihnen optional durchgehende LINIEN oder einfache SCHNITTMARKEN ⓭ zur Verfügung.

8 Identisches Seitenlayout

Wenn das Layout des Bildpakets soweit festgelegt ist, kontrollieren Sie noch einmal über das Popup-Menü, ob Sie auch nur die ausgewählten Bilder ausgeben, also ob im Popup-Menü VERWENDEN die Option AUSGEWÄHLTE FOTOS ⓯ aktiviert ist.

Für jedes der ausgewählten Fotos wurde jetzt ein eigenes Bildpaket angelegt. Sie können mit den Pfeilsymbolen ⓮ durch die einzelnen Druckseiten blättern.

9 Druckseiten ausgeben

Zum Schluss drucken Sie die Seiten auf dem bereits in Schritt 1 ausgewählten DRUCKER ⓰ aus. Geben Sie die geforderte DRUCKAUFLÖSUNG ⓱ ein und bei Bedarf eine automatische Nachschärfung für das verwendete Material ⓲.

Legen Sie außerdem im Bereich FARBMANAGEMENT Ihr Druckerprofil fest und wählen als RENDERPRIORITÄT PERZEPTIV.

Mehr Details zum Farbmanagement finden Sie am Ende dieses Kapitels auf Seite 372.

Der erste Schritt zum Fotolayout

Benutzerdefinierte Bildpakete als Layout-Vorlage speichern

Auch in Lightroom 3 ist noch keine wirkliche Fotobuch-Funktion verfügbar. Allerdings haben Sie durch benutzerdefinierte Bildpakete die Möglichkeit, Bilder mit unterschiedlichen Formaten zu mischen. Zusammen mit Ausrichtungsfunktionen und der optionalen Mehrseitigkeit können Sie ein Layout schon weit vorbereiten und als Vorlage speichern.

Zielsetzungen:
Fotos und Formate kombinieren
Bildrahmen ausrichten
Mehrseitiges Layout

1 Layoutformat anlegen

Auch für ein benutzerdefiniertes Bildpaket sollten Sie zuerst das Endformat festlegen. Klicken Sie also auf SEITE EINRICHTEN und wählen Sie aus dem Popup-Menü EIGENE PAPIERFORMATE ❶.

Dieses öffnet das Arbeitsfenster PAPIERFORMATE ANPASSEN.

2 Randlose Vorlage

Klicken Sie zuerst auf das Zeichen + ❷, um eine eigene Vorlage zu erstellen und geben Sie dieser einen aussagekräftigen Namen, hier FOTOBUCH 30×30 ❸.

Geben Sie dann das gewünschte Layoutformat ❺ an und setzen Sie die Seitenränder auf 0,00 CM ❹, um das ganze Seitenformat als druckbaren Bereich zu definieren.

Nach Klick auf OK wird das Format im Vorschaufenster angelegt.

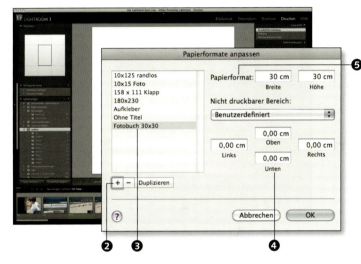

3 Benutzerdefiniertes Paket

Jetzt wählen Sie den LAYOUTSTIL. Mit BENUTZERDEFINIERTES PAKET ❻ mischen Sie mehrere Bilder mit verschiedenen Formaten auf einer Seite. Filtern Sie außerdem die Bilder, die Sie in die engere Auswahl für das Layout ziehen, zum Beispiel durch einen Bewertungsfilter. Verwenden Sie ALLE FOTOS DES FILMSTREIFENS. Gedruckt werden letzlich nur die, die Sie auf eine Seite gezogen haben.

Kapitel 9 | Bilder ausdrucken **367**

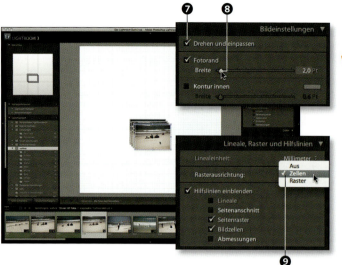

4 Bildeinstellungen und Raster

Jetzt können Sie zuerst noch ein paar grundsätzliche Einstellungen vornehmen. Geben Sie zum Beispiel in den BILDEINSTELLUNGEN an, dass die Motive in vorgefertigte Bildrahmen eingepasst werden sollen ❼ und erstellen Sie einen schwarzen FOTORAND über den Schieberegler ❽.

Wählen Sie unter HILFSLINIEN EINBLENDEN zumindest das SEITENRASTER aus und aktivieren Sie die Rasterausrichtung anhand von ZELLEN ❾, damit die Bilder später aneinander ausgerichtet sind.

5 Fotos positionieren

Der einfachste Weg, mehrere Bilder in einem benutzerdefinierten Bildpaket zu steuern, ist, sie einfach zu aktivieren und per Drag & Drop aus dem Filmstreifen auf die Seite zu ziehen.

Danach können Sie die Bilder völlig frei layouten – also einfach verschieben oder an den Eckpunkten ❿ durch Ziehen vergrößern. Die Rasterausrichtung und das eingeblendete Raster helfen Ihnen bei der gleichmäßigen Anordnung.

6 Seitenlayout aufbauen

Um dem Layout eine weitere Seite hinzuzufügen, klicken Sie einfach nur im Bereich ZELLEN auf NEUE SEITE. Diese ist am Anfang leer, kann aber entweder per Drag & Drop oder durch vordefinierte Bildrahmen gefüllt werden.

Klicken Sie auf einen Pfeil neben den vordefinierten Bildformaten ⓫, um ein eigenes Format durch Bearbeiten zu erstellen.

7 Bildgrößen definieren

Geben Sie die gewünschte Bildrahmengröße an und klicken Sie auf HINZUFÜGEN. So erscheint ein erster Bildrahmen in der gewählten Größe auf der Seite, gleichzeitig ist die Größe als neues Bildformat vordefiniert.

Weitere Bildrahmen dieser Größe können Sie durch einfaches Klicken auf die Vorgabe erzeugen.

8 Bildausschnitt bestimmen

Im unteren Zellen-Bereich deaktivieren Sie die Option AUF FOTO-SEITENVERHÄLTNIS SPERREN ⓭, um das Format des Bildrahmens immer beizubehalten. Ziehen Sie diesmal die Bilder einzeln aus dem Filmstreifen in die Bildrahmen.

Wenn Sie den Ausschnitt innerhalb des Bildrahmens noch verschieben wollen, klicken Sie mit gedrückter ⌃Strg/⌘-Taste auf das Bild und ziehen Sie den richtigen Ausschnitt in den Rahmen ⓬.

9 Layout-Vorlage speichern

Wenn Sie eine solche Doppelseite jetzt öfter für ein Layout, zum Beispiel eines Fotobuchs, nutzen wollen, können Sie sie auch mehrseitig als Vorlage speichern.

Klicken Sie einfach auf das Zeichen + ⓮ im VORLAGENBROWSER und geben einen Namen für die neue Vorlage an. Bei Bedarf können Sie dabei auch noch einen übergeordneten ORDNER anlegen ⓯.

Die gespeicherte Vorlage können Sie jetzt jederzeit auswählen und einfach mit neuen Bildern füllen.

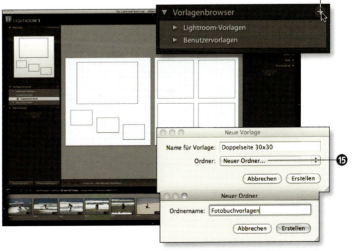

Kapitel 9 | Bilder ausdrucken **369**

Druckjob speichern

Eine Druckvorlage inklusive der Bilddaten speichern

Viele aufwendige Druckjobs werden vorbereitet und lösen sich dann in Nichts auf, sobald der nächste Druckjob erstellt wird. Manchmal muss man aber den gleichen Druckauftrag noch einmal mit leicht geänderten Einstellungen ausgeben. Warum dafür eine Druckvorlage nicht ausreicht und wie Sie den Druckjob trotzdem speichern können, lesen Sie hier.

1 Die Grenzen der Vorlage
Schauen Sie erst einmal, wie weit Sie mit einer Vorlage kommen: Wählen Sie eine beliebige Vorlage aus dem VORLAGEN-BROWSER. Schon im kleinen Vorschaufenster sehen Sie, dass diese nur die Bildrahmen beinhaltet.

Um ein Layout erstellen zu können, müssen Sie zuerst die Bildauswahl vorgenommen haben.

2 Sammlungssatz für Drucke
In der SAMMLUNGEN-Palette können auch Drucksammlungen – also Druckvorlagen samt Bildern – gespeichert werden.

Am besten legen Sie für diese einen eigenen Ordner an. Klicken Sie auf das Symbol **+** in der SAMMLUNGEN-Palette und wählen Sie SAMMLUNGSSATZ ERSTELLEN.

Benennen Sie den Sammlungssatz und bestätigen Sie den Vorgang durch Klick auf ERSTELLEN.

3 Bildauswahl für Druck erstellen

Klicken Sie kurz auf den rückwärtigen Navigationspfeil ❶, um wieder zur vorherigen Bildauswahl zurückzukehren.

Erstellen Sie dann Ihr Layout und Ihre Bildauswahl so, wie Sie sie gespeichert haben wollen.

Sinnvoll ist meistens, die Einstellung für das VERWENDEN ❷ auf ALLE FOTOS DES FILMSTREIFENS zu belassen und die gewünschten Bilder im Filmstreifen auszuwählen.

4 Druck und Bilder speichern

Klicken Sie jetzt nochmals auf das Symbol **+** in der SAMMLUNGEN-Palette und wählen Sie diesmal DRUCK ERSTELLEN.

Im nachfolgenden Menü benennen Sie den Druck, wählen den Speichersatz ❸ und – ganz wichtig – aktivieren die Option AUSGEWÄHLTE FOTOS EINSCHLIESSEN ❹.

Nur so kombinieren Sie die Layout-Einstellungen mit den gewählten Fotos.

5 Drucksammlung aufrufen

Dieser Druck ist jetzt gespeichert und kann jederzeit in der Sammlungen-Palette im entsprechenden Satz wieder aufgerufen werden ❺.

Damit haben Sie nicht nur Zugang zum Layout, sondern auch zu den benutzten Bildern. Und können genau diese Kombination so – oder mit Änderungen – schnell erneut ausdrucken.

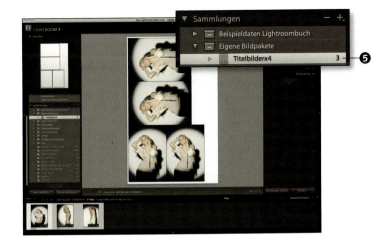

GRUNDLAGENEXKURS

Farbmanagement mit RAW-Daten
Farbkonsistent von der Kamera bis zum Druck

Wozu Farbmanagement

Wir fotografieren mit der Kamera Millionen von natürlichen Farben und versuchen letztendlich, diese in Geräten mit nur drei Grundfarben – Rot, Grün und Blau – wiederzugeben. Schon in der Kamera fängt die Filterung nach den drei Grundfarben an. Der Monitor, auf dem wir die Bilder betrachten, erzeugt seine Farben mit Hilfe von roten, grünen und blauen Farbkomponenten. Und auch das finale TIFF- oder JPEG-Bild, das weitergegeben wird, wird in die drei Farbkanäle aufgeteilt, um seine Farben darzustellen.

Dabei liegt es auf der Hand, dass die technischen Geräte in der Bildbearbeitung Abweichungen haben und dass deren Fähigkeit, Farben beziehungsweise Farbumfänge wiederzugeben, sehr schwanken kann. So kann ein Monitor niemals den Farbumfang eines 16-Bit-Bildes wiedergeben und ist auch meistens kleiner als die Wiedergabe-Möglichkeit von guten Farbdruckern.

Und genau hier setzt das Farbmanagement an: Es ist ein schlichter Übersetzungsprozess, der dafür sorgen soll, dass die ursprünglichen Farben des Bildes in unterschiedlichen Farbräumen konstant wiedergegeben werden. Damit wir auf dem Monitor möglichst farbgetreu sehen, was wir fotografiert haben. Und auch, damit Bilder, die wir zum Entwickeln geben oder selbst ausdrucken, das wiedergeben, was wir auf dem Monitor beurteilt und bearbeitet haben.

Die Bedeutung von Farbräumen

Um die Übertragung der Farben aus den unterschiedlichen Geräten übersetzen zu können, muss man die Herkunft und das Ziel der Farben kennen. Das verantwortliche Farbmanagement-Modul muss also wissen, wie die Farben auf dem jeweiligen Gerät dargestellt werden. Hierzu gibt es nun zwei Ansätze:

Erstens: die Erstellung eines Geräte-Profils, also der exakten Ausmessung der Farbwiedergabe von Kamera, Monitor oder Drucker.

Oder zweitens: die Arbeit mit Standardfarbräumen, wie zum Beispiel sRGB oder AdobeRGB. Damit werden die Farben innerhalb eines kleinsten gemeinsamen Nenners stabil gehalten.

Die wichtigste Regel beim Farbmanagement ist, dass niemals die Information über Farbraum oder Profil verloren gehen darf. Denn dann können aus den RGB-Werten die Bildfarben nicht mehr richtig interpretiert werden. In den Beispielbildern oben rechts sehen Sie, wie sich eine Fehlinterpretation von Bilddaten auswirken kann.

Als zweite Regel gilt, den Farbraum möglichst lange möglichst groß zu lassen. So spät wie möglich sollten Sie in einen kleineren Farbraum wie sRGB oder in einen Druckerfarbraum wechseln. Denn die Farben aus dem größeren Farbraum können dann nie wieder rekonstruiert werden.

Originalfarben im Farbraum AdobeRGB gespeichert

Fehlinterpretation im kleineren Farbraum sRGB: flaue Farbwiedergabe

Originalfarben im Farbraum sRGB gespeichert

Fehlinterpretation im größeren ProPhoto RGB: Farben »bluten« aus

Im fotografischen Workflow mit JPEG- oder TIFF-Daten hat sich das Farbmanagement mittlerweile etabliert. Grundvoraussetzung ist natürlich die Kalibrierung des Monitors, bei der ein Monitorprofil erstellt wird, damit die Bilddaten auf dem Monitor korrekt angezeigt werden können.

In der Kamera wählen Sie einen Standardfarbraum vor – sRGB oder AdobeRGB –, der fest mit den Bildfarben verknüpft ist, so dass diese im richtigen Farbraum interpretiert werden können. Der in Photoshop nach wie vor häufig vorkommende Kardinalfehler, dass einem Bild aus Unwissenheit ein falscher Farbraum zugewiesen wird, kann in Lightroom nicht passieren. Ein einmal gewählter Farbraum wird immer als eingebettetes Profil berücksichtigt.

Eingebettetes Profil einer JPEG-Datei

Sonderfall RAW-Daten

Im RAW-Daten-Workflow werden die Karten neu gemischt: Da mit RAW-Daten kein Standardbildformat vorliegt, sondern jeder Hersteller die Belichtungsinformationen auf individuelle Art speichert, ist hierin auch keine Möglichkeit vorgesehen, um ein Standardprofil oder einen Farbraum zu speichern.

Je nach Kamera werden die RAW-Daten in einer Farbtiefe von 12 oder 16 Bit gespeichert. Dies entspricht 2^{12} beziehungsweise 2^{16} verschiedenen Tonwertabstufungen gegenüber 2^8. Das ist ein 8-Bit-Farbumfang, den der Monitor oder ein JPEG-Bild speichern kann.

Lightroom arbeitet deshalb intern mit dem sehr großen Farbraum ProPhoto RGB. Dieser ermöglicht es, alle übergebenen Farbinformationen in verlustfreier Form weiter zu bearbeiten.

Erst bei der Ausgabe aus Lightroom – also beim Export, beim Druck oder bei der Übergabe in Photoshop – findet eine Konvertierung in einen der beiden Standardfarbräume, sRGB oder AdobeRGB, oder in den spezifischen Druckerfarbraum statt.

Sie können in Lightroom in puncto Farbmanagement also gar nicht viel falsch machen. Erst bei der Ausgabe müssen Sie sich überlegen, wie genau Sie den folgenden Farbraum angeben können: entweder als Standardfarbraum für standardisierte Ausgaben, wie einen Bilderservice oder die Weitergabe an Photoshop. Oder in ein spezifisches Profil, wenn Sie auf einen eigenen Drucker ausgeben, den Sie idealerweise schon mit einem entsprechenden Farbmessgerät profiliert haben.

Aber auch schon bei der Aufnahme können Sie die Farben exakter eingrenzen. Es gibt von verschiedenen Herstellern verschiedene Farb-Charts, sogenannte Targets –, die einfach unter Normbedingungen fotografiert werden. Eine Software misst dann die von Ihrer Kamera fotografierten Farben aus und gleicht Sie mit den Normfarben ab. Die gemessene Abweichung stellt das gerätespezifische Profil Ihrer Kamera dar.

Dieses Profil kann entweder mit dem *Adobe DNG Profile Editor* als kameraeigenes Profil erstellt und in Lightroom als Standard angewendet werden. Oder es wird eine entsprechende Entwicklungseinstellung für Lightroom erstellt; ein Beispiel dazu zeige ich Ihnen auf den nächsten Seiten.

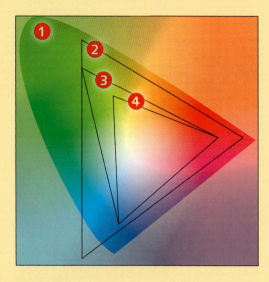

Schematische Darstellung der Farbräume:
❶ Sichtbares Farbspektrum/Lab-Farbraum
❷ ProPhoto RGB
❸ AdobeRGB
❹ sRGB

Munsell-Farb-Chart

Auswahl eines kameraspezifischen DNG-Profils

1 Monitor-Profil erstellen

Ein Monitorprofil ist schnell erstellt: Sie benötigen nur ein professionelles Farbmessgerät zur Monitorkalibrierung mit der entsprechenden Software. Das nebenstehende Beispiel zeigt einen Spyder 3 in Aktion.

Die vom Monitor wiedergegebenen Farbwerte werden ausgemessen, ein Monitorprofil wird automatisch erstellt und im System gespeichert.

Lightroom nutzt dieses Profil automatisch zur korrekten Darstellung der Bildfarben.

2 Farbreferenz fotografieren

Auch die Abweichungen Ihrer Kamera von der Werksnorm sollten Sie messen und gleich am Anfang im Workflow integrieren.

Nutzen Sie dazu ein genormtes Farb-Chart, wie ein Munsell-Target oder zum Beispiel den neuen SpyderChecker, der gleich die eigene Software zur Erstellung von RAW-Entwicklungseinstellungen mitliefert.

Fotografieren Sie diesen im gleichmäßigen, mittleren Tageslicht oder im Studio unter Reprobedingungen.

3 Entwicklungsvorgabe erstellen

Die SpyderCheckr-Software misst das 16-Bit-Bild aus und vergleicht den Ist- mit dem Soll-Wert ❶, also die im Bild wiedergegebenen Farben mit den Standard-Werten. Für die kameraspezifische Abweichung wird eine Korrektur in Form einer Lightroom-Entwicklungsvorgabe erstellt ❷. Der Vorteil gegenüber einem DNG-Profil ist die Transparenz der Korrekturen, die Sie in den HSL-Einstellungen ablesen können.

Lesen Sie auch: den Grundlagenexkurs »Ein guter Start« auf Seite 184.

Grundlagenexkurs | Farbmanagement im RAW-Workflow **375**

4 Entwicklungsstandard aufbauen

Eine solche Entwicklungsvorgabe können Sie – genauso wie ein DNG-Profil – auch schon beim Import auf Ihre Bilder anwenden.

Wählen Sie entweder die gespeicherten ENTWICKLUNGSEINSTELLUNGEN im Importfenster aus ❸ oder legen Sie eine neue Standardkonvertierung für die RAW-Daten dieser Kamera fest.

Dazu müssen Sie – nachdem Sie die Entwicklungsvorgabe ausgewählt haben und keine weiteren Entwicklungseinstellungen vorgenommen haben – die Alt/⌥-Taste drücken und neu den STANDARD FESTLEGEN ❹.

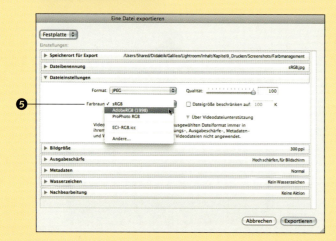

5 Bilder exportieren

Lightroom arbeitet, wie schon erwähnt, im ProPhoto-RGB-Farbraum. Wenn Sie Bilder exportieren, wird meist ein anderer Farbraum erwartet – und ist in der Regel für die weitere Verarbeitung auch besser geeignet.

Ändern Sie deshalb den Farbraum ❺ in den Exporteinstellungen auf:

- ADOBERGB für die Standard-Ausgabe
- sRGB für die Web-Darstellung oder die Entwicklung in Großlaboren
- ANDERE Profile wie ECI-RGB für spezifische Ausgaben oder den späteren Vierfarbdruck

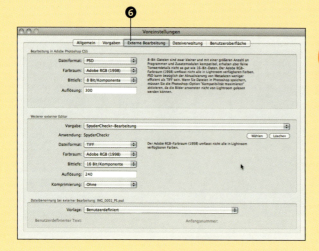

6 Bilder an Photoshop übergeben

Im Menü FOTO ▷ BEARBEITEN IN oder über den Shortcut Strg/⌘ + E wird ein Bild automatisch an Photoshop weitergereicht.

Für diesen Vorgang müssen Sie unbedingt vorher festlegen, in welchem Farbraum das Bild übergeben werden soll.

In den Voreinstellungen für die externe Bearbeitung ❻ können Sie den entsprechenden Farbraum angeben.

Mehr zur Zusammenarbeit mit Photoshop erfahren Sie in Kapitel 6, »Photoshop-Exkursion«.

7 Drucker kalibrieren

Wenn Sie Ihre Bilder auf Ihrem eigenen Drucker farbverbindlich ausgeben wollen, kommen Sie um die Druckerkalibrierung nicht umhin. Diese ist zwar etwas aufwendiger als die Monitorkalibrierung, aber mit aktuellen Hilfsmitteln kinderleicht.

Auch in diesem Fall sorgt eine eigene Software für den Ausdruck des Charts, der dann wieder mit dem SpyderPro oder einem anderen Farbmessgerät ausgemessen und im System als Profil gespeichert wird.

8 Druckerprofil wählen

Im Druckmenü von Lightroom wählen Sie dann das entsprechende Druckerprofil als neuen Zielfarbraum aus.

Stellen Sie das PROFIL von VOM DRUCKER VERWALTET auf das eigens erstellte Druckerprofil ❼ um. Dadurch werden die Bildfarben aus dem Lightroom-Arbeitsfarbraum in den Druckerfarbraum umgewandelt.

Dieses ist die Hauptaufgabe des Farbmanagements: die Anpassung der Farbwerte, damit die Wiedergabe in zwei unterschiedlichen Farbräumen konstant bleibt.

9 Renderpriorität wählen

Bei der Umwandlung von größeren in kleinere Farbräume ist es wichtig, wie die Farben, die außerhalb des neuen Farbraums liegen, in diesen transformiert werden. Dafür sorgt die RENDERPRIORITÄT ❽: Wählen Sie PERZEPTIV, wenn Sie die gesamten Farben praktisch proportional in den neuen Farbraum skalieren wollen. Die Option RELATIV bezeichnet eine relativ farbmetrische Umsetzung. Diese verändert die Farben nicht, die im neuen Farbraum enthalten sind, und eignet sich etwa für farbkorrigierte Produktfotos.

Im Web präsentieren

Bilder sind im Web schnell präsentiert. Lightroom bietet Ihnen umfangreiche Vorlagen, mit denen Sie HTML- oder Flash-Galerien spielerisch leicht erstellen und individuell anpassen können. Im nachfolgenden Kapitel lernen Sie alle Optionen dieser beiden Galerie-Arten und auch den zusätzlich verfügbaren Airtight-Viewer kennen. Außerdem lesen Sie, wie Sie unterschiedliche Beschreibungen für Ihre Bilder in einer Webseite integrieren können oder komplette Webseiten-Layouts inklusive der verwendeten Bilder speichern können. Die Lightroom-Vorlagen reichen Ihnen nicht aus? Dann schauen Sie im Grundlagenexkurs auf Seite 406 nach, wie Sie weitere Vorlagen im Web finden und hinzufügen können.

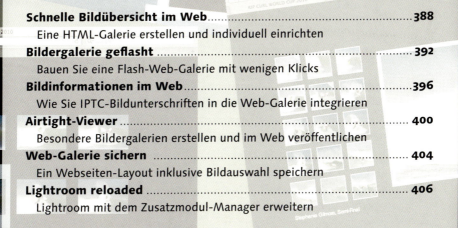

Schnelle Bildübersicht im Web **388**
   Eine HTML-Galerie erstellen und individuell einrichten
Bildergalerie geflasht **392**
   Bauen Sie eine Flash-Web-Galerie mit wenigen Klicks
Bildinformationen im Web **396**
   Wie Sie IPTC-Bildunterschriften in die Web-Galerie integrieren
Airtight-Viewer **400**
   Besondere Bildergalerien erstellen und im Web veröffentlichen
Web-Galerie sichern **404**
   Ein Webseiten-Layout inklusive Bildauswahl speichern
Lightroom reloaded **406**
   Lightroom mit dem Zusatzmodul-Manager erweitern

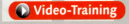   **Bonusmaterial auf DVD:**
   Eine Web-Galerie erstellen (Lektion 3.4)

Foto: iStockphoto, © sndr, Bild 8280353

Schnell verlinkt

? Ich habe schon einige Web-Galerien erstellt. Unser Systemadministrator will diese jetzt an verschiedenen Stellen auf der Webseite integrieren. Wie kann ich ihm die Galerien-Webseite beziehungsweise alle notwendigen Daten übergeben?

! Ganz einfach: Über den EXPORTIEREN-Button im Web-Modul wählen Sie einen Speicherort und benennen den Galerien-Ordner. Diesen können Sie dann Ihrem Systemadministrator übergeben. Lesen Sie zu diesem Thema auch den Workshop »Bildergalerie geflasht« auf Seite 392.

? Wie kann ich eigene, im Vorlagenbrowser gespeicherte Web-Galerien-Vorlagen auch auf anderen Rechnern nutzen? Ich möchte nicht den gesamten Katalog auf diesen Rechner kopieren, sondern nur mit den gleichen Vorlagen arbeiten.

! Alle Vorlagen der verschiedenen Lightroom-Module können Sie einfach per Klick mit der rechten Maustaste exportieren. Genauso einfach – also auch wieder über die rechte Maustaste – können Sie eine Vorlage wieder in einen neuen Katalog importieren.

? Ich finde, dass sich die Lightroom-Vorlagen für die Web-Galerien wiederholen. Oft sind es doch die gleichen Vorlagen, nur mit etwas anderer Farbgebung. Wo finde ich neue Web-Galerien mit anderen Grundideen und Layouts?

! Es gibt mittlerweile viele Hersteller, die Zusatzmodule zu Lightroom anbieten. Am schnellsten erhalten Sie eine Übersicht, wenn Sie über das DATEI-Menü den ZUSATZMODUL-MANAGER öffnen und von dort aus auf die Lightroom-Exchange-Webseite wechseln. Exemplarisch ist dieser Weg im Grundlagenexkurs auf Seite 406 beschrieben.

? Ein Bekannter hat mir Web-Adressen genannt, auf denen auch Web-Galerien für Lightroom angeboten werden. Ich habe mir jetzt eine 30-Tage-Version heruntergeladen. Wie kann ich diese in Lightroom installieren?

! Normalerweise sollte das auf den Herstellerseiten beschrieben sein. Manche Zusatzmodule können Sie einfach über DATEI ▷ ZUSATZMODULE-MANAGER ▷ HINZUFÜGEN installieren. Viele müssen Sie hingegen manuell an den richtigen Speicherort kopieren.

- Auf dem Mac:
  BENUTZER/BENUTZERNAME/LIBRARY/APPLICATION SUPPORT/ADOBE/LIGHTROOM/WEB GALLERIES/
- Auf Windows XP:
  C:\DOKUMENTE UND EINSTELLUNGEN\BENUTZERNAME\APPLICATION DATA\ADOBE\LIGHTROOM\WEB GALLERIES\
- Auf Windows Vista und Windows 7:
  C:\BENUTZER\BENUTZERNAME\APPDATA\ROAMING\ADOBE\LIGHTROOM\WEB GALLERIES\

Unter Windows sind die Ordner APPLICATION DATA beziehungsweise APPDATA standardmäßig nicht sichtbar. In Windows Vista können Sie sie im Explorer über EXTRAS ▷ ORDNEROPTIONEN ▷ ANSICHT ▷ VERSTECKTE DATEIEN UND ORDNER EINBLENDEN anzeigen. In Windows 7 finden Sie die Einstellung im Explorer unter ORGANISIEREN ▷ ORDNEROPTIONEN ▷ ANSICHT ▷ AUSGEBLENDETE DATEN, ORDNER UND LAUFWERKE ANZEIGEN.

? Ich liebe den Airtight PostcardViewer, aber ich verstehe die Zoomfaktoren für »nah« und »fern« nicht. Ich dachte, beide Werte haben Einfluss auf die Animation, aber offensichtlich wird diese nur von einem der beiden Werte beeinflusst. Wie gehe ich mit den Reglern um?

! Die beiden Regler sind in der Tat sehr missverständlich. Die Erklärung ist aber ganz einfach: Der Wert für FERN gibt den Zoomfaktor der Miniaturbilder an, der Wert für NAH skaliert das größere Bild, das Sie jeweils durch Klick auf eine Miniatur öffnen. Mehr zu den Airtight-Galerien lesen Sie im Workshop auf Seite 400.

? Ich möchte eine Web-Galerie auf einer bestimmten URL meiner Webseite veröffentlichen. Kann ich das auch ohne eigenes FTP-Programm erledigen?

! Ja, gehen Sie unter den Einstellungen für das Hochladen auf das Popup-Menü FTP-SERVER und wählen Sie dort BEARBEITEN. Im nächsten Fenster können Sie alle Zugangsdaten und auch einen bestehenden Pfad eingeben. Mehr Infos dazu finden Sie in dem Workshop »Bildinformation im Web« auf der Seite 396.

? Wie kann ich auf der Webseite am schnellsten für alle Bilder ein mit dem Wasserzeichen-Editor vorbereitetes Wasserzeichen hinzufügen?

! Ganz einfach über das entsprechende Popup-Menü, das sich bei den meisten Vorlagen in den Ausgabeeinstellungen befindet.

? Für einen umfangreicheren Reisebericht habe ich eine Web-Galerie aufbauend auf der Standard-Flash-Vorlage erstellt. In den Bildinformationrn ist die »Bildunterschrift« aktiviert. Wo finde ich aber das Textfeld, in dem ich für jedes Bild eine Bildunterschrift eintragen kann?

! Die Bildunterschriften füllen Sie in den IPTC-Metadaten. Geben Sie die Informationen für jedes Bild in der Bibliothek ein. Der Vorteil ist, dass diese Bildunterschriften dann auch in anderen Ausgabemodulen, wie der Diashow, verwendet werden können. Sie können auch andere IPTC-Einträge für die Beschriftung benutzen. Dann wählen Sie diese im Popup-Menü über BEARBEITEN aus. Genau beschrieben wird das im Workshop »Bildinfomationen im Web« auf Seite 396.

? Ein Kunde von mir klagt über Pixelstörungen, die in einer von mir mit Lightroom erstellten Bildergalerie erscheinen. Ich kann die Pixel aber nicht sehen. Er schwört, dass diese nur auf dieser Galerie sichtbar sind. Wissen Sie Rat?

! Wahrscheinlich arbeitet der Kunde mit einer alten Browser-Version. In Kombination mit dem Internet Explorer 6 gab es einmal dieses Symptom. Eine Browseraktualisierung sollte helfen.

Das Web-Modul im Überblick

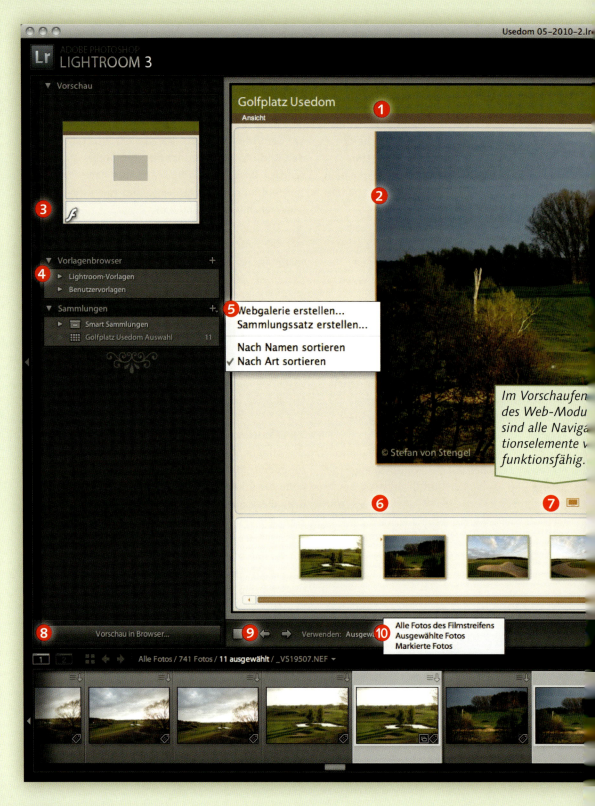

Kapitel 10 | Im Web präsentieren

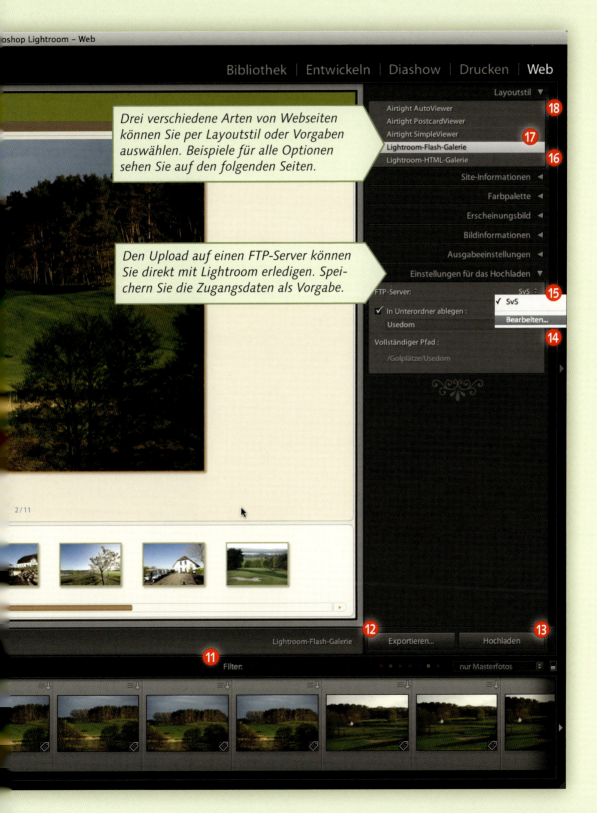

Das Web-Modul

❶ Site-Informationen: Alle eingeblendeten Textinformationen werden in der Palette SITE-INFORMATIONEN eingegeben. Sie werden automatisch während der Eingabe aktualisiert.

❷ Vorschaubilder: Im großen Vorschaufenster wird Ihnen die komplette Web-Galerie angezeigt. Die maximale Größe der »Großen Bilder« geben Sie im ERSCHEINUNGSBILD an.

❸ Layoutvorschau: Über das Vorschaufenster erhalten Sie einen Eindruck vm Web-Galerien-Layout, sobald Sie den Mauszeiger über den Vorlagennamen im Vorlagenbrowser bewegen.

❹ Vorlagenbrowser: Auch im Web-Modul können Sie eigens erstellte Webseiten-Layouts als Vorlage speichern. Die Lightroom-Vorgaben in diesem Modul sind besonders umfangreich. Sie dienen als gute Grundlage für ein eigenes Layout.

❺ Web-Galerie speichern: Speichern Sie eine Web-Galerie, um nicht nur die Layout-Vorlage, sondern auch die verwendeten Bilder zu sichern. Klicken Sie auf das Zeichen **+** und wählen Sie WEB-GALERIE ERSTELLEN. Diese können Sie genau wie andere Bildsammlungen aus der SAMMLUNGEN-Palette aufrufen.

❻ Miniaturbilder: Auch die Größe der Miniaturbilder in einer Flash-Galerie wird im ERSCHEINUNGSBILD eingestellt. Diese Miniaturen sind schon in der Lightroom-Vorschau verlinkt. Sie können hierüber also das Hauptbild zur Ansicht wechseln.

❼ Web-Galerien-Navigation: Die Web-Galerie im Vorschaufenster ist vollständig funktionsfähig. Sie können also in Lightroom auch schon die Navigationselemente testen und zur Ansicht benutzen.

❽ Vorschau in Browser: Im großen Vorschaufenster haben Sie zwar schon die ganze Web-Galerie zur Ansicht, eine Vorschau im Browser ist aber vor allem dann nützlich, wenn Sie die Größenverhältnisse einer HTML-Galerie im Browserfenster überprüfen wollen.

❾ Navigation: Wechseln Sie über diese Pfeile zwischen den für die Web-Galerie ausgewählten Bildern. Ein wirklicher Bildwechsel findet in den Web-Galerien-Layouts aber nur über die Navigation der Galerie statt.

❿ Fotos verwenden: Über dieses Popup-Menü bestimmen Sie, welche Fotos aus dem Filmstreifen für die Web-Galerie benutzt werden sollen.

⓫ Filter: Der Filmstreifen-Filter ist auch im Web-Modul verfügbar – hierüber können Sie die Bilder nach Attributen filtern oder eine vorbereitete Filtervorlage auswählen.

⓬ Exportieren: Über den EXPORTIEREN-Knopf werden sämtliche benötigten Dateien für die Webseite in einen ausgewählten Ordner gespeichert. Dazu gehört die Index-Datei, genauso wie HTML- oder Flash-Programmierung, alle benötigten Bildgrößen und Navigationselemente. Das Exportieren bietet sich dann an, wenn Sie die Dateien nicht selbst per FTP hochladen möchten.

⓭ Hochladen: Nachdem Sie in den Servereinstellungen den Server und die Zugangsdaten sowie optionale Unterordner angegeben haben, können Sie über diesen Knopf ganz einfach den FTP-Upload starten.

⓮ Speicherpfad: Wenn Sie einen Unterordner als FTP-Ziel angegeben haben, wird Ihnen hier noch einmal der Pfad zur Kontrolle angezeigt.

⓯ Servereinstellungen: Sie können Ihre Web-Galerie direkt aus Lightroom heraus per FTP auf einen Webserver laden. Geben Sie Adresse und Zugangsdaten Ihres Servers in die Servereinstellungen ein. Die Zugangsdaten können Sie auch als Vorlage speichern.

⓰ Layoutstil »HTML-Galerie«: Eine HTML-Galerie ist der kleinste gemeinsame Nenner für die Bildergalerie. Ohne großartige Effekte sind diese Galerien auch mit älteren Browsern kompatibel. Auch für HTML-Galerien gibt es viele Vorlagen, die individuell angepasst werden können.

⓱ Layoutstil »Flash-Galerie«: Mit einer Flash-Vorlage ist die Webseite praktisch fertig. Alle typischen Flash-Eigenschaften, wie skalierbare Bildgrößen oder Animationen, sind vorprogrammiert und können im Aussehen noch individuell angepasst werden.

⓲ Layoutstil »Airtight Viewer«: Die Airtight Viewer sind kleine, schlanke Bildergalerien, die schnell erstellt sind und gut in bestehende Webseiten integriert werden können. Eine eigene Navigation bringen sie nicht mit.

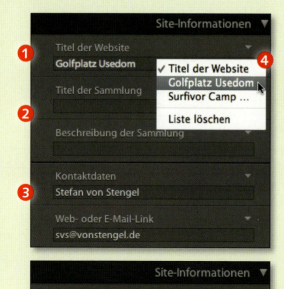

Site-Informationen

In den SITE-INFORMATIONEN geben Sie alle Text-Informationen ein, die in den vorgesehen Textfeldern erscheinen sollen. Der Umfang der Textfelder unterscheidet sich je nach Galerien-Vorlage (HTML-, Flash- oder Airtight-Vorlage).

❶ **Titel der Webseite:** Auch wenn der Titel nicht unmittelbar in jeder Layout-Vorlage sichtbar vorgesehen ist, ist die Eingabe wichtig. Denn der Titel der Webseite erscheint immer in der Titelzeile des Browsers.

❷ **Sammlungsangaben:** Die Angaben für die Sammlung sind einfach nur Textfelder. Sie können hier den Titel der Sammlung als Untertitel nutzen. Die Beschreibung der Sammlung erscheint, wenn Sie in einer Flash-Galerie im Popup-Menü ANSICHT »ÜBER DIESE SAMMLUNG« auswählen.

❸ **Kontaktdaten:** Auch die Kontaktdaten erscheinen nicht in allen Galerien-Layouts. Nach einem Klick darauf in der Galerie wird der eingetragene Web- oder E-Mail-Link aktiviert.

❹ **Letzte Eingaben:** Ein kleiner Pfeil oberhalb der Eingabefelder öffnet per Klick ein Popup-Menü mit den zuletzt getätigten Eingaben.

Farbpalette

❺ **Farbfelder:** Praktisch alle Layout-, Text- und Animationselemente können Sie farblich ändern. Klicken Sie einfach auf das Farbfeld, um die Farbe zu ändern.

❻ **Farbmischer:** Im Farbmischfeld können Sie Farben per Klick auswählen. Die Pipette kann auch mit gedrückter Maustaste in das Vorschaubild gezogen werden, um eine bildeigene Farbe auszuwählen.

Erscheinungsbild

Die Palette ERSCHEINUNGSBILD enthält verschiedenste Layouteinstellungen, die für Flash-, HTML- oder Airtight-Galerien ganz unterschiedlich sind.

❼ **HTML-Erscheinungsbild:** In den HTML-Einstellungen geben Sie in erster Linie das Raster für die Bildminiaturen und die Größe der Bildseiten sowie andere Gestaltungselemente an.

❽ **Airtight-Erscheinungsbild:** Das Airtight-Erscheinungsbild variiert nochmal für jedes Airtight-Layout. Hier geben Sie Raster, Größen, Abstände und Fotorahmen ein.

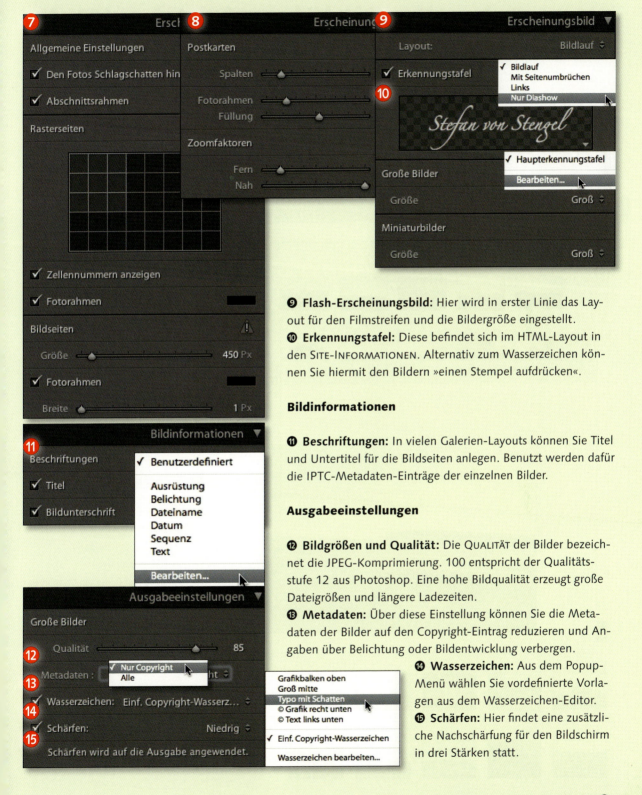

❾ **Flash-Erscheinungsbild:** Hier wird in erster Linie das Layout für den Filmstreifen und die Bildergröße eingestellt.
❿ **Erkennungstafel:** Diese befindet sich im HTML-Layout in den SITE-INFORMATIONEN. Alternativ zum Wasserzeichen können Sie hiermit den Bildern »einen Stempel aufdrücken«.

Bildinformationen

⓫ **Beschriftungen:** In vielen Galerien-Layouts können Sie Titel und Untertitel für die Bildseiten anlegen. Benutzt werden dafür die IPTC-Metadaten-Einträge der einzelnen Bilder.

Ausgabeeinstellungen

⓬ **Bildgrößen und Qualität:** Die QUALITÄT der Bilder bezeichnet die JPEG-Komprimierung. 100 entspricht der Qualitätsstufe 12 aus Photoshop. Eine hohe Bildqualität erzeugt große Dateigrößen und längere Ladezeiten.
⓭ **Metadaten:** Über diese Einstellung können Sie die Metadaten der Bilder auf den Copyright-Eintrag reduzieren und Angaben über Belichtung oder Bildentwicklung verbergen.
⓮ **Wasserzeichen:** Aus dem Popup-Menü wählen Sie vordefinierte Vorlagen aus dem Wasserzeichen-Editor.
⓯ **Schärfen:** Hier findet eine zusätzliche Nachschärfung für den Bildschirm in drei Stärken statt.

Kapitel 10 | Im Web präsentieren

Schnelle Bildübersicht im Web

Eine HTML-Galerie erstellen und individuell einrichten

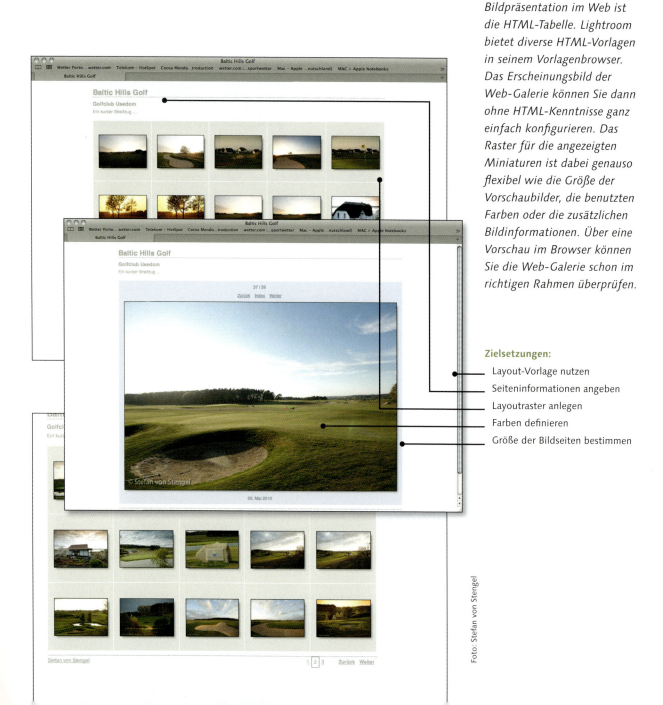

Die einfachste Form für eine Bildpräsentation im Web ist die HTML-Tabelle. Lightroom bietet diverse HTML-Vorlagen in seinem Vorlagenbrowser. Das Erscheinungsbild der Web-Galerie können Sie dann ohne HTML-Kenntnisse ganz einfach konfigurieren. Das Raster für die angezeigten Miniaturen ist dabei genauso flexibel wie die Größe der Vorschaubilder, die benutzten Farben oder die zusätzlichen Bildinformationen. Über eine Vorschau im Browser können Sie die Web-Galerie schon im richtigen Rahmen überprüfen.

Zielsetzungen:
- Layout-Vorlage nutzen
- Seiteninformationen angeben
- Layoutraster anlegen
- Farben definieren
- Größe der Bildseiten bestimmen

Foto: Stefan von Stengel

1 Bildauswahl festlegen

Bereiten Sie zunächst Ihre Bildauswahl vor. Standardmäßig werden für eine Bildergalerie alle Bilder des Filmstreifens verwendet.

Sie können eine Filterung durchführen oder schon im Vorhinein die für die Web-Galerie vorgesehenen Bilder durch Drücken von ⌐P⌐ mit einer Flaggenmarkierung ❷ versehen.

Aus dem Popup-Menü wählen Sie dann noch MARKIERTE FOTOS ❶ aus – so wird der Filmstreifen automatisch auf die markierten Bilder beschränkt.

2 HTML-Layout wählen

Öffnen Sie dann den Vorlagenbrowser und wählen Sie eine HTML-Galerie aus. Diese erkennen Sie nicht nur an der entsprechenden Benennung, sondern auch an der Kennzeichnung im kleinen Vorschaufenster ❸.

Durch das Auswählen der Vorlage wird automatisch der Layoutstil LIGHTROOM-HTML-GALERIE ausgewählt und mit den entsprechenden Einstellungen eingeblendet.

3 Site-Informationen bearbeiten

In jeder Web-Galerie sind automatisch Text-Informationen integriert. Diese können Sie in der Palette SITE-INFORMATIONEN anpassen.

Überschreiben Sie einfach die Textfelder. Die Inhalte in der Vorschau werden automatisch angepasst.

Wenn Sie ein Textfeld nicht benutzen möchten, lassen Sie es einfach leer.

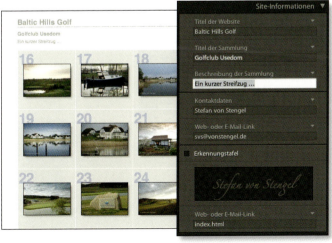

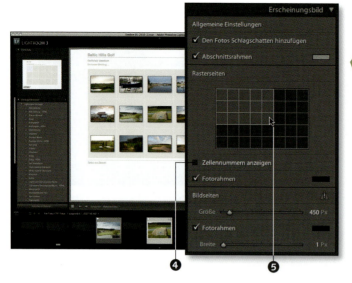

4 Layoutraster anpassen

Wechseln Sie dann in die Einstellungen für das ERSCHEINUNGSBILD. Hier können Sie das Raster für die Miniaturbilder ganz leicht ändern. Ziehen Sie einfach mit der Maus ein Raster in das Schema, bis die gewünschte Anzahl von Reihen und Zeilen ausgewählt ist. Klicken Sie dann die Maustaste, um die unterste, rechte Zelle auszuwählen ❺. Das neue Raster wird sofort im Vorschaufenster angezeigt.

Sie können hier auch entscheiden, ob Sie die Zellennummern anzeigen ❹ möchten.

5 Bildseiten definieren

Jede Lightroom-HTML-Galerie beinhaltet die Bildseiten mit jeweils einer großen Ansicht der Bilder. Sie können auch im Vorschaufenster schon auf eine der Miniaturen klicken, um das große Bild zu beurteilen.

Die Größe der dort gezeigten Bilder steuern Sie über den entsprechenden Schieberegler ❻ in der ERSCHEINUNGSBILD-Palette.

Zurück in die Bildübersicht gelangen Sie übrigens durch einen erneuten Klick auf das Bild.

6 Farben festlegen

Sämtliche verwendeten Farben steuern Sie über die FARBPALETTE. In kleinen Farbfeldern werden hier die vordefinierten Farben für die Galerien-Oberfläche genauso wie für den Text und die Steuerelemente angegeben.

Klicken Sie auf eines dieser Felder, um in die Farbpalette zu gelangen. Sie können in der Palette per Klick einen beliebige Farbe auswählen oder auch die erscheinende Pipette mit gedrückter Maustaste auf das Bild ziehen ❼, um eine Bildfarbe aufzunehmen.

390   **Kapitel 10** | Im Web präsentieren

7 Beschriftungen hinzufügen

In den BILDINFORMATIONEN können Sie einen TITEL und eine BILDUNTERSCHRIFT auswählen. Dazu stehen Ihnen, wie auch schon in den anderen Modulen von Lightroom, sämtliche Metadaten-Felder zur Verfügung.

Aktivieren Sie die gewünschte Beschriftung und wählen Sie einfach aus dem Popup-Menü die gewünschte Information ❽.

Mehr zur Verwendung von Bildbeschreibungen finden Sie im Workshop auf Seite 396.

8 Copyright berücksichtigen

In den AUSGABEEINSTELLUNGEN steuern Sie, was den Bildern bei der Ausgabe noch »mitgegeben« werden soll.

Zum Beispiel können Sie alle Metadaten des Bildes hier auf die Copyright-Informationen beschränken ❾.

Auch ein Wasserzeichen, das GROSSE BILDER überlagern soll, können Sie hier aus den Vorlagen auswählen ❿.

Lesen Sie auch den Grundlagenexkurs »Marken setzen« auf Seite 318.

9 Vorschau im Browser

Eine HTML-Galerie arbeitet mit festen Bildgrößen, deshalb sollten Sie vor der Ausgabe die Größenverhältnisse Ihrer Galerie im Browser überprüfen.

Klicken Sie auf den entsprechenden Knopf VORSCHAU IN BROWSER, damit im Hintergrund die notwendigen Bilder zwischengespeichert werden und die Galerie in Ihrem Standardbrowser geöffnet wird.

Kapitel 10 | Im Web präsentieren **391**

Bildergalerie geflasht

Bauen Sie eine Flash-Web-Galerie mit wenigen Klicks

Auch eine Flash-Galerie ist in Lightroom schnell erstellt. Sie müssen sich dabei um keinerlei Programmierung kümmern, sondern wählen nur eine Flash-Vorlage aus und editieren sie nach Ihren Vorstellungen. Alle notwendigen Flash-Anteile, wie zum Beispiel die dynamische Skalierung der Bildinhalte, sind in der Vorlage schon vorbereitet.

Zielsetzungen:
Flash-Vorlage nutzen
Filmstreifen anordnen
Bildgrößen ändern
Farben anpassen
Wasserzeichen integrieren

392 Kapitel 10 | Im Web präsentieren

1 Sammlung nutzen

Eine gute Vorbereitung für eine Web-Galerie ist eine Sammlung, die Sie auch schon in der Bibliothek oder in anderen Modulen angelegt haben können. Genauso wie in den anderen Modulen haben Sie im Web-Modul Zugriff auf die SAMMLUNGEN-Palette, in der Sie Ihre vorbereitete Bildauswahl selektieren können.

Auch eine in der Bibliothek ausgewählte Sammlung bleibt im Web-Modul erhalten.

2 Flash-Galerie verwenden

Im Web-Modul können Sie dann das VERWENDEN-Popup-Menü auf ALLE FOTOS DES FILMSTREIFENS stellen. Eine weitere Selektion ist bei einer Sammlung meistens nicht notwendig.

Wählen Sie dann im VORLAGENBROWSER eine LIGHTROOM-FLASH-GALERIE aus. Sie erkennen die Vorlagen in der kleinen Vorschau an dem Flash-Symbol ❶.

3 Bildgrößen einstellen

Ein Vorteil einer Flash-Galerie ist die Anpassung der Bildgrößen an kleinere Fenster. Für größere Platzverhältnisse sollten Sie noch die maximalen Größen der großen Bilder und Miniaturen festlegen. Wählen Sie dazu eine GRÖSSE aus dem Popup-Menü ❸.

Am besten können Sie die Größenverhältnisse beurteilen, wenn Sie der Galerie möglichst viel Platz im Fenster geben. Blenden Sie zum Beispiel die linke Spalte durch Klick auf den kleinen Pfeil ❷ aus.

Kapitel 10 | Im Web präsentieren **393**

4 Site-Informationen angeben

Eine Flash-Galerie bietet die meisten Platzhalter für Text-Informationen. All diese können Sie in den SITE-INFORMATIONEN anpassen. Felder, die Sie nicht nutzen möchten, lassen Sie einfach leer.

Das Feld BESCHREIBUNG DER SAMMLUNG gibt übrigens den Text vor, den Sie lesen, wenn Sie im linken Popup-Menü ANSICHT ❹ auf ÜBER DIESE FOTOS klicken.

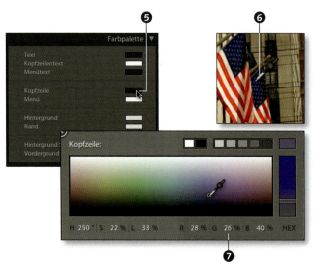

5 Farben steuern

Die FARBPALETTE gibt die Farben für alle Layoutelemente der Webseite – ob Hintergrund oder Navigationselelement – an.

Klicken Sie auf ein kleines Farbfeld ❺, um die jeweilige Farbe zu ändern oder wählen Sie eine neue Farbe per Klick aus. Die erscheinende Pipette können Sie auch in das Bild ziehen ❻, um dort eine Farbe aus dem Motiv auszuwählen.

Sie können alternativ die gewünschten Farbwerte ❼ auch manuell eingeben.

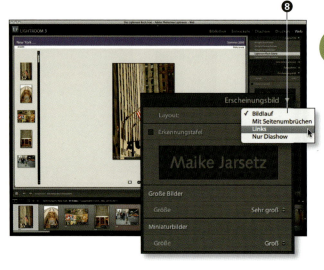

6 Layout ändern

Eine Flash-Vorlage ist auch im Layout veränderbar. Zum Beispiel können Sie die Bildlaufleiste anders positionieren oder für eine reine Diashow auch ganz ausblenden.

Klicken Sie dafür auf das Popup-Menü ❽ LAYOUT und wählen Sie eine der zur Verfügung stehenden Optionen aus.

Auch diese Änderung wird gleich im Vorschaufenster angezeigt.

7 Beschriftung nutzen

Auch in einer Flash-Galerie können Sie zwei Felder zur Beschriftung der Bilder nutzen. Aktivieren Sie zusammen oder alternativ den Titel und die Bildunterschrift und wählen Sie aus dem Popup-Menü die entsprechenden Metadateninformationen, die eingeblendet werden sollen.

Weitere Möglichkeiten zur Beschriftung mit Metadaten erfahren Sie im Workshop auf Seite 396.

8 Wasserzeichen integrieren

In allen Ausgabemodulen von Lightroom stehen Ihnen die gleichen Optionen für die Integration von Wasserzeichen zur Verfügung: Aus dem Popup-Menü in der Palette AUSGABEEINSTELLUNGEN wählen Sie die Wasserzeichenvorgaben, die Sie mit dem Wasserzeichen-Editor vorbereitet haben.

Näheres zum Wasserzeichen-Editor finden Sie im Grundlagenexkurs auf Seite 318.

9 Web-Galerie exportieren

Wenn Sie die Web-Galerie nicht direkt mit Lightroom per FTP hochladen möchten, können Sie auch alle verfügbaren Dateien – inklusive der Bilder in verschiedenen Größen und sämtlicher Flash-Anteile – auf Ihre Festplatte speichern. Klicken Sie dafür auf EXPORTIEREN und wählen Sie den Speicherort.

Bildinformationen im Web

Wie Sie IPTC-Bildunterschriften in die Web-Galerie integrieren

Die meisten Textinformationen, die Sie bei der Erstellung einer Webseite eingeben, sind genereller Natur – sie erscheinen also für jedes Bild gleich. Mit den Bildinformationen können Sie individuelle Beschriftungen aus den Metadaten der Bilder hinzufügen. Manche Galerien-Vorlagen haben Bildunterschriften schon integriert – bei anderen fügen Sie sie einfach hinzu.

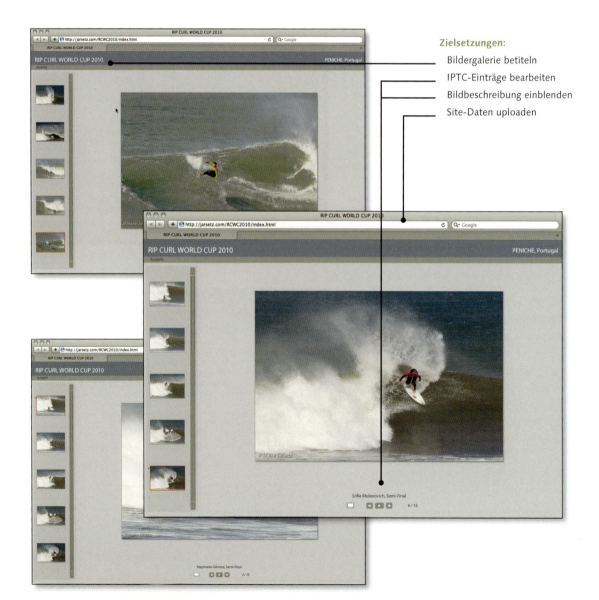

Zielsetzungen:
Bildergalerie betiteln
IPTC-Einträge bearbeiten
Bildbeschreibung einblenden
Site-Daten uploaden

1 IPTC-Daten in der Bibliothek

Eine Beschriftung wird aus den IPTC-Metadaten erstellt. Natürlich müssen dafür diese Informationen zu den Bildern vorhanden sein. Sie können Sie in der Bibliothek hinzufügen.

Öffnen Sie dort die METADATEN-Palette ❶ und wählen Sie aus dem Popup-Menü die IPTC-Einstellungen.

2 Bildinformationen eintragen

Aktivieren Sie die Bilder, die die gleichen Bildinformationen erhalten sollen, mit gedrückter Strg/⌘- oder ⇧-Taste im Filmstreifen und schalten Sie den Button SYNCHRONISIEREN über den kleinen Kippschalter ❸ um auf AUTOM. SYNCHR.

Geben Sie dann die Bildbeschreibungen in die entsprechenden Metadaten-Felder ein ❷. Wenn Sie individuelle Informationen für einzelne Bilder vergeben möchten, deaktivieren Sie die automatische Synchronisation wieder über den Kippschalter ❸.

3 Web-Galerie wählen

Wechseln Sie jetzt in das Web-Modul. Aus dem Vorlagenbrowser wählen Sie eine gewünschte Vorlage aus. Nicht alle Vorlagen unterstützen zwei Beschriftungen, aber eine Bildunterschrift ist in fast allen Vorlagen vorhanden.

Wählen Sie in der Werkzeugleiste aus, ob Sie alle, nur ausgewählte oder markierte Bilder in die Galerie aufnehmen möchten.

4 Seite betiteln

Füllen Sie zunächst die Platzhalter für die allgemeinen Text-Informationen. Öffnen Sie die SITE-INFORMATIONEN ❻ und geben Sie die allgemeinen Angaben für die Webseite an, die bei jedem Bild erscheinen sollen ❹. Die Inhalte werden in der Vorschau live angepasst ❺. Alle anderen Felder löschen Sie oder lassen sie einfach leer.

5 Farbpalette anpassen

In der FARBPALETTE können Sie jetzt auch noch die Farben für die Webseite an die Motive anpassen.

Klicken Sie dazu auf ein kleines Farbfeld ❽, um die Farbe zu ändern. Die in dem Farbfeld erscheinende Pipette können Sie in das Bild ziehen ❼, um von dort aus eine Motivfarbe auszuwählen.

6 Bildinformation hinzufügen

Jetzt geht es um das Eigentliche: Öffnen Sie die BILDINFORMATIONEN und aktivieren Sie ein Textfeld für den TITEL oder für die BILDUNTERSCHRIFT ❾. In der Vorschau können Sie erkennen, ob die Beschriftung in der Vorlage überhaupt vorgesehen ist. Wählen Sie aus dem Popup-Menü die Option BEARBEITEN, um die Metadateninfo aus dem Textvorlagen-Editor auszuwählen.

Tipp: In HTML-Galerien sind die Beschriftungen nur auf den Bildseiten sichtbar.

7 Bildunterschrift einfügen

Der Textvorlagen-Editor öffnet sich. Hier können Sie Metadateninformationen wie Bausteine einfügen und auch kombinieren.

Zuerst löschen Sie alle bestehenden Textbausteine. Wählen Sie aus dem Bereich IPTC-DATEN die BILDUNTERSCHRIFT und klicken Sie auf EINFÜGEN ❿, um diesen Platzhalter zu verwenden.

Über dem Texteditor wird ein Beispiel für die Benennung eingeblendet. Sobald Sie auf FERTIG klicken, wird die individuelle Beschriftung auf allen Seiten eingefügt ⓫.

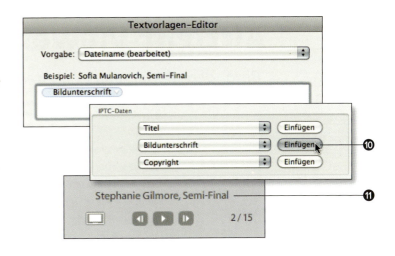

8 FTP-Zugangsdaten

Führen Sie am Schluss noch letzte Anpassungen an den Bildgrößen oder am Layout der Navigationsleiste durch.

Jetzt ist die Webseite fertig zum Veröffentlichen. Entweder Sie exportieren die gesamten Site-Daten oder Sie laden sie direkt mit Lightroom auf Ihren Webserver.

In den EINSTELLUNGEN FÜR DAS HOCHLADEN gehen Sie auf BEARBEITEN ⓬, um die Server-Einstellungen zu öffnen. Geben Sie die Zugangsdaten ein und eventuell auch gleich einen Unterordner.

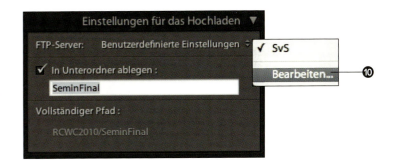

9 Galerie hochladen

Wenn die Zugangsdaten korrekt eingetragen sind, müssen Sie nicht mehr viel tun. Ein einfacher Klick auf HOCHLADEN erstellt erst alle notwendigen Miniaturen, Bildansichten und Navigationselemente und speichert diese Daten dann direkt auf dem angegebenen Server.

Unter dem von Ihnen angegebenen Pfad finden Sie die Web-Galerie dann auch im Browser – inklusive der individuellen Bildbeschriftungen.

Airtight-Viewer

Besondere Bildergalerien erstellen und im Web veröffentlichen

Airtight-Viewer sind eine schöne Art, Fotos auf eindrucksvolle Art zu präsentieren. Die Einstellungsoptionen sind übersichtlich, deshalb ist eine solche Galerie schnell erstellt. Es gibt drei verschiedene Arten von Viewern, deren Einstellungen sich nur geringfügig unterscheiden. In diesem Workshop erhalten Sie einen Überblick.

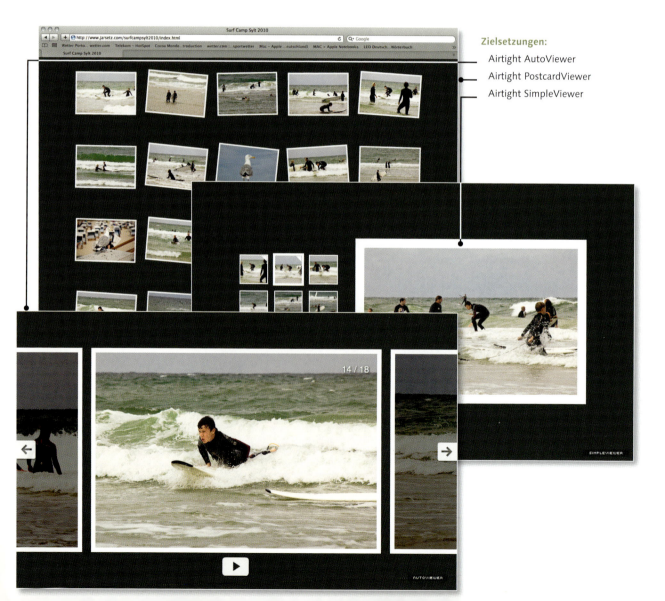

Zielsetzungen:
- Airtight AutoViewer
- Airtight PostcardViewer
- Airtight SimpleViewer

1 Airtight AutoViewer

Die Airtight-Viewer wählen Sie über den LAYOUTSTIL aus. Es stehen drei unterschiedliche Arten von Galerien zur Verfügung. Starten Sie mit dem AIRTIGHT AUTOVIEWER ❶.

Sofort wird ein horizontales Diashow-Layout aufgebaut, das Sie über das ERSCHEINUNGSBILD noch weiter verfeinern können.

Geben Sie im ersten Schritt immer den Titel der Webseite in den SITE-EINSTELLUNGEN an. Auch wenn dieser im Layout nicht sichtbar ist, wird er später in der Titelzeile der Webseite angezeigt.

2 Größe und Wasserzeichen

Öffnen Sie die AUSGABEEINSTELLUNGEN, um die Größe und Qualität der Bilder sowie ein Wasserzeichen einzurichten.

Die veränderte GRÖSSE ❷ wird gleich im Layout angezeigt. Die QUALITÄT des Bildes bestimmt deren Dateigröße und damit die spätere Ladezeit. Aktivieren Sie das WASSERZEICHEN und wählen Sie aus dem Popup-Menü eines Ihrer vorbereiteten Wasserzeichen aus.

Wie Sie eigene Wasserzeichen erstellen, können Sie auf Seite 318 nachlesen.

3 Abstände für die Diashow

Im Erscheinungsbild können Sie die Stärke für den FOTORAHMEN ❸ und über die FÜLLUNG ❹ die Abstände zwischen den einzelnen Bildern einstellen.

Der dritte Regler steuert die DIALÄNGE, denn im Autoviewer ist eine selbstablaufende Diashow enthalten.

Überprüfen Sie die Kombination Ihrer Einstellungen, indem Sie die Diashow im Vorschaufenster über den Play-Button ❺ starten und wieder anhalten ❻.

Kapitel 10 | Im Web präsentieren

Airtight SimpleViewer

4 Der Airtight SimpleViewer hat ein anderes Präsentationsprinzip. Wechseln Sie im Layoutstil auf den gleichnamigen Eintrag, um dort die Einstellungen für diese Bildübersicht samt großem Einzelbild zu erkunden.

In den BÜHNENOPTIONEN steuern Sie das Raster der Miniaturbilder ❼, während die Anpassung von FOTORAHMEN und FÜLLUNG in die AUSGABEEINSTELLUNGEN ❽ gerutscht ist.

Bildgrößen anpassen

5 Beurteilen Sie die Darstellung der großen Einzelbilder und ändern Sie sie in den AUSGABEEINSTELLUNGEN. Die GRÖSSE der Bilder können Sie genauso über Schieberegler einstellen wie die FÜLLUNG des Fotorands.

Die Option ÖFFNEN VON FOTOS PER RECHTSKLICK ZULASSEN ❾ ermöglicht später im Browser das Öffnen der Bilder in einem eignen Fenster und damit auch den Download und das Kopieren der Bilder. Durch ein Deaktivieren der Option können Sie dies unterbinden.

Layout bestimmen

6 Über das ERSCHEINUNGSBILD können Sie das grundsätzliche Seitenlayout und das Raster der Miniaturbilder bearbeiten.

Bestimmen Sie erst die POSITION ❿ der Miniaturleiste auf der Seite und dann die Anzahl der REIHEN und SPALTEN, um zum Beispiel den tabellenartigen Standardaufbau in eine Filmstreifenansicht zu ändern.

402 Kapitel 10 | Im Web präsentieren

7 Airtight PostcardViewer

Die dritte Option unter LAYOUTSTIL ist der PostcardViewer, der eine echte Bereicherung gegenüber den klassischen Flash- oder HTML-Layouts ist: Nach Auswahl des Layoutstils sehen Sie gleich den animierten Aufbau der Miniaturbilder. Per Klick darauf können Sie jeweils das große Bild einblenden.

Auch hier können Sie die Einstellungen wieder im ERSCHEINUNGSBILD und in den AUSGABEEINSTELLUNGEN vornehmen – genauso wie schon beim AutoViewer.

8 Postkarten-Animation

Im ERSCHEINUNGSBILD können Sie mehrere Optionen für die Galerie festlegen. Über die Anzahl der SPALTEN verteilen sich die Miniaturbilder neu. Die Reihen ergeben sich automatisch durch die Anzahl der Bilder. So können Sie auch ein Filmstreifen-Layout aufbauen.

In den sogenannten Zoomfaktoren stellen Sie mit dem Schieberegler FERN ⑪ die Größe der Miniaturen und mit dem Schieberegler NAH ⑫ die Größe der großen Einzelbilder ein.

9 Upload auf Webseite

Am schnellsten bekommen Sie Ihre »schnelle« Airtight-Bildergalerie ins Internet, indem Sie sie direkt mit Lightroom auf Ihren Webserver hochladen.

Bearbeiten Sie im Popup-Menü FTP-SERVER die Einstellungen für das Hochladen, indem Sie einfach Ihre FTP-Zugangsdaten eingeben und durch OK bestätigen. Zusätzlich können Sie auch noch einen eigenen Unterordner anlegen ⑫, der dann den vollständigen Speicherpfad und die finale Webadresse ergibt ⑬.

Kapitel 10 | Im Web präsentieren **403**

Web-Galerie sichern

Ein Webseiten-Layout inklusive Bildauswahl speichern

Ist Ihnen das auch schon einmal passiert? Sie bereiten eine Web-Galerie vor und probieren ein paar andere Vorlagen oder wechseln den Bildordner. Danach müssen Sie die Vorlage und die Bilder neu auswählen und alle Einstellungen wiederholen. Durch Speichern einer Web-Galerie können Sie diese Kombination auch dauerhaft speichern und viel Arbeit sparen.

1 Status speichern

Bereiten Sie Ihre Web-Galerie vor. Im vorliegenden Beispiel wurde eine Flash-Galerie angelegt, deren Bildauswahl – wie im Beispiel der HTML-Galerie auf Seite 389 – über die Markierungen der Bilder vorgenommen wurde.

Damit werden alle nicht markierten Bilder ausgeblendet ❶ und damit auch nicht versehentlich in die Galerie aufgenommen.

2 Bildauswahl vornehmen

Durch den Markierungsfilter ist es einfach, alle für die Web-Galerie notwendigen Bilder auszuwählen.

Über die Tastenkombination Strg/⌘ + A wählen Sie alle verfügbaren – also markierten – Bilder aus. Diese Auswahl ist wichtig für die nächsten Schritte.

Klicken Sie dann auf das Zeichen **+** in der SAMMLUNGEN-Palette ❷ und wählen Sie WEBGALERIE ERSTELLEN.

404 Kapitel 10 | Im Web präsentieren

3 Web-Galerie mit Bildern

Benennen Sie die Web-Galerie und aktivieren Sie die Option AUSGEWÄHLTE FOTOS EINSCHLIESSEN – nur so werden die Bilder mit dem Galerie-Layout gespeichert.

Die Option NEUE VIRTUELLE KOPIEN ERSTELLEN müssen Sie nur aktivieren, wenn Sie die Bilder für die Galerie noch besonders entwickeln wollen. Ansonsten wird immer auf die Originalbilder verlinkt.

Nach dem Klick auf ERSTELLEN erkennen Sie die Web-Galerie in der Sammlungen-Palette am eigenen Symbol ❸.

4 Bildauswahl aktualisieren

Für die gespeicherte Galerie ist jetzt übrigens noch die VERWENDEN-Option MARKIERTE FOTOS aktiv. Das ist aber nicht mehr notwendig, da ja nur noch die vorher ausgewählten Fotos Bestandteil der Sammlung sind.

Ändern Sie die Option also auf ALLE FOTOS DES FILMSTREIFENS.

5 Bilder hinzufügen

Da die Web-Galerie nichts anderes als eine – durch Layoutangaben erweiterte – Sammlung ist, können Sie jederzeit neue Bilder hinzufügen, die in der Web-Galerie angezeigt werden sollen.

Auch wenn Sie in der Bibliothek sind, können Sie dort die SAMMLUNGEN-Palette öffnen und Bilder aus der Bibliothek per Drag&Drop auf die Web-Galerie-Sammlung ziehen.

Mehr über Sammlungen erfahren Sie auf den Seiten 102 und 106.

Lightroom reloaded
Lightroom mit dem Zusatzmodul-Manager erweitern

Für die Ausgabemodule, Entwicklungseinstellungen und den Import gibt es in Lightroom bereits jede Menge Vorlagen und Zusatzmodule. Wenn Sie für Ihre Arbeit aus noch mehr Vorlagen schöpfen wollen, können Sie Lightroom entsprechend erweitern – am schnellsten über die Lightroom-Exchange-Seite, die Sie direkt aus Lightroom heraus ansteuern können.

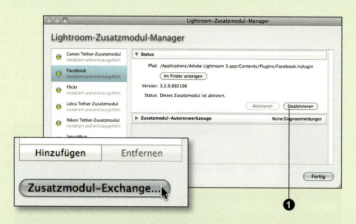

1 Zusatzmodul-Manager
Öffnen Sie aus einem beliebigen Lightroom-Modul über das DATEI-Menü den ZUSATZMODUL-MANAGER.

Dieser öffnet sich und zeigt die aktuell geladenen Zusatzmodule an. Ein Klick auf ein Modul zeigt jeweils eine Information dazu an. Hier können Sie ein Modul auch DEAKTIVIEREN ❶.

Um Ausschau nach weiteren Zusatzmodulen zu halten, klicken Sie auf ZUSATZMODUL-EXCHANGE.

2 Lightroom-Exchange
Dieser Knopf führt Sie auf eine spezielle Adobe-Webseite, auf der alle möglichen Zusatzmodule für Lightroom aufgeführt sind.

Diese Module werden in erster Linie von Drittherstellern und Entwicklern bereitgestellt.

Auf der Startseite sehen Sie zunächst die aktuellsten Erweiterungen.

3 Zusatzmodule durchsuchen

Klicken Sie in der Spalte BROWSE BY CATEGORY auf eine der Zusatzmodul-Arten, wie zum Beispiel WEB GALLERY ❸.

Die entsprechende Übersicht wird daraufhin aufgerufen und Sie sehen Angebote verschiedenster Hersteller – viele davon kostenlos. Sie erkennen an den Buttons BUY oder DOWNLOAD ❷ oft schon, welche Angebote kostenfrei sind. Manche führen Sie aber auch erst auf eine Übersichtsseite des Herstellers, auf der Sie dann weitersurfen müssen.

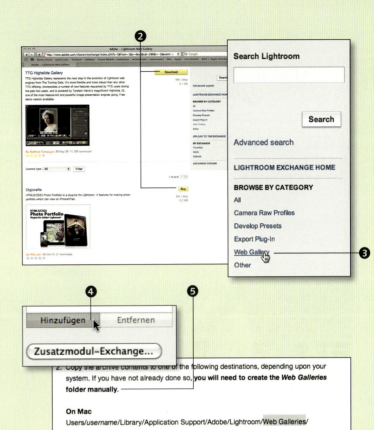

4 Verschiedene Wege

Je nach Art des entsprechenden Zusatzmoduls können Sie dieses nach dem Download über den Zusatzmodule-Manager laden. Klicken Sie dafür auf HINZUFÜGEN ❹ und wählen Sie die gespeicherte Datei von der Festplatte oder folgen Sie den Installationsanweisungen ❺ des Herstellers.

Im letzteren Fall ist das Plug-in dann zwar nicht über den Zusatzmodule-Manager zu verwalten, aber als Funktion trotzdem verfügbar.

5 Lightroom reloaded

Für die meisten Zusatzmodule muss Lightroom dann neu gestartet werden – einige lassen sich auch ohne Neustart aktivieren. Danach steht Ihnen auf jeden Fall ein Lightroom mit erweitertem Funktionsumfang zur Verfügung.

In diesem Beispiel wurde das Webmodul um zwei Polaroid-Galerien von The Turning Gate (TTG) erweitert.

Grundlagenexkurs | Lightroom reloaded   **407**

Lightroom-Workflows

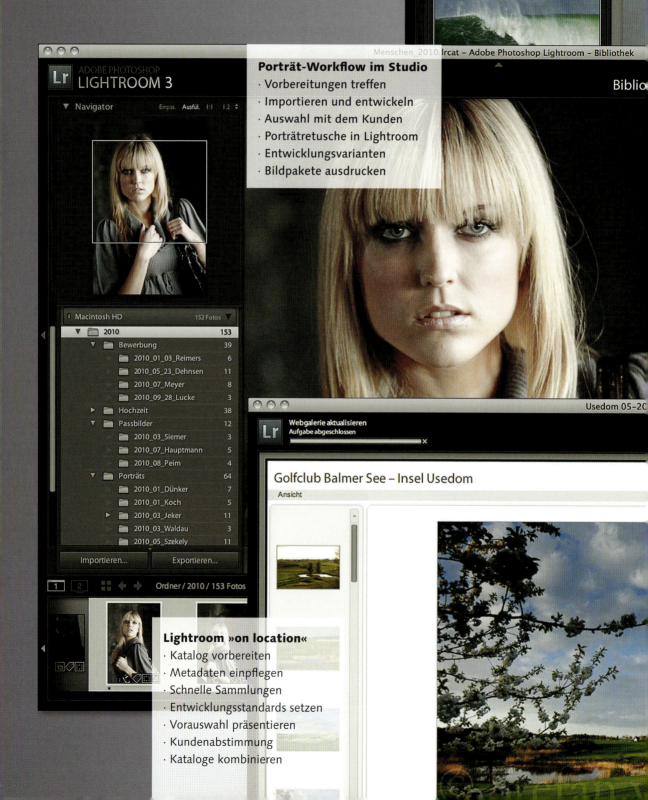

Porträt-Workflow im Studio
- Vorbereitungen treffen
- Importieren und entwickeln
- Auswahl mit dem Kunden
- Porträtretusche in Lightroom
- Entwicklungsvarianten
- Bildpakete ausdrucken

Lightroom »on location«
- Katalog vorbereiten
- Metadaten einpflegen
- Schnelle Sammlungen
- Entwicklungsstandards setzen
- Vorauswahl präsentieren
- Kundenabstimmung
- Kataloge kombinieren

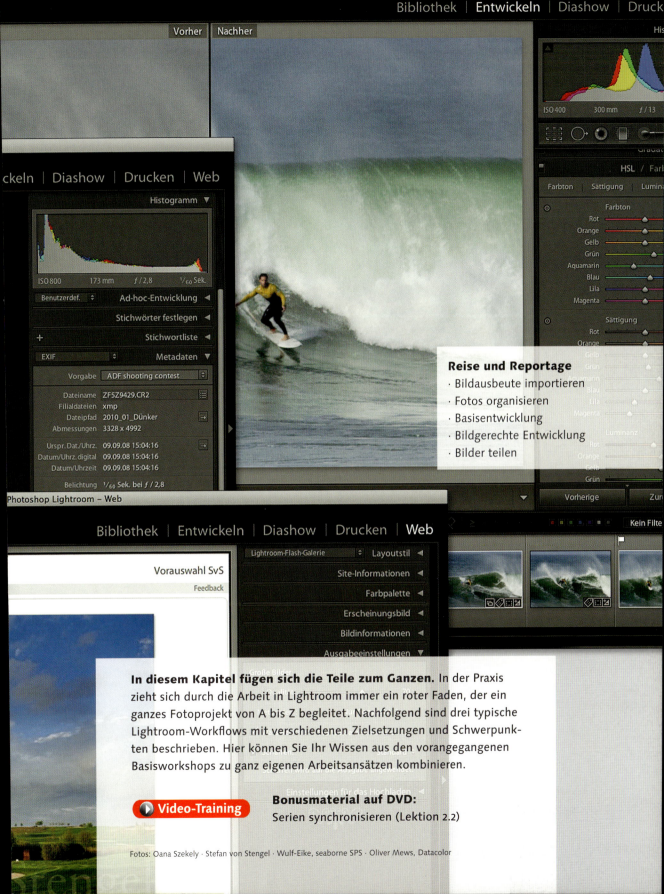

Reise und Reportage
· Bildausbeute importieren
· Fotos organisieren
· Basisentwicklung
· Bildgerechte Entwicklung
· Bilder teilen

In diesem Kapitel fügen sich die Teile zum Ganzen. In der Praxis zieht sich durch die Arbeit in Lightroom immer ein roter Faden, der ein ganzes Fotoprojekt von A bis Z begleitet. Nachfolgend sind drei typische Lightroom-Workflows mit verschiedenen Zielsetzungen und Schwerpunkten beschrieben. Hier können Sie Ihr Wissen aus den vorangegangenen Basisworkshops zu ganz eigenen Arbeitsansätzen kombinieren.

▶ Video-Training

Bonusmaterial auf DVD:
Serien synchronisieren (Lektion 2.2)

Fotos: Oana Szekely · Stefan von Stengel · Wulf-Eike, seaborne SPS · Oliver Mews, Datacolor

Ob im Urlaub oder als Job – die Reisefotografie beschäftigt uns alle. Jeder ist schon einmal mit der Tasche voller Speicherkarten nach Hause gekommen und wollte sofort die besten Bilder auswählen, entwickeln und herzeigen. Auf den folgenden Seiten sehen Sie anhand eines typischen Beispiels, wie Sie schnell zum Ziel kommen, aber trotzdem die Fotos von Anfang an richtig in Ihr bestehendes Bildarchiv einpflegen. Außerdem lernen Sie abzuwägen, welche Entwicklungsschritte synchron und welche individuell durchgführt werden sollten. Und wann nur noch Photoshop weiterhilft, die Bildverwaltung mit Lightroom aber nicht aufhört.

Phase 1: Bildausbeute importieren 412
· In bestehenden Ordner importieren
· Stichwörter und Copyright vergeben
· Aufnahmeordner anlegen

Phase 2: Fotos organisieren 414
· Ordnerorganisation anpassen
· Erste Bildanpassungen
· Individuelle Stichwörter vergeben

Phase 3: Basisentwicklung 416
· Bildausschnitt bestimmen
· Tonwerte steuern
· Selektive Farbkorrekturen
· Automatisch synchronisieren

Phase 4: Bildgerechte Entwicklung 418
· Lokale Korrekturen
· Bildvarianten durch virtuelle Kopien
· Objektivkorrekturen
· Panorama in Photoshop erstellen

Phase 5: Bilder teilen 422
· Facebook-Album vorbereiten
· Bilder veröffentlichen

Fotos: Maike Jarsetz

Phase 1: Bildausbeute importieren

Wenn Sie nach einer Reise mit viel Bildmaterial nach Hause kommen, geht es zuerst darum, dieses schnell, aber sinnvoll geordnet in Ihren bestehenden Bildkatalog zu integrieren. Dabei können Sie sowohl von einer bestehenden Sortierung ausgehen als auch nachträglich in die Ordnerstruktur eingreifen. Zwei der wichtigsten Schritte während des Imports sind natürlich auch die Verschlagwortung und der Copyright-Hinweis.

> **Basis-Workshops:**
> S. 52: Standards setzen
> S. 56: Her mit den Bildern

1 In Ordner importieren
Starten Sie mit Ihrer bestehenden Ordnerorganisation in der Bibliothek und wählen Sie den Ordner, in dem die neuen Bilder landen sollen ❶.

Öffnen Sie mit der rechten Maustaste das kontextsensitive Menü und wählen Sie IN DIESEN ORDNER IMPORTIEREN.

Durch diesen Befehl öffnet sich automatisch der Importdialog. Legen Sie dann die erste Karte in den Kartenleser ein.

2 Fotos auswählen
Im Importfenster wird die eingelegte Kamerakarte in der Regel automatisch als Importquelle gewählt – Sie können sie sonst auch in der linken Leiste ❸ als QUELLE auswählen. Das Importziel ist durch den vorangegangenen Schritt schon vordefiniert ❷.

Nutzen Sie die verschiedenen Ansichtsgrößen über den Schieberegler und den Wechsel zwischen Raster- und Vollbildansicht ❺, um die Bilder vor dem Import zu begutachten. Deaktivieren Sie Bilder ❹, die nicht importiert werden sollen.

412 Kapitel 11 | Lightroom-Workflows

3 Bildsortierung vorbereiten

Der Zielordner ist ja schon gewählt, aber je nach Karteninhalt sollen die Bilder gleich in einem thematisch passenden Ordner landen oder automatisch nach dem Aufnahmedatum geordnet werden.

Geben Sie als Ziel einen Unterordner an, den Sie gleich benennen ❼ und lassen Sie in diesem für die verschiedenen Aufnahmezeitpunkte ❽ zusätzliche Unterordner anlegen.

Die daraus resultierende Ordnerstruktur wird dann gleich in kursiver Schrift angezeigt ❾.

4 Stichwörter und Metadaten

Geben Sie beim Import schon die wichtigsten Stichwörter, per Komma getrennt, im Stichwörter-Fenster ein, damit Sie sie später nicht vergessen. Außerdem werden einmal vergebene Stichwörter bei der nächsten Eingabe automatisch vervollständigt ⓫.

Noch wichtiger sind natürlich die Copyright-Hinweise, die Sie am besten über eine Metadatenvorlage vorbereitet haben. Diese müssen Sie jetzt nur noch aus dem Popup-Menü auswählen ❿.

5 Weitere Bilder hinzufügen

Für den Import der nächsten Karten gehen Sie genauso vor wie in den vorangegangenen Schritten.

Allerdings können Sie jetzt schon den Importordner enger spezifizieren, indem Sie den neu erzeugten Unterordner auswählen ⓬.

Beim Import der nächsten Bilder können Sie dann auf einen Unterordner verzichten. Lassen Sie nur zusätzliche, neue Datumsordner ⓭ anlegen.

Kapitel 11 | Lightroom-Workflows 413

Phase 2: Fotos organisieren

Selten erzeugt die automatische Sortierung während des Bildimports eine für alle Fotos sinnvolle Ordnerstruktur. Aber Sie können diese ganz problemlos in der Bibliothek anpassen und genauso wie im Explorer, Finder oder auf dem Desktop ändern. Ebenso können die ersten allgemeingültigen Stichwörter noch um weitere erweitert werden und es kann eine entsprechende Hierarchie aufgebaut werden.

> **Basis-Workshops:**
> S. 78/79: Die Bibliothek im Überblick
> S. 90: Erkennungsmarken

1 Eigenen Ordner anlegen

Wenn Sie abweichend von der Datumssortierung noch weitere Bildordner anlegen wollen, gibt es dafür viele Möglichkeiten. Klicken Sie mit der rechten Maustaste auf den übergeordneten Ordner und wählen Sie ORDNER INNERHALB VON ... ERSTELLEN ❶. Diesen müssen Sie dann einfach nur noch benennen. Danach können Sie die betreffenden Datumsordner in den neuen Unterordner verschieben. Lightroom weist Sie sicherheitshalber darauf hin, dass dies keine »virtuelle« Aktion ist ❷.

2 Ordner umbenennen

Wenn Sie die Bilddaten nicht neu organisieren, sondern nur manche Ordner nachträglich thematisch benennen wollen, gelingt dies ebenfalls mit einem rechten Mausklick auf den besagten Ordner. Wählen Sie diesmal UMBENENNEN und geben Sie einen neuen Namen für den Ordner an.

So können Sie die eben importierten Bildordner auf gewohnte Weise in der Ordnerstruktur anpassen ❸.

3 Erste Bildanpassungen

Bevor Sie an die Bildauswahl und Weiterverarbeitung der Bilder gehen, können Sie in der Bibliothek auch schon erste Bildanpassungen vornehmen.

Wählen Sie alle Bilder aus der gleichen Belichtungssituation im Filmstreifen oder in der Rasteransicht aus und aktivieren Sie die AUTOMATISCHE SYNCHRONISATION ❺.

Öffnen Sie dann die AD-HOC-ENTWICKLUNG und nehmen Sie die ersten Anpassungen vor, etwa einen WEISSABGLEICH ❹. Damit können Sie Ihre Bilder besser beurteilen.

4 Stichwörter hinzufügen

Die ersten Stichwörter haben Sie ja schon beim Import vergeben. Jetzt können Sie sie noch verfeinern.

Öffnen Sie die STICHWORTLISTE und geben Sie Suchbegriffe ein, die die Liste eingrenzen ❻. Klicken Sie mit der rechten Maustaste auf das Stichwort, das weitere untergeordnete Stichwörter erhalten soll, und erstellen Sie dafür einen neuen Tag ❽.

Auf diese Art können Sie eine Stichworthierarchie aufbauen, in der Sie für Suchabfragen auch SYNONYME ❼ aufnehmen können.

5 Stichwörter individuell zuweisen

Für die Zuweisung der neuen Stichwörter können Sie einerseits die Bilder anklicken und das neue Stichwort aus der Liste auswählen oder aber Sie nutzen die Sprühdose.

Aktivieren Sie in der Werkzeugleiste die Sprühdose ❿ und stellen Sie das Popup-Menü MALEN auf STICHWÖRTER. Geben Sie das gewünschte Stichwort – oder Teile davon ❾ – ein und tragen Sie es einfach per Klick ⓫ auf die Bilder auf.

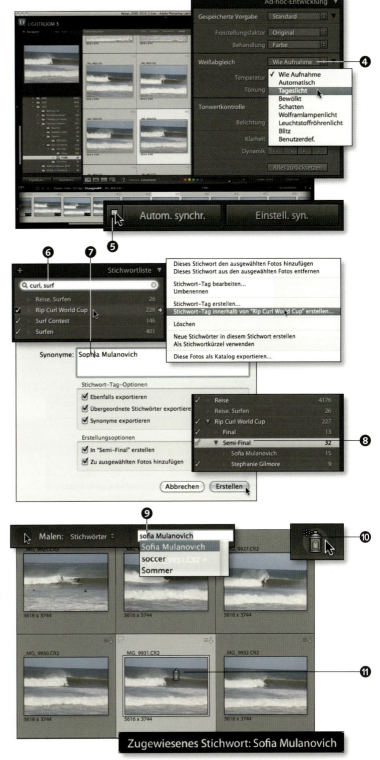

Kapitel 11 | Lightroom-Workflows 415

Phase 3: Basisentwicklung

Für die meisten Aufnahmeserien können die ersten Bildanpassungen gemeinsam vorgenommen werden. Dabei hilft Ihnen die neue Auto-Synchronisation im Entwickeln-Modul, die ein nachträgliches Synchronisieren überflüssig macht. Nach den ersten globalen Anpassungen folgen dann individuelle Nachsteuerungen und punktgenaue Kontrastkorrekturen.

> **Basis-Workshops:**
> S. 60: Express-Entwicklung
> S. 130: Erste Belichtungskorrekturen
> S. 142: Der Weißabgleich
> S. 156: Was das Histogramm verrät
> S. 200: Polfilter und Co.

1 Ausschnitte bestimmen

Wechseln Sie jetzt in das Entwickeln-Modul und aktivieren Sie auch dort die AUTOMATISCHE SYNCHRONISATION ❶, um zunächst die Aufnahmeserien anzupassen.

Markieren Sie dann die Bilder einer Serie aus der gleichen Aufnahmesituation und wählen Sie das Freistellungswerkzeug ❸. Lassen Sie das Seitenverhältnis auf ORIGINAL ❷ stehen und ziehen Sie für alle Bilder den Ausschnitt zur Bildmitte hin zusammen.

Tipp: Die Art der Rasterüberlagerung können Sie über die Taste ⓪ wechseln.

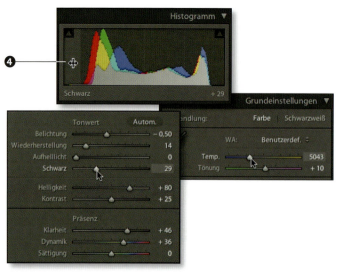

2 Tonwerte steuern

Nachdem Sie die Freistellung durch die ↵-Taste bestätigt haben, können Sie die GRUNDEINSTELLUNGEN bearbeiten.

Orientieren Sie sich am HISTOGRAMM, um die Tonwerte anzupassen – Sie können darin direkt die Tonwerte verschieben ❹.

Für diese Bilder wurde zunächst die Farbtemperatur etwas abgesenkt, dann der Schwarzwert angehoben, die BELICHTUNG zur Rettung der Lichter reduziert und mit der KLARHEIT der Detailkontrast erhöht.

3 **Vergleichsansicht nutzen**
Verzichten Sie nicht auf den Vorhernachher-Vergleich, wenn Sie den Fortschritt Ihrer Arbeit beurteilen möchten. Über die Taste Y oder das entsprechende Symbol ❻ blenden Sie die Bilder nebeneinander ein.

Im Protokoll bestimmen Sie über die rechte Maustaste, welchen Entwicklungsstatus Sie als Referenz nutzen ❺ und auf die Vorher-Version kopieren möchten.

4 **Farben steuern**
Nach der Anpassung der Tonwerte folgt die Farbanpassung. Öffnen Sie die HSL-Einstellungen, um die Motivfarben herauszuarbeiten.

Sowohl den FARBTON als auch die SÄTTIGUNG und die LUMINANZ der verschiedenen Bildfarben können Sie direkt im Bild steuern.

Aktivieren Sie das Werkzeug FARBTON DURCH ZIEHEN IM FOTO ANPASSEN ❼ und bewegen Sie es direkt im Bild mit der Maus nach oben oder unten, um die entsprechenden Farbwerte zu verändern.

5 **Fotos individuell anpassen**
Wenn die Farben und Tonwerte für die Aufnahmeserie stimmen, können Sie die Auto-Synchronisation wieder abschalten ❽ und die Bilder einzeln nachjustieren.

Aktivieren Sie erneut das Freistellungswerkzeug, gehen Sie nacheinander die Bilder im Filmstreifen durch und passen Sie den Ausschnitt durch Verschieben und bei Bedarf auch den Horizont mit dem Gerade-ausrichten-Werkzeug ⓫ an. Auch den Kontrast können Sie über die Punktkurve direkt im Bild anpassen ❾. Stellen Sie die Punktkurve dazu auf LINEAR ❿.

Kapitel 11 | Lightroom-Workflows

Phase 4: Bildgerechte Entwicklung

Nach den ersten globalen Anpassungen bekommt jedes Bild, was es verdient. Das sollte zumindest den besten Bildern widerfahren, die Sie sinnvollerweise in Sammlungen für die Weiterverarbeitung organisieren. Danach können Sie Pflichtaufgaben, zum Beispiel Objektivkorrekturen, vornehmen, Bildvarianten über virtuelle Kopien anlegen oder die Bilder für weiterführende Aufgaben wie die Panoramaerstellung an Photoshop übergeben. Hier nur ein paar Beispiele zu den zahlreichen Möglichkeiten.

> **Basis-Workshops:**
> S. 170: Synchronbilder
> S. 176: Virtuelle Bildervielfalt
> S. 220: Echtes Schwarzweiß
> S. 226: Die richtige Perspektive
> S. 208: Den Verlaufsfilter einsetzen

1 Sammlungen erstellen
Ste llen Sie jetzt Ihre Motive für die Weiterverarbeitung zusammen. Aktivieren Sie die Bilder, mit denen ähnlich verfahren werden soll – zum Beispiel für Perspektivkorrekturen, lokale Korrekturen oder Panoramaerstellung – und klicken Sie auf das Zeichen **+** in der SAMMLUNGEN-Palette, um die entsprechenden Sammlungen ❷ zu erstellen.
Aktivieren Sie die Option AUSGEWÄHLTE FOTOS EINSCHLIESSEN ❶, um die Bilder gleich in die Sammlung aufzunehmen.

2 Lokale Korrekturen
Lokale Korrekturen sind bei Landschaftsbildern beliebt, um den Himmel zu dramatisieren oder Vordergründe aufzuhellen. Der Verlaufsfilter ❹ leistet hierfür gute Dienste. Mit der [Alt]/[⌥]-Taste können Sie bestehende Einstellungen zurücksetzen ❸.
Erhöhen Sie KONTRAST und SÄTTIGUNG, verringern Sie BELICHTUNG und HELLIGKEIT und ziehen Sie den Verlauf von oben nach unten über den Hintergrund ❺. Die Einstellungen können Sie auch später noch justieren.

3 **Synchronisieren und anpassen**

Bei ähnlichen Motiven können Sie auch die lokalen Korrekturen synchronisieren und dann später anpassen. Wählen Sie alle in Frage kommenden Bilder im Filmstreifen aus und aktivieren Sie das schon korrigierte Bild. Klicken Sie auf SYNCHRONISIEREN, dort erst auf NICHTS AUSWÄHLEN ❻ und danach auf LOKALE ANPASSUNGEN ❼, damit nur diese synchronisiert werden. Die lokalen Korrekturen der einzelnen Bilder können Sie noch anpassen, nachdem Sie den entsprechenden Bearbeitungspunkt aktiviert haben.

4 **Virtuelle Bildvarianten**

Für weitere Bildvarianten sollten Sie virtuelle Kopien – also einen zweiten Entwicklungssatz – anlegen. Am saubersten geht das, indem Sie die Bilder, die Sie alternativ entwickeln wollen, anklicken und eine neue Sammlung dafür erstellen. Diesmal aktivieren Sie allerdings die Option NEUE VIRTUELLE KOPIEN ERSTELLEN ❽. Für eine alternative Schwarzweiß-Umwandlung klicken Sie auf SW neben den HSL-Einstellungen und steuern die Graustufen der Farbsegmente über das Werkzeug für selektive Anpassungen ❾.

5 **Objektivkorrekturen**

Für die Korrekturen von objektivbedingten Abbildungsfehlern lohnt es sich, Bilder mit kurzen Brennweiten gemeinsam in einer Sammlung zu bearbeiten.

Aktivieren Sie also für alle ausgewählten Bilder die Auto-Synchronisation und öffnen Sie die Palette OBJEKTIVKORREKTUREN. Klicken Sie dort auf PROFIL ❿ und auf PROFILKORREKTUREN AKTIVIEREN ⓫, um das automatische Korrekturprofil für alle Bilder anzuwenden.

Über die Schieberegler ⓬ unter STÄRKE können Sie die Korrektur noch justieren.

Kapitel 11 | Lightroom-Workflows **419**

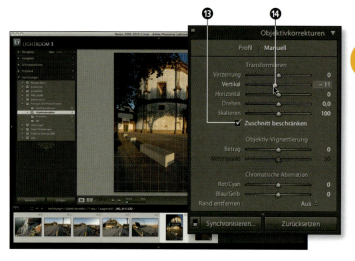

6 Perspektive korrigieren

Deaktivieren Sie die automatische Synchronisation, wenn Sie weitere perspektivische Anpassungen an den einzelnen Bildern vornehmen wollen.

Wechseln Sie danach oben auf den Bereich MANUELL und korrigieren Sie die Perspektive über den Schieberegler VERTIKAL ⓮.

Um nach der Entzerrung das rechteckige Bildformat wiederherzustellen, aktivieren Sie die Option ZUSCHNITT BESCHRÄNKEN ⓭.

7 Panorama vorbereiten

Die Objektivkorrektur gehört auch zu den Pflichtkorrekturen für die Einzelbilder eines Panoramas.

Klicken Sie auf die entsprechende Sammlung. Vorweg sollten Sie jedoch sicherstellen, dass alle Einzelbilder gleich belichtet sind: Aktivieren Sie alle Bilder im Filmstreifen, wählen Sie eines aus und gehen Sie auf das Menü EINSTELLUNGEN ▷ BELICHTUNGEN ANGLEICHEN.

Tipp: Über die Taste ⓘ blenden Sie die Bildinformationen ein ⓯ und können die Belichtungen überprüfen.

8 Letzte Details

Bevor Sie die Bilder an Photoshop zur Panoramaerstellung übergeben oder in irgendeiner anderen Form aus Lightroom ausgeben, sollten Sie natürlich noch die Scharfzeichnung durchführen.

Öffnen Sie die DETAILS-Palette, um zuerst eine eventuell notwendige RAUSCHREDUZIERUNG und dann das SCHÄRFEN durchzuführen. Vergrößern Sie das Bild zur besseren Beurteilung auf die 1:1-Ansicht und erhöhen Sie den BETRAG ⓰ und gleichzeitig den MASKIEREN-Wert ⓱, um die Flächen zu schützen.

420 Kapitel 11 | Lightroom-Workflows

9 Ausgangsbilder exportieren

Eine Perspektivkorrektur ist zwar mittlerweile auch in Lightroom möglich, aber die Panoramaerstellung ist nach wie vor eine Aufgabe für Photoshop.

Damit Sie Photoshop nicht mit zu großen Datenmengen überlasten, sollten Sie vorher kleinere Bildvarianten für die Einzelbilder errechnen. Über ⇧ + Strg / ⌘ + E wechseln Sie auf das Export-Fenster. Geben Sie dort eine maximale Abmessung für die LANGE KANTE an ⓲ und aktivieren Sie die Option DIESEM KATALOG HINZUFÜGEN ⓳.

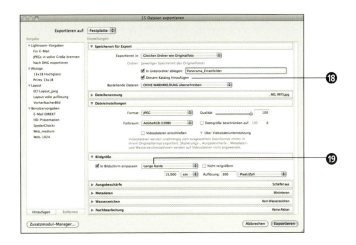

10 Panoramaerstellung starten

Durch die letzte Option können Sie gleich mit den kleingerechneten Bildern in Lightroom weiterarbeiten.

Über die Taste I blenden Sie wieder die Bildinformation ein und können kontrollieren, ob diese jetzt die kleineren Pixelabmessungen besitzen.

Aktivieren Sie alle Bilder und wählen Sie aus dem Hauptmenü den Befehl FOTO ▷ BEARBEITEN IN ▷ IN PHOTOSHOP ZU PANORAMABILD ZUSAMMENFÜGEN.

11 Arbeit für Photoshop

Jetzt ist die Photoshop-Funktion PHOTOMERGE an der Reihe: Aktivieren Sie für das breite Panorama das Layout ZYLINDRISCH ⓴ und die Option BILDER ZUSAMMEN ÜBERBLENDEN ㉓. Die anderen Optionen sind unnötig, da diese Aufgaben schon durch die Objektivkorrektur durchgeführt worden sind.

Nach der Erstellung des Panoramas können Sie dieses noch AUF EINE EBENE REDUZIEREN ㉑ und mit dem Freistellungswerkzeug ausschneiden ⓴.

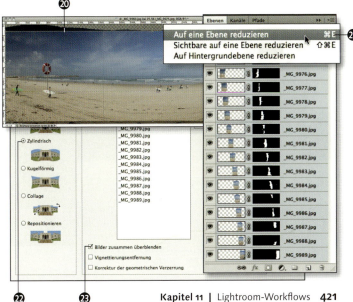

Kapitel 11 | Lightroom-Workflows **421**

12 **Zurück im Katalog**
Einfaches Speichern in Photoshop sorgt dafür, dass die Panoramadatei im Lightroom-Katalog im gleichen Ordner wie die Ursprungsdaten verwaltet wird. So verlieren Sie also nie den Bezug zu den Bilddaten – auch wenn Sie das Bild zwischendurch in Photoshop bearbeitet haben.

Phase 5: Bilder teilen

Und was machen Sie mit Ihren stolzen Bildergebnissen? Na klar: »Zeig doch mal die Bilder!« Am schnellsten geht das heutzutage per »Social Network« – wie zum Beispiel Flickr oder Facebook. Diese beiden werden auf jeden Fall direkt von Lightroom als Veröffentlichungsdienst unterstützt. Und mit der richtigen Vorbereitung sind die Bilder schnell mit den Freunden geteilt.

> **Basis-Workshops:**
> S. 290: Der Veröffentlichungsmanager
> S. 94: Spreu und Weizen
> S. 296: Facebook, Flickr und Co.

1 **Bildauswahl vornehmen**
Die Veröffentlichung der Bilder findet im Bibliothek-Modul statt. Nachdem alle Bilder entwickelt sind, haben sich sicher schon Ihre Favoriten für die Bildpräsentation herauskristallisiert. Kennzeichnen Sie diese am besten mit einer Flaggenmarkierung ❷ – mit der Taste [P]. Filtern Sie Ihre Bilder dann über das Symbol in der Filterleiste ❶, so dass nur noch die Bilder mit der Markierung in der Bildauswahl zu sehen sind.

2 Facebook-Album anlegen

Öffnen Sie jetzt die Veröffentlichungsdienste und richten Sie den Dienst, den Sie für den Upload vorbereiten wollen ❸, über das Zeichen **+** ein.

Autorisieren Sie Ihr Benutzer-Konto und erstellen Sie ein neues Album ❹. Wenn Sie die Bildtitel über die IPTC-Einträge ❷ erstellen möchten, achten Sie darauf, dass diese auch für jedes Bild vorhanden sind.

Nachdem Sie den Dienst gespeichert haben, ziehen Sie einfach die gewünschten Bilder per Drag & Drop auf seinen Namen in der Palette.

3 Bilder veröffentlichen

Mit der Einrichtung des Dienstes ist eigentlich schon alles getan. Klicken Sie auf den Namen des Albums ❻, um den Inhalt der darin gesammelten Fotos im Vorschaufenster anzuzeigen.

Ein weiterer Klick veröffentlicht die Bilder mit Hilfe Ihrer Autorisierungsdaten. Sie sehen in der Zweiteilung des Fensters ❺, welche Bilder schon veröffentlicht worden sind.

Nachträglich veränderte Bilder würden erneut im oberen Bereich erscheinen.

4 Auf Facebook teilen

Und das war's auch schon. Mit diesem letzten Schritt haben Sie Ihre Bilder mit Ihren Freunden geteilt und vorher bereits organisiert, verschlagwortet, in Sammlungen abgelegt, individuell entwickelt, an Photoshop übergeben und zum Schluss für die Auswahl selektiert. Und das alles in einem Programm.

Kapitel 11 | Lightroom-Workflows 423

LIGHTROOM-WORKFLOWS

Lightroom on location

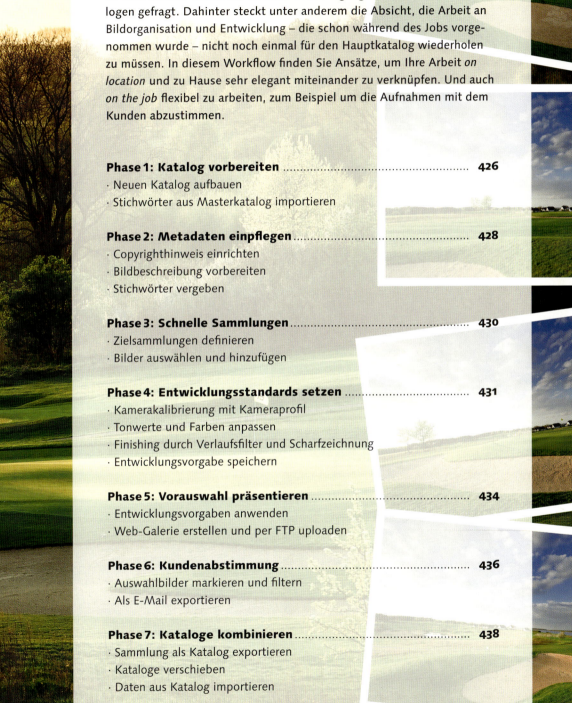

»**Wie kann ich meinen Lightroom-Katalog on location nutzen?**«
So oder ähnlich werde ich oft nach dem Umgang mit mehreren Katalogen gefragt. Dahinter steckt unter anderem die Absicht, die Arbeit an Bildorganisation und Entwicklung – die schon während des Jobs vorgenommen wurde – nicht noch einmal für den Hauptkatalog wiederholen zu müssen. In diesem Workflow finden Sie Ansätze, um Ihre Arbeit *on location* und zu Hause sehr elegant miteinander zu verknüpfen. Und auch *on the job* flexibel zu arbeiten, zum Beispiel um die Aufnahmen mit dem Kunden abzustimmen.

Phase 1: Katalog vorbereiten **426**
· Neuen Katalog aufbauen
· Stichwörter aus Masterkatalog importieren

Phase 2: Metadaten einpflegen **428**
· Copyrighthinweis einrichten
· Bildbeschreibung vorbereiten
· Stichwörter vergeben

Phase 3: Schnelle Sammlungen **430**
· Zielsammlungen definieren
· Bilder auswählen und hinzufügen

Phase 4: Entwicklungsstandards setzen **431**
· Kamerakalibrierung mit Kameraprofil
· Tonwerte und Farben anpassen
· Finishing durch Verlaufsfilter und Scharfzeichnung
· Entwicklungsvorgabe speichern

Phase 5: Vorauswahl präsentieren **434**
· Entwicklungsvorgaben anwenden
· Web-Galerie erstellen und per FTP uploaden

Phase 6: Kundenabstimmung **436**
· Auswahlbilder markieren und filtern
· Als E-Mail exportieren

Phase 7: Kataloge kombinieren **438**
· Sammlung als Katalog exportieren
· Kataloge verschieben
· Daten aus Katalog importieren

Fotos: Stefan von Stengel

Phase 1: Katalog vorbereiten

Wenn Sie on location arbeiten, gibt es zwei Möglichkeiten: Entweder Sie nehmen Ihren Katalog einfach mit und profitieren auch ohne Zugriff auf die Originaldaten von Ihrer bestehenden Katalog- und Stichwortstruktur, oder Sie legen sich für jeden Job eine neuen, kleinen Katalog an, den Sie später in den Hauptkatalog einpflegen. Auch hier können Sie mit ein, zwei Schritten von Ihrer bestehenden Bildorganisation profitieren.

> **Basis-Workshops:**
> S. 70: Der Lightroom-Katalog
> S. 46: Den Leuchtkasten einschalten
> S. 90: Erkennungsmarken
> S. 108: Mehrere Kataloge sortieren

1 Ein leerer Katalog I
Ihre sämtliche Lightroom-Arbeit, wie Ordnerorganisation, Verschlagwortung, Sammlungen und Entwicklungsvorgaben, sind in der Katalogdatei ❷ gebündelt. Sie können diese auch ohne die Originaldaten einfach auf Ihren Laptop kopieren. Die zusätzliche Previewdatei ❶ ermöglicht Ihnen trotzdem eine Ansicht des Kataloginhaltes.

So können Sie neue Bilder in den bestehenden Katalog importieren und diesen später einfach aktualisieren.

2 Stichwörter exportieren
Das Hin- und Herkopieren eines Masterkatalogs kann natürlich auch Fehler verursachen. Eine sichere Alternative ist es, nur die Bildorganisation zu nutzen, die Sie für die Arbeit on location brauchen – und das ist meistens die STICHWORTLISTE ❸.

Ihre komplette Stichworthierarchie können Sie auch in anderen Katalogen einsetzen. Wählen Sie aus dem METADATEN-Menü Ihres Hauptkataloges STICHWÖRTER EXPORTIEREN. Damit exportieren Sie eine Textdatei, die Sie auf Ihren Laptop kopieren.

3 **Ein leerer Katalog II**
Starten Sie also auf dem Arbeitsrechner mit einem ganz neuen Katalog. Wählen Sie dafür DATEI ▷ NEUER KATALOG. Der aktuelle Katalog muss dafür geschlossen werden.

Wählen Sie den Speicherort und benennen Sie den Katalog. Es wird automatisch ein Ordner dafür angelegt, genauso wie die notwendige Katalog- und Previewdatei.

Dieser Katalog ist vorerst nur eines: leer.

4 **Stichwörter importieren**
Wählen Sie jetzt METADATEN ▷ STICHWÖRTER IMPORTIEREN. Für den Import nehmen Sie Ihre vorbereitete Stichworttextdatei.

Nach dem Import ist die wichtigste Vorarbeit getan: Ihr leerer Katalog besitzt jetzt genau die Stichworthierarchie, die im Laufe der Zeit in Ihrem Hauptkatalog aufgebaut wurde.

Natürlich sind die Stichwörter noch nicht den Bildern zugewiesen.

5 **Bilder hinzufügen**
Jetzt kann es losgehen. Dieser Katalog ist die Basis für den neuen Job on location. Sobald Sie die ersten Aufnahmen gemacht haben, können Sie mit dem Import loslegen. Wenn Sie die Karten in den Kartenleser einlegen, startet der Import automatisch.

Phase 2: Metadaten einpflegen

Jetzt geht der Job richtig los. Damit Sie die Arbeit aber am Ende nicht wieder einholt, sollten Sie schon beim Import alle Aufgaben erledigen, die für die spätere Verwaltung der Bilder unabdingbar sind, also die Vergabe von Copyright, Bildbeschreibung und Stichwörtern. Letztere sind in Ihrem Katalog ja schon gut vorbereitet, so dass die Detailarbeit sehr leicht von der Hand geht.

→ **Basis-Workshops:**
S. 52: Standards setzen
S. 56: Her mit den Bildern
S. 98: Viele Nadeln im Heuhaufen

1 Ziel-Ordner anlegen

Legen Sie im Importfenster zuerst das ZIEL ❶ für das Speichern fest. Das wird gerne im Eifer des Gefechts vergessen und die Bilder landen – im besten Fall – im alten Job-Ordner.

Navigieren Sie auf der rechten Seite des Importdialogs zu Ihrem Zielordner. Sie können mit der Option IN UNTERORDNER ❷ einen thematischen Ordner anlegen. Wahrscheinlich benötigen Sie kein zusätzliches Ordnen nach Datum, so dass Sie die Bilder IN EINEN ORDNER ❸ legen können.

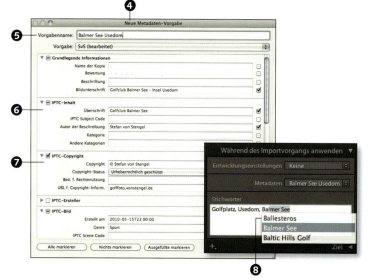

2 Metadaten vorbereiten

Öffnen Sie dann den Bereich WÄHREND DES IMPORTVORGANGS ANWENDEN. Im Popup-Menü METADATEN wählen Sie NEU. In der METADATEN-VORGABE ❹ können Sie alle Tags festlegen, die für den gesamten Bildimport gelten. Dazu gehören die Copyright-Informationen ❼ genauso wie die IPTC-Bildbeschreibungen ❻. Benennen Sie die Vorgabe ❺, um sie bei zukünftigen Importen aus dem Popup-Menü auswählen zu können.

Stichwörter können Sie sowohl in der Vorgabe als auch im Importfenster ❽ eingeben.

428   Kapitel 11 | Lightroom-Workflows

3 Importiert und organisiert

Nach dem Import sind alle Informationen in den Metadaten der Bilder vorhanden: Copyright-Informationen, Bildbeschreibung und Stichwörter ❾.

Natürlich können Sie diese jetzt noch weiter überarbeiten und verfeinern.

4 Zusätzliche Stichwörter nutzen

Da die Stichwörter durch die importierte Stichwortbibliothek schon vorgegeben sind, können sie jetzt ganz einfach zugewiesen werden.

Markieren Sie Bilder, die ein gemeinsames Stichwort enthalten sollen, mit gedrückter ⇧- oder Strg/⌘-Taste und setzen Sie dann in der Stichwortliste ein Häkchen vor das gewünschte Stichwort.

Tipp: Im Workshop »Reise und Reportage« auf Seite 410 erfahren Sie, wie Sie Stichwörter per Sprühdose auftragen.

5 Stichwörter filtern

Mit einer vernünftigen Verschlagwortung ist die beste Voraussetzung für die themenspezifische Weiterverarbeitung Ihrer Bilder gegeben. Am schnellsten finden Sie die Bilder zu einem Stichwort, wenn Sie auf den Pfeil ⓬ neben der STICHWORTLISTE klicken.

Blenden Sie den Bibliotheksfilter über die \-Taste ein, um für die Suche Stichwörter zu kombinieren. Bei mehreren Spalten wählen Sie in den oberen Zeilen STICHWORT als Kriterium ⓫ und kombinieren so mehrere Stichwörter miteinander ❿.

Kapitel 11 | Lightroom-Workflows

Phase 3: Schnelle Sammlungen

Sie müssen mitten im Job die besten Bilder des Tages an den Kunden schicken? Während einer Veranstaltung sollen schon abends Bilder präsentiert werden? Dann geht es um die schnelle Auswahl und Weiterverarbeitung. Neben der vordefinierten Schnellsammlung in der Bibliothek können Sie auch eigene Sammlungen als Zielsammlung definieren und die Bilder ganz einfach zuweisen.

→ **Basis-Workshops:**
S. 16/17: Allgemeine Bedienelemente
S. 78/79: Das Bibliothek-Modul
S. 102: Auswahl und schnelle Zuordnung

1 Sammlungen anlegen
Öffnen Sie die SAMMLUNGEN-Palette und klicken Sie auf das Zeichen **+**, um eine neue Sammlung zu erstellen. In einem temporären Katalog ist eine weitere Sortierung in Sammlungssätzen meist nicht notwendig.
Geben Sie einen Namen für die Sammlung oder nacheinander die Namen für mehrere Sammlungen ❶ ein.

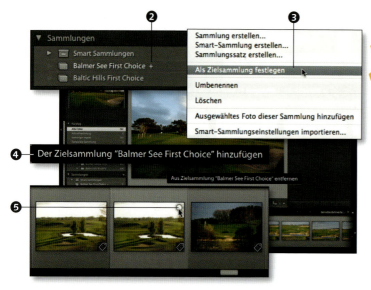

2 Zielsammlung definieren
Legen Sie jetzt die temporäre Schnellsammlung als Zielsammlung fest: Klicken Sie mit der rechten Maustaste auf den Sammlungsnamen und wählen Sie ALS ZIELSAMMLUNG FESTLEGEN ❸.
Die Zielsammlung ist durch ein Plus-Zeichen ❷ gekennzeichnet und kann jetzt Bilder aufnehmen. Klicken Sie im Filmstreifen oder in der Rasteransicht auf das kleine Kreissymbol ❺ rechts oben in der Miniatur oder – noch schneller – drücken Sie für ein oder mehrere ausgewählte Bilder die Taste B ❹.

3 **Schnellsammlung überarbeiten**

Machen Sie sich jetzt noch an die Feinauswahl. Klicken Sie auf den Sammlungsnamen, um die Sammlung samt ausgewählter Bilder einzublenden.

Wählen Sie dann ähnliche Bilder mit der ⇧- oder Strg/⌘-Taste aus und drücken Sie die Taste N, um die Bilder zusammen in der Überprüfungsansicht anzuzeigen.

Hier können Sie die Bilder per Klick auf das X-Symbol ❻ wieder aus der engeren Auswahl und später mit der rechten Maustaste auch aus der Sammlung entfernen.

Phase 4: Entwicklungsstandards setzen

Jetzt sind die ersten Bilder für die Entwicklung ausgewählt. Im nächsten Schritt geht es nicht nur darum, sie möglichst schnell zu entwickeln, sondern auch um das Setzen von Entwicklungsstandards, die Sie dann auf andere ausgewählte Bilder und spätere Serien anwenden können.

> **Basis-Workshops:**
> S. 184: Ein guter Start
> S. 180: Retortenentwicklung
> S. 208: Den Verlaufsfilter einsetzen
> S. 200: Polfilter und Co.
> S. 148: Perfekte Scharfzeichnung

1 **Kamerakalibrierung und Profil**

Suchen Sie ein exemplarisches Bild aus und gehen Sie in den Bereich KAMERAKALIBRIERUNG im Entwickeln-Modul.

Aktivieren Sie gleich zu Beginn die Vergleichsansicht ❷ über die Y-Taste, mit zusätzlich gedrückter ⇧-Taste erhalten Sie dann die geteilte Ansicht.

Testen Sie dann im Popup-Menü das geeignete Profil für Ihre Aufnahmen. Für die Golfbilder bietet sich natürlich das Landschaftsprofil CAMERA LANDSCAPE ❶ mit erhöhter Blau- und Grün-Sättigung an.

Bildstimmung verstärken

2 Dann geht es um die Basisanpassung oder – wenn das Bild wie hier schon perfekt belichtet ist – um die Betonung der Lichtstimmung. Erhöhen Sie den Wert bei WIEDERHERSTELLUNG ❸, um Details in den hellen Wolken zu retten. Ein zusätzlicher hoher Wert bei KLARHEIT ❺ arbeitet die Bilddetails heraus. Der DYNAMIK-Regler ❹ verstärkt die Sättigung der Bildfarben, ohne die sanften Farben zu übersteuern.

Bildfarben betonen

3 Fast eine Pflichtkorrektur sind auch die HSL-Anpassungen. Öffnen Sie die LUMINANZ-Einstellungen ❻ und ziehen Sie den BLAU- und AQUAMARIN-Regler herunter, bis der Himmel abgedunkelt wirkt, und hellen Sie gleichzeitig den Golfrasen über die GRÜN- und GELB-Töne auf.

Öffnen Sie die PROTOKOLL-Palette und klicken Sie mit der rechten Maustaste auf den letzten Entwicklungsschritt, um ihn auf die Vorher-Version des Bildes zu kopieren ❼ und so einen besseren Vergleich zu haben.

Details scharfzeichnen

4 Am Ende steht die Scharfzeichnung. Zoomen Sie das Bild zur besseren Beurteilung per Klick in die 1:1-Ansicht.

Setzen Sie die LUMINANZ auf 0 ❽, wenn das Bild keine Rauschreduzierung erfordert, und erhöhen Sie dann den BETRAG ❿ der Scharfzeichnung.

Nutzen Sie auf jeden Fall den MASKIEREN-Regler ❾, um Flächen wie den Himmel von der Scharfzeichnung auszugrenzen.

432 | Kapitel 11 | Lightroom-Workflows

5 Vorlage speichern

All diese Korrekturen können als Basisanpassung für die gesamte Aufnahmeserie beziehungsweise für Bilder mit gleichen Aufnahmebedingungen dienen. Klicken Sie im Vorlagenbrowser auf das Zeichen **+**, um eine neue Entwicklungsvorlage mit den bestehenden Einstellungen zu erstellen.

Achten Sie im folgenden Fenster darauf, dass nur die wirklich vorgenommenen Einstellungen in der Vorgabe gespeichert werden. Diese sind durch einen Haken aktiviert ⓫.

6 Verlaufsfilter einsetzen

Auch lokale Korrekturen mit Verlaufsfiltern können Sie als Entwicklungseinstellung vorbereiten.

Aktivieren Sie den Verlaufsfilter und setzen Sie erst mit gedrückter [Alt]/⌥-Taste die Einstellungen zurück. Durch einen erhöhten KONTRAST, verringerte BELICHTUNG und HELLIGKEIT sowie eine leichte Absenkung der SÄTTIGUNG erreichen Sie einen schönen Polfilter-Effekt.

Ziehen Sie mit dem Werkzeug den Verlaufsfilter von oben nach unten über den Himmel.

7 Lokale Vorgabe anlegen

Speichern Sie auch mit diesen Einstellungen eine neue Entwicklungsvorgabe. Achten Sie auch hier wieder darauf, dass nur die notwendigen Entwicklungseinstellungen aktiviert werden. In diesem Fall ist das nur der Verlaufsfilter ⓬.

Beim Anwenden dieser Entwicklungseinstellungen werden so keine anderen bereits vorgenommenen Entwicklungseinstellungen in den Bildern verändert.

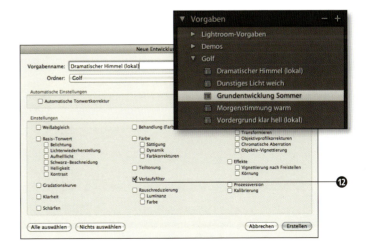

Phase 5: Vorauswahl präsentieren

Die Auswahl ist getätigt, die Entwicklungseinstellungen sind vorbereitet und als Vorlage gespeichert – jetzt können Sie Ihre Bilder praktisch im Stapel optimieren und gleich in eine Web-Galerie übergeben. Mit den Galerie-Vorlagen von Lightroom ist die meiste Arbeit schon erledigt. So braucht es nur noch ein paar individuelle Anpassungen bis zum direkten FTP-Upload.

> **Basis-Workshops:**
> S. 102: Auswahl und schnelle Zuordnung
> S. 180: Retortenentwicklung
> S. 170: Synchronbilder
> S. 78/79: Das Bibliothek-Modul
> S. 392: Bildergalerie geflasht
> S. 318: Marken setzen

1 Einstellungen auftragen

Passen Sie zuerst die Bildauswahl mit Ihren Entwicklungsvorgaben an. Anstatt die Einstellungen im Entwickeln-Modul automatisch zu synchronisieren, können Sie sie übrigens auch in der Bibliothek mit der Sprühdose ❶ auftragen. Aktivieren Sie diese in der Werkzeugleiste und wählen Sie aus dem MALEN-Menü EINSTELLUNGEN ❸, bevor Sie die gewünschte Vorgabe wählen ❹.

Jetzt sprühen Sie die Einstellungen einfach auf die Bilder ❷ auf.

2 Bilder synchronisieren

Falls Sie für manche Motive nicht alle Einstellungen oder zusätzliche Korrekturen übertragen wollen, können Sie diese auch noch nachträglich mit einem bereits entwickelten Bild synchronisieren.

Aktivieren Sie dafür alle zu ändernden Bilder und wählen Sie das schon entwickelte per Klick aus ❺. Klicken Sie dann auf SYNCHRONISIEREN. Auch diesmal benutzen Sie nur die gewollten Einstellungen für die Synchronisation.

3 Galerie-Vorlage nutzen

Wechseln Sie in das Web-Modul und wählen Sie per Klick eine der verfügbaren Galerien-Vorlagen aus. Passen Sie gleichzeitig in den SITE-INFORMATIONEN alle Textinformationen für die Webseite an.

Vergessen Sie bei einer Kundenabstimmung nicht, Ihre E-Mail-Adresse zu hinterlegen. Nach einem Klick auf den Feedback-Link ❻ in der Galerie, wird beim Betrachter das E-Mail-Programm gestartet.

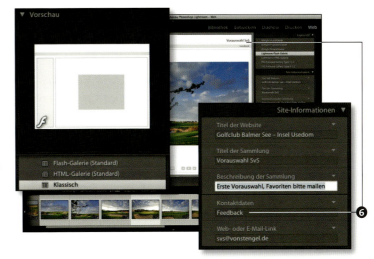

4 Wasserzeichen integrieren

Auch das Wasserzeichen ist für diese Zwecke wichtig. Am besten haben Sie über den Wasserzeichen-Editor schon geeignete Wasserzeichen angelegt.

Dann können Sie jetzt ein solches aus dem Popup-Menü WASSERZEICHEN ❼ auswählen. Es erscheint dann auf jedem vergrößerten Bild der Webseite.

5 Schneller Upload

Um die gesamten Daten für die Webseite direkt aus Lightroom hochladen zu können, müssen Sie nun noch die Einstellungen für das Hochladen bearbeiten.

Über das Popup-Menü ❾ BENUTZERDEFINIERTE EINSTELLUNGEN können Sie die Adresse des FTP-Servers und Ihre Zugangsdaten eingeben, genauso wie einen bestehenden SERVERPFAD ❽. Alternativ können Sie auch die Daten in einem neuen Unterordner ablegen ❿. Ein Klick auf HOCHLADEN startet den Upload.

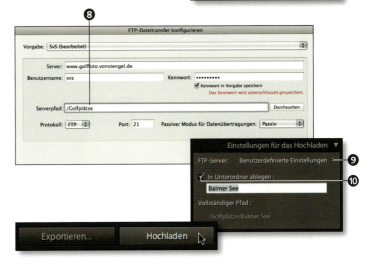

Phase 6: Kundenabstimmung

Die Bilder sind fotografiert, die erste Auswahl wurde entwickelt und dem Kunden vorgestellt. Und während der Job an diesem oder am nächsten Tag weiterläuft, soll auch schon die Abstimmung über die erste Serie stattfinden, die dafür markiert und schnell per E-Mail verschickt werden muss.

➔ **Basis-Workshops:**
S. 94: Spreu und Weizen
S. 98: Viele Nadeln im Heuhaufen
S. 272: Das Exportfenster
S. 278: Direkter E-Mail-Versand

1 Auswahl markieren
Markieren Sie die vom Kunden abgesegneten Bilder am besten mit einem Flaggensymbol ❶. Das können Sie in jedem Modul durchführen am schnellsten geht das über die Taste [P].

Natürlich können Sie Ihre Bilder auch anders – zum Beispiel über eine Bewertung oder Farbmarkierung – kennzeichnen.

2 Bilder filtern
Die Markierung bleibt dauerhaft an den Bildern – es sei denn Sie entfernen sie eigenhändig.

Sie können die Bilder also jederzeit nach diesem Attribut filtern. Blenden Sie den Filter im Bibliothek-Modul über die [<]-Taste ein und klicken Sie auf ATTRIBUT ❸, bevor Sie die markierten Bilder ❷ filtern.

Noch schneller geht diese Filterung über den Filmstreifen ❹.

3 Bildauswahl exportieren

Natürlich können Sie die Bildauswahl auch noch zusätzlich in einer Sammlung zusammenführen. Bei konsequenter Handhabung der Flaggenmarkierung ist das aber nicht nötig. Wählen Sie alle Bilder mit `Strg`/`⌘` + `A` aus und klicken Sie auf EXPORTIEREN. Gerade wenn Sie die Fotos per E-Mail verschicken möchten, ist das der schnellste Weg.

Sie können die Bilder aber auch dynamisch auf der Festplatte veröffentlichen.

4 E-Mail vorbereiten

Es gibt – neben dem Dateiformat und der Komprimierungsstufe ❺ – drei wichtige Einstellungen für den E-Mail-Versand:

BILDGRÖSSE: Geben Sie die maximale Länge für die LANGE KANTE ❻ ein, so werden Hoch- und Querformate gleichermaßen skaliert.

METADATEN: Minimieren Sie diese auf die Copyrightinformation ❼.

Last not least die Anwendung für die NACHBEARBEITUNG: Wählen Sie hier Ihr E-Mail-Programm ❽.

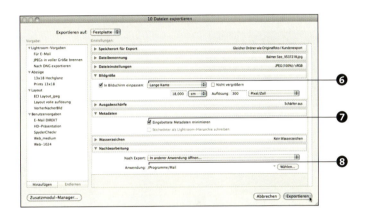

5 Direkter Versand

Nach Klick auf EXPORTIEREN werden erst die Bilder in die kleineren Dateiversionen umgerechnet und dann direkt an das E-Mail-Programm übergeben.

Achten Sie allerdings darauf, dass Sie immer nur so viele Bilder exportieren, wie auf Ihrem Mail-Server als maximale Datenmenge zugelassen sind.

Kapitel 11 | Lightroom-Workflows **437**

Phase 7: Kataloge kombinieren

Wenn Sie nach Hause kommen, ist der Job zu einem gewissen Teil schon getan. Jetzt wollen die Bilder aber noch in den bestehenden Hauptkatalog eingepflegt werden. Dabei soll alles erhalten bleiben: die Auswahlen, Markierungen, Entwicklungseinstellungen, Web-Galerien. Wie Sie all das unkompliziert hinbekommen, erfahren Sie in den folgenden Schritten.

➔ **Basis-Workshops:**
S. 70: Der Lightroom-Katalog
S. 108: Mehrere Kataloge sortieren
S. 66: Kataloge zusammenführen

1 Sammlung exportieren

In manchen Jobs bleibt aus einer großen Bildauswahl nur noch die Sammlung der besten Bilder übrig und der Rest soll auch nicht im Hauptkatalog weiterverwaltet werden. In diesem Fall können Sie eine Sammlung als eigenen Katalog inklusive der Bilddaten exportieren. Dazu müssen Sie nur mit der rechten Maustaste auf die Sammlung klicken und DIESE SAMMLUNG ALS KATALOG EXPORTIEREN klicken. Aktivieren Sie die Option NEGATIVDATEIEN EXPORTIEREN, um die Bilder der Sammlung mit einzuschließen ❶.

2 Katalog exportieren

Wenn der gesamte Arbeitskatalog übernommen werden soll, können Sie die Katalogdatei direkt auf die Festplatte kopieren.

Sicherer ist aber dieser Weg: Halten Sie die [Alt]/[⌥]-Taste gedrückt, um den EXPORTIEREN-Knopf in KATALOG EXPORTIEREN ❷ zu wandeln. Damit können Sie den gesamten Katalog auf eine externe Festplatte exportieren. Auch dafür sollten Sie die NEGATIVDATEIEN EXPORTIEREN ❸ und auch VERFÜGBARE VORSCHAUBILDER EINSCHLIESSEN ❹.

3 Aus Katalog importieren

Sowohl den Sammlungen-Katalog als auch den gesamten exportierten Arbeitskatalog können Sie jetzt in den Hauptkatalog importieren. Kopieren Sie dazu alle Daten zuerst auf die neuen Zielorte – vor allem die Bildordner.

Wählen Sie dann – ausgehend vom Hauptkatalog in Lightroom – aus dem DATEI-Menü oder per Klick mit der rechten Maustaste auf den Katalogordner den Befehl AUS KATALOG IMPORTIEREN ❺. Daraufhin müssen Sie nur die besagte Katalogdatei .lrcat wählen ❻.

4 Das Importfenster

Im nachfolgenden Importfenster werden die Bilderordner ❼ und Fotos nochmals aufgeführt. Sie haben hier noch die Möglichkeit, bestimmte Bilddaten vm Import auszuschließen.

Wählen Sie NEUE FOTOS OHNE VERSCHIEBEN DEM KATALOG HINZUFÜGEN ❽. Denn die Bilderordner mit den Originaldaten haben Sie ja schon an den gewünschten Speicherort kopiert. Klicken Sie auf IMPORTIEREN, um den gesamten Arbeitskatalog in den Hauptkatalog zu übernehmen.

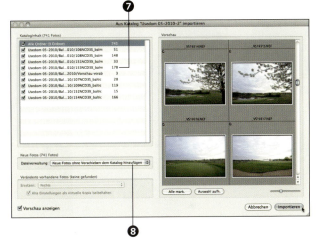

5 Gesicherte Vorarbeit

Alles, was Sie on location an Vorarbeit gesichert haben, ist jetzt in Ihren Hauptkatalog übernommen worden. Dazu gehören natürlich die entwickelten Bilder, aber auch die Stichwörter ❾ und die gesicherten Sammlungen ❿. Sie können Ihre Arbeit jetzt fließend fortsetzen.

Kapitel 11 | Lightroom-Workflows **439**

Porträt-Workflow im Studio

LIGHTROOM-WORKFLOWS

Im Porträtstudio zählt nach der Aufnahme nur noch Effektivität.
Für stundenlange Farb- und Tonwertkorrekturen oder Retusche ist genauso wenig Zeit, wie für Bildsucherei oder Einzelausdrucke. Deshalb muss hier schon der Anfang stimmen. Durch die richtige Grundeinstellung, die schon beim Import angewendet wird, stimmen die Farben von Anfang an. Und auch andere Aufgaben, wie Retusche, Bildvarianten oder Druckjobs, sollten gleichen Mustern folgen, um schnell und professionell von der Hand zu gehen.

Phase 1: Vorbereitungen treffen 442
· Basisbelichtungskorrektur erarbeiten
· Vorgabe für Hautanpassungen erstellen
· Farbkorrekturen für Hauttöne

Phase 2: Importieren und entwickeln 445
· Entwicklungseinstellungen beim Importieren anwenden
· Direkt aus der Kamera importieren

Phase 3: Auswahl mit dem Kunden 448
· Schnelle Auswahl durch Ansichtsoptionen
· Schnellauswahl erstellen

Phase 4: Porträt-Retusche in Lightroom 450
· Reparatur kleiner Makel
· Falten aufhellen und weichzeichnen
· Augenkontrast hervorarbeiten
· Details schärfen
· Haut weichzeichnen
· Korrekturen in Serie anpassen

Phase 5: Entwicklungsvarianten 454
· Schnappschüsse erstellen
· Mit virtuellen Kopien arbeiten
· Schwarzweißvariante entwickeln

Phase 6: Bildpakete ausdrucken 456
· Bildformate kombinieren
· Serien ausdrucken

Fotos: Wulf-Eike, seaborne SPS · Oliver Mews, Datacolor

Phase 1: Vorbereitungen treffen

Um einen ersten Entwicklungsstandard für den Workflow festzulegen, bietet es sich an, unter Studiobedingungen mit einem Farb-Chart zu fotografieren. Dieses können Sie auf unterschiedliche Art und Weise zur Kalibrierung nutzen: zur Erstellung eines kameraeigenen DNG-Profils, zur automatischen Erstellung einer RAW-Entwicklungseinstellung oder zur manuellen Erarbeitung verschiedenster Entwicklungsvorgaben.

> **Basis-Workshops:**
> S. 192: Die Bildanpassungen
> S. 128: Die richtige Basis
> S. 130: Erste Belichtungskorrekturen
> S. 142: Der Weißabgleich
> S. 184: Ein guter Start
> S. 372: Farbmanagement mit RAW-Daten

1 In Ordner importieren
Im Porträt-Workflow haben Sie sicher bereits eine gut vorbereitete Ordnerstruktur. Nutzen Sie diese schon beim Import, indem Sie mit der rechten Maustaste auf den Zielordner klicken und IN DIESEN ORDNER IMPORTIEREN ❶ wählen.

Im vorliegenden Fall ist die Sortierung erst nach Jahren, dann nach Themen und dann nach Kundenordnern vorgenommen worden. Den eigenen Kundenordner können Sie später während des Imports anlegen.

2 Referenzfoto laden
Wählen Sie dann die Quelle mit Ihren Beispielbildern aus. Diese können von der Festplatte, von der Speicherkarte oder direkt beim Fotografieren aus der Kamera importiert werden.

Nutzen Sie die verschiedenen Rastergrößen und die Vollbildansicht ❷, um die Beispielbilder über den Haken ❸ für den Import zu markieren. Legen Sie für den Import einen neuen Unterordner ❹ an.

Nach dem Import wechseln Sie in das Entwickeln-Modul.

3 Kalibrierung mit DNG-Profil

Eine Möglichkeit zur Kalibrierung ist die Erstellung eines kameraeigenen DNG-Profils. Dafür benötigen Sie ein Munsell-Farb-Chart ❺ und den DNG-Profile-Editor.

So erhalten Sie zusätzliche DNG-Profile, die Sie, genauso wie die Standardprofile, im Bereich KAMERAKALIBRIERUNG als Grundentwicklung auswählen und durch Halten von [Alt]/ [⌥] als Entwicklungsstandard festlegen.

Details dazu finden Sie im Grundlagenexkurs »Ein guter Start« auf Seite 184.

4 HSL-Kalibrierung

Wenn Sie stolzer Besitzer eines Spyder Checkr sind, können Sie mit der mitgelieferten Software die Aufnahmen des Charts ausmessen und als Lightroom-Entwicklungsvorgabe ❻ speichern.

Die genauen Korrekturwerte können Sie in den HSL-Einstellungen ❼ ablesen und editieren.

Mehr dazu finden Sie im Grundlagenexkurs »Farbmanagement mit RAW-Daten« auf Seite 372.

5 Eigene Kalibrierung

Aber auch ohne Zusatzprogramme können Sie mit einem Farb-Chart oder einer Graukarte schon gute Grundlagen für die zukünftige Belichtungskorrektur legen.

Zoomen Sie an die Farbfelder heran und steuern Sie die BELICHTUNG und den SCHWARZWERT mit gedrückter [Alt]/[⌥]-Taste, so werden Ihnen im Fall der Über- oder Unterbelichtung die kritischen Bereiche angezeigt ❽. Mit einem zusätzlichen Weißabgleich ❾ auf einem mittleren Grau ❿ haben Sie die ersten Grundkorrekturen erledigt.

Kapitel 11 | Lightroom-Workflows

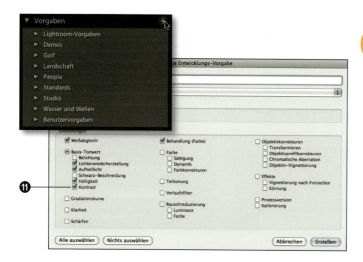

6 Vorgabe für Basisentwicklung

Aus diesen Grundanpassungen können Sie eine allgemeine Belichtungskorrektur für Ihre Studiobedingungen als Vorgabe speichern.

Erstellen Sie eine neue Entwicklungsvorgabe über das Plus-Zeichen im VORGABEN-Manager und achten Sie bei der neuen Vorgabe darauf, dass nur die Einstellungen durch einen Haken aktiviert sind ⓫, die auch wirklich korrigiert wurden. So können Sie zukünftig auch mehrere Vorgaben miteinander kombinieren.

7 Hauttonkorrektur

Jetzt folgen die feineren Korrekturen, die sich je nach Lichtsetzung unterscheiden können. Bei starken Hautschatten sollten Sie mit dem AUFHELLLICHT-Regler ⓭ arbeiten. Je nach Geschmack erhöhen Sie in den Detailtiefen auch wieder etwas den SCHWARZWERT.

Heben Sie die HELLIGKEIT in den Mitten an, ohne die BELICHTUNG in den Spitzlichtern zu gefährden. Außerdem sollten Sie über die DYNAMIK ⓮ die Farbsättigung der Hauttöne etwas verringern. Diese Korrekturen speichern Sie als Vorgabe mit dem Namen PEOPLE ⓬.

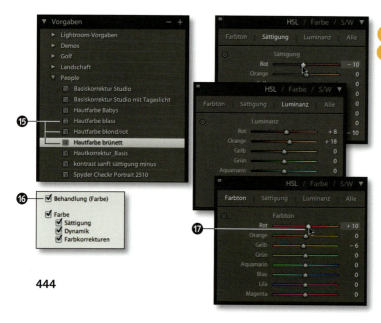

8 Hauttöne steuern

Bei der Korrektur der Hauttöne müssen Sie spezifischer vorgehen. Ein dunkler, kontrastarmer Teint muss anders behandelt werden als eine rötlich-helle Gesichtsfarbe.

Diese Anpassungen führen Sie über die HSL-Steuerungen durch. Hier können Sie FARBTON, SÄTTIGUNG und LUMINANZ genau aussteuern. Zum Standard gehört bei Porträtbildern die Entsättigung und Verschiebung der Rottöne ⓱. Die unterschiedlichen »Farbbehandlungen« ⓰ sollten verschiedene Vorgaben ⓯ darstellen.

Phase 2: Importieren und entwickeln

Die unterschiedlichen Entwicklungsvorgaben können Sie auch schon in verschiedenen Phasen des Imports anwenden. So landen die Bilder farbsicher in Lightroom und können dann je nach Motiv weiter angepasst werden. Wenn die gespeicherten Entwicklungsvorgaben – wie auf den letzten Seiten gezeigt – keine kollidierenden Einstellungen beinhalten, können sie systematisch aufeinander aufgebaut werden.

➔ **Basis-Workshops:**
S. 42/43: Das Importfenster im Überblick
S. 124: Express-Entwicklung
S. 62: Live-Shooting

1 Mit Vorgabe importieren

Importieren Sie jetzt Ihre »echten« Aufnahmen ebenfalls direkt in den Zielordner ❶. Geben Sie im Importfenster als Ziel den Kundenordner an – dieser wird wieder in kursiver Schrift angezeigt.

Das Wichtigste aber ist, welche Vorgaben Sie während des Importvorgangs auf Ihre Bilder anwenden ❷. Geben Sie Ihre Basiskorrektur als Entwicklungseinstellung an. Durch den beinhalteten Weißabgleich wird die jetzt noch sichtbare kühle Stimmung während des Imports automatisch korrigiert.

2 Schnell im Kompaktmodus

Sie können den Importvorgang beschleunigen, wenn Sie eine Importvorgabe speichern. Klicken Sie unten im Importfenster auf den Doppelpfeil ❸ und wählen Sie aus dem Popup-Menü AKTUELLE EINSTELLUNGEN ALS NEUE VORGABE SPEICHERN ❹.

Über den kleinen linken unteren Pfeil können Sie in den Kompakmodus wechseln. Auch darin haben Sie alle wichtigen Einstellungen im Zugriff – etwa die neue Vorgabe, den Speicherordner oder die Stichwörter.

3 Alternative Entwicklung

In der Bibliothek erkennen Sie sofort, dass die Belichtungs- und Farbtemperaturkorrekturen vorgenommen wurden. Wenn die Bilder in einer anderen Belichtungssituation aufgenommen wurden, können Sie sie separat mit einer eigenen Vorgabe importieren oder die bestehende ändern.

Aktivieren Sie alle betreffenden Bilder im Filmstreifen und aktivieren Sie die Auto-Synchronisation ❻. Durch Wechsel der Vorgabe in der Ad-hoc-Entwicklung ❺ werden alle Bilder gleichzeitig korrigiert.

4 Motiv anpassen

Jetzt können Sie nacheinander Ihre vorbereiteten Entwicklungvorgaben addieren. Wie durch einen Trichter werden die Anpassungen dabei feiner und heben sich nicht gegenseitig auf, denn sie steuern immer unterschiedliche Parameter.

Klicken Sie im Vorgabenbrowser erst auf die vorbereitete Hautkorrektur und dann auf die Farbkorrektur für den passenden Hautton ❼. Nach nur drei Klicks sind so nach dem Import nur noch Feinstanpassungen zu erledigen.

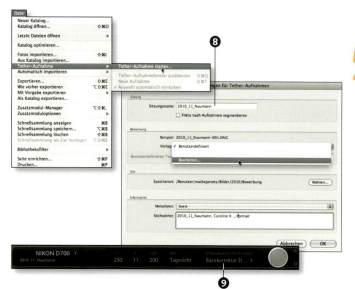

5 Live-Import vorbereiten

Sie können noch effektiver arbeiten, wenn Sie die Entwicklungsvorgabe gleich bei der Aufnahme anwenden oder sogar an das Motiv anpassen. Das geht sehr komfortabel mit der Tether-Aufnahme, die Sie im Datei-Menü starten. Bereiten Sie den Zielordner ❽ für die Aufnahmen, die eventuelle Umbenennung und die Vergabe der Metadaten vor, bevor Sie auf OK klicken.

In der erscheinenden Aufnahmeleiste können Sie dann noch die gewünschte Entwicklungsvorgabe ❾ wählen.

446 Kapitel 11 | Lightroom-Workflows

6 Aufnehmen und entwickeln

Sie können die Kamera jetzt sowohl aus Lightroom – über den prominenten Aufnahmeknopf – als auch über den Auslöser an der Kamera auslösen.

Die Bilder werden in Lightroom in den gewünschten Ordner ❿ importiert und die angegebene Entwicklungsvorgabe ⓫ wird angewendet.

7 Korrektur aufbauen

Auch die Tether-Aufnahme kann schnell an die aktuelle Lichtsituation angepasst werden.

Wechseln Sie in das Entwickeln-Modul und führen Sie die entsprechenden Korrekturen durch. In diesem Fall war eine Gradationskorrektur und eine weitere Anpassung der Hauttöne in den HSL-Steuerungen nötig.

Diese Korrekturen speichern Sie wieder als Entwicklungsvorgabe. Diesmal aktivieren Sie aber alle Einstellungen ⓬, um beim Import alle Korrekturen zusammenzufassen.

8 Sofortbild

Ändern Sie vor den nächsten Aufnahmen nur noch die Entwicklungsvorgabe ⓭ in der Aufnahmeleiste. Und fotografieren Sie dann drauflos.

Alle Folgebilder werden mit der neuen Korrektur importiert und sind praktisch im Moment der Aufnahme auch schon fertig entwickelt und damit bereit für die Weiterverarbeitung.

Kapitel 11 | Lightroom-Workflows   **447**

Phase 3: Auswahl mit dem Kunden

Von einer Aufnahmeserie werden natürlich nur die besten Bilder ausgewählt. Im Porträtstudio können Sie die Auswahl gleich zusammen mit dem Kunden vornehmen. Die Oberfläche von Lightroom lässt sich dabei so einrichten, dass sie als reines Präsentationsfenster erscheint. Die Auswahl erfolgt dann mit ein paar einfachen Klicks.

> ➔ **Basis-Workshops:**
> S. 16/17: Allgemeine Bedienelemente
> S. 78/79: Das Bibliotheks-Modul
> S. 102: Auswahl und schnelle Zuordnung

1 Übersicht erstellen

Nutzen Sie die verschiedenen Ansichtsmodi, um die Aufnahmeserie zu untersuchen und eine Auswahl zu treffen. Per Klick auf ❶ gelangen Sie in die Ansicht, in der alle ausgewählten Bilder angezeigt werden.

Über Strg/⌘ + A wählen Sie alle Bilder des Ordners auf einmal aus, um daraufhin alle im Übersichtsfenster erscheinen zu lassen.

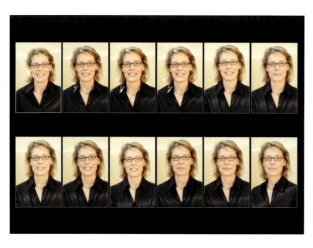

2 Hintergrund ausblenden

Nehmen Sie sich möglichst viel Platz für die Bilder. Blenden Sie mit gedrückter ⇧- und ⇥-Taste alle Paletten aus. Das Vorschau-Fenster vergrößert sich dann entsprechend.

Durch zusätzliches Drücken der L-Taste wird der Hintergrund abgedunkelt. Durch weiteres Drücken von L wird der Hintergrund ganz schwarz und Sie können die Bilder wie durch ein Gesamtpassepartout betrachten.

3 Ausschuss aussortieren

Sobald Sie den Mauszeiger über ein Bild bewegen, erscheint ein kleines x in der unteren rechten Ecke ❷.

Durch Klick auf dieses Symbol wird das entsprechende Bild aus der Übersicht entfernt. Die übrig bleibenden Bilder teilen den Platz unter sich auf und werden entsprechend größer dargestellt.

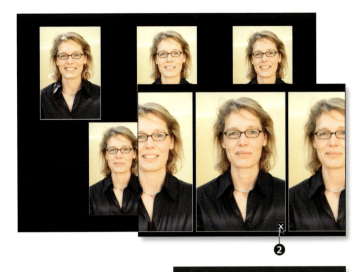

4 Schnellsammlung erstellen

Aus der Vorauswahl können Sie eine Schnellsammlung ❸ erstellen, die die ausgewählten Bilder zusammenfasst, aber nicht die SAMMLUNGEN-Palette füllt.

Blenden Sie erst mit gedrückter ⇧- und ⇥-Taste die Paletten wieder ein und heben Sie durch ein drittes Drücken der L-Taste die Abdunklung wieder auf. Die übrig gebliebenen Bilder sind im Filmstreifen ausgewählt und werden jetzt ganz einfach mit der Taste B zur Schnellauswahl hinzugefügt ❹.

5 Arbeitsgrundlage

Wechseln Sie mit einem Klick zur Schnellsammlung ❺ und überprüfen Sie die Vorauswahl noch einmal in der 1:1-Ansicht auf Schärfe und Details.

Klicken Sie einfach in das Bild, um hineinzuzoomen, oder nutzen Sie die Taste E für die Lupenansicht.

Mit den Pfeiltasten blättern Sie durch die Bilder im Filmstreifen. Durch Klick auf das kleine Kreis-Symbol ❻ oder durch Drücken von B entfernen Sie ein Bild aus der Schnellsammlung.

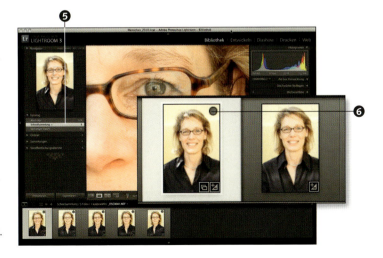

Phase 4: Porträtretusche in Lightroom

Die Entwicklung ist in dem beschriebenen Workflow ja praktisch schon beim Fotografieren durchgeführt worden. Aber natürlich gehört zur Porträtbild-Bearbeitung mehr als nur die richtige Belichtung und Farbtemperatur. Auf den nächsten Seiten sehen Sie, wie Sie typische Retuscheschritte und das Porträt-Finishing im Entwickeln-Modul vornehmen.

> **Basis-Workshops:**
> S. 192: Die Bildanpassungen
> S. 204: Fleißarbeit
> S. 216: Porträts finishen

1 Kleinste Reparaturen

Starten Sie mit der Pflichtretusche, also der Reparatur kleiner Macken und Makel. Aktivieren Sie das BEREICHSREPARATUR-WERKZEUG ❷ und stellen Sie es auf den Modus REPARATUR ❸.

Stellen Sie die GRÖSSE so ein, dass es die Reparaturstellen gerade eben überlagert und belassen Sie für diesen Zweck die DECKKRAFT auf 100 %. Klicken Sie dann auf die Reparaturstelle und die Reparaturquelle ❶ wird automatisch gewählt. Die Retuschearbeit können sie auch noch nachträglich verschieben.

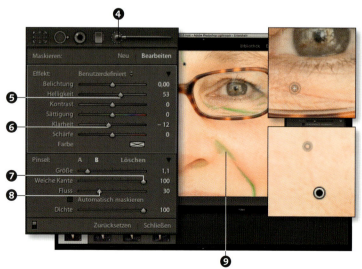

2 Digitaler Concealer

Wechseln Sie zum KORREKTURPINSEL ❹, um tiefe Falten und Fältchen damit aufzuhellen. Heben Sie die HELLIGKEIT ❺ für diese Korrekturen leicht an und verringern Sie die KLARHEIT ❻ – also den Detailkontrast. Arbeiten Sie mit geringer Größe und stellen Sie die WEICHE KANTE ❼ auf 100 %. Zusätzlich sollten Sie den FLUSS ❽ auf maximal 30 % stellen, um die Korrektur dann vorsichtig in den dunkleren Linien aufzutragen. Drücken Sie die Taste [O], um zur Kontrolle die farbige Maske ❾ einzublenden.

3 Augenkontrast aufbauen

Wählen Sie über NEU ⓫ einen neuen Korrekturpinsel und setzen Sie mit gedrückter [Alt]/[⌥]-Taste die letzten Einstellungen zurück ⓾.

Erhöhen Sie diesmal die BELICHTUNG, den KONTRAST, die SÄTTIGUNG und die KLARHEIT und tragen Sie auch diese Korrekturen mit verringertem FLUSS schrittweise auf die Augen auf, um diese noch mehr strahlen zu lassen.

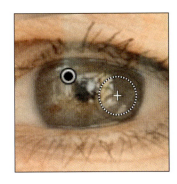

4 Details schärfen

Mit ähnlichen Einstellungen können Sie auch die Details wie Augenbrauen, Wimpern, Haare und Lippen stärker herausarbeiten.

Arbeiten Sie dafür mit einem Pinsel mit hoher KLARHEIT und erhöhter SCHÄRFE.

Alle Einstellungen des Korrekturpinsels können Sie auch für bereits aufgetragene Einstellungen noch verändern.

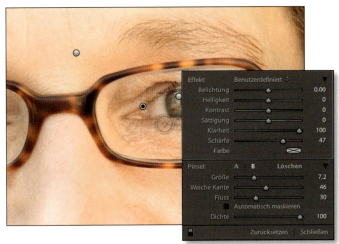

5 Dicker Puder

Ein weiterer neuer Pinsel fehlt noch: der dicke Quast für die Weichzeichnung der Hautstruktur. Ziehen Sie für diesen KLARHEIT und SCHÄRFE jeweils auf −100 % und arbeiten Sie mit einem FLUSS von 100 %.

Mit einem großen Pinsel tragen Sie dann diese massive Weichzeichnung auf. Durch eine zusätzliche leichte Erhöhung der HELLIGKEIT erkennen Sie schnell, wo der Puderpinsel schon aufgetragen worden ist.

6 Retusche relativieren

Nachdem Sie die Weichzeichnung auf alle gewünschten Hautbereiche aufgetragen haben, können Sie sie wieder in realistische Bahnen lenken.

Bewegen Sie den Mauszeiger auf den Bearbeitungspunkt ⓬, bis er zu einem Doppelpfeil wird. Klicken Sie dann darauf und ziehen Sie den Regler nach links ⓭, um alle Korrektureinstellungen des aktuellen Pinsels proportional zu verringern. Beurteilen Sie das Ergebnis optisch – die Werte können Sie auch an den Reglern ablesen.

7 Gegenüberstellung

Überprüfen Sie die Korrekturen im Vergleich. Beenden Sie den Korrekturpinsel, indem Sie noch einmal auf das Werkzeug-Icon klicken und öffnen Sie dann die Vergleichsansicht über das entsprechende Icon ⓮ oder mit der Y-Taste.

Sie können erkennen, dass die Retusche kosmetisch gewirkt hat, aber keine übertriebenen Veränderungen durchgeführt wurden.

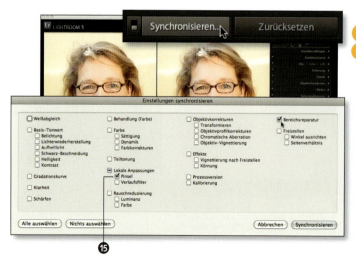

8 Korrekturen übertragen

Natürlich sind diese Pinselkorrekturen individuell für jedes Bild aufzutragen. Aber statt die Korrekturkombination jedesmal wieder neu einstellen zu müssen, können Sie sie auch per Synchronisation auf die anderen Bilder übertragen und dann gezielt die Maske nachbessern.

Wählen Sie die anderen Bilder im Filmstreifen aus und klicken Sie auf Synchronisieren. Aktivieren Sie nur Lokale Anpassungen für den Pinsel ⓯.

9 Korrekturmaske anzeigen

Wählen Sie die anderen Bilder aus und benutzen Sie wieder den KORREKTUR-PINSEL, um die Bearbeitungsbereiche zu überprüfen.

Klicken Sie auf den Bearbeitungspunkt der Hautweichzeichnung und aktivieren Sie die Überlagerungs-Option ⓰ durch die Taste [O]. Die Farbe der Maske wechseln Sie übrigens mit den Tasten [⇧]+[O].

10 Maske partiell löschen

Die Maske wird nun höchstwahrscheinlich »verrutscht« sein, aber das können Sie leicht korrigieren.

Aktivieren Sie die LÖSCHEN-Option des Pinsels und arbeiten Sie mit einer weichen Kante, um die Weichzeichnung dort wieder zu löschen, wo ihre Wirkung nicht gewünscht ist.

11 Retusche nachbessern

Am Schluss tragen Sie die Korrektur noch auf die zusätzlichen Hautbereiche des neuen Motivs auf. Blenden sie hierfür am besten die Maske über die [O]-Taste wieder aus, um die Korrektur besser beurteilen zu können.

Die Kombination der Einstellungen bleibt gleich. So können Sie sehr schnell gleiche Korrekturen auch für lokale Anpassungen übertragen.

Phase 5: Alternativen erstellen

Entwicklungsalternativen gehören auch im Porträt-Workflow zum Alltag. Gerade die Schwarzweißvariante ist ein Klassiker für Porträtserien und Bewerbungsfotos. In Lightroom ist dies nur ein weiterer Arbeitsschritt anstatt einer alternativen Bearbeitung. Mit Schnappschüssen und virtuellen Kopien behalten Sie dabei stets den Überblick.

> **Basis-Workshops:**
> S. 162: Entwicklungsworkflow steuern
> S. 170: Synchronbilder
> S. 176: Virtuelle Bildervielfalt
> S. 220: Echtes Schwarzweiß

1 Status sichern

Es ist nicht zwingend notwendig, aber für den Überblick doch ganz hilfreich: Speichern Sie einen Schnappschuss, wenn Sie ein Zwischenergebnis in der Entwicklung erreicht haben. Die Schnappschüsse bleiben – genauso wie die Protokollschritte – im Lightroom-Katalog erhalten.

Klicken Sie einfach auf das Zeichen **+** in der Schnappschuss-Palette und geben Sie dem neuen Schnappschuss einen Namen.

2 Alternative anlegen

Um eine alternative Entwicklung anzulegen, nutzen Sie in Lightroom sogenannte virtuelle Kopien – also eine zusätzliche Entwicklungseinstellung von ein und demselben Bild.

Wählen Sie die Bilder im Filmstreifen aus und wählen Sie mit der rechten Maustaste Virtuelle Kopien anlegen. Die Kopien erscheinen gleich mit einem entsprechenden Symbol ❶ und werden auch entsprechend im Filmstreifen gekennzeichnet.

3 Schwarzweißumwandlung

Die virtuellen Kopien sind noch aktiv. Wählen Sie deshalb für alle die Option AUTOMATISCH SYNCHRONISIEREN durch Umlegen des Kippschalters ❷ beim SYNCHRONISIEREN-Knopf.

Durch einen Klick auf S/W werden alle Bilder erst einmal in Graustufen umgewandelt.

4 Graustufen anpassen

Wählen Sie einen anderen Abbildungsmaßstab zur Beurteilung der Schwarzweißwirkung, zum Beispiel die Option AUSFÜLLEN ❸.

Aktivieren Sie dann in der S/W-Palette das Werkzeug für selektive Anpassungen in der Schwarzweißmischung. Klicken Sie damit auf das Gesicht ❹ und ziehen Sie es mit gedrückter Maustaste nach oben, um die Farbtöne aufzuhellen ❺. So können Sie auch die anderen Graustufen anpassen.

5 Schwarzweißkontrast

Schwarzweißporträts können immer etwas mehr »Biss« vertragen. Wechseln Sie in die Gradationskurven und aktivieren Sie die PUNKTKURVE ❻. Setzen Sie diese zunächst auf LINEAR ❼. Arbeiten Sie dann erneut mit dem Werkzeug für selektive Anpassungen den Kontrast aus. Ziehen Sie die Hauttöne höher und die Schatten etwas tiefer. Sie können parallel auch noch leicht die BELICHTUNG verringern.

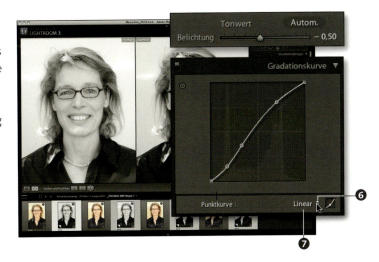

Phase 6: Bildpakete ausdrucken

Bewerbungsfotos, gelungene Passbilder und auch so manche Porträts werden gerne in mehreren Formaten geliefert. Beim Ausdruck auf dem eigenen Drucker gilt es, diese vernünftig anzuordnen – nicht nur um Material zu sparen, sondern auch um eine sinnvolle Schnittanordnung zu erhalten. Bildpakete sind genau dafür konzipiert und erledigen die meiste Arbeit wie von selbst.

> **Basis-Workshops:**
> S. 346–351: Der Druckdialog
> S. 362: Bildpakete erstellen
> S. 372: Farbmanagement mit RAW-Daten

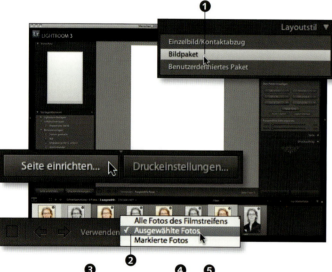

1 Bilder und Layout auswählen
Wechseln Sie ins Drucken-Modul und stellen Sie dort zuerst das Druckformat über den Knopf Seite einrichten ein.
Wählen Sie im Filmstreifen die Bilder aus, die jeweils in mehreren Formaten ausgedruckt werden sollen, und aktivieren Sie in der Werkzeugleiste bei Verwenden die Option Ausgewählte Fotos ❷.
Als Layoutstil wählen Sie Bildpaket ❶. So haben Sie erst einmal eine leere Seite angelegt.

2 Passbildformat hinzufügen
Öffnen Sie den Bereich Zellen, um dort verschiedene Bildformate für den Ausdruck hinzuzufügen. Klicken Sie auf einen der kleinen Pfeile an den Formaten und wählen Sie Bearbeiten ❹. Geben Sie dann eine benutzerdefinierte Größe an und bestätigen Sie Ihre Eingaben durch Hinzufügen.
Jetzt können Sie Ihre Bilder durch mehrfaches Klicken ❹ auf dem Druckbogen ablegen ❺.

456 Kapitel 11 | Lightroom-Workflows

3 Formate kombinieren

Sie können für die sechs Knöpfe unterschiedliche Formate definieren, die Sie dann frei auf der Seite kombinieren können.

Eine Rasterausrichtung ❻ hilft, die Formate auch bündig anzuordnen.

Diese Kombination gilt jetzt für alle Seiten – für jedes gewählte Bild wird eine solche Seite ausgedruckt.

4 Druckoptionen wählen

Für den Ausdruck können Sie jetzt aus mehreren Optionen wählen:

Geben Sie die erforderliche Druckauflösung und gegebenenfalls eine Nachschärfung für das Ausgabematerial an.

Aktivieren Sie die Schnittmarkierungen, um die Formate besser beschneiden zu können, und stellen Sie Ihr Druckerprofil für das Farbmanagement ein.

5 Vorlagen nutzen

Auch im Drucken-Modul haben Sie einen Vorlagenbrowser und auch hier fügen Sie eine neue Vorgabe über das Plus-Zeichen hinzu.

Bei folgenden Druckaufträgen müssen Sie dann nur noch die Bilder und die Vorlage auswählen – Lightroom kombiniert diese dann ganz von alleine.

Bildnachweis und Dank

»Das Lightroom-Buch für digitale Fotografie« konnte nur gelingen, weil ich auch diesmal wieder von einer Menge Freunde und Kollegen unterstützt wurde. Stellvertretend für viele andere möchte ich mich hier bei denen bedanken, die erheblichen Anteil an dem Gelingen dieses Projektes hatten:

Oana Szekely
Oana Szekely beendete ihre fotografische Ausbildung im Jahr 2005 in Augsburg mit der besten Gesellenprüfung im Land Bayern. Später wurde sie mit ihren Arbeiten Vize-Bundessiegerin. Im März 2008 gewann sie mit ihrem Beitrag den Wettbewerb der Fachzeitschrift *Photographie* zum Thema »Beauty – Glanz und Glamour«, im Oktober 2008 den ersten Platz beim *Shooting Star Contest* des adf und im April 2009 den *G&J Photo Award* in der Kategorie »People Lifestyle« zum Thema »Party at Home«.
www.oanaszekely.com

Stefan von Stengel
Geht es in der deutschen Golflandschaft um das Thema Fotografie, fällt über kurz oder lang ein Name: Stefan von Stengel. Seit über 20 Jahren fotografiert er zu allen möglichen Themen rund um den Golfsport. Seine Fotos erscheinen in internationalen Golfmagazinen, Büchern und Kalendern. Alle Kurse, die er fotografiert, hat der Handicap-10-Spieler auch selbst gespielt. So kennt er die Plätze aus der Sicht des Golfers und findet doch immer wieder ungewohnte Perspektiven.
www.golffoto.vonstengel.de

Stefan Koch
Nach seiner Gesellenprüfung arbeitete Stefan Koch mehrere Jahre als fester Werbefotograf in Nürnberg. Danach studierte er Kommunikationsdesign mit Schwerpunkt Fotografie. Er erhielt viele Auszeichnungen, darunter den 3. Preis der *Volkswagen Photo Competition 2005*. Von 2004 bis heute nahm er an diversen Ausstellungen teil, unter anderem am *Epson Digital Portrait Contest 2004*, *hARTbeat* im Kunstmuseum Celle und *Hannover goes Fashion*.
www.stefankoch.info

seaborne Photoservice SPS
Als »Einhand-Fotograf« im Schlauchboot arbeitet Wulf-Eike offshore auf Segelregattas und Company-Events rund um den Yachtsport. An Land gehört die klassische People-Fotografie, neben Architektur und Landschaften, zu seinen Stärken. Hier fotografiert er vorzugsweise mit *Available Light*. Wulf-Eike ist Mitglied des BFF und präsentiert seine Bilder bei *stockmaritime.com*.
www.seaborne.de

Datacolor
Dank **Sophie Colla-Schwery** war ich mit allem notwendigen Material und Equipment für den Farbmanagement-Grundlagenexkurs und dessen praktischer Umsetzung ausgestattet. **Oliver Mews** stellte mir – buchstäblich in letzer Minute – noch zusätzliches Bildmaterial zur Verfügung, um dieses wichtige Thema im Workflow-Kapitel angemessen zu integrieren.
www.datacolor.com

iStockphoto
Mehr als 66 000 Künstler aus der ganzen Welt bieten ihre Arbeiten über iStock an. Jeder kann mitmachen und diese hochqualitative Bild-Community erweitern. Vielen Dank an **Dittmar Frohmann** und **Brenda Bazylewski** für die andauernde Unterstützung mit erstklassigem Bildmaterial.
www.istockphoto.com

Surfivor Surfcamp
Thanks to **Miguel** and **Soraya** for creating an inspiring atmosphere at their surfivorcamp which made me fly over the last days of writing. Additionally, to that our trip to the Rip Curl World Cup offered me the missing stock of images for the workflow chapter.

An dieser Stelle noch ein Extra-Danke an **Mats**, der mich ohne Murren einen weiteren Urlaub schreibend ertragen hat ;-).
www.surfivorcamp.com

Das Team
Beim mittlerweile dritten Buchprojekt kann ich mich auf das eingespielte Team von **Alexandra Rauhut** im Lektorat, **Michael Grätzbach** für den Satz und **Steffi Ehrentraut** in der Herstellung verlassen. Diese drei und das gesamte Galileo-Team führten das Projekt zuverlässig und gewissenhaft zu dem tollen Endprodukt, das Sie jetzt in den Händen halten. Vielen Dank dafür!

Die DVD zum Buch

Der Inhalt der DVD-ROM zum Buch ist auf drei Hauptordner mit den Namen »1601_Das_Lightroom-Buch«, »Demoversion« und »Video-Training« aufgeteilt. Im Folgenden ein kurzer Einblick in die einzelnen Ordner:

Ordner »1601_Das_Lightroom-Buch«

Sie finden in diesem Ordner die Lightroom-Katalogdatei »1601_Das_Lightroom-Buch.lrcat«. Wenn Sie diese öffnen, sehen Sie in der SAMMLUNGEN-Palette vorbereitete Bildsammlungen für die verschiedenen Kapitel des Buches. Welches Beispielbild zu einem Workshop gehört, wird Ihnen im Buch immer ganz vorn in der jeweiligen Einleitung eines Workshops in farbiger Schrift und eckigen Klammern angezeigt. Sie können dann das jeweilige Bild einfach aus der Sammlung auswählen und damit in Lightroom weiterarbeiten.

Zielsetzungen:
Bildgerechten Kontrast aufbauen
Kritische Bereiche sichern
[Kontrast.cr2]

Ordner »Demoversion«

In diesem Ordner finden Sie eine nach Installation 30 Tage lang gültige Testversion von Adobe Photoshop Lightroom 3. Diese Programmversion ist vollständig nutzbar, und Sie können alle Beispiele in diesem Buch damit nachbauen.

Um Lightroom 3 unter Windows zu installieren, kopieren Sie den Ordner »Windows« im Ordner »Demoversion« auf Ihre Festplatte, und doppelklicken Sie anschließend auf die Datei »Lightroom_3_LS11_win_3_2.exe«, um Lightroom zu entpacken.

Arbeiten Sie mit Mac OS X, gehen Sie in den Ordner Demoversion ▷ Mac und klicken dort auf die Datei »Lightroom_3_LS11_mac_3_2.dmg«.

Bitte beachten Sie, dass Sie die Testversion von der Buch-DVD nicht mehr verwenden können, falls Sie bereits einmal eine Testversion von Lightroom 3 auf Ihrem Rechner installiert hatten!

Ordner »Video-Training«

In diesem Ordner finden Sie ausgewählte Video-Lektionen zum Thema »Adobe Photoshop Lightroom 3«. Erleben Sie darin die Autorin Maike Jarsetz als Trainerin in Wort und Bild. Erfahren Sie in den Video-Lektionen mehr über die folgenden Themen:

1. Bilder importieren und organisieren
1.1 Allgemeines zur Oberfläche [8:00]
1.2 Live aus der Kamera importieren [7:58]
1.3 Bilder verwalten [8:10]

2. Bilder entwickeln
2.1 Bildrauschen reduzieren [4:01]
2.2 Serien synchronisieren [6:15]
2.3 Virtuelle Kopien einsetzen [6:56]
2.4 Schwarzweiß und Tonungen [5:52]
2.5 HDR-Bilder erstellen [3:09]

3. Bilder veröffentlichen
3.1 Fotos veröffentlichen [7:27]
3.2 Diashow-Layouts verwenden [6:59]
3.3 Kontaktbögen ausgeben [7:20]
3.4 Eine Web-Galerie erstellen [5:08]

Die Video-Lektionen auf dieser DVD sind ein Auszug aus dem Video-Training »Adobe Photoshop Lightroom 3. Das umfassende Training« (ISBN 978-3-8362-1584-8, Gesamtlaufzeit ca. 9 Stunden, Preis 39,90 Euro). Systemvoraussetzungen: Windows Vista, XP, 2000 bzw. Mac OS X ab 10.1, mit DVD-Laufwerk, Auflösung 1024 x 768 Pixel, mind. 512 MB RAM.

Um das Video-Training zu starten, öffnen Sie einfach den Ordner »Video-Training«, und klicken Sie doppelt auf die Datei »Start.exe«.

Sollten Sie Probleme bei der Verwendung des Video-Trainings haben, so finden Sie Hilfe unter *www.galileodesign.de/hilfe/Videotrainings_FAQ*.

Viel Erfolg beim Lernen am Bildschirm!

Index

1:1-Ansicht 15, 22
8 Bit 235
16 Bit 234, 373

A

Abgleich 225
Abspielbildschirm wählen 335
Abspieloptionen 315
Ad-hoc-Beschreibung 111
Ad-hoc-Entwicklung 22, 81, 125
Adobe DNG Profile Editor 374
AdobeRGB 372
Airtight AutoViewer 401
Airtight PostcardViewer 403
Airtight SimpleViewer 402
Album anlegen 291, 297
Album veröffentlichen 299
Alternative Entwicklung 178, 446
An Musik anpassen 315
An Photoshop übergeben 249
Ansichten 15, 80
Arbeitskatalog vorwählen 40
Attribute 81, 110
Auf eine Ebene reduzieren 255
Aufhelllicht 118, 137
Aufnahmeserie 160, 170
Aufnahmeserien auswählen 125
Augenpartie 219
Ausdruck schärfen 355
Ausgabeeinstellungen 387
Ausgabeformat wählen 28
Ausgabeschärfung 151, 274
Aus Katalog importieren 68
Ausschnitt bestimmen 153
Auswahl als Diashow speichern 341
Auto-Layout 345
Automatisch synchronisieren 126, 165, 173
Automatische Bildauswahl 300, 301
Automatische Maskierung 191
Automatische Sortierung 87
Automatischer Bildimport 20
Autorisierung 291

B

Backup 14, 29, 32, 41, 70
Bearbeitungspunkte 191
Bedienelemente 18
Bedienfelder ein- und ausblenden 18
Belichtungen angleichen 125, 171
Belichtungskorrekturen 130, 193
Benutzervorgabe speichern 325

Bereichsreparatur 191, 192, 204
Besuchte Quellen 18
Betrag 119
Bewertungssterne 317
Bibliothek 80
Bibliotheks-Ansichtsoptionen 83
Bibliotheksfilter 22, 76, 81, 98
Bildausschnitt festlegen 152, 172, 229
Bildauswahl 95
Bildauswahl als Katalog 67
Bildauswahl für Druck erstellen 371
Bildbereiche partiell entwickeln 212
Bilddrehung anpassen 229
Bildeinstellungen 350
Bilder ablehnen 21
Bilder an Photoshop übergeben 376
Bilder auf DVD brennen 280
Bilder ausrichten 257
Bilder beurteilen 94
Bilder bewerten 23, 94, 96
Bilder filtern 436
Bilder freistellen 119
Bilder für Bildpaket auswählen 363
Bilder importieren 48
Bilder kategorisieren 301
Bilder markieren 94, 96
Bilder ohne Kopie hinzufügen 50
Bilder sortieren 86
Bilder stapeln 86
Bilder synchronisieren 434
Bilder vergleichen 25, 94, 118
Bilder veröffentlichen 294
Bildfarben betonen 432
Bildfarben steuern 201
Bildformat wählen 127
Bildimport 20
Bildinformationen 387
Bildinformationen eintragen 397
Bildkontrast aufbauen 132, 222
Bildorganisation 20
Bildpaket 345
Bildpakete ausdrucken 456
Bildpakete erstellen 362
Bildrahmen anpassen 323
Bildrahmen kopieren 364
Bildrauschen 144
Bildserie entwickeln 24, 252, 256
Bildstimmung verstärken 432
Bridge 238, 260

C

Camera RAW 238
Camera Standard 129

Chip 234
Copyright 391
Copyright einfügen 298
Copyright-Informationen 57
Copyright-Wasserzeichen 271

D

Dateihandhabung 47
Dateiumbenennung 45
Deckkraft variieren 207
Details 119, 123, 197
Details scharfzeichnen 223, 432
Diagröße wählen 339
Dialänge 315
Dialänge anpassen 334
Dias auswählen 314
Diashow 26, 271, 310
Diashow als Video ausgeben 336
Diashow ausgeben 314
Diashow-Layout aufbauen 322
Diashow-Optionen 341
DNG 32, 235, 286
DNG importieren 235
DNG Profile Editor 185, 241, 319, 375
DNG-Einstellungen wählen 287
DNG-Export 184, 235, 287
DNG-Profil erstellen 184
Druckauftrag 349
Druckdialog 348
Drucken im Entwurfsmodus 349
Druckereinstellungen 348
Drucker kalibrieren 377
Druckerprofil wählen 355, 377
Druckformat einrichten 363
Druckjob 345
Druckjob speichern 348, 370
Drucklayout 344
Druckoptionen wählen 457
Druckqualität 349
Druckqualität festlegen 354
Drucksammlung 371
Druckseite einrichten 353
Druckseiten ausgeben 365
Duplikate ignorieren 45
Dynamik 199

E

Effekte 123, 197
Effekte-Palette 231
Eigenes Seitenformat anlegen 353
Einstellungen synchronisieren 172
E-Mail-Export-Vorgabe 278

Endbildschirm konfigurieren 333
Endmarke 18
Entwicklungseinstellungen 110
Entwicklungseinstellungen kopieren 122
Entwicklungseinstellungen übertragen 168
Entwicklungs-Icon 19
Entwicklungsphasen vergleichen 164, 175
Entwicklungsstandard festlegen 165
Entwicklungsstandards setzen 431
Entwicklungsstatus 165
Entwicklungsvorgabe 60, 45
Entwicklungsvorgabe erstellen 375
Entwicklungsvorgabe speichern 64
Entwicklungsworkflow 162
Erkennungstafel 15, 317, 318, 333, 351
Erkennungstafel einrichten 30
Erkennungstafel nutzen 333
Erkennungstafel speichern 319
Erweiterte Zellen anzeigen 82
EXIF-Daten 110
EXIF-Daten löschen 270
Export vorbereiten 279
Export-Modul 314
Export-Vorgaben 271, 273
Export-Vorgaben speichern 285
Export-Ziel 272
Exportieren 80
Exportordner festlegen 276
Express-Entwicklung 60, 124
Externe Laufwerke 76

F

Facebook 296
Facebook-Album anlegen 423
Farbbehandlung 193
Farbbeschriftungen 97
Farbe 195
Farben selektiv steuern 202
Farben steuern 417
Farbkanal 234
Farbkorrekturen
Farbluminanz verändern 201
Farbmanagement 349
Farbmischer 386
Farbpalette 386
Farbraum 270, 372
Farbraum wählen 241, 361
Farbrauschen 144
Farbrauschen verringern 146
Farbreferenz fotografieren 375

Farbsättigung erhöhen 126, 134, 140, 146, 150, 172, 178, 182, 202, 206, 214, 218, 254, 258, 324, 334, 354, 358, 364, 368, 394, 398, 402, 420, 432, 444, 446
Farbtemperatur 143
Farbtiefe 234, 373
Farbtiefe definieren 241
Farbton verändern 203
Favoriten 18
Fernauslösen 62
Festplattencrash 41
Festplatten-Export 290
Filmkörnung simulieren 233
Filmstreifen 19, 160
Filter 19, 77, 160, 384
Filter deaktivieren 101
Filter definieren 210
Filtereinstellung festsetzen 100
Filterleiste 349
Filterregeln 106
Filterregeln verändern 107
Filtervorgabe definieren 100
Flash-Erscheinungsbild 387
Flash-Web-Galerie 392
Flickr 296
Foto-Effekte 230
Fotoinformationen 351
Fotoinformationen hinzufügen 359
Fotoinformationen nutzen 328
Fotoportale 291
Fotos als DNG kopieren 44
Fotos gerade ausrichten 154
Fotos hinzufügen 44
Fotos in DNG konvertieren 235
Fotos kopieren 44
Fotos sortieren 81, 89
Fotos synchronisieren 81, 123
Fotos verschieben 44, 59
Fotos verwenden 348, 384
Fotos von der Speicherkarte importieren 56
Freistellungsüberlagerung 155
Freistellungswerkzeug 119, 153
FTP-Programm 381
FTP-Zugangsdaten 399
Für Diashow markieren 327
Für Smartfilter konvertieren 72, 73, 111

G

Galerie-Vorlage nutzen 435
Gerade-Ausrichten-Werkzeug 191

Gesamtbelichtung steuern 131
Gradationskurve 118, 123, 194
Grafische Erkennungstafel 319
Grafisches Wasserzeichen 321
Graustufen 221
Grundeinstellungen 122, 193
Grundprinzipien 20

H

Hautton 217
Hauttöne steuern 444
Haut weichzeichnen 218
HDR 239
HDR-Bilder erstellen 256
High Key 157
Hilfslinien 316, 349
Hilfslinien ausblenden 358
Hilfslinien verknüpfen 316
Hintergrundbild 316
Hintergrundfarbe 316, 351
Hintergrund modifizieren 324
Histogramm 81, 122, 139, 156
Histogramm nutzen 131
Hochladen 385
HSL/Farbe/SW 123, 194
HSL-Kalibrierung 443
HSL-Steuerungen 195, 201
HTML-Erscheinungsbild 386
HTML-Galerie erstellen 388
HTML-Layout wählen 389

I

Importfotos auswählen 45
Importieren 45
Importoptionen 54
Importquelle 44
Importquelle wählen 48
Importvolumen 44
Importvorgabe 45, 55
Importziel 45, 57
Im Stapel umbenennen 88
Individuelle Betitelung 329
Information 19
Informationen anzeigen 84
Informationszeile 18
In HDR Pro zusammenfügen 258
In Ordner importieren 58, 412
IPTC-Daten 110, 397
IPTC-Erweiterung 111
IPTC-Informationen 53
IPTC-Titel festlegen 299

Index 463

J

JPEG 306, 373
JPEG ausgeben 361
JPEG drucken 360
JPEG-Dateien austauschen 244

K

Kalibrierung mit DNG-Profil 443
Kaltes Licht 214
Kameraeinstellungen 63
Kamerakalibrierung 123, 129, 197, 431
Kameraprofil erstellen 186
Kameraprofil exportieren 187
Kamerastandard 166
Kamerasteuerung 63
Katalog archivieren 73
Katalog erstellen 46
Katalog exportieren 72, 289
Katalog importieren 73
Katalog kombinieren 438
Katalog umbenennen 40
Kataloge zusammenführen 15, 66
Katalogdatei 70, 71
Katalogeinstellungen 47
Katalogübersicht 80
Kelvin-Werte 118
Klarheit 118, 133
Kleinere Bildformate schärfen 151
Kommentare 81
Kompakte Zellen anzeigen 83
Kompaktmodus 44, 445
Kontaktabzüge 344
Kontaktbögen erstellen 356
Kontaktdaten 386
Kopierquelle verschieben 207
Körnung 197, 230
Korrekturpinsel 190–192, 213
Korrekturumfang ändern 215
Kurzinfos 273

L

Layout 316, 350
Layout-Optionen 315
Layout-Vorlagen speichern 348
Layout-Vorlage nutzen 357
Layout-Vorlage speichern 366
Layoutformat anlegen 367
Layouthilfen 348
Layoutseite 348
Layoutstil 349
Layoutstil »Airtight Viewer« 385
Layoutstil »Flash-Galerie« 385
Layoutstil »HTML-Galerie« 385
Layoutvorschau 384
Lichterwarnung 133
Lightroom-Exchange 406
Lightroom-Katalog 70
Lineale 349
Linearer Kontrast 134
Live-Import vorbereiten 446
Lokale Bearbeitung 217
Low Key 157
Luminanzkontrast 147
Luminanzrauschen 144
Luminanzrauschen verringern 146
Lupenansicht 44
Lupenansicht bearbeiten 84
Lupeninformationen wechseln 85

M

Markierte Bilder 99
Maske 215
Maskenaufbau 414
Maskentechniken in Photoshop 248
Maskieren 119
Masterbild 160
Masterdatei 247
Masterfoto 179
Mehrere Kataloge 72
Mehrere Kataloge sortieren 108
Mehrseitige Layout-Vorlage anlegen 345
Metadaten 36, 81, 97, 110
Metadaten aktualisieren 114, 261
Metadaten bearbeiten 88
Metadaten einbetten 77
Metadaten einfügen 324
Metadaten hinzufügen 112
Metadaten kombinieren 359
Metadaten minimieren 293
Metadateneinstellung 47
Metadatenfilter konfigurieren 99
Metadatenvorlage 45, 52, 53
Metadatenvorlagen mit der Sprühdose übertragen 114
Miniaturbilder 384
Miniaturgröße 45
Mit Ebenen arbeiten 250
Mitteltöne anheben 131
Mitteltöne aufhellen 141
Mitteltöne bearbeiten 193
Monitor-Profil erstellen 375
Monitor wählen 315
Munsell-Farb-Chart 184

N

Nach Attributen filtern 98
Nach Attributen sortieren 97
Nach Aufnahmedatum ordnen 58
Nach Bewertung filtern 23
Nach EXIF-Daten filtern 114
Nach Metadaten filtern 99, 115
Nach Stichwörtern filtern 93
Nach virtuellen Kopien filtern 104
Nachher zu Vorher kopieren 165
Navigationspfeile 18
Navigator 19, 80, 95, 122, 162
Neuen Katalog anlegen 109
Neuen Stichwortsatz 92
Nicht-destruktiv 36

O

Objekte rotieren 314
Objektivkorrektur 226
Objektivkorrekturen 123, 196, 419
Objektivprofile 227
Ordner als Katalog exportieren 67
Ordnerhierarchie 76
Ordner-Palette 76
Ordnerstruktur bearbeiten 51

P

Paletten 18
Paletten ausblenden 15
Paletten-Einblendung 18
Panorama-Stapel 284, 298
Panoramen 239
Panoramen erstellen 252, 421
Papierabzüge 277
Parallel freistellen 257
Parametrische Gradationskurve 135, 194
Passbildformat 456
PDF exportieren 331
PDF-Präsentation 330
Perspektive korrigieren 228, 420
Photomerge-Einstellungen 254
Photoshop 14, 118, 238, 239, 421
Photoshop-Austauschformate 32
Photoshop-Datei speichern 265
Photoshop-Export 242
Photoshop-Lightroom-Workflow 267
Pipette 143
Plus-Zeichen 18
Polfilter 190, 200
Porträtretusche 216

Porträt-Workflow 442
Präsentationsformate 283
Präsenz 193
Print-Abmessungen 285
ProPhoto RGB 374
Protokoll 37, 122, 161, 174
Protokoll löschen 164
Protokollstatus auswählen 164
Prozessversion 145
Prozessversion 2010 145
Prozessversion aktualisieren 123
Punktkurve 134, 135, 194

Q

Quellkatalog 66

R

Radius 119, 150
Randloses Bildformat 360
Rasteransicht 15, 18, 44, 77, 80, 82, 94
Rasteransichten wechseln 85
Rauschreduzierung 197
RAW-Bilder archivieren 286
RAW-Daten 234
Referenzbild 181
Referenzfoto 442
Reihenfolge 76
Relative Belichtungskorrektur 171
Renderpriorität wählen 377
Reparaturbereich vergrößern 206
Reparaturpinsel 205
Retusche 204
Rote-Augen-Korrektur 192

S

Sammlung 69, 80, 102
Sammlung als Katalog exportieren 67
Sammlung bearbeiten 314
Sammlung erstellen 24, 418
Sammlung exportieren 73, 276
Sammlung ohne Kopie 103
Sammlung speichern 23
Sammlung und virtuelle Kopien 177
Sammlungseinstellungen 109
Sammlungs-Icon 19
Sättigung 199
Schärfen 197
Scharfzeichnung 119, 148
Schatten 317
Schatten aufhellen 126
Schlagschatten 316

Schnappschuss 174
Schnappschuss auswählen 163
Schnappschüsse 37, 122, 161
Schnappschüsse erstellen 163
Schnappschüsse im Vergleich 163
Schnellsammlung erstellen 449
Schnellsammlung überarbeiten 431
Schnittmarken erstellen 365
Schnittmarkierungen 351
Schwarz 118, 137
Schwarzweiß 220
Schwarzweißkontrast 223, 455
Schwarzweißumwandlung 194, 455
Seite 351
Seite einrichten 348
Seitenlayout aufbauen 368
Seitenoptionen 351
Seitenverhältnis vorgeben 153
Sequenznummer hinzufügen 328
Serie ausdrucken 352
Serienentwicklung 180
Servereinstellungen 385
Sicherheitskopie 45
Site-Informationen 384
Site-Informationen bearbeiten 389
Smartfilter 114
Smart-Objekt an Photoshop übergeben 262
Smart-Objekt bearbeiten 265
Smart-Objekt erstellen 263
Smart-Ordner erstellen 300
Smart-Sammlung 106
Smart-Sammlung erstellen 106
Smart-Sammlungseinstellungen 108
Smart-Sammlungseinstellungen exportieren 73
Social Networks 291
Sofortbild 447
Sortierreihenfolge 45
Soundtrack aktivieren 334
Soundtrack hinzufügen 315
Speicherort 40, 71
Speicherpfad 385
Sprühdose 80
sRGB 372
Standard-Katalog 15
Stapel ein- und ausblenden 87
Stapelinhalt bearbeiten 88
Stapel umbenennen 114
Start- und Endbildschirm 317, 333
Stichwörter 45
Stichwörter erstellen 93

Stichwörter exportieren 108, 426
Stichwörter festlegen 81
Stichwörter filtern 429
Stichwörter hinzufügen 91, 415
Stichwörter importieren 109, 427
Stichwörter individuell zuweisen 415
Stichwörteransicht 90
Stichwörter-Icon 19
Stichworthierarchien austauschen 73
Stichwortliste 81
Stichwortsätze anlegen 90
Stichwortsatz wählen 91
Stichwort-Tags einbetten 77
Stichwortvorschläge 91
Streetlook 424, 425, 441
Strukturierte Bereiche kopieren 207
Stürzende Linien 229
Suchabfragen 76
Synchronisation in der Bibliothek 173
Synchronisieren 25, 165
Synchronisieren von Entwicklungseinstellungen 160

T

Teilsynchronisation 179
Teiltonung 123, 195
Tether-Aufnahme 41, 62
Textbausteine hinzufügen 315
Text einfügen 323
Textfilter nutzen 100
Textüberlagerungen 317
Tiefenwarnung 133
TIFF 373
Titel 317
Tonung 224
Tönung 143
Tonwerte steuern 416
Tonwerte verschieben 139
Typografisches Wasserzeichen 320

U

Überblendung 315
Übergänge verblassen 335
Überlagerungen 317
Überprüfungsansicht 15, 80
Untergeordnetes Stichwort 93
Unterordner einbeziehen 44
Upload 435

V

Verbindung einrichten 290, 296
Vergleichsansicht 15, 80, 122, 161, 164
Verlangsamung 41
Verlaufsfilter 191, 208
Verlaufsfilter bearbeiten 211
Verlaufsfilter einsetzen 433
Verlaufsfilter-Werkzeug 209
Verlaufswerkzeug 190, 192
Veröffentlichungsdienst 80, 291
Veröffentlichungsdienst hinzufügen 291
Veröffentlichungsmanager 271, 290, 292
Veröffentlichungsordner 291, 302
Veröffentlichungs-Smart-Ordner 291
Verschlagworten 90
Videodateien einschließen 273
Vignettierung 197, 230
Virtuelle Kopie 37, 104, 160, 176
Virtuelle Kopie anlegen 177
Vollbildansicht 15, 19, 80
Voreinstellungen 30
Vorgabe für Abzüge 277
Vorgaben 122
Vorgaben aktualisieren 162
Vorgaben anwenden 162
Vorgaben erstellen 162
Vorgaben exportieren 163
Vorgaben importieren 163
Vorgaben übertragen 31
Vorgabenordner 162
Vorher-Ansicht verändern 175
Vorher und Nachher vertauschen 165
Vorher zu Nachher kopieren 165
Vorlagen anlegen 314
Vorlagen bearbeiten 314
Vorlagenbrowser 380, 384
Vorschauen 70
Vorschauen rendern 315
Vorschaufenster 44
Vorschau im Browser 391
Vorschauoptionen 44
Vorschauqualität 54

W

Wasserwaage 155
Wasserzeichen 274, 317, 318, 351
Wasserzeichen integrieren 395, 435
Wasserzeichen-Editor 381
Web-Galerie 380
Web-Galerie exportieren 395
Web-Galerie hochladen 399
Web-Galerie speichern 384, 404
Web-Galerien-Navigation 384
Weiche Kante 232
Weißabgleich 118, 119, 142, 193
Werkseinstellungen 33
Werkzeugdurchmesser 191
Werkzeuge 122
Werkzeuggröße einstellen 206
Werkzeugleiste 18, 122
Werkzeugleiste konfigurieren 81, 96
Werkzeugoptionen 213
Wiederherstellung 137, 140
Workflow 20, 238

X

XMP-Daten 110, 304

Z

Zellen 348
Zelle verankern 348
Zielpfad 44
Zielsammlung 103
Zielsammlung erstellen 302
Zielsammlung festlegen 291
Zoomfaktor 119
Zusatzinformationen konfigurieren 82
Zusatzmodule durchsuchen 407
Zusatzmodul-Manager 275, 406
Zweiten Monitor nutzen 18, 311
Zwischen Dias navigieren 314

Noch mehr Know-how zu Photoshop Lightroom 3

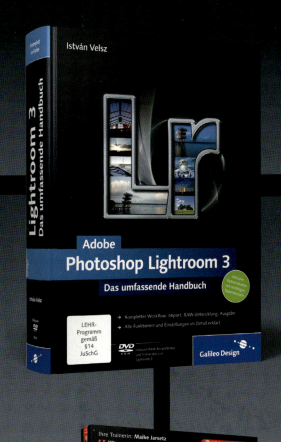

István Velsz

**Adobe Photoshop Lightroom 3
Das umfassende Handbuch**

700 S., 3. Auflage 2010, komplett in Farbe,
mit DVD und Referenzkarte, 49,90 €
ISBN 978-3-8362-1600-5

» www.GalileoDesign.de/2365

Tipp: Das Workshop-Buch zu Photoshop CS5!

Maike Jarsetz

**Das Photoshop-Buch
für digitale Fotografie**

Das erfolgreichste Lösungsbuch
für Photoshop!

539 S., 2010, komplett in Farbe,
mit DVD, 39,90 €,
ISBN 978-3-8362-1647-0

» www.GalileoDesign.de/2433

 Video-Training

Maike Jarsetz

**Adobe Photoshop Lightroom 3
Das umfassende Training**

DVD, Windows und Mac, 9 Stunden Spielzeit,
156 Lektionen, 39,90 €, ISBN 978-3-8362-1584-8

» www.GalileoDesign.de/2367

Portofrei im Web bestellen [D], [A] » www.GalileoDesign.de

Galileo Design
Know-how für Kreative.

Der Name Galileo Press geht auf den italienischen Mathematiker und Philosophen Galileo Galilei (1564–1642) zurück. Er gilt als Gründungsfigur der neuzeitlichen Wissenschaft und wurde berühmt als Verfechter des modernen, heliozentrischen Weltbilds. Legendär ist sein Ausspruch *Eppur si muove* (Und sie bewegt sich doch). Das Emblem von Galileo Press ist der Jupiter, umkreist von den vier Galileischen Monden. Galilei entdeckte die nach ihm benannten Monde 1610.

Lektorat Alexandra Rauhut, Thorsten Mücke
Korrektorat Frank Paschen
Herstellung Steffi Ehrentraut
Einbandgestaltung Klasse 3b, Hamburg
Satz Text & Bild, Michael Grätzbach, Kernen i. R.
Druck Himmer AG, Augsburg
Coverfoto Andrew William Davies, Getty Images

Dieses Buch wurde gesetzt aus der Linotype Syntax (9 pt / 13 pt) in Adobe InDesign CS4. Gedruckt wurde es auf mattgestrichenem Bilderdruckpapier (115 g/m^2).

Gerne stehen wir Ihnen mit Rat und Tat zur Seite:
alexandra.rauhut@galileo-press.de
bei Fragen und Anmerkungen zum Inhalt des Buches

service@galileo-press.de
für versandkostenfreie Bestellungen und Reklamationen

julia.bruch@galileo-press.de
für Rezensions- und Schulungsexemplare

Bibliografische Information der Deutschen Nationalbibliothek
Die Deutsche Nationalbibliothek verzeichnet diese Publikation in der Deutschen Nationalbibliografie; detaillierte bibliografische Daten sind im Internet über http://dnb.d-nb.de abrufbar.

ISBN 978-3-8362-1601-2

© Galileo Press, Bonn 2011
1. Auflage 2011

Das vorliegende Werk ist in all seinen Teilen urheberrechtlich geschützt. Alle Rechte vorbehalten, insbesondere das Recht der Übersetzung, des Vortrags, der Reproduktion, der Vervielfältigung auf fotomechanischem oder anderen Wegen und der Speicherung in elektronischen Medien. Ungeachtet der Sorgfalt, die auf die Erstellung von Text, Abbildungen und Programmen verwendet wurde, können weder Verlag noch Autor, Herausgeber oder Übersetzer für mögliche Fehler und deren Folgen eine juristische Verantwortung oder irgendeine Haftung übernehmen. Die in diesem Werk wiedergegebenen Gebrauchsnamen, Handelsnamen, Warenbezeichnungen usw. können auch ohne besondere Kennzeichnung Marken sein und als solche den gesetzlichen Bestimmungen unterliegen.